国家卫生和计划生育委员会全科医生培训"十三五"规...

中华医学会全科医学分会、中国医师协会全科医师分会推荐用书

供全科医生规范化培训、转岗培训、农村订单定向医学生培养使用

十三五

全科医生科研方法

第 2 版

主　编　施　榕　郭爱民

副主编　刘殿武　袁兆康　万崇华

编　者（按姓氏笔画排序）

于　雁　哈尔滨医科大学附属肿瘤医院

万崇华　广东医科大学人文与管理学院

王皓翔　中山大学公共卫生学院

刘殿武　河北医科大学公共卫生学院

严　非　复旦大学公共卫生学院

杜　娟　首都医科大学全科医学与继续
　　　　教育学院

李春灵　广西医科大学公共卫生学院

李晓枫　大连医科大学公共卫生学院

陈　莹　昆明医科大学公共卫生学院

施　榕　上海中医药大学公共健康学院

袁兆康　南昌大学公共卫生学院

贾丽芳　山西医科大学附属汾阳医院

郭爱民　首都医科大学全科医学与继续
　　　　教育学院

黄品贤　上海中医药大学公共健康学院

蔡　泳　上海交通大学公共卫生学院

编写秘书

王　凤　上海中医药大学公共健康学院

黄亚芳　首都医科大学全科医学与继续教育学院

人民卫生出版社

图书在版编目（CIP）数据

全科医生科研方法 / 施榕，郭爱民主编 . —2 版 . —北京：
人民卫生出版社，2017

国家卫生和计划生育委员会全科医生培训规划教材

ISBN 978-7-117-24957-7

Ⅰ. ①全…　Ⅱ. ①施…②郭…　Ⅲ. ①家庭医学 – 科学研
究 – 研究方法 – 职业培训 – 教材　Ⅳ. ①R499-3

中国版本图书馆 CIP 数据核字（2017）第 197537 号

| 人卫智网 | www.ipmph.com | 医学教育、学术、考试、健康，购书智慧智能综合服务平台 |
| 人卫官网 | www.pmph.com | 人卫官方资讯发布平台 |

全科医生科研方法
第 2 版

主　　编：施　榕　郭爱民
出版发行：人民卫生出版社（中继线 010-59780011）
地　　址：北京市朝阳区潘家园南里 19 号
邮　　编：100021
E - mail: pmph @ pmph.com
购书热线：010-59787592　010-59787584　010-65264830
印　　刷：北京虎彩文化传播有限公司
经　　销：新华书店
开　　本：787 × 1092　1/16　印张：24　插页：2
字　　数：584 千字
版　　次：2013 年 5 月第 1 版　　2017 年 9 月第 2 版
　　　　　2023 年 5 月第 2 版第 8 次印刷（总第10次印刷）
标准书号：ISBN 978-7-117-24957-7/R·24958
定　　价：58.00 元
打击盗版举报电话：010-59787491　E-mail: WQ @ pmph.com
（凡属印装质量问题请与本社市场营销中心联系退换）

出 版 说 明

为了落实习近平主席在全国卫生与健康大会上的讲话，按照李克强总理在《2016 年国务院政府工作报告》中加快培养全科医生的指示，以及国务院《全国医疗卫生服务体系规划纲要(2015—2020 年)》(国办发〔2015〕14 号)中加强全科医生和住院医师规范化培训，逐步建立和完善全科医生制度的要求，进一步落实"全国医学教育改革发展工作会议"及 2017 年 7 月国务院《关于深化医教协同进一步推进医学教育改革与发展的意见》(国办发〔2017〕63 号)中关于加强以全科医生为重点的基层医疗卫生人才培养的精神，在国家卫生和计划生育委员会科教司的领导和支持下，人民卫生出版社在"卫生部全科医生转岗培训规划教材"(2012 年出版)和"卫生部全科医生规范化培训规划教材"(2013 年出版)两套教材的基础上组织修订出版了"国家卫生和计划生育委员会全科医生培训'十三五'规划教材"第 2 版。

该套教材共 10 本，由国内全科领域一线专家编写而成，在编写过程中紧紧围绕培养目标；注重教材编写的"三基""五性""三特定"原则；注重整套教材的整体优化与互补。本套教材采用纸数一体的融合教材编写模式，在传统纸质版教材的基础上配数字化内容，以书一码的形式展现，包括 PPT、习题、微课、视频、图片等。

本套教材的培养目标是为基层培养具有高尚职业道德和良好专业素质，掌握专业知识和技能，能独立开展工作，以人为中心、以维护和促进健康为目标，向个人、家庭与社区居民提供综合性、协调性、连续性的基本医疗卫生服务的合格全科医生，本套教材可供全科医生规范化培训、转岗培训、农村订单定向培养等各类全科医生培训使用。

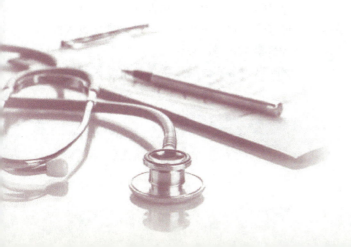

国家卫生和计划生育委员会全科医生培训"十三五"规划教材
评审委员会

国家卫生和计划生育委员会全科医生培训"十三五"规划教材

教 材 目 录

序号	教材名称	主编、主审	副主编
1	全科医学(第2版)	主审 曾益新 主编 梁万年 路孝琴	卢祖洵 王永晨 董卫国 王 敏
2	全科医生临床实践(第2版)	祝墡珠	江孙芳 李海潮 于德华 王 爽
3	全科医生基层实践(第2版)	杜雪平 席 彪	陈冬冬 李宁秀 丁 静
4	全科医生科研方法(第2版)	施 榕 郭爱民	刘殿武 袁兆康 万崇华
5	全科医生临床操作技能训练 (第2版)	于晓松 王 晨	冯 玫 李双庆 杜兆辉
6	全科医学师资培训指导用书 (第2版)	贾建国 谢苗荣	毕晓明 方力争 郭 嫒
7	全科医学案例解析	杜雪平 王永利	潘志刚 孙艳格 易春涛
8	社区护理	赵 红	杨 丽 杜文建
9	全科医生手册(第2版)	方力争 贾建国	刘力戈 赵光斌 陈周闻 王子明
10	全科医生练习题集(第2版)	胡传来	王以新 任菁菁

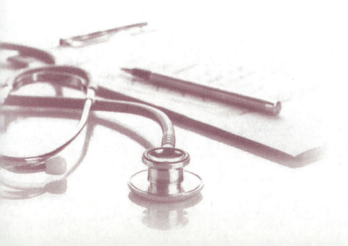

第1版序

全科医生是一类重要的复合型医学人才,被称为居民健康的"守门人"。目前,我国合格的全科医生尚十分匮乏,远远不能满足基层医疗卫生服务的迫切需求。为加快培养全科医生,2011年,国务院印发《国务院关于建立全科医生制度的指导意见》,提出着眼长远,逐步建立统一规范的"5+3"全科医生培养模式。

为做好全科医生规范化培训,卫生部组织制定了培训大纲,在卫生部教材办公室组织协调下,人民卫生出版社组织有关专家在充分调研的基础上,认真总结经验,针对全科医生规范化培训的特点,通过顶层设计,组织编写了与规范化培训大纲相配套的"卫生部全科医生规范化培训规划教材",为全科医生规范化培训提供教材支撑。

目前,经过全国相关专家的共同努力,《全科医学》《全科医生临床实践》《全科医生基层实践》《全科医生科研方法》《全科医生临床操作技能训练》和《全科医生规范化培训——师资培训手册》共6种教材即将出版。该套教材紧紧围绕全科医生规范化培训的特点与要求,面向基层,面向教学与实践;强调"早临床、多临床、反复临床",特别是社区实践的重要性,科学整合并有机衔接理论培训与临床实践,注重临床思维、临床路径和案例实践的训练;文字简明,深入浅出,一目了然。其针对性、指导性、可操作性、可读性强,符合当前规范化培训实际,有利于立体教学,我十分支持这项非常重要的工作。希望该套教材能够为贯彻落实《国务院关于建立全科医生制度的指导意见》、大力培养合格全科医生发挥应有的作用,并在使用中不断完善。

陈　竺

2013年2月

序

全科医学引入我国已经有 30 多年了,经过各方努力,已经初步形成了全科医学教育和服务体系。国务院办公厅印发的《全国医疗卫生服务体系规划纲要 (2015—2020 年)》中提出:到 2020 年,每千常住人口基层卫生人员数达到 3.5 人以上,在我国初步建立起充满生机和活力的全科医生制度,基本形成统一规范的全科医生培养模式和"首诊在基层"的服务模式,全科医生与城乡居民基本建立比较稳定的服务关系,基本实现城乡每万名居民有 2~3 名合格的全科医生,全科医生服务水平全面提高,基本适应人民群众基本医疗卫生服务需求。《国务院办公厅关于推进分级诊疗制度建设的指导意见》中也提出:通过基层在岗医师转岗培训、全科医生定向培养、提升基层在岗医师学历层次等方式,多渠道培养全科医生,逐步向全科医生规范化培养过渡。加强全科医生规范化培养基地建设和管理,规范培养内容和方法,提高全科医生的基本医疗和公共卫生服务能力,发挥全科医生的居民健康"守门人"作用。

为了培养和发展全科医生队伍,在国家卫生计生委的领导下,人民卫生出版社组织全科领域一线专家,在"卫生部全科医生转岗培训规划教材"和"卫生部全科医生规范化培训规划教材"第 1 版的基础上,经过充分论证,根据全科领域学科的发展情况进行修订出版第 2 版,共 10 种。期望能够满足当前全科医生多种方式培养的需求,这是值得称赞的举措。

医疗卫生是关乎民生的头等大事,而人才队伍建设又是医疗卫生事业发展的基础,其中尤以大力培养我国欠缺的全科医学专业人才为当务之急。全科医生只有养成良好的职业素养、掌握扎实的专业技能、具备足够的沟通协调能力,才能担当起家庭签约服务团队的带头人,为社区、为居民提供更为优质、更为广泛的医疗保健服务,真正落实"预防为主"的理念,实现对居民全生命周期的照护。希望本套教材能够助力我国全科医学人才的培养,为推进"健康中国"建设提供人才保障。

曾益新

2017 年 7 月

主 编 简 介

施 榕

上海中医药大学公共健康学院执行院长、全科医学系主任、教授。主要从事慢性病社区防治、全科医学教育等研究工作。现任中国医师协会全科医师分会副会长、教育部全科医学教学指导委员会副主任委员、中华医学会全科医学分会常委、世界中医联合会亚健康专委会副主任委员、中华预防医学会流行病学专委会委员、上海市预防医学会副会长、上海市预防医学会公共卫生教育专委会主任委员、上海市医学会全科医学专科分会候任主任委员、上海市医师协会全科医师分会副会长等学术兼职。

主持教育部、国家卫生计生委、上海市卫生计生委、市教委及国际合作课题 30 余项,分别承担第二、三、四轮上海市公共卫生三年行动计划公共卫生重点学科建设(全科医学、健康促进学)项目,以第一作者或通讯作者在核心期刊公开发表学术论文 110 余篇,其中 SCI 论文 20 篇。曾获上海市教学成果一等奖 1 项、上海市科技进步二等奖 2 项、中华预防医学会科技奖 1 项、上海市优秀教材二等奖 1 项、上海市优秀教材奖 1 项。主编原卫生部全科医生培训规划教材《社区预防与保健》《社区预防医学》、国家卫生计生委全科医生规范化培训规划教材《全科医生科研方法》,主编教育部高等医学院校规划教材《预防医学》、"十一五"普通高校本科国家级规划教材《预防医学》(第 2 版)、"十二五"普通高校国家级规划教材《预防医学》(第 3 版)等。

主 编 简 介

郭爱民

教授,博士研究生导师,首都医科大学全科医学与继续教育学院前任党工委书记,教育部全科医学教学指导委员会副主任委员,中国医师协会全科医师分会副会长,北京医师协会全科医师分会副会长。

从事教学工作至今35年。为国家精品课程和国家精品资源共享课程主讲教师。培养全科医学博士研究生1名,硕士研究生4名,同等学历取得硕士学位7名。曾获得国家级教学成果二等奖1项,北京市教育教学成果一等奖1项,二等奖2项。获北京市科技进步三等奖1项,中华医学科技奖三等奖1项。作为课题负责人承担国家卫生计生委课题、北京市哲学社会科学重点课题、北京市教委课题等,发表论文30多篇,其中SCI 5篇。主编《全科医学概论》《全科医生科研方法》《全科专业执业医师定期考核用书》及习题集等书。

副主编简介

刘殿武

河北医科大学流行病与卫生统计学教授、博士生导师，河北省政府参事，河北省省管优秀专家。兼任中华预防医学会理事，河北省预防医学会副会长，河北省预防医学会流行病学会主任委员；《中华流行病学杂志》《中华全科医学》《中华疾病控制杂志》《卫生研究》《中国卫生检验杂志》等编委。国内外杂志发表论文180余篇；主编、副主编和参编著作及教材30余部，获河北省科技进步二等奖1项，三等奖6项。

袁兆康

南昌大学教授、美国夏威夷大学兼职教授。教育部普通高等学校全科医学教学指导委员会委员，中国医师协会全科医师分会常委，中华医学会全科医学分会教育与培训学组委员，中华预防医学会卫生保健分会委员，中华预防医学会社会医学分会委员，中国高等教育学会预防医学教育研究会理事，美国公共卫生协会（APHA）会员，亚太地区公共卫生学术联盟会（APACPH）成员，农工民主党中央人口资源专门委员会委员。从事大学教育35年，先后主持各类课题30余项，第一作者或通讯作者身份发表论文200余篇，其中SCI收录17篇。

副主编简介

万崇华

　　教授、博士 / 博士后导师。现任广东医科大学心理学一级学科带头人、二级教授,生命质量与应用心理研究中心主任、人文与管理学院院长。国际生命质量研究会(ISOQOL)委员、世界华人生存质量研究学会 (WACQOL) 副会长、广东省卫生经济政策专委会副主任委员、广东省医学会行为与心身医学分会副主任委员等职。曾任云南省中青年学术技术带头人、省政协委员和民进省委常委。

　　从事教学科研工作 30 多年,以第一或通讯作者发表论文 200 余篇,SCI 20 多篇,编著、主编及参编 20 多部专著及教材。获国家级教学成果二等奖 1 项,省教学成果一等奖和二等奖各 1 项,省科技进步奖三等奖 3 项,获国家版权证书 12 项。

前　言

　　《全科医生科研方法》(第2版)是国家卫生和计划生育委员会全科医生培训规划教材之一。本教材根据国家卫生和计划生育委员会下发的《全科医生规范化培养标准》中有关对全科医生规范化培训中科研方法培训的具体要求,以及全科医生规范化培训规划教材编写委员会提出的住培教材编写总体原则,确定了教材编写的指导思想和原则。本教材以全科医生科研工作的实际需要为依据,在强调基础理论、基本知识、基本技能的基础上,突出思想性、科学性、先进性、启发性和适用性。教材以"案例教学"为导向,采取案例与概念相结合的编写方法,通过典型案例解析,对全科医生常用科研方法的设计、实施与结果分析、解读进行详细介绍,增强教材的实用性、针对性和可读性。

　　本教材在第1版教材的基础上,作了较大的修改,由原来的九章增加为十五章。除绪论外,全书分为三大部分,强化了本书的完整性和系统性。"绪论"介绍了开展全科医学科研的目的、意义和全科医学科研的主要领域,并简要介绍了全科医学科研课题设计的基本步骤。本书第一部分包括第2~5章,重点介绍全科医生科研工作的方法学基础,新增"全科医生科研中伦理学问题"一章;第3、第4章主要为全科医生科研中常用统计方法和流行病学设计,包括计量资料、计数资料的描述性和推断性统计分析、相关与回归分析、统计图表制作,社区调查常用的流行病学设计与分析(如现况调查、病例对照研究、队列研究等);新增"循证医学基本方法"一章,重点介绍循证医学方法的基本概念及结果的解读(如系统评价和meta分析)。

　　本教材第二部分(第6~10章)较为系统地阐述了全科医生科研的常用方法,新增"文献研究法"一章,介绍了文献研究的种类、文献检索技术、途径和步骤,以及常用的中、英文医学文献检索工具;问卷调查法则以典型案例,详细介绍了问卷设计的基本原则和方法,以及问卷调查方法及质量控制等;定性调查法全面阐述了个人深入访谈、专题小组讨论、选题小组讨论、头脑风暴法、鱼骨图法等常用方法;本教材将德尔菲调查法,从原教材的定性调查法中独立成章,较为系统地阐述了该方法的基本原理、资料分析和结果解读。量表测验法也是新增加的章节,介绍了量表设计和评价方法,在本书的融合教材还列出了全科医生科研中的常用量表。本教材第三部分(第11~15章)重点介绍了全科医疗中临床和公共卫生研究的方法(实验性研究、病因研究、筛检和疾病预后分析)、初级卫生保健服务评价、健康教育与健康促进的设计、实施与评价、健康管理的工作流程等内容。本书最后一章介绍了科研论文、综述和病例报告的撰写方法。本教材既可作为全科医生的培训教材,也可供全科医生开展科研工作时参考用书。

　　根据本套教材主编工作会议的要求,本教材于2016年11月在上海召开了教材编写会议,确定了教材的编写思路、编写大纲及具体变形要求。经过4个月的努力编写,完成初稿,并进行互审,于2017年4月在广西南宁召开了定稿会,编委们对本书各章节内容进行了认真的讨论,并提出了修改意见。经各位编委、副主编修改,由主编定稿。本教材的编写充分体现了全体编委在多年全科医学教学实践中积累的丰富教学经验和研究成果。在本教材的编写过程中,得到了各编委所在学校、医院领导的高度重视和大力支持。河北医科大学公共卫生学院刘文宣老师、广东医科大学人文与管理学院谭健烽、哈尔滨医科大学附属三院金时和孟庆威老师、复旦大学公共卫生学院王伟和许帅老师协助编委编写了相关章节初稿的部分内容,首都医科大学图书馆程艾军老师、南昌大学姜小庆老师在统计方法内容安排、图、表方面提出很多建设性的建议。本教材编写秘书王凤老师为本书文字处理、编排和校对做了大量的工作,融合教材秘书黄亚芳老师为PPT、习题和微课等材料的整理编排,付出了辛勤的劳动,蔡泳教授协助主编进行部分章节的统稿。在此,一并表示衷心的感谢! 并对所有关心和支持本书编写工作的各有关单位的领导、同事表示由衷的谢意!

为了进一步提高本教材的编写质量,以供再版时修改,因而恳请各兄弟院校同仁及读者提出宝贵的意见,并不吝指正。

施 榕 郭爱民

2017 年 5 月

目　　录

目　录

第一章 绪 论

第一节 全科医生科研概述

全科/家庭医学自 20 世纪 60 年代创建以来得到了快速发展,科学研究对学科发展起到了举足轻重的作用。在学科创建之初,美国等国多位专家进行了大量研究,探索全科/家庭医学设立的必要性、学科的特点与内涵,以及全科医生的培养方法和周期等重要问题,对学科发展起到了至关重要的作用。随着全科医学的深入开展,学者们越来越意识到全科医生科研的重要性。全科医生的研究不仅可以解决全科医疗实践中存在的问题,提高全科医疗服务质量,更重要的是通过对全科医生的科学研究,能够确立全科医学的学术地位、开拓全科医学理论和实践的新领域,充实全科医学学科内涵。

一、全科医生开展科研工作的目的与意义

(一) 全科医生开展科研工作的目的

1. 发展和完善全科医学的理论体系,确立和巩固全科医学的学术地位。

2. 制定和修订全科医疗服务的原则和内容,提高全科医疗服务的水平和效率,如以患者为中心照顾、综合性和连续性照顾的全科医疗的原则。

3. 探索全科医疗服务的适宜技术,包括全科医疗的临床诊疗技能和基本公共卫生服务技能,提升全科医生自身服务能力和综合素养。

4. 制定开展全科医疗服务需要的相关政策和运行机制。

5. 研究全科医学教育与培训方法和要求,如评价全科医学培训效果和研究制订培训计划,提高教育和培训的效率和水平。

(二) 全科医生开展科研工作的意义

1. 为全科医疗发展与全科医学学科建设提供科学依据 全科医疗服务是随着人们对健康服务及医疗卫生服务需求不断提高而应运而生,它有着自身发展的特点和规律。要使全科医疗服务能不断适应和满足人民群众日益增长的医疗卫生服务需求,积极主动地把握全科医疗发展的客观规律,就必须通过全科医生的科研,不断地探索、尝试,不断积累经验、总结教训,才能更加准确地把握全科医学的本质和发展规律,为制定符合社会发展需要的全科医疗服务政策提供科学依据,为建立适应我国卫生事业发展的全科医疗服务模式提供方法依据,为探索全科医疗适宜技术及其推广应用提供实践依据。同时,也为全科医学学科建设提供理论依据。

2. 有利于促进全科医疗服务模式的不断发展 20 世纪 90 年代中期,为适应和满足人民群众对医疗卫生服务新的需求和医疗卫生事业发展的需要,我国一些城市开始进行试点,将地段医院转型成为社区卫生服务中心。但是,当时卫生行政管理部门仍沿用既往对医院

的管理模式,对社区卫生服务中心进行管理和考核,部分地区的社区卫生服务中心也未全面设置全科医疗科,且其科室设置和服务模式与传统的专科医疗相似,未能充分体现全科医疗的特点,难以满足居民的医疗卫生服务需求。通过调查研究,卫生行政部门迅速调整了相关政策,要求社区卫生服务中心必须调整服务方向,加强全科医学科的设置。近年来,各地全科医生通过大量科研工作,积极探索全科医疗服务的新模式,如建立双向转诊服务机制与途径、家庭医生签约服务、全科医疗服务团队等。这些研究有利于全科医疗服务水平的提升与管理模式的完善。

3. 有利于促进社区卫生服务人才队伍素质的提高 长期以来,由于社区卫生服务队伍存在人员老化、学历、职称偏低等原因,导致社区卫生服务水平不能满足居民日益增长的卫生服务需求。近年来,有关部门一方面通过加大培训的力度,提高社区卫生服务人员的服务能力和服务水平,尤其是通过全科医生规范化培训,培养了一批有较强发展潜力的全科人才;另一方面,各地社区卫生服务中心通过积极组织申报不同级别的科研项目,培养了一支骨干队伍,提升了社区卫生人才队伍的综合素质。科研工作对全科医生的培养和锻炼是全方位的,从文献阅读、选择研究题目,到确定研究目的、进行项目设计、项目申报,再到项目实施、资料收集、统计分析和论文撰写等各个环节,对全科医生的科研思维能力、组织能力、沟通与协作能力、文字表达能力以及临床服务能力都有明显的提升作用,社区科研工作不仅可以提升社区卫生人才队伍的素质,而且其效应具有长期性和示范性。

4. 有利于促进社区卫生服务水平提升和服务特色形成 近年来,随着各地全科医生科研的持续开展,已经产出了一大批具有鲜明特色的全科医疗服务产品,涵盖常见慢性病的早期筛查、慢性病社区管理、社区康复、妇幼保健、老年保健等领域。如对高血压、糖尿病、慢性阻塞性肺疾病等慢性病患者开展社区管理,建立健康档案,开展健康教育与药物治疗、饮食、运动、监测等综合干预措施的研究和效果评价研究,逐步推广有效的社区干预模式,患者的建卡率、管理率、控制率都有明显提高。

二、全科医生科研的主要类型与内容

医学研究包括基础医学、临床医学和预防医学研究三部分。基础医学研究的任务是认识健康和疾病相互转化的规律,临床医学研究的重点则是促进疾病向健康转化,而预防医学研究的主要任务就是防止健康向疾病转化。这些不同类型的研究分工不同,但又相辅相成,互相交叉。全科医生科研则充分吸取基础医学的研究成果,侧重于研究临床医学与预防医学服务技术在基本医疗服务中应用。

全科医生科研的内容包括全科医学理论研究、基本医疗服务研究、基本公共卫生服务研究,以及全科医疗服务的相关政策、服务模式和运行机制的研究等。由于全科医学是一门综合性的临床二级学科,融合了其他学科的相关理论和知识,所以,开展全科医学研究时需要将基础医学、临床医学、预防医学和社会科学等学科知识有机结合,在生物-心理-社会医学模式的指导下,探索全科医疗的服务规律,研究社区防病治病的适宜技术和开展综合性、连续性、协调性照顾的服务模式,达到预防疾病和促进健康的目的。

全科医生开展科研的领域很广,既可以针对某个健康问题、某种疾病或某类人群的健康状况开展调查研究,也可以是社区卫生服务的服务模式、运行机制、管理办法、人才培养等。

按照研究内容分类,全科医生科研分为以下五类:

1. 全科医疗临床问题研究 包括常见病、多发病的诊断、治疗、预防及康复效果的评价,社区卫生服务适宜技术研究以及成熟的诊疗技术进一步规范应用等,如对高血压、糖尿病、骨关节炎等慢性病患者提供有效的疾病防治和管理服务,又如,对残疾或行动不便的居家老人提供基本医疗卫生保健服务等。目前,全科医生在开展临床问题研究时不仅密切结合全科医疗实践工作的需要,而且能够运用其他学科的专业知识和技能,聚焦某一临床问题开展多学科交叉研究。例如,"肿瘤患者综合介入治疗后心理改变及社区心理干预效果研究",全科医生运用 SCL-90 量表、抑郁自评量表、焦虑自评量表等心理学方法评价肿瘤患者介入治疗后的心理改变,运用情绪支持、社会支持、认知重建、适应性技巧训练等方法进行社区心理干预,并对干预效果进行评价。该研究的特点是借鉴心理学的常用方法,将其运用于肿瘤患者介入治疗后进行心理干预,选题具有实用价值,又有一定新意。

2. 社区常见健康问题研究 社区常见健康问题的研究内容宽广,常运用流行病学方法开展研究,如社区常见健康问题的现况调查;疾病流行及相关影响因素的研究;常见疾病的病因与危险因素研究;危险因素的干预及效果评估研究。例如,"某社区先天性病残儿现况调查及危险因素研究",研究者通过社区计划生育、残联等部门,收集该社区 2003—2010 年先天性病残儿的信息,开展流行病学现况调查,在此基础上运用病例对照研究的方法,探索该地先天性病残儿的危险因素,为开展相应的预防工作提供科学依据。

3. 行为学、健康教育学及社会医学方面的研究 这类研究主要运用健康教育学、行为学和社会医学方法和理论,探索疾病与健康关系,如居民与疾病相关的行为调查;常见病、多发病健康教育途径及效果评估;医患关系、沟通技巧研究;家庭及社会文化对健康的影响、个人及家庭生活压力事件调查、家庭动力学研究等。例如,"多元文化护理在社区高血压患者健康教育中的应用",全科医生在多年开展高血压患者健康教育的基础上,探索多元文化因素如语言、饮食文化、宗教文化、教育水平、家庭支持对高血压患者开展饮食、运动、戒烟等行为干预的影响,从而为进一步提高健康教育的水平提供科学依据。该课题创新性在于将多元文化护理的方法用于高血压患者的健康教育。

4. 卫生服务研究 该类研究主要侧重于卫生管理与政策研究,如医疗保健服务需求和需要评估;社区卫生服务机构人、财、物等管理模式研究;医疗人力资源及设施的分布及利用研究;患者对医疗服务的满意度、全科医疗服务效率和效果研究;成本-效益分析等卫生经济学评估;与全科医疗服务和健康管理相关政策的研究,如组建全科团队、实施家庭医生责任制、实施药品零差率政策等研究。由于社区卫生服务体制、机制改革在不断深化,这类研究在全科医学科研中占的比例在不断上升。例如,"家庭医生制服务内部运行机制及效果评估",研究者对社区卫生服务中心实施家庭医生责任制的组织形式、约束机制、动力机制、管理机制和支持保障系统进行研究,并运用 Delphi 专家咨询法构建相应的效果评估量表。又如,"某社区卫生服务中心项目化综合化管理",社区卫生服务管理者对现有社区卫生服务中心的人事、财务、物资、医疗质量等常规管理工作进行梳理,形成项目管理路径并建立综合管理工作信息化模块。

5. 全科医学教育研究 包括全科医学教育培训计划制订、课程设置、教学方法与效果评估研究;全科医学教育的投入产出分析;医学院本科生及毕业后住院医师规范化培训模式与教学方法研究;全科医学继续教育以及自学评估的方法等。例如,"社区全科教学基地师资培养方法的探索",研究者根据自己多年开展全科医学教学的实践经验,认为社区师资是目前全科医学培训的关键环节,于是申报科研项目,通过调查某地 30 家社区培训基地的师资情况,初步形成社区全科基地师资培养方法及流程。

三、全科医生开展科研的常用方法

全科医生开展科研时,既需要掌握流行病学、卫生统计学等定量研究的方法进行科研设计、实施、资料收集和统计分析,还需要掌握科研的基本方法开展科学研究,如文献研究法、问卷调查法、定性研究法及量表测量法等。此外,根据全科医学的学科特点,全科医生还应重点了解社区常用的干预试验、病因探索、诊断试验与筛检评价、疾病预后及影响因素研究、健康教育与健康促进、健康管理、初级卫生保健服务评价等研究方法,以及与研究相关的医学伦理学原则。本书将在后续的各个章节中对相关内容进行详细介绍,为全科医生的科研工作提供帮助和指导。

(一) 全科医生科研的方法学基础

流行病学和卫生统计学方法是全科医生开展科研工作的方法学基础。

1. 流行病学方法　流行病学是一门研究人群中疾病和健康状况的分布及其影响因素,并进行防治措施效果评价的学科。流行病学是全科医生科研设计的重要方法,包括描述性研究、病例对照研究、队列研究等,全科医生开展科研时应重点掌握这些研究方法的基本原理,开展研究设计和资料分析。此外,树立人群研究的基本观点和理念十分重要。流行病学研究与临床研究的重要区别在于,前者强调在人群中开展研究,而后者着重于个体研究,全科医生科研要从患者的个体诊治研究扩大到患者群体乃至社区人群的研究,这是全科医生科研的重要特征,其研究成果将为社区人群的健康提供保障。

2. 卫生统计学方法　卫生统计学是运用数理统计学理论与方法在医疗卫生事业领域有关数据收集、整理、分析的一门应用性学科。卫生统计学方法也是全科医生科研中重要的方法学基础,全科医生应掌握数值变量、分类变量和相关回归分析等基本统计分析方法,科学地进行资料统计分析。另外,也应熟悉运用常用统计软件来进行统计分析。全科医生在学习流行病学和卫生统计学方法时,应重点关注其基本原理和方法在研究中应用,通过案例为导向的学习方法,理解常用研究设计方案、资料收集、分析方法以及研究结果的解释,而相关公式及推导过程不是学习的重点。

(二) 全科医生科研的常用方法

1. 文献研究法　文献研究法是科研的基本方法,全科医生应了解文献的种类、文献研究法的特点、文献检索技术、途径和步骤,熟悉常用的中、英文医学文献检索工具,如中国生物医学文献服务数据库、中国知网、万方数据资源系统及 PubMed 数据库等。文献管理的方法、文献分析步骤和方法对全科医生科研也很重要。目前,循证医学方法在全科医生科研中也逐步开始应用,如系统评价、荟萃分析(meta 分析)等,为此本书新设章节进行系统介绍。

2. 问卷调查法　问卷调查是全科医生科研中常用的研究方法,尤其是进行定量调查时,需要通过问卷调查获取相关信息。全科医生应掌握调查问卷的一般结构,问卷设计的基本原则、程序及质量控制,问卷的调查方法,现场调查过程管理与质量控制等方法。

3. 定性研究法　定性研究是一种系统化询问方式,通过访谈人员与被访者之间的交流过程,收集研究对象对事物发生及发展规律的观点、认识和态度等相关信息,从而阐述事物的特点及发生、发展的规律。定性研究的方法可应用于:①作为快速评价技术,可迅速提供有用的信息;②辅助问卷设计,提高问卷质量;③对所知不多的领域开展探索性研究;④对提出的问题深入研究。常用的定性研究方法包括观察法、深入访谈法、专题小组讨论、选题小组法、德尔菲调查法、头脑风暴法、鱼骨图法等。目前,定性研究在探讨社区居民的卫生服务需求、确定卫生服务模式以及服务评价指标体系研究等方面有较多使用。近年来,德尔菲调查法在全科医生科研中的使用越来越广泛,本书专设章节详细介绍相关内容。

4. 量表测验法　在全科医生科研中经常使用各种量表来评价人群的健康状况和生理、心理问题,全科医生需熟悉量表的构成、分类,量表测验的程序与应用,了解量表的研制方法,包括自行研制量表和国外量表的中文版研制的评价方法(信度、效度及反应度评价等),熟悉全科医学中的常用测定量表,如生命质量、健康状况量表、心理与社会功能评价量表等。

(三) 全科医疗服务中常用方法的设计

1. 健康教育与健康促进　健康教育学是一门研究以传播保健知识和技术,改变个体和群体危害健康的行为,消除危险因素,预防疾病和促进健康的科学。健康促进则促使人们维护和改善自身健康的过程。健康教育与健康促进是全科医生日常工作的主要内容之一,全科医生不仅要针对不同人群实施健康教育项目,还要通过科学研究不断完善健康教育的途径、方法,本书将介绍健康教育与健康促进计划设计、实施和效果评价方法,以利于全科医生科学地开展健康教育与健康促进项目及研究。

2. 健康管理　健康管理是对个体或群体的健康进行全面监测、分析、评估、提供健康咨询和指导,以及对健康危险因素进行干预的全过程。健康管理的宗旨是调动个体和群体及整个社会的积极性,有效地利用有限的资源来达到最大的健康效果。健康管理的关键内容是针对个体或群体进行健康风险评估,开展个体与群体健康干预,并对干预过程进行监督指导,从而提高人群健康水平。

第二节　全科医生科研的课题设计

全科医学科研工作的基本步骤包括选题、准备阶段、执行阶段、总结阶段。在确定选题后,进入准备阶段,研究者应仔细阅读近年来与本课题有关的文献与其他相关资料,形成研究假设和研究目标,并对研究中的相关概念进行梳理和澄清,在此基础上设计研究方案,在此阶段还要进行调查人员的培训和相关设备购置等工作;执行阶段一般需要通过预实验,检验研究方案的可行性,对方案进行完善,然后按照研究设计方案,进行资料收集;总结阶段一般指在完成各项资料收集之后,对原始资料进行整理和审核,对缺失数据及时进行补充调查,对不合理数据按照要求进行处理,在完成上述工作后,运用各种统计方法进行资料的统计分析,然后撰写研究报告或学术论文。本节重点介绍科研课题的选题和课题设计。

一、全科医生科研选题

选题是科研过程的战略性步骤和起点,是科学研究的首要环节。爱因斯坦在《物理学的进化》一书曾指出:"提出一个问题往往比解决一个问题更重要,因为解决问题也许仅仅是一个数学上或实验上的技能而已。而提出新的问题,新的可能性,以新的角度去看旧的问题,却需要创造性的想象力,而且标志着科学的真正进步。"科学家贝尔纳也曾指出:"课题的形成和选择,无论是作为外部的经济技术要求,抑或作为科学本身的要求,都是科研工作最复杂的一个阶段,一般说来,提出课题比解决课题更困难。"

由此可见,选题恰当与否不仅决定了课题研究的方向,而且也影响研究的整体设计、研究成果的应用价值。选题决定着课题研究的方向,它是关系到科研工作方向正确与否,成果可及与否,水平高低等关键性的重要决策;选题也是指导科研设计的主线,研究对象的选择、研究方法的应用、观察指标的选择、资料处理的方式以及研究结果的分析都将围绕选题展开。因此,选好题,一项研究的意义就能充分体现出来。

研究者通常从日常医疗卫生保健工作中,在大量阅读文献的基础上,选择自己感兴趣的研究领域,然后通过详细了解该领域的研究现状与未来发展方向,结合现有的工作基础和条件进行选题。

(一) 选题的基本原则

1. **重要性** 所选研究课题,应是当前需要优先解决的健康问题,一般需要回答三个问题:①问题的严重性如何? ②问题涉及面的广度如何? ③受影响的对象是谁? 如果一个研究课题的影响面广、影响的人多又严重,这就是应该首选的课题。通常选择疾病负担大(高发病率、高病残率)的病种进行研究,如心脑血管病、糖尿病、恶性肿瘤、呼吸系统疾病及新生儿疾病等都是疾病负担十分突出的疾病。

2. **创新性** 创新是科学研究的灵魂,是区别其他劳动的本质特征。无创新性的课题,是没有任何意义的,也算不上真正的科学研究。创新是科学研究的源泉和动力,体现了科研的真正价值。科研的创新程度可有不同,但一定要有创新。

"创"是指前人或他人没有研究过的题目,而不是重复别人的工作。

"新"是指研究项目有独到之处,而不是低水平模仿、抄袭。

前人是否做过类似研究,如果已有学者做过研究,要仔细分析前人的研究结果,是否还有哪些重要方面尚未研究透彻或尚未找到答案而需要继续研究。如果该问题已经有答案了,要考虑重复研究有无意义或有多大意义,如果没有意义,应放弃此类选题。通常可利用各种检索工具,如 Medline、Cochrane 光盘等,充分掌握该领域国内外的研究信息和动态,然后经过充分的思考,做好选题和立项工作。

3. **科学性** 研究要以辩证唯物主义为指导思想,选题必须以事实为根据,而非主观臆想。要能正确处理继承与发展的关系,不应与现有的科学规律和理论相矛盾;选题必须具体和明确,反映研究者思想的清晰度与深刻性;选题设计需符合科学的要求:受试对象、施加因素、观察措施和指标等选择合理,科研方法先进,统计学设计正确。

课题研究目的必须明确,内容清楚,指标具体,准备研究什么问题,解决什么问题,如何去解决这些问题,期望得到什么结果,哪些应作为研究重点,都应做到心中有数,有的放矢。全科医生通过对日常医疗卫生中遇到的问题进行提炼、归纳,形成研究选题,同时,还注意避免将科研工作完全等同于日常医疗卫生实践。

4. 实用性　包括预期成果的学术价值、社会效益和经济效益。

学术价值是指研究的预期结果在本领域有创新,如提出了新的问题、开拓了新的研究领域、提出了新观点、做出了新论证、构建了新理论,或发掘了新材料等。

社会效益是指预期研究成果对社会的科技、卫生、文化、生态、环境等方面所做出或可能做出的贡献。值得注意的是,社会效益具有慢热性、非显性的特点,往往要在一段比较长的时间后才能发挥出来。

经济效益是指研究的投入成本和将来成果推广应用时产出的比。课题效益对经济效益的要求一般是投入少、成本低、见效快、收效大。

5. 可行性　选题时还必须考虑完成课题的必要条件,包括课题研究的主观条件、客观条件两个方面。主观条件主要是指研究者在技术上有没有能力开展这项研究,即研究者和合作者的学识水平、业务技术操作能力,积累的科研工作经验,课题组人员知识结构、工作时间、人员结构、上级支持等。客观条件主要是指现有仪器设备、技术、材料、经费、床位、场所等条件是否能满足研究的需要,通常包括开展本项研究所需的仪器设备、实验条件,必要的人员配备,足够的经费资助及合理的时间周期等。现有资源不足时能否找到别的资助,争取必要的条件支持。

6. 伦理道德　应仔细考虑研究过程中是否可能对研究对象带来有害影响。如研究对象能否接受调查,与文化风俗习惯有无抵触,对研究对象隐私保护等。如有需要,在研究开始前应取得伦理道德委员会的批准。

(二) 选题的途径

1. 从招标项目指南中选题　在各类各级科研招标指南中,通常会非常明确地提出鼓励研究领域和重点资助范围,比较详细地提供了一系列可供选择的基础研究、应用基础研究、应用研究项目和课题,这些选题一般都是医疗卫生实践中亟待解决的问题。如国家自然科学基金、省部级科学基金等,有关部门每年都会下达项目指南。申请者可以根据自己的兴趣、特长和实力选择适合自己的研究课题。

2. 从实际工作中选题　在社区日常医疗卫生实践中,有大量的未知领域需要进一步探索的问题,亦有大量不断出现的新问题。因此,选题应着眼于工作实践。在实际工作中,会遇到各种各样的问题、难题及难以解释的现象。例如:

(1) 围绕社区常见病、慢性病的诊治:在实践中会发现:某疾病近年来发病率持续上升,患者数也越来越多;某疾病现有的治疗效果不佳,容易出现并发症;某疾病总是容易出现在某种特殊人群中;某两种或多种中医药适宜技术的组合对某种疾病是否较传统治疗更有效等问题。

(2) 围绕社区常见病、慢性病的管理:在实践中会发现实施不同的防治策略,管理效果会有较大差别;同一管理模式在不同的社区推广应用,也会有不同的管理效果;针对不同的人群,慢性病的防治措施也应有所侧重;社区卫生服务如何在为医养结合、妇幼保健、精神疾病患者管理中发挥作用等问题。

(3) 围绕深化医药卫生体制改革中涉及的社区卫生服务工作:如何实现公共卫生服务均等化?怎样界定基本医疗卫生服务和基本公共卫生服务?怎样实现老年人的医养结合?怎样加强社区卫生服务人才队伍建设?如何开展社区卫生信息化建设等问题。

(4) 围绕与社区卫生服务的交叉领域:在实践中,会碰到如下这些问题:社区卫生服务提供与民政救助如何有效衔接? 居民基本医疗保险与商业医疗保险怎样实现衔接? 社区卫生服务如何整合利用各种社区资源更好地提供服务? 等等。

【案例 1-1】

　　某研究的题目为"老年慢性病患者用药安全护理干预研究",由于老年慢性病患者往往一体多病,需服用多种药物,容易漏服,所以该研究者选择了这一课题。课题设立干预组、对照组,进行自身对照分析和组间比较,结果有说服力。

　　点评:由于慢性病的研究范围较大,专家建议缩小范围,以几种社区最常见病为研究对象,使研究结果更具针对性和可操作性。同时,专家建议采用随机分组的方法进行分组,使干预组与对照组有较好的可比性、均衡性。

　　3. 从文献的空白与记载的难题中选题　研究课题来自实际,亦来自文献,在实践中,对疾病的认识总会遇到困难,总会在著作中记载所没解决的问题或尚未定论的东西。可以通过阅读文献,借鉴他人的实践,激发自己的认识活动,扩展探索研究思路。如他人某项研究虽然重要但病例太少,则可以扩大样本量做进一步研究;某项研究限于当时条件,其观察指标不恰当或检查方法不精确,可进一步给予补充验证;国外的研究量表不一定适合国人,需要进行国内人群进行验证或通过自拟的研究量表进行测评。

【案例 1-2】

　　某课题为"社区中年人缺血性心血管疾病风险评估及干预研究",该课题根据文献检索,当时社区中年人缺血性心血管疾病风险评估相关研究报道不多,于是选择该研究课题。设计中按整群随机抽样的原则,随机抽取 5 个居委,每个居委抽取 20 个门栋抽取 1194 例(按样本估算结果)45~59 岁年龄段的居民,进行 10 年 ICVD 调查。对 10 年 ICVD 分值 >10% 的 50 例(样本估算为 194 例)进行干预,随机分为干预组和对照组,进行 2 年干预。

　　点评:该课题虽然获得立项,但存在以下两个问题:一是干预试验的样本量少于估算要求,如按样本估算要求,则现况调查人数需增加 3 倍,全科医生难以承担如此大的工作量。二是对照组人群处于较高 ICVD 分值,若不采取干预措施有悖于伦理学原则。该医生通过开题报告,寻求专家帮助,专家建议将题目改为"社区中年人缺血性心血管疾病风险评估及干预可行性研究",重点实施现况调查,干预只做可行性研究,这样就无须设对照组,避免样本量不足的问题及伦理问题。

　　4. 根据客观要求选题　根据人类对健康的愿望和客观要求而产生课题。例如:人从胚胎开始,至出生到生命终止,每一阶段均向医学科学提出了大量的研究题目,优生、优育、生长发育、长寿等各阶段都有许多具体问题需要解决。

【案例1-3】

　　某课题为"利用手机短信作为干预工具促进母乳喂养的干预意愿调查",研究者从事妇幼保健工作,发现母乳喂养的比例较低,传统健康教育方法效果不理想,于是就进行了此项研究。课题设计对怀孕早期妇女700例,在体检时开展问卷调查,了解其对母乳喂养以及利用手机短信进行干预的意愿。同时,选择30例哺乳期乳母进行定性访谈,孕早期妇女进行随访,观察其产后实施母乳喂养的情况及手机短信干预的情况。

　　5. 从已有课题新发现或延伸中选题　课题的研究内容都有一定范围与层次,在完成本课题任务之后,大多数情况下可以从广度和深度进一步延伸。通过延伸选题可以使研究步步深入。

【案例1-4】

　　某课题为"晚期肿瘤患者舒缓疗护干预效果评价",研究者在进行"多元文化护理在社区高血压患者健康教育中的应用"之后,又运用多元文化因素(种族、语言、宗教等)对晚期肿瘤患者居家护理的效果进行研究,以提高临终关怀质量。研究者进行三次入室护理,具体措施为多元文化因素(如音乐、语音等)和按摩等,第4次进行电话随访评估效果。

　　6. 从改变研究内容组合中选题　如实验性研究一般由研究处理因素、研究对象与效应指标三个要素组成。有意识地改变原有课题三要素中的一个,这种改变可以是某个要素在种类上、数量上的改变,如果这种改变具有理论意义与应用价值,就可构成一个新的课题。

　　7. 从其他学科移植中选题　借鉴与移植是科学研究的重要方法,它是把应用于某疾病、某学科、某专业,甚至某领域的先进的方法技术等借鉴转移过来,应用于另一疾病、学科、专业领域,为己所用。医学的发展在很大程度上依赖于其他学科新原理和新技术的发展,将其他学科新技术与新方法转移来研究医学中的问题,这已成为现代医学科研的重要选题方法之一。

　　8. 从学术争论中选题　对于同一现象、同一问题,学术界常存在着不同观点、不同认识,甚至产生激烈的争论。了解这种争论的历史、现状及焦点,乃是发现问题的重要途径。许多科学研究,常常是从有争论的问题开始的。参加各种学术讲座、学术会议和疑难病例讨论,是聆听各种意见和见解、启迪灵感的最佳途径,在这里就可以找到适合自己并且非常感兴趣的研究课题。

　　(三) 选题的程序

　　1. 提出问题　提出问题是任何医学研究活动开始的第一步,要提出一个具有科学意义和能够进行研究的问题,是相当困难的。但是提出问题是科研选题的始动环节,它具有重要

的战略意义。

2. 查阅文献　提出问题之后,就应当进行调查研究。查阅文献的主要目的是了解提出的问题是否在科学上具有创新意义？了解国内外在该领域的研究动态？为建立研究假说提供充分的材料与理论基础。调查资料收集主要有两条途径:一是在相关部门开展现场调查,收集第一手资料;二是查阅文献获取二手资料。

3. 建立假说　建立研究假说是选题的核心和灵魂。假说的正确与否从根本上决定科研工作的成败,假说水平的高低同样决定着科研成果水平的高低。

研究假说具有两个特点,一是科学性,研究假说应有一定的事实根据,需进行科学论证;二是假定性,假说尚未得到实践证明,有假定的性质,包含有猜测的因素,有预见成分。

在建立研究假说的科研实践中,要善于抓住已知的理论解释不了的事实和现象,随时记录自己观察与思考的"闪光点";要善于进行理论思维,养成对一切未经科学解释的现象进行思考的习惯;要善于学习自己相邻学科的理论及其他有关专业的知识,灵活应用借鉴;要善于从自己或别人的实践中总结经验、教训,发现新的研究点。

4. 确立命题　命题的确立一般要符合如下基本要求:

(1) 要简要概括研究课题的内容。

(2) 要含蓄地体现假说的内容。

(3) 一般需要附加限定成分,如初步研究、探讨等。

(4) 可采用动名词结尾,用以表达课题研究的性质和特点。如"疗效研究""模式研究"等。

(5) 命题需要简明扼要,中文题目一般以不超过 25 个字为宜,外文题目一般以不超过 15 个实词为宜。

二、全科医生科研课题的设计

完整的科研课题设计包括研究背景、立题依据、研究目标、研究内容、研究方法、技术路线、预期结果、研究人员、经费安排等。

(一) 研究背景

研究背景主要是阐述"为什么要做这项研究"。关于研究背景可以从三个层面来说明,每个层面依次递进。

首先,要阐述此次选题的意义,主旨是为了说明本研究选题是"需要研究"的。说明目前存在一个什么问题,该问题的深度和广度如何,不解决这个问题,会怎么样;解决了这个问题,又会怎么样。如该选题是一直没有解决的某个健康问题、或者该选题是当今学术研究的热点、或者该选题受到政府的高度重视等。

其次,要阐述国内外学者对这个命题开展了哪些研究,目前进展如何,即前人对这个问题已研究什么,什么内容还未研究;什么问题已有答案,什么问题没有答案;什么问题答案一致,什么问题答案不一致。

然后,在全面分析国内外学者研究现状的基础上,阐述已有研究在哪些方面有欠缺,或在哪些研究的方法、技术有待改进,或在哪些方面的研究还从未涉及,是研究的空白点。阐述本研究是从哪个角度进行研究,与国内外同行研究的主要区别在哪里。

(二) 研究意义

研究意义主要是在综合分析研究背景的基础上,阐述本研究的开展有什么意义,着重说明自己研究什么,说明本研究与现有研究的差异,而不是简单地重复前人研究,而是在前人研究基础上再向前走半步或一步,或找出了新的研究方向,还可阐述本研究的预期结果,从学术、社会、经济等多角度分析预期结果所带来的直接、间接效益等。

(三) 研究目标

研究目标可分为总目标和具体目标两个层面。

1. 总目标 总目标是研究目标的高度浓缩与概括。应通过简洁的语言阐明本研究是以什么为研究对象,用什么方法开展研究,开展怎样的研究,旨在达到什么样的研究目的。

2. 具体目标 具体目标是为了达到总目标而设定的若干个小目标。具体目标是由总目标分解而来的,一般设定 2~4 个,各个具体目标间需有一定的逻辑关系,具体目标要具有较强的可操作性。

【案例 1-5】

某科研设计题目为"某区中小学生校内伤害流行现况与干预对策研究"。

总目标:在现状研究的基础上,探索较为科学有效的校内中小学生伤害干预模式,更有效预防和控制某区中小学生校内伤害的发生。

具体目标:

1. 了解某区校内中小学生伤害流行病学特征。

2. 分析某区校内中小学生伤害发生的影响因素。

3. 根据"四 E"干预理论中的教育干预和工程干预,明确某区预防和控制中小学生校内伤害发生的优先领域。

4. 形成科学、可行的中小学生校内伤害干预模式。

(四) 研究内容与研究方法

研究内容一般根据研究的具体目标设计相对应的内容。它是实现研究具体目标所要做的具有可操作性的工作。

研究方法主要是根据研究的类型选择相应的调查方法及资料分析方法。研究内容与研究方法一般结合起来写,与研究具体目标有一定的对应关系(图 1-1)。研究目标、研究内容

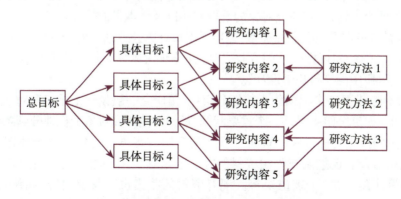

图 1-1 研究目标与研究内容、研究方法之间的关系

与研究方法组成研究方案的基本内容。

研究方案一般包括以下几个方面。

1. 明确研究对象　需要在科研设计中详细而具体地规定哪些个体属于研究对象,一般通过制定入选标准和排除标准来界定研究对象。

【案例 1-6】

如题为"脑卒中后社区康复治疗适宜技术的应用比较研究"的课题,研究对象为在某街道新发的和既往的脑卒中患者(病史 <1.5 年)。

研究对象纳入标准为:①年龄在 40~70 岁,性别不限;②符合 1995 年第四次脑血管病学术会议研究的诊断标准;③有影像学(脑 CT 或 MRI)结果;④意识清楚,各项生命体征稳定。格拉斯哥昏迷量表(Glasgow Coma Scale)评分 ≥8 分;⑤发病不超过 1.5 年;⑥存在肢体运动功能障碍,Brunnstrom 分级 1~5 期;⑦患者愿意参加本课题,并签署知情同意书。

研究对象排除标准为:①有意识障碍或严重的认知功能障碍者,简易智力状况检查(mini-mental state examination,MMSE)评分 <20 分;②肘关节挛缩固定,严重影响其活动性者;③痉挛肢体肌肉发生萎缩者;④有活动性肝病、肾功能不全、充血性心力衰竭;恶性肿瘤患者、呼吸功能衰竭者;⑤入选前接受过肉毒素注射或其他抗痉挛药物治疗者;⑥既往有精神病史者;⑦外地无法随访者和观察中自然脱离者。

2. 明确研究内容　研究内容是为了达到研究的具体目标,而确定的需要研究的具体工作内容。研究内容需要与研究具体目标有一定的对应关系。

3. 确定研究方法　需将研究的主要环节和方法逐一交代清楚,包括样本量的确定、调查或干预方法、研究分组、评价指标和标准、资料收集方法、防止混杂因素办法等。

(1) 确定调查或干预方法:根据研究目的,确定调查具体方法,一般应根据研究目标和研究内容确定,若需要了解人群某病患病的现状,可采用现况调查;进行病因或危险因素研究,可运用病例对照研究或队列研究;如需要评价干预措施的效果,则运用实验性研究,需要确定干预的具体技术、操作方法、干预周期等;探讨居民卫生服务需求、评价卫生服务满意度或探讨卫生服务的模式和效果评价指标体系,可采用定性研究方法。在选定了研究方法后,还要根据相应的研究方法,确定研究对象的选取方法以及样本量的估计。

(2) 确定样本量需要根据研究类型:运用样本量计算公式估算此研究所需样本量。样本量的选择是在科学性和可操作性间寻找平衡,并非越大越好。具体内容可参见本书"第四章　全科医生科研中的流行病学设计"。

(3) 研究分组需要确定根据什么特征分组:干预研究一般设立干预组和对照组,也可设立多个对照组。研究分组中另外一个重要问题,是如何把研究对象随机地分到各组。

(4) 资料收集方法:全科医生科研中常用的资料收集方法为定量调查或定性调查,也可两种方法相结合。定量调查收集资料的方法主要是采用问卷调查,定性调查收集资料的方法有专题小组讨论、个别访谈等。现有资料的收集也是重要内容,如统计年鉴或报表等;

（5）评价指标和标准：需要运用公认的评价指标和标准进行评价。

（6）防止混杂因素的办法：可在研究设计中，通过采用配比研究防止混杂因素对研究效果的干扰；亦可通过采用固定评价人选或培训标准化操作步骤等方法，防止因评价人员的不同测量尺度而造成对研究效果的干扰。

4. 资料分析方法　对收集到的资料进行整理、数据处理与统计分析。对于定量资料，需编制数据库，进行数据的计算机录入工作。定量资料可运用统计软件进行分析。对于定性资料，常采用类属分析法、图示法等。

（五）技术路线

技术路线是对整个研究设计的总体概括。多用技术路线图即应用简洁的逻辑图形描述研究对象、研究内容、研究方法及相关环节之间的逻辑关系。技术路线图具有反映课题研究设计全貌的特征，如题为"脑卒中后社区康复治疗适宜技术的应用比较研究"课题的技术路线（图 1-2）。

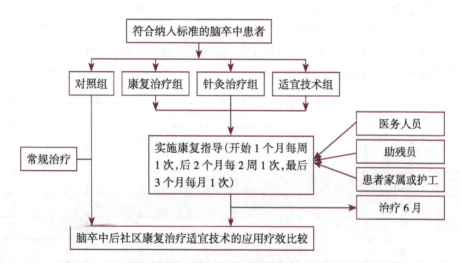

图 1-2　脑卒中后社区康复治疗适宜技术的应用比较研究的技术路线

（六）预期结果

预期结果包括该项研究预计得出的研究结果和研究结论，该项研究拟产出科技成果的方式，如应用技术成果、产品、调查报告、学术论文等。此外，针对研究中的创新内容还可以写出预计产出的创新性成果能达到哪一级水平，如国际领先、国际先进、国内领先、国内先进。

【案例 1-7】

如题为"某区托幼机构手足口病发病现状和影响因素研究"

1. 预期研究结果

（1）掌握辖区内托幼机构手足口病的发病趋势、流行现状；

（2）掌握辖区内托幼机构手足口病的影响因素等；

（3）从医疗机构、托幼机构、患儿家庭及社区管理等多角度提出手足口病区域联防联控方案和措施；

（4）提高幼儿家长手足口病防病意识和防治知识知晓率。

2. 预期研究成果的产出方式

（1）形成课题研究报告；

（2）拟定在核心期刊发表论文 4 篇：

1）某区托幼机构手足口病聚集性发病流行趋势研究；

2）幼儿家长对手足口病预防控制 KAP 调查研究；

3）某区托幼机构手足口病聚集性发病影响因素研究；

4）托幼机构手足口病聚集性发病防控策略研究。

（七）研究进度

课题的研究进度需写明课题研究的周期有多长；在研究周期内，以年、季度或月份为单位，每个时间单位内应完成的课题计划和任务。课题研究进度的撰写，可以用文字分段表述，也可以用甘特图（Gantt chart）表述（图 1-3）。

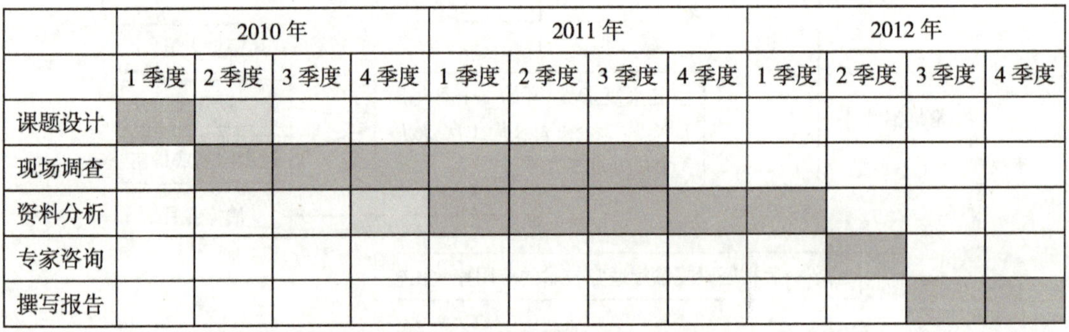

	2010 年				2011 年				2012 年			
	1 季度	2 季度	3 季度	4 季度	1 季度	2 季度	3 季度	4 季度	1 季度	2 季度	3 季度	4 季度
课题设计	▨	▨										
现场调查		▨	▨	▨	▨							
资料分析					▨				▨			
专家咨询									▨	▨		
撰写报告											▨	▨

图 1-3　某课题设计用甘特图表示的研究进度

甘特图是一种按照时间进度标出工作活动的图表。它直观地表明任务计划在什么时候进行，及实际进展与计划要求的对比。课题项目负责人由此可清晰、明了地弄清一项任务(项目)还剩下哪些工作要做，并可评估工作进度。

（八）研究人员

课题研究人员主要包括课题负责人和课题参与人员。如申请某项科研基金，对于课题负责人和课题参与人员一般都有相应的表格让研究者填写，大多包括研究人员的基本信息、曾参与过的研究项目、在本项研究中主要的任务和分工等。

（九）经费预算

科研课题的经费预算通常包括经费来源、经费预算总额、分项经费预算情况、各年度经费预计使用情况及支持单位经费保障等。如申请某项科研基金，这部分内容可依照计划任务书中的经费预算表格进行撰写。经费预算需把握好科学、合理、节约的原则。科研经费预算的具体要求需按照各类科研基金经费管理的办法执行。

在完成项目设计后,首先要通过预研究,检验研究计划和调查方案的可行性,对方案进行完善。然后,按照研究设计方案,实施抽样、收集资料。在完成各项资料收集之后,对原始资料进行整理和核对,对缺失数据应及时进行补充调查,对不合理数据按照相关要求进行处理,在此基础上进行数据的计算机录入工作,一般要进行双人双份录入,并进行数据的逻辑校对。在完成上述工作后,开始进行资料的统计分析,包括计量资料、计数资料、等级资料的描述性统计和推断性统计分析、线性和多因素回归分析等,最后撰写研究报告或学术论文。本书第三、第八、第十四章分别阐述了资料的统计分析方法、文献阅读、综述撰写与论文和研究报告撰写的具体要求。

三、全科医生科研设计存在的问题与对策

1. 选题太大、研究内容宽泛,深度不够 全科医生科研设计中最容易出现的问题是题目求大、求全,包含的研究内容很多,限于研究周期和研究者的能力与水平,对所要研究的内容都只是蜻蜓点水,泛泛了解,研究的重点不突出,深度不够。

例如,某研究题为"糖尿病防治研究",这个题目开口很大,涵盖的内容很多,它没有界定该研究是针对哪一类型糖尿病,糖尿病有多个类型,研究主体未明确;糖尿病的研究方向很多,是进行临床治疗效果评价,还是预防糖尿病,是一级预防,还是早期发现、早期诊断、早期治疗,或是糖尿病并发症的预防或治疗;也没有说明采用的是什么防治方法,也不清楚是从什么角度评价糖尿病的防治效果。如果将该题目改为"老年 2 型糖尿病患者运动干预效果研究",使研究对象聚焦 2 型糖尿病老年患者,干预方法限定为运动干预,研究目的落在运动干预效果评价,研究者就比较容易把握整体研究设计了。

对于初次尝试科研设计的研究者,在选题时就要注意把握"小开口、深挖掘"的原则,注意多从社区卫生服务的具体工作中寻找研究点,可以一次围绕一个研究因素深入开展研究,这样较容易把握研究设计,在开展调查研究中也便于具体操作。

【案例 1-8】

如某课题为"老年骨质疏松症的综合干预"

该项目运用的综合干预措施为健康教育、饮食、运动、补充维生素 D 以及药物干预。研究设计采用随机分层分组的方法,以性别作为分层因素,干预组为社区医院随访的对象,采用综合干预措施,而对照组为上级医院随访的对象,仅实施健康教育措施。

点评:该研究存在以下问题:①干预内容较多,既有健康教育,又有饮食、运动、补充维生素 D 以及药物干预,无法对主要干预措施的效果进行科学评价;②对照组患者中如需药物治疗而不给予用药,不符合伦理学要求。一般在社区干预中,药物因素不宜作为研究内容,服药与否应按国家现有指南实施,不是该研究所要研究的,建议两组患者为均需服药者,且服药方案基本类似。该研究应重点研究社区综合干预措施的效果;③此外,干预组为社区医院随访的对象,而对照组为上级医院随访的对象,两组缺乏可比性。建议研究对象均来自社区,确定入选标准和排除标准后,进行研究对象入组,采用随机分层方法进行分组,分层因素除性别外,增加病情严重程度(骨密度测定结果),以增加两组均衡性。

2. 研究设计缺乏创新性　对任何研究来说,具有创新性是至关重要的。没有创新性的课题几乎没有研究的意义。造成研究设计缺乏创新性的主要原因是研究者对国内外研究背景了解不全面,没有掌握最前沿的学术思想。这就需要研究者在确定了研究方向后,充分查阅文献,了解国内外研究者对该研究方向开展了哪些研究。在此基础上撰写文献综述,文献综述是一种很好的归纳、总结文献研究内容的方法,通过撰写文献综述,可以系统性梳理所查阅文献的内容,发现前人研究的空白点和缺陷所在。

此外,在科研实践中需不断培养创新性思维。创新是多角度的。可从研究问题中找到创新点:如科学地解释实践中遇到的现象,针对已有的问题提出新的解释,对新发现的现象提出科学合理的解释;也可以在研究方法、技术上找到创新点:某种新方法、技术的建立,对已有方法、技术的改进,在新的领域运用已有的方法、技术;还可以从学科交叉范围中找到创新点。

3. 对随机抽样的理解和操作有偏差　不少科研设计者对随机抽样概念的理解有偏差,或是在实际操作中对随机抽样方案实施不够严格,使得样本并非随机抽样样本。有些研究者将随机抽样理解为"随意抽样"或"随便抽样";有些研究者采用随机方法有误或表述上过于笼统,如某研究者拟调查某市 2 型糖尿病的患病率,采用分层整群抽样或多阶段随机抽样,但未具体如何进行多阶段随机抽样;再比如抽取某特定人群进行疾病筛查,主动接受筛查的居民往往是可能已存在相关症状或是时间比较空闲,而身体健康或工作比较忙的居民则很少主动配合疾病筛查,如果不严格执行随机抽样方案,将所有抽到的样本进行检测和分析,则可能造成所筛查疾病的患病率比实际情况要高,造成结果的偏倚。这就需要研究者认真学习随机抽样这部分内容,在课题设计中正确选择抽样方法,科学严谨制定随机抽样方案,具体表述抽样的操作步骤,并在课题实施阶段严格执行随机抽样方案。

4. 研究方法单一,数据挖掘不够　由于条件有限、历史资料不足和统计分析能力限制,全科医生科研中多采用现况调查等描述性研究,分析时缺乏此方面内容与历史资料的纵向比较,也缺乏与其他社区资料的横向比较分析。描述性研究结果只能客观说明在某个时点疾病的现况,在病因探索中缺乏说服力,无法科学地推断病因。病因研究需要运用分析性研究方法,如病例对照研究、队列研究和实验性研究。干预效果评价类研究,研究者在研究设计中需遵循"随机、对照、重复"的三原则,在课题设计阶段应根据研究内容设计好干预组和对照组的相应措施,对研究对象的分配应采用随机分组。另外,研究者需要深入学习统计分析方法和统计分析软件,灵活掌握常用统计方法的运用。

5. 定性资料的分析、利用不够　研究资料分为定量资料和定性资料两类,很多医务人员重视对定量资料的分析,而忽视了对定性资料的分析、利用。定量资料通常运用流行病学调查方法获得,而定性资料通常采用访谈、咨询等社会学研究方法获取。定性资料分析与定量资料分析应该是相互补充的,定量资料可以客观地得到相关指标的量化结果,而定性资料可以对某些现象的原因进行深入分析,从而弥补定量资料的局限。只有将定性资料与定量资料有机结合,并全面分析,才能够较好地把握问题的实质。

(施　榕)

第二章 全科医生科研中伦理学问题

科学研究是医学进步的基础,医学研究归根结底需要以人类作为研究对象。而在当前的医学实践中,大多数的诊断、治疗或预防所采用的方法依然蕴含风险。为保护受试者权益、保障其安全、维护其尊严、促进生物医学研究规范开展,国际社会和我国政府均制定了涉及人的生物医学研究的伦理道德准则和规范,本章将结合全科医学的科研特点对此进行介绍。

第一节 概 述

一、医学科研伦理的立法

医学是一门特殊的科学,从严格意义上说,所有的医学实践都是实验研究。有记载的、最早的、具有明确探寻目的、以人为试验为对象的医学研究当推 1789 年英格兰医生 Edward Jenner 的牛痘接种试验。早期的医学人体试验因其出于善意的动机,并未引发人们对医学研究伦理道德的思考。1865 年,现代生理学的奠基人之一、法国生理学家克劳德·贝尔纳(Claude Bernard,1813—1878)在其出版的《实验医学导论》一书中首先提出了"绝不能在人体开展可能伤害到受试者的实验"的医学实验道德原则。然而,第二次世界大战期间,德国纳粹分子以犹太人、战俘及其他无辜者为对象进行了惨无人道的人体医学试验,借科学研究之名屠杀了 600 万被其称为"没有价值的生命"。第二次世界大战结束后,1946 年在德国纽伦堡国际军事法庭对纳粹战犯进行了审判,其中包括 23 名医学专家。《纽伦堡法典》就是这一军事法庭审判决议的一部分,其内容为涉及人体试验的十点声明,其中两点最为关键:一是有利于社会,二是应该符合伦理道德和法律要求。这是关于人体试验的第一个国际文件。为了更有效防止历史悲剧重演,并促进医学研究规范进行,关于人体试验的第二个国际文件《赫尔辛基宣言》在 1964 年第 18 届世界医学大会获得通过,该宣言在一定程度上传承了《纽伦堡法典》的精神,又比《纽伦堡法典》更为全面、具体和完善,它提出的公正、尊重人格、力求使受试者最大程度受益和尽可能避免伤害的伦理准则,一直被作为医学研究伦理道德规范的基石。2002 年,国际医学科学组织理事会(CIOMS)和世界卫生组织(WHO)共同制定了《涉及人的生物医学研究的国际伦理准则》,国际层面的医学研究伦理道德规范体系日臻完善。

我国原卫生部在 2007 年颁布了《涉及人的生物医学研究伦理审查办法(试行)》,将国内医学研究的伦理审查要求提高到国家法规层面。2016 年,正式颁布为《涉及人的生物医学研究伦理审查办法》(国家卫计委),使国内医学研究在伦理道德要求上实现与国际接轨同步。

在开展医学研究时,研究者既应当考虑自己国家关于涉及人类受试者研究的伦理、法律与管理规范和标准,也应当考虑相应的国际规范和标准。任何国家性的或国际性的伦理法律或管理规定,都不得削弱或取消《赫尔辛基宣言》提出的对人类受试者的任何保护。

二、涉及人的生物医学研究

(一) 医学研究的目的

涉及人类为受试者的医学研究的主要目的是理解疾病的原因、发展和结果,改进预防、诊断和治疗的干预措施(方法、程序和处理)。即使是当前最佳的预防、诊断和治疗措施也必须通过研究继续评估它们的安全性、有效性、效能、可行性和质量。

(二) 医学研究的范围

根据《赫尔辛基宣言》的定义,涉及人类受试者的医学研究包括利用可鉴定身份的人体材料和数据所进行的研究。这不仅包括直接面向研究对象收集 / 采集各类人体材料和数据的研究,还包括利用以往收集的人体材料和数据进行的研究。此时,若以往的材料和数据包含有可鉴定身份的信息,则属于涉及人类受试者的医学研究,否则,可视为不属于此范畴。例如,利用社区卫生服务中心开展高血压患病情况的描述性研究,疾病的三间分布必然涉及患者的性别、年龄、职业、居住地区等人口学信息,因此,属于利用了可鉴定身份的人体材料和数据。若只是统计高血压患病率则可忽略患者的人口学信息,但这种研究缺乏实际价值,现实中的医学研究几乎都属于涉及人类受试者的医学研究范围。

我国《涉及人的生物医学研究伦理审查办法》明确规定,涉及人的生物医学研究包括以下活动:①采用现代物理学、化学、生物学、中医药学和心理学等方法对人的生理、心理行为、病理现象、疾病病因和发病机制,以及疾病的预防、诊断、治疗和康复进行研究的活动;②医学新技术或者医疗新产品在人体上进行试验研究的活动;③采用流行病学、社会学、心理学等方法收集、记录、使用、报告或者储存有关人的样本、医疗记录、行为等科学研究资料的活动。

三、研究者的义务和受试者的权利

(一) 研究者的义务

在以人为对象的医学研究中,研究者有以下责任和义务。

1. 避免毫无理由的欺骗、不正当影响或恐吓。

2. 只有在确定了未来受试者对有关事实及参与研究的后果已有充分理解,并有充分机会考虑是否参加研究之后,才能去征求其同意。

3. 一般规定是从每个未来受试者获取已签名的同意书,作为知情同意书的证据,研究者对这一规定的任何例外均应说明理由,并应取得伦理审查委员会的批准。

此条款的含义是:原则上知情同意书应由每个未来受试者亲自签名,若不能亲自签名则研究者应说明理由,并应取得伦理审查委员会的批准。例外的情形见本章第三节。

4. 如果研究条件或程序有了明显变动,或者获得了可能影响受试者愿意继续参加研究的新信息时,应更新每个受试者的知情同意书。

5. 在长期研究项目中,应按预先定好的间隔期与每个受试者续签知情同意书,即使研究目的和设计并无变动。

(二) 受试者的权利

受试者可以自愿参加和随时退出研究;在充分理解知情同意书内容的基础上作出是否

同意参加研究的决定并签署知情同意书;个人隐私和秘密得到保护;如因参与研究而受损害时,有权得到对该伤害的免费治疗,并得到经济或其他方面的援助,以公平地补偿他们造成的损伤、丧失能力或残疾。如果由于参与研究而死亡,他们所赡养的人有权得到赔偿。

四、医学研究的伦理原则

(一)研究过程的伦理

医学科研应当遵守国家的法律法规规定,在研究中尊重受试者的自主意愿,维护受试者的尊严,遵从有益、不伤害和公正的原则。以人为受试者的生物医学研究,必须符合以下伦理原则:

1. 知情同意原则。尊重和保障受试者是否参加研究的自主决定权,严格履行知情同意程序,防止使用欺骗、利诱、胁迫等手段使受试者同意参加研究,允许受试者在任何阶段无条件退出研究。

2. 控制风险原则。首先将受试者人身安全、健康权益放在优先地位,其次才是科学和社会利益,研究风险与受益比例应当合理,力求使受试者尽可能避免伤害。

3. 免费和补偿原则。应当公平、合理地选择受试者,对受试者参加研究不得收取任何费用,对于受试者在受试过程中支出的合理费用还应当给予适当补偿。

4. 保护隐私原则。切实保护受试者的隐私,如实将受试者个人信息的储存、使用及保密措施情况告知受试者,未经授权不得将受试者个人信息向第三方透露。

5. 依法赔偿原则。受试者参加研究受到损害时,应当得到及时、免费治疗,并依据法律法规及双方约定得到赔偿。

6. 特殊保护原则。对儿童、孕妇、智力低下者、精神障碍患者等特殊人群的受试者,应当予以特别保护。

(二)医学研究附加原则

临床医疗研究具有更为复杂的伦理问题:作为实验组的受试者,有可能面临更高的伤害风险,而作为对照组的受试者,也有可能失去获得干预利益权利。例如,某医院研究人员为探讨整体护理对手术患者的治疗效果,将本院的手术患者随机分为观察组和对照组,对照组进行常规护理,观察组在此基础上给予整体护理。此设计的缺陷在于整体护理作为一种更科学更全面更优质的护理模式,理应尽可能地推广应用,但本试验人为地剥夺了对照组接受整体护理的权利。此类研究的设计,最好是以医疗机构为单位,以因条件所限未能实施整体护理的单位为对照组,以减少对患者权益的损害。

为了更好地保护受试者的生命和健康,维护他们的尊严,《赫尔辛基宣言》制定了医学研究与医疗相结合的附加原则:

1. 医生只有在以下条件下可以把医学研究和医疗结合起来:该研究潜在预防、诊断或治疗的价值可证明此研究正当,而且医生有很好的理由相信,参加这项研究不会给作为受试患者的健康带来不良影响。

2. 对新的干预措施的受益、风险、负担和有效性的检验必须与当前经过证明的最佳干预措施相比较,但以下情况可以例外。

(1)当不存在当前经过证明的干预措施时,安慰剂或不治疗是可以接受的。例如,老年性膝关节退行性变,目前并无有效药物,关节置换虽有效果但风险也高。为了研究人工关节的效益,可设置手术组和对照组进行研究,此时,对照组可以不给予任何治疗措施(称空白对照)。因为也没有可用的有效治疗措施。但如果是研究新药对细菌性痢疾的治疗效果,则不能采取空白对照的方法,因为实际上目前能够有效治疗此病的药物很多,不能为了研究而不给对照组患者任何治疗。此时,可采用非空白对照法,即对照组采用旧的治疗措施。

(2) 或由于令人信服的或科学上有根据的方法学理由,有必要使用安慰剂来确定一项干预措施的疗效或安全性,而且接受安慰剂或无治疗的患者不会遭受任何严重的或不可逆的伤害风险。此种情形应主要见于慢性病研究时,对于尚无有效治疗办法的慢性疾病,使用安慰剂和无治疗不会导致患者因病情迅速变化而受损害。但若为急性病,虽无特效方法亦应进行对症治疗,故不符合此条伦理原则。

3. 研究结束时,参加研究的患者应被告知研究的结果,分享由此获得的任何受益,例如,获得本次研究确定的有益干预措施或其他相应的治疗或受益。

4. 医生必须充分告知患者医疗中的哪些方面与研究有关。医生绝不能因为患者拒绝参与研究或决定退出研究而影响医患关系。

5. 在治疗患者的过程中,当不存在经过证明的干预措施或这些干预措施无效时,如果根据医生的判断,一项未经证明的干预措施有挽救生命、恢复健康或减轻痛苦的希望,医生在取得专家的建议后,获得患者或其合法授权代表的知情同意,可以使用这种未经证明的干预。可能时,应该对该项干预进行研究,旨在评价其安全性和有效性。在任何情况下,新的信息都应该被记录下来,并且在适当时候使其公开可得。

(三) 发表、报告研究结果的伦理

《赫尔辛基宣言》指出,作者、编辑和出版者在发表研究结果的时候也都有伦理义务。作者有义务使他们在人类受试者身上进行的研究结果公开可得,对他们报告结果的完整性和准确性负责。他们应该坚持公认的合乎伦理的报告原则。阴性结果、不能给出明确结论的结果和阳性结果均应发表或使其能公开可得。资金来源、所属单位和利益冲突都应该在发表的时候说明。不符合本宣言原则的研究报告不应该被接受和发表。

第二节 医学研究的伦理审查制度

为了保证医学研究伦理原则的贯彻施行,无论是国际上的《赫尔辛基宣言》《涉及人的生物医学研究的国际伦理准则》,还是我国的《涉及人的生物医学研究伦理审查办法》均对执行程序——伦理审查作出具体要求。

一、医学伦理委员会

(一) 医学伦理委员会的分类

建立医学伦理委员会已然成为国际医学界的常规做法。医学伦理委员会根据其依托机构分为三种类型,即 HEC、IRB 和 MEC。

1. 医院伦理委员会(Hospital Ethics Committee,HEC) 是在医院等医疗卫生机构中设立的伦理委员会,也称为医院伦理委员会,是医疗卫生机构中建立的、由多学科人员组成、为发生在医疗实践和医学科研中的医德问题和伦理难题提供教育、咨询等的组织。

2. 机构审查委员会(Institutional Review Board,IRB) 为高等院校、学术期刊和科研机构

中设立的伦理委员会,亦称机构审查委员会。建立在高等院校、学术期刊和医学科研机构中,由多学科人员组成、对医学科研选题、开展、结题、成果的发表等进行伦理审查的组织。

3. 医学伦理委员会(Medical Ethics Committee,MEC) 是在国家政府或医学组织中设立的医学伦理委员会,由国家的政府或国际、国内医学组织建立,负责对某些重大医学科研、卫生政策、医学法律法规,从伦理上加以决策、论证、辩护。目前我国已建立国家医学伦理专家委员会和国家中医药伦理专家委员会。

(二) 医学伦理委员会的设立

我国《涉及人的生物医学研究伦理审查办法》规定,从事涉及人的生物医学研究的医疗卫生机构,应当设立伦理委员会。医疗卫生机构未设立伦理委员会的,不得开展涉及人的生物医学研究工作。

(三) 医学伦理委员会的职责

伦理委员会的职责是保护受试者合法权益,维护受试者尊严,促进生物医学研究规范开展;对本机构开展涉及人的生物医学研究项目进行伦理审查,包括初始审查、跟踪审查和复审等;在本机构组织开展相关伦理审查培训。

(四) 医学伦理委员会的工作内容

伦理委员会对受理的申报项目应当及时开展伦理审查,提供审查意见;对已批准的研究项目进行定期跟踪审查,受理受试者的投诉并协调处理,确保项目研究不会将受试者置于不合理的风险之中。

伦理委员会在开展伦理审查时,可以要求研究者提供审查所需材料、知情同意书等文件以及修改研究项目方案,并根据职责对研究项目方案、知情同意书等文件提出伦理审查意见。

二、伦理审查程序

(一) 提交申请

涉及人的生物医学研究项目的负责人作为伦理审查申请人,在申请伦理审查时应当向负责项目研究的医疗卫生机构的伦理委员会提交下列材料:

1. 伦理审查申请表。

2. 研究项目负责人信息、研究项目所涉及的相关机构的合法资质证明以及研究项目经费来源说明。

3. 研究项目方案、相关资料,包括文献综述、临床前研究和动物实验数据等资料(相关文件,详见后述)。

4. 受试者知情同意书。

5. 伦理委员会认为需要提交的其他相关材料。

(二) 伦理审查的要素

伦理委员会的主要任务在于审查研究方案和证实文件,应特别注意签署知情同意书的过程、文件、方案的适宜性和可行性。伦理委员会需考虑先前的科学审查(如果有的话),以及现行法律和法规的要求。如适用,应考虑以下几个方面。

1. 研究的科学设计和实施 主要审查研究方案的科学性和合理性;权衡受试者和相关群体的预期利益与预计的危险和不便是否合理;应用对照组的理由是否充分;受试者提前退

出的标准；暂停或终止整个研究的标准；对研究实施过程的监测和审查是否有适当的规定，包括成立数据安全监察委员会；是否有合适的场地，包括辅助人员、可用的设施和应急措施；报告和出版研究结果的方式是否合理。

2. 招募受试者的标准和程序　受试者的人群特征（包括性别、年龄、文化程度、文化背景、经济状况和种族）是否存在伦理问题；初次接触和招募受试者准备采取的方式是否恰当；把所有信息传达给可能的受试者或他们的代表的方式是否合适；受试者的纳入和排除的标准是否科学合理。

3. 受试者的医疗和保护　这方面的内容表现在：研究人员的能力和经验是否能保证受试者受到良好保护；因研究目的而撤销或不给予标准治疗的设计，以及采取此类设计的理由是否充分；在研究过程中和研究后，为受试者提供的医疗保健是否完善；对受试者提供的医疗监督和心理 - 社会支持的是否完备；如果研究过程中受试者自愿退出时将采取什么措施来完善研究和对退出者的权利保护；延长使用、紧急使用和（或）出于同情而使用研究产品的标准是否合理；如必要，是否有向受试者的全科医生（家庭医生）提供信息的安排，包括征得受试者对这个做法同意的程序；研究结束后，受试者可获得研究产品计划的说明；对受试者的任何费用支出的说明；对受试者的奖励与补偿，包括金钱、服务和（或）礼物；由于参与研究造成受试者的损伤 / 残疾 / 死亡的补偿或治疗的规定；保险和损害赔偿的安排。

4. 受试者隐私的保护　对于可以接触受试者个人资料（包括医疗记录、生物学标本）人员的规定；保证有关受试者个人信息的保密和安全的措施。

5. 知情同意的过程　获得知情同意过程的详细描述，包括确认取得知情同意的责任人；给受试者或其法定代理人的书面和口头信息的充分性、完整性和可理解性；试图将不能表达知情同意者纳入试验的充分理由，以及为这些人参加试验而取得同意或授权的详细说明；保证受试者在研究过程中可得到与其参加试验相关的、有用的信息（包括他们的权利、安全和福利）；在研究过程中听取并答复受试者或其代表的疑问和意见的规定。

6. 社区的考虑　对从当地社区和有关社区中抽取受试者，研究可能的影响和关联；研究设计阶段所采取的向有关社区咨询的步骤；社区对个人同意的影响；研究过程中所提议的社区咨询；研究对增强当地能力的贡献程度，例如，增强当地医疗保健、研究及对公共卫生需求的应对能力；研究结束后，成功地研究产品在有关社区的可获得性和可负担性；受试者和有关社区获得研究结果的方式。

三、伦理审查意见

(一) 审查内容

伦理委员会依据以下基本标准对被审查研究项目进行审查：①坚持生命伦理的社会价值；②研究方案科学；③公平选择受试者；④合理的风险与受益比例；⑤知情同意书规范；⑥尊重受试者权利；⑦遵守科研诚信规范。

(二) 审查意见

伦理委员会对被审查研究项目的审查意见有六种形式：①批准；②不批准；③修改后批准；④修改后再审；⑤暂停；⑥终止研究。

研究项目未获得伦理委员会审查批准的，不得开展项目研究工作。

四、跟　踪　审　查

(一) 指定情形的跟踪审查

在以下情况和事件要求对研究进行跟踪审查：①对方案的任何修改，其可能影响受试者权利、安全和(或)福利，或影响研究的实施；②与研究实施和研究产品有关的、严重的和意外的不良事件，以及研究者、申办者和管理机构所采取的措施；③可能影响研究受益/风险比的任何事件或新信息。

(二) 常规的跟踪审查

对已批准实施的研究项目，伦理委员会应当指定委员进行跟踪审查。跟踪审查包括以下内容：①是否按照已通过伦理审查的研究方案进行试验；②研究过程中是否擅自变更项目研究内容；③是否发生严重不良反应或者不良事件；④是否需要暂停或者提前终止研究项目；⑤其他需要审查的内容。

第三节　医学研究的特殊伦理问题

为了更好地落实涉及人的生物医学研究的伦理原则，《涉及人的生物医学研究的国际伦理准则》对特殊情况下的知情同意和脆弱人群受试者的选择做出具体规定。

一、知情同意的特殊情况

知情同意书是知情同意原则的具体体现。项目研究者开展研究，应当获得受试者自愿签署的知情同意书；受试者不能以书面方式表示同意时，项目研究者应当获得其口头知情同意，并提交过程记录和证明材料。对无行为能力、限制行为能力的受试者，项目研究者应当获得其监护人或者法定代理人的书面知情同意。此外，知情同意还有以下特殊情况：

1. 事后知情同意　仅限于在心理学研究中，因为事先的知情同意可能会影响受试者对问题的回答，从而影响研究结果的准确性，因此，研究者可以在项目研究完成后充分告知受试者并获得知情同意书。

2. 再次知情同意　当发生下列情形时，研究者应当再次获取受试者签署的知情同意书：①研究方案、范围、内容发生变化；②利用过去用于诊断、治疗的有身份标识的样本进行研究；③生物样本数据库中有身份标识的人体生物学样本或者相关临床病史资料，再次使用进行研究；④研究过程中发生其他变化。

3. 免除签署知情同意书　以下情形经伦理委员会审查批准后，可以免除签署知情同意书：①利用可识别身份信息的人体材料或者数据进行研究，已无法找到该受试者，且研究项目不涉及个人隐私和商业利益；②生物样本捐献者已经签署了知情同意书，同意所捐献样本及相关信息可用于所有医学研究。

二、在资源贫乏的人群和社区中的研究

在资源贫乏的人群或社区进行研究之前，资助者和研究者必须尽最大努力来确保：研究是为了针对该人群和社区的健康需求和优先事项；为了该人群或社区的利益，所研发的任何干预措施和产品或所产生的任何知识都将能为该人群或社区合理可得。

三、涉及脆弱人群的研究

如要征募脆弱个人作为研究受试者,必须有特别的合理性论证,他们一旦被选中,必须采取保护他们权利和福利的严格措施。

(一)涉及儿童的研究

在进行涉及儿童的研究之前,研究者必须保证:以成人为研究对象不能得到与以儿童为研究对象相同的结果;研究目的是为了获得与儿童健康需求有关的知识;每个儿童的父/母或法定代理人已给予允许;已取得在儿童能力范围内的同意(赞同);儿童拒绝参与或拒绝继续参与研究的意愿将受到尊重。

(二)因精神和行为疾患而无充分知情同意能力者的研究

在对因精神或行为疾患而无足够知情同意能力的人进行研究之前,研究者必须保证:如果该研究能在有充分知情同意能力的人身上进行得一样好,则不应以这些人作为研究受试者;研究的目的是为了获得与精神或行为疾患患者的特殊健康需求有关的知识;已在每个受试者的能力范围内取得其同意,未来受试者拒绝参加与研究的意向必须受到尊重,除非在例外的情况下,即没有其他合理的医学治疗方法,且当地法律允许推翻受试者的反对意见时;当未来受试者缺乏同意能力时,可由一名适当的家庭成员或法律授权的代表按照现行法律给予同意。

(三)妇女作为研究受试者

研究者、资助者或伦理审查委员会不应将育龄妇女排除在生物医学研究之外。在研究期间有可能怀孕,本身不应成为排除或限制其参与的理由。但是,对妊娠妇女及其胎儿风险的详尽讨论,是使妇女能对参与临床试验作出理性选择的前提。在这种讨论中,如果参与研究可能对在研究中怀孕的妇女及其胎儿构成危险,则资助者/研究者应该保证在研究开始之前向未来受试者提供妊娠试验和有效避孕方法。如果由于法律或宗教原因做不到这点,研究者就不应该征募可能怀孕的妇女参与这种可能有危险的研究。

(四)孕妇作为研究受试者

孕妇是符合参与生物医学研究条件的人群之一。研究者和伦理审查委员会应该确保怀孕的未来受试者充分了解参与研究对她们自己、对其妊娠、对胎儿、对其子女以及对其生育能力的利益和风险。对这一人群的研究只有当其和孕妇及其胎儿的特殊健康需求有关,或和一般孕妇的健康需求有关时才能进行,并还应尽量得到动物实验特别是致畸和致突变风险的可靠证据的支持。

第四节　伦理审查相关文件的撰写

一个医学研究项目能否顺利通过伦理审查,除了其本身是否遵从医学研究的伦理道德规范外,相关文件材料的书写和准备是否规范也是至关重要的影响因素。在送交伦理审查的文件中,伦理委员会审查的重点是试验方案和知情同意书,这也是在伦理审查过程中修改最多的两个文件。

一、研究方案的撰写

研究方案是进行医学研究的指导性文件,在医学研究项目中,伦理原则在研究方案就已经有所体现。根据 WHO 的《生物医学研究审查伦理委员会操作指南》对伦理审查要素的要求(见本章第二节、第三节),研究方案应由以下部分组成:

1. 研究人员资格与经验,研究依托机构的条件与设备 主要描述主要研究者的履历:包括专业、学历与学位、技术职称、药物临床试验质量管理规范(Good Clinical Practice,GCP)培训情况等。

2. 研究总体设计的伦理问题 重点描述在研究设计中涉及伦理问题的步骤的具体做法。包括:

(1) 研究依据:应重点说明研究目的的重要性超过给研究受试者带来的风险和负担。

(2) 研究对象:确定受试者的纳入与排除标准。应注意保证选择标准的公平公正性。

(3) 样本含量:样本量应经过科学计算,遵循"用最少的受试者人数获得可靠结论"的最佳原则。

(4) 对照组和随机问题:对照组是获取科学结论的重要手段,但有可能使受试者面临更高风险(实验组)或被剥夺已知的有效疗法而受到损害(对照组)。随机分组可以保证相对的公平合理,但应对可能面临更高风险或导致治疗利益受损的情形制定相应的补偿对策。

(5) 终止试验:在研究过程中如果发现风险超过潜在的益处,或者获得阳性有益结果的确凿证据,即应终止研究。

3. 受益与风险 受试者参与研究可以获得的利益;可能面临的风险和不便,拟采取哪些措施使风险最小化。

4. 招募受试者

(1) 受试者的人群特征:选择受试者人群应遵循负担和利益公平分配的准则。若为特殊群体作为受试者,需列出选择他们的特殊理由,以及保护他们权利和健康的措施。

(2) 招募受试者的方式与程序:可通过广告的方式征募受试者,应说明知情告知的内容和方式。

5. 受试者的医疗和保护 应具体描写研究者为受试者提供的与研究相关的免费医疗服务内容和标准、向受试者提供的因参与研究而给予的任何补偿、相关的保险与赔偿。

6. 受试者隐私的保护 说明受试者个人隐私和秘密的保护措施;数据、资料的处理和保密方法。

7. 知情同意 具体描述知情同意的程序和过程,尤应注意特殊情况下的知情同意程序。附"知情同意书"。

二、知情同意书的撰写

知情同意书是落实尊重、保护、公平、公正原则的具体形式,它既是未来受试者是否同意作为某项研究的受试者的书面形式,也是将来在研究者与受试者发生矛盾纠纷时的重要物证材料。因此,知情同意书是伦理审查的重点内容。伦理审查时对知情同意书的要求非常严格,其文字、格式和内容都应该经得起反复审查和逐字推敲。

知情同意书的语言表达,应符合未来受试者的受教育水平和文化背景。至少应该符合大众的理解和接受能力(一般以9年教育水平为基准),医学专业术语应尽量用通俗易懂的语词表达。在称谓上,知情告知部分可采用第二人称,或直接叙述介绍研究情况;同意签字部分若有叙述,应用第一人称。

知情同意书分为知情告知和同意签字两个部分,前者主要是向未来受试者提供全面、完整、真实的信息;后者为签字部分,应该逻辑合理、思路严谨、格式缜密。

(一) 知情告知部分

1. 知情告知的基本信息 知情告知部分形式或格式都是次要的,最重要的是信息内容应该真实、全面,无隐瞒无遗漏无误导。WHO《涉及人的生物医学研究的国际伦理准则》要求,知情告知应提供给未来研究受试者的基本信息包括以下方面:

(1) 所有的人都是被邀请参加研究的,为何考虑其适于参加本研究,说明参加是自愿的。

(2) 所有的人均可自由地拒绝参加,也可随时撤出研究,而不会受到处罚,也不会失去本应授予的利益。

(3) 说明研究目的,由研究者和受试者实施的程序,解释研究和常规医疗有何不同。

(4) 关于对照试验:解释研究设计的特点(如随机双盲对照),以及受试者将不被告知所指定的治疗,直至研究结束和解盲。

(5) 参与研究的预定期限(包括到研究中心来的次数、时间和总共需要的时间),以及受试者提前结束实验的可能性。

(6) 是否要以货币或其他物品作为参与研究的回报,如果有,说明种类和数量。

(7) 在研究结束后,受试者将被告知总的研究发现,以及和个人特殊健康状态有关的发现。

(8) 受试者有权要求获得其数据,即使这些数据还没有直接应用价值(除非伦理审查委员会批准数据暂时或永远不公开,在此情况下应该通知受试者,并说明不公开的理由)。

(9) 参与研究对受试者(或其他人)有何可预见的风险、痛苦、不适或不便,包括对受试者配偶或性伴的风险、健康或福利的影响。

(10) 参与研究对受试者是否有直接的预期利益。

(11) 本研究对社区或全社会的预期利益,以及对科学知识的贡献。

(12) 研究结束且研究产品或干预措施已证明安全有效时,它们是否会提供给受试者,何时、如何提供,以及是否要付钱。

(13) 是否有现在可得到的其他干预措施或治疗方法。

(14) 关于确保尊重受试者隐私和能识别受试者身份的记录的保密规定。

(15) 说明研究者保守秘密的能力会受到法律或其他方面的限制,以及违反保密的可能后果。

(16) 说明使用遗传检验结果和家庭遗传信息的有关政策,对未经受试者同意而泄露其遗传检验结果(如向保险公司或雇主泄露)是否以有预防措施。

(17) 说明研究资助者,研究者隶属单位,研究基金的性质和来源。

(18) 说明有可能为研究目的而使用(直接使用或二次使用)医疗过程中取得的受试者的病历或生物标本。

(19) 说明是否有计划在研究结束时将研究中收集的生物标本销毁,如果无此计划,说明有关标本保存的细节(何处保存,如何保存,保存多久,及最后处置)和将来可能的使用,以及受试者有权对将来的使用作决定,有权拒绝保存或要求把材料销毁。

（20）说明是否有可能从生物标本中研发出商业产品,受试者是否将从这些产品的开发中获得货币或其他利益。

（21）说明研究者是否仅作为研究者,还是既作为研究者又作为受试者的医生。

（22）说明研究者向受试者提供医疗服务的责任范围。

（23）说明对与研究有关的某些特殊类型的伤害或并发症将提供免费治疗,治疗的性质和期限,医疗机构名称或个体医生姓名,以及该治疗的资金有无问题。

（24）说明一旦这类伤害造成丧失能力或死亡,受试者或受试者的家庭、被抚养者将以什么方式、由什么机构得到赔偿(抑或并无提供此类赔偿的计划)。

（25）说明在未来受试者被邀请参与研究的国家里,索赔权是否有法律保证。

（26）说明本研究方案已获伦理审查委员会批准或准许。

2. 知情告知的内容　根据以上要求,知情告知的内容可概括为如下七个方面:

（1）研究目的、基本研究内容、流程、方法及研究时限。

（2）研究者基本信息及研究机构资质。

（3）研究结果可能给受试者、相关人员和社会带来的益处,以及给受试者可能带来的不适和风险。

（4）对受试者的保护措施。

（5）研究数据和受试者个人资料的保密范围和措施。

（6）受试者的权利,包括自愿参加和随时退出、知情、同意或不同意、保密、补偿、受损害时获得免费治疗和赔偿、新信息的获取、新版本知情同意书的再次签署、获得知情同意书等。

（7）受试者在参与研究前、研究后和研究过程中的注意事项。

（二）同意签字部分

同意签字部分必须附有未来受试者的知情声明,最好同时附有医生的告知声明。伦理委员会在审查项目的同意签字部分时,一般会特别重视签名部分的格式,在知情同意书中应设置有受试者和告知人的签名处。

1. 受试者签名　凡是具有民事行为能力、有文化的人都应亲笔签上自己的名字。若受试者是未成年人应由其监护人代签,无文化的人可委托他人代签并有见证人,均需在同意签字页设置专门的签字处。

2. 告知人签名　为了明确责任,负责知情告知的医生也要在知情同意书中一定的位置签上自己的名字,以备后查。

复旦大学华山医院伦理审查委员会吴翠云等对2007、2008年受理178份知情同意书进行分析,存在问题主要有四个方面:①用语不通俗易懂,不符合普通大众的理解水平;②基本要素缺项或告知不充分;③言语表达存在诱导或广告性语言;④涉及弱势人群及无阅读能力受试者,"签字人栏"设计不规范。这也是在自己编写知情同意书时需要特别注意的问题。

（三）知情同意书模板

发达国家使用的《知情同意书》有标准格式,并在内容和格式上有非常详细的规定。我国目前对医学研究的《知情同意书》尚无统一格式和内容要求,各研究单位和医学院校的要求不尽相同,但也是大同小异。知情同意书的文字表达需结合研究项目的内容和未来受试者的特点来决定,基本要求是通俗易懂,既要信息充分又不能累赘,既要激发未来受试者的参与热情又不能言过其实。以下为作者工作中的实际文书,仅供参考。

【案例2-1】

××××× (课题名称) 知情同意书的模板

前言：尊敬的家长，您好！我们诚恳邀请您的孩子参加我们的一项国家自然科学基金研究项目。现在我们向您解释这个项研究项目。在决定参加之前，您可以尽管提问，也可以和您家人、朋友、医院的大夫或其他方面的专家商量，不用急着做决定。

研究项目说明：儿童生长发育受诸多因素影响，从而表现出明显的种族差异和个体差异。同时儿童生长发育又有阶段性和生长关键期，如果错过即永远不可逆转。为了探索儿童生长发育的影响因素和不同民族儿童生长发育的模式，我们开展此项研究。这一研究结果将有助于我们更好地监测本地区儿童的生长发育状况，及时发现问题，以便更好地促进儿童生长发育潜能的发挥，提高儿童生长发育水平。

您和孩子直接参与的研究步骤：

从今年起，每年4月份参加调查一次，共3年。

1. 家长配合填写生长发育影响因素调查表。为普通生活行为信息，无敏感或隐私问题。

2. 学生参加体检：体检内容是：身高、体重、胸围、坐高、皮脂厚度；肺活量、血压；立定跳远、引体向上（男）、仰卧起坐（女）；性发育指标（由同性别调研人员检测，男生：阴毛、腋毛、喉结、睾丸体积；女生：阴毛、腋毛、乳房）。

3. 部分学生参加血液检测，需采集清晨空腹静脉血3毫升（比平时医院验血少），用于测定生长因子、乙肝两对半和转氨酶指标。采血当天自备早餐到学校，抽血后再吃早餐。

风险和收益：

1. 参加本研究的可能风险

（1）如果抽血结束后针眼未压好或压迫针眼的时间不够长，个别人的抽血点可能会有血液少量渗出而出现淤血，但针眼少量渗血对人体无影响。有些人在抽血时或抽血后因紧张可能会出现短暂的头晕（可自然回复，不需要特别处理）。

（2）如果检查发现学生存在生长发育落后或过快等问题，家长和孩子可能会担忧。（但迟早都要面对，早发现反而可以早纠正。）

2. 参加本研究的收益

（1）由医科大学专业人员分析学生的生长发育水平、身体匀称度和性发育水平，及时向家长反馈体检结果和指导意见。

（2）免费检测乙肝两对半和转氨酶。

（3）调研组专家可提供免费咨询：儿童生长发育、营养、教养、心理健康、妇女保健、性病艾滋病预防等方面。

保密性：研究对象的所有资料都将对外保密。未经研究对象许可，研究对象的任何资料和检测结果都不公布和确认。而且，研究对象的姓名也不会出现在任何研究报告和数据文件中。

安全性：本研究未给学生使用任何药物和食品。抽血由医科大组织专业医务人员按医疗操作规范抽血，使用一次性医疗注射器，不存在交叉感染的风险。

收费与经济补偿：参加本研究不收费。所有血液检查和体检项目都是免费的。我们还会对您参加调查所付出的时间和交通费用给予补偿。

志愿者的权利：您是否让孩子参加本项研究，以及是否全程参加本研究都是完全自愿的。是否参加及是否中途退出均不会对孩子的学校教育与卫生服务有任何影响。

如果您还有任何问题，请与 ××××（单位名称）××× 教授（项目负责人或本项工作负责人）联系，电话：×××××。

××××（单位名称）

2013 年 4 月

知情同意书签署

本人自愿同意孩子参加《×××××（课题名称）》这个研究项目，并同意本研究项目抽取本人孩子 3 毫升血样用作生长因子测定。调查人员已解向本人解释清楚参与研究的利弊，也告知本人，参加这个研究项目需于 2013—2015 年每年 4 月份进行一次调查，连续 3 年。本人有权随时终止或退出这个研究项目。孩子的所有资料和检测结果都必须保密，未经本人许可，有关孩子的资料和结果不得向外界透露。本人也清楚体检和抽取血样的步骤和风险。

本人将得到一份该知情同意书的副本，理解这份知情同意书的内容，同意孩子_____×××作为这个研究项目的研究对象。

孩子签名：　　　　　　　　签名日期：　年　月　日

学校班级：　　　　　　　　联系电话：

家长或监护人签名：　　　　签名日期：　年　月　日

家庭地址：　　　　　　　　联系电话：

班主任签名：　　　　　　　签名日期：　年　月　日

学校班级：　　　　　　　　联系电话：

告知人签名：　　　　　　　签名日期：　年　月　日

项目依托单位：　　　　　　联系电话：

附：有关科研伦理问题的典型案例

【案例2-2】

黄金大米事件的伦理学问题

2012 年 8 月 1 日《美国临床营养学杂志》发表了题为《黄金大米中的 β- 胡萝卜素与油胶囊中的 β- 胡萝卜素对儿童补充维生素 A 同样有效》（*β-Carotene in Golden Rice is as good as β-carotene in oil at providing vitamin A to children*) 的论文,论文署名作者依序为美国塔夫茨大学教授汤光文、湖南省疾病预防控制中心胡余明、中国疾病预防控制中心荫士安等。论文发表不久,国际环保组织"绿色和平"通过媒体对此研究表示强烈谴责,认为用中国儿童作为转基因大米的实验对象是极其不负责任的行为。中国儿童被当成了试验豚鼠的消息在中国媒体引起轩然大波,形成强大的舆论压力。中国相关部门和机构、美国塔夫茨大学和《美国临床营养学杂志》均迅速对该项目实施的过程展开调查。

2012 年 12 月,中国相关单位对三名中方当事人员进行了严肃处理。

2015 年 7 月,《美国临床营养学杂志》宣布撤回该论文,原因是研究实施过程存在严重的科研伦理问题。

综合整理 2012 年的媒体报道信息,该项目实施过程的情况大体如下所述:

黄金大米,是一种转基因大米,通过转基因技术将胡萝卜素转化酶系统转入到大米胚乳中,生成富含 β- 胡萝卜素的大米,因呈黄色被称为"黄金大米"(Golden Rice)。

美国塔夫茨大学教授汤光文主持的"儿童植物类胡萝卜素维生素 A 当量研究"是美国国立卫生研究院(NIH)2002 年批准的项目,荫士安是该项目申请的成员之一。项目内容是研究菠菜、金水稻("黄金大米")和 β- 胡萝卜素胶囊中的类胡萝卜素在儿童体内的吸收和转化成维生素 A 的效率,探索预防儿童维生素 A 缺乏症的途径。2003 年 9 月,荫士安以课题中国部分项目负责人的身份,与浙江省医科院签订了美国 NIH 课题合作协议书。

2008 年初,中国疾病预防控制中心营养所与湖南省疾病预防控制中心签订合作协议,由湖南方面组织实施国家自然科学基金面上项目"植物中类胡萝卜素在儿童体内转化成为维生素 A 的效率研究"。荫士安研究员为项目负责人,湖南省疾病预防控制中心胡余明博士配合选点并组织试验。此项目的研究设计,通过了中国疾病预防控制中心营养所伦理审查委员会的审批,参加试验学生的家长均签署了知情同意书。在这个试验中,所用的大米、面粉和粮油都购自当地超市,蔬菜购自镇上的菜市场。

此时,汤光文主持的"黄金大米"项目被加入到了荫士安国内项目合并进行。由浙江省医科院与湖南省衡南县疾病预防控制中心签订了"植物中类胡萝卜素在儿童体内转化成为维生素 A 的效率研究"的课题现场试验合作协议书,但未明确告知实验将使用转基因大米或"黄金大米"。

2008 年 5 月 22 日,课题组召开学生家长和监护人知情通报会,但没有向受试者家长和监护人说明试验将使用转基因的"黄金大米"。现场未发放完整的知情同意书,仅发放了知情同意书的最后一页,学生家长或监护人该页上签了字,而该页上没有提及"黄金大米",更未告知食用的是"转基因水稻"。

2008 年 5 月 29 日汤光文未经申报将在美国进行烹调后的"黄金大米"米饭携带入境,从 6 月 2 日开始,按每人每天 60 克黄金大米的分量掺入营养午餐分发给受试儿童食用,共21 天。

2008 年 6 月 2 日,塔夫茨大学伦理审查委员会通过了对 NIH 项目中文版知情同意书的伦理审批。塔夫茨大学于 2008 年批准的该研究知情同意书中未提及试验材料是"转基因水稻"，只是称为"黄金大米"。而该大学伦理审查委员会在 2003 年至 2006 年间批准的该研究知情同意书中均有"黄金大米"是"转基因水稻"的描述。

　　调查认定：项目在实施时，汤光文、荫士安等作为项目负责人未在现场履行告知义务，在试验期间始终没有告知当地主管部门和项目承担单位开展的是"黄金大米"试验；在与学生家长签署知情同意书时故意使用"富含类胡萝卜素的大米"这一表述，刻意隐瞒了使用"黄金大米"的事实。

　　2015 年 7 月 29 日，《美国临床营养杂志》对本研究项目 2012 年 9 月发表在该刊上的论文《β-Carotene in Golden Rice is as good as β-carotene in oil at providing vitamin A to children》宣布撤稿。

　　由上述案例可知，该事件的科研人员存在未将新增加的研究方案提交伦理审查、未对研究对象做到充分知情告知并获同意、采取欺瞒手段让儿童食用试验食物等违背科研伦理行为，其后果是除受到行政处罚外，科研结果也不被主流科技杂志承认。该研究设计无疑是严谨的，研究过程和结果也能经得起科学验证，但因为违背了基本的伦理原则和程序，整个团队几年来的研究努力付诸东流，无疑是一个非常深刻的教训。

（李春灵）

第三章 全科医生科研中的常用统计方法

卫生统计学是研究数据的收集、整理和分析的一门科学,是帮助人们分析所拥有的信息,达到去伪存真、去粗取精、正确认识世界的一种重要手段。统计方法包括统计描述和统计推断,计量资料的统计描述指标有:算术平均数、几何均数、中位数;四分位数间距、标准差、变异系数。计数资料统计描述指标有:率、构成比、相对比。常用的假设检验方法有:t 检验、方差分析、χ^2 检验。相关与回归分析是医学研究中常用的探索双变量或多变量之间是否存在相互关系或依存关系的统计分析方法。在进行直线相关与回归分析之前,应先绘制散点图,观察变量间是否有线性趋势;统计表和统计图是统计描述的重要工具,论文中合理设置统计表和统计图能起到画龙点睛的作用。常用统计图包括:条图、饼图、线图、直方图、散点图、双轴图等。

【案例 3-1】

某大学公共卫生学院在某县农村进行了通过社区卫生服务促进初级卫生保健工作的现场试验研究,为期一年。表 3-1 是从试验区电子健康档案中随机抽取的部分居民试验前后的收缩压测量值。如果我们想用试验前后收缩压水平的变化作为一项评价指标来评价现场试验的效果,应该怎么考虑?

表 3-1 某县居民电子健康档案中收缩压(mmHg)

乡镇编号	乡镇	编码	性别	年龄	试验前收缩压	试验后收缩压
1	金坑乡	01	女	65	132	128
1	金坑乡	02	女	73	131	127
1	金坑乡	03	女	55	137	127
1	金坑乡	04	男	78	131	145
1	金坑乡	05	男	39	135	122
1	金坑乡	06	男	71	145	117
1	金坑乡	07	男	69	129	121
1	金坑乡	08	女	74	124	114
1	金坑乡	09	男	70	150	122
...	...	...	...	...	...	...

续表

乡镇编号	乡镇	编码	性别	年龄	试验前收缩压	试验后收缩压
4	扬眉镇	76	男	35	128	132
4	扬眉镇	77	男	30	118	124
4	扬眉镇	78	男	31	128	118
4	扬眉镇	79	女	71	122	116
4	扬眉镇	80	男	53	117	112

数据来源:中澳卫生与艾滋病项目《较贫困乡镇通过社区卫生服务促进初级卫生保健现场试验研究》。

问题的提出:

1. 如何选择足量、有代表性的样本来代表某县试验区整个居民的收缩压水平?

2. 如何用这个样本去推断某县试验区整个居民的收缩压平均水平?

3. 如何判断某乡居民收缩压与全县居民收缩压水平有无差别?

4. 试验前居民的收缩压平均水平是多少? 试验后居民的收缩压平均水平是多少? 两者差别有无统计学意义?

5. 如何比较较富裕乡镇和较贫穷乡镇收缩压有无差别? 这种差别对结果判断有无影响?

6. 如何比较不同乡镇居民的收缩压有无差别? 这种差别对结果判断有无影响?

7. 从收缩压判断,某县居民高血压患病率是多少?

8. 如何用这个样本去推断某县试验区整个居民的高血压患病率?

9. 如何从患病率的变化去评价现场试验效果?

10. 如何判断较富裕乡镇与较贫穷乡镇之间居民高血压患病率有无差别?

11. 如何判断不同乡镇之间居民高血压患病率有无差别?

如何回答以上问题,本章介绍的医学研究中常用统计方法将作详细阐述。

第一节　概　　述

卫生统计学(health statistics)是应用数理统计学的原理与方法,研究居民健康状况以及卫生服务与卫生事业管理领域中数据的收集、整理和分析的一门科学,是帮助人们分析所拥有的信息,达到去伪存真、去粗取精、正确认识世界的一种重要手段。由于本书读者对医学统计学的基本原理和基本方法在本科阶段已系统学习,故不作重点介绍,本章将通过应用实例介绍统计方法的选择、结果解释以及应用时的注意事项。

一、卫生统计工作中的基本概念

(一) 总体与样本

进行一项研究,首先必须明确研究对象的总体是什么。总体(population)是根据研究目的确定的同质研究对象所有观察单位某变量值的集合。例如,欲研究某县 2012 年居民的血压,则观察对象是某县 2012 年的居民,观察单位是每个居民,变量是血压,变量值(观察值)是血压测量值,某县 2012 年全体居民的血压值构成一个总体。

在实际工作中,总体往往未知,通常研究的都是样本,采用样本统计量估计总体参数。样本(sample)是按照随机化原则,从总体中抽取的有代表性的部分观察单位的变量值的集合。从上面提到的总体(某县 2012 年的居民)随机抽取 80 例,他们的血压值即为样本。

(二) 同质与变异

我们所研究的对象,除研究因素不同外,其他影响因素应该是一致的,这样才好体现出研究因素的效应。这里,其他影响因素的一致称为同质(homogeneity)。变量值之间的差异称为变异(variation),影响因素不同是产生变异的主要原因。统计学是处理资料中变异的科学和艺术,但是有些因素往往是难以控制的(如遗传),所以在统计学中,同质经常被理解为对研究对象影响较大的、可以控制的主要因素尽可能相同。例如,在研究儿童的身高时,要求性别、年龄、民族、地区等影响身高较大的、易控制的因素要相同,而不易控制的遗传等影响因素则用其他方法加以处理。

(三) 变量的分类

统计学是处理资料中变异性的科学,变异性的存在,决定了我们要处理的是变量(variable),即总体中个体的特性。不同的变量需要用不同的统计学方法去分析,一般按变量的值是定性的还是定量的把变量分为数值变量和分类变量。

1. 数值变量　数值变量(numerical variable)的变量值是定量的,表现为数值大小,可经测量取得数值,多有度量衡单位。如身高(cm)、体重(kg)、血压(mmHg、kPa)、脉搏(次 / 分)和白细胞计数($\times 10^9$/L)等。这种由数值变量的测量值构成的资料称为数值变量资料,亦称为定量资料(quantitative data)。大多数的数值变量为连续型变量(continuous variable),如身高、体重、血压等;而有的数值变量的测定值只能是正整数,如脉搏、白细胞计数等,在医学统计学中把它们也视为连续型变量。

2. 分类变量　分类变量(catagorical variable)的变量值是定性的,可能的"取值"不是数字,而是各个不同的水平。分类变量可分为无序分类变量和有序分类变量两类:

(1) 无序分类变量:无序分类变量(unordered categorical variable)是指所分类别或属性之间无程度和顺序的差别。它又可分为:①二分类,如性别(男、女),药物反应(阴性和阳性)等;②多项分类,如血型(O、A、B、AB),职业(工、农、商、学、兵)等。对于无序分类变量的分析,应先按类别分组,清点各组的观察单位数,编制分类变量的频数表,所得资料为无序分类资料,亦称计数资料(enumeration data)。

(2) 有序分类变量:有序分类变量(ordinal categorical variable)是指各类别之间有程度的差别的分类数据。如尿糖化验结果按 –、±、+、++、+++ 分类;疗效按治愈、显效、好转、无效分类。对于有序分类变量,应先按等级顺序分组,再清点各组的观察单位个数,编制有序变量(各等级)的频数表,所得资料亦称为等级资料(ordinal data)。

变量的类型是可以相互转化的,变量一般由高级向低级转化:连续型→有序分类→二分类。比如高血压资料,可以从具体的数值资料转化成有序资料(重度高血压、中度高血压、轻度高血压),再转化成是否患有高血压这样的二分类资料。同时,在原始信息不损失的情况下,变量也可以反方向转化。

二、卫生统计工作的基本步骤

卫生统计工作的全过程都可分为以下四个步骤:设计(design)、收集资料(data collection)、整理资料(data sorting data)、分析资料(analysis of data)。统计工作四个步骤紧密相连、不可分割,任何一步的缺陷,都将影响整个研究结果。

统计分析包括统计描述和统计推断。统计描述中,平均数是数值变量中描述集中趋势的指标,标准差是描述离散趋势的指标。率为分类变量中最常见的描述性统计指标。统计推断又分为参数估计和假设检验两大部分,均数和率的可信区间即为最常见的参数估计方法,t 检验、方差分析为数值变量最常用的假设检验方法,卡方检验为分类变量最常用的假设检验方法,见图 3-1、图 3-2,这些是本章中要介绍的主要内容。

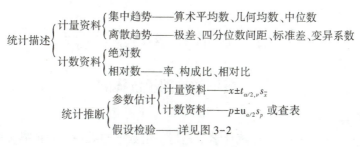

图 3-1　基本统计方法归纳

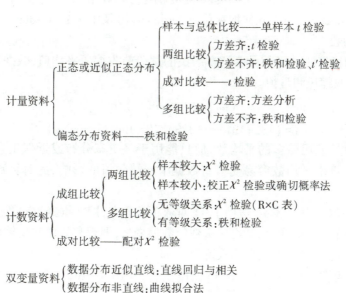

图 3-2　假设检验方法归纳

要回答上述案例中提出的问题,可从以下几方面入手。

随机抽取某县四个乡镇,四个乡镇分别是较富裕的铅厂镇和扬眉镇,较贫穷的金坑乡和上堡乡。再从每个乡镇中分别随机抽取 20 例居民,组成样本含量为 80 的样本。从电子健康档案中查得这 80 例居民试验前和试验后的收缩压。

以某乡镇 20 例居民为例,可计算其试验前和试验后收缩压的算术平均数和标准差,根据标准差计算标准误,还可根据上述估计全县居民平均收缩压的 95% 可信区间,以此推断全县居民收缩压的总体水平。

利用单样本 t 检验推断某乡居民收缩压与全县居民收缩压水平之间的差异,利用配对 t 检验推断试验前后收缩压有无显著性变化,利用两组资料 t 检验推断较富裕乡镇和较贫穷乡镇居民收缩压有无差别。利用完全随机实验设计的方差分析推断不同乡镇居民收缩压有无差别。

计算出这 80 例居民高血压患病率,推算高血压的标准误,并进一步推算出某县全体居民高血压患病率的 95% 可信区间。利用配对 χ^2 检验推断试验前后某县居民高血压患病情况有无变化,利用四格表 χ^2 检验推断较贫穷乡镇和较富裕乡镇居民高血压患病率有无差别,利用行 × 列表 χ^2 检验推断不同乡镇之间居民高血压患病率有无差别。

第二节　数值变量的统计分析

一、数值变量的统计描述

(一) 集中趋势

集中趋势(central tendency)在统计学中是指一组数据向某一中心值靠拢的程度,它反映了一组数据中心点的位置所在。集中趋势测度就是寻找数据水平的代表值或中心值,包括:算术平均数(arithmetic mean)、几何均数(geometric mean)及中位数(median)。

1. 算术平均数

例 3-1:利用直接法计算某县金坑乡居民的试验前收缩压平均值,数据见表 3-1 中金坑乡居民的试验前收缩压测量值。

$$\overline{X} = (X_1 + X_2 + \cdots + X_n)/n \tag{式 3-1}$$

$$\overline{X} = (132 + 131 + \cdots + 128)/20 = 134.45 (\text{mmHg})$$

算数平均数是使用最多的平均数,但只能用于呈正态分布或近似正态分布的数值变量。主要缺陷是算术平均数容易受一组数据中极端数值的影响,此时算数均数的代表性就比较差。

2. 几何平均数　用 G 表示,适用于:①对数正态分布,即数据经过对数变换后呈正态分布或近似正态分布的数值变量;②等比级数的数值变量,即观察值之间呈倍数或近似倍数变化。如医学实践中的抗体滴度、平均效价等。

例 3-2:6 例慢性肝炎患者的 HBsAg 滴度资料 1:16,1:16,1:32,1:32,1:64,1:128。计算其几何均数。

$$G = \sqrt[n]{X_1 \cdot X_2 \cdots X_n} \tag{式 3-2}$$

或

$$G = \lg^{-1}\left(\frac{\lg X_1 + \lg X_2 + \cdots + \lg X_n}{n}\right) = \lg^{-1}\left(\frac{\sum \lg X}{n}\right) \tag{式 3-3}$$

通常按公式(3-3)计算,几何均数为:

$$G = lg^{-1}\left(\frac{lg16+lg16+\cdots+lg128}{6}\right) = 35.92$$

几何均数有明确的限制,比如:数据中不得出现 0,否则无法计算,数据中不得同时存在正值和负值。

3. 中位数用 M 表示 中位数是把观察值由小到大排列,位次居中的数值。中位数一般用于描述:①非正态分布的数值变量(对数正态分布除外);②频数分布的一端或两端无确切数据的资料;③总体分布不清楚的资料。

(1)直接法

例 3-3:某药厂观察 7 只小鼠口服某药后在缺氧条件下生存时间(分钟)如下:11,32,33,54,65,87,88。试求其中位数。

当 n 为奇数时,

$$M = X_{\left(\frac{n+1}{2}\right)} \qquad\qquad (式3-4)$$

当 n 为偶数时,

$$M = \left[X_{\left(\frac{n}{2}\right)} + X_{\left(\frac{n}{2}+1\right)} \right]/2 \qquad\qquad (式3-5)$$

式中下标 $\frac{n+1}{2}$、$\frac{n}{2}$、$\frac{n}{2}+1$ 为有序数列的位次,$X_{\left(\frac{n+1}{2}\right)}$、$X_{\left(\frac{n}{2}\right)}$、$X_{\left(\frac{n}{2}+1\right)}$ 为相应位次的观察值。本例数据已经由小到大排列。$n=7$ 为奇数,代入公式,

$$M = X_{(n+1)/2} = X_4 = 54(分钟)$$

(2)频数表法:对频数表资料,可通过百分位数法近似计算中位数。

百分位数(percentile)是将一组数据按由小到大的顺序排成一个数列,分成 100 等份,称为 100 个百分位。位于第 X 百分位上的那个数值称为第 X 百分位数(P_X)。

百分位数是一个数值,它将原始观察值分成两部分,理论上有 $X\%$ 的观察值小于 P_X,有 $1-X\%$ 的观察值大于 P_X。百分位数 P_{50} 就是中位数。

对于频数表资料,百分位数 P_X 的计算公式为:

$$P_X = L + \frac{i}{f_X}(n \times X\% - f_L) \qquad\qquad (式3-6)$$

其中 L 为百分位数所在组段的下限,i 为该组段的组距,f_L 为百分位数所在组前一组段的累积频数,f_X 为该组段的频数,n 为总频数。

例 3-4:50 例某病患者的潜伏期(小时)如表 3-2 所示,试计算潜伏期的中位数。

表 3-2 50 例某病患者的潜伏期(小时)资料

组段	组中值(X_0)	频数(f)	频率(%)	累计频数	累计频率(%)
12~	18	1	2	1	2
24~	30	7	14	8	16
36~	42	11	22	19	38
48~	54	11	22	30	60
72~	78	5	10	42	84
84~	90	4	8	46	92

续表

组段	组中值(X_0)	频数(f)	频率(%)	累计频数	累计频率(%)
96~	102	2	4	48	96
108~120	114	2	4	50	100
合计	–	50	–	–	–

首先,计算各组段的频率、累计频数和累计频率,见上表所示,可判断出 P_{50} 位于"48~"这个组段。将相应数据代入计算公式(3-6),得出:

$$P_{50} = 48 + \frac{12}{11}(50 \times 50\% - 19) = 54.55(小时)$$

即该组潜伏期资料的中位数为54.55(小时)。

用中位数表示数据的集中趋势最大的优点在于不易受数据中极端值的影响,其缺点在于对整体数据的代表性较差。

(二) 离散趋势

离散趋势(dispersion tendency)是衡量变异程度(或离散程度)的指标,衡量变异程度大小的常用指标有极差、四分位数间距、标准差和变异系数。

例3-5:试观察三组数据的离散情况。

A组:16 18 20 22 24

B组:14 17 20 23 26

C组:16 19 20 21 24

可以看出,三组数据的均数都是20,但是数据的离散程度(变异度)不同。A组和B组的数据点散布均匀,但 B 组的数据分布范围明显大于 A 组;A、C 两组的数据分布范围相同,但数据点的离散程度不同;B、C 两组则数据分布范围与离散程度均不同。

1. 极差　极差(range)亦称全距,用 R 表示。是一组观察值中最大值与最小值之差,用于反映个体变异范围的大小。极差的计算简便,但是它仅仅利用了样本中最大值与最小值的信息,不能反映其他观察值的变异情况。另外,样本量 n 越大,越有机会观察到偏大或偏小的数据,R 可能会越大,因此,样本量相差悬殊时不宜比较极差。即使样本量相同,极差也往往不够稳定。这些在应用中应予以注意。

2. 四分位数间距　四分位数间距(quartile interval)是上四分位数 Q_U(Q_3 即 P_{75})与下四分位数 Q_L(Q_1 即 P_{25})之差,其间包括了全部观察值的一半,用 Q 表示。定义为 $Q = P_{75} - P_{25}$。

四分位数间距比极差稳定,常和中位数配合使用。但仍未考虑到每个观察值的变异度。它适用于偏态分布资料,特别是分布末端无确定数据不能计算全距和标准差的资料。

3. 标准差

例3-6:续例3-5,计算三组资料的标准差(standard deviation)。

$$S = \sqrt{\frac{\sum(X - \bar{X})^2}{n-1}} = \sqrt{\frac{\sum X^2 - \frac{(\sum X)^2}{n}}{n-1}} \qquad (式3-7)$$

A组:$\sum X = 16 + 18 + 20 + 22 + 24 = 100$,$n=5$,

$$\sum X^2 = 16^2 + 18^2 + 20^2 + 22^2 + 24^2 = 2040$$

代入公式(3-7),得

$$S = \sqrt{\dfrac{2040-\dfrac{(100)^2}{5}}{5-1}} = 3.16$$

同理得:B组:S=4.74,C组:S=2.92。

由于C组的标准差最小,故认为其均数的代表性较其他组要好。标准差适用于对称分布,常和算数平均数配合使用,特别是正态或近似正态分布的数值变量。

4. 变异系数

例3-7:2010年某市调查该地刚满周岁的男童身高均数为78.2cm,标准差为3.4cm;刚满周岁的男童体重均数为9.13kg,标准差为1.02kg。试计算周岁男童身高与体重的变异系数(coefficient of variance),比较其身高与体重的变异程度的大小。

$$CV = \dfrac{S}{\overline{X}} \times 100\% \qquad\qquad\qquad (式3-8)$$

代入公式(3-8),身高的变异系数和体重的变异系数分别为:

身高
$$CV = \dfrac{3.4}{78.2} \times 100\% = 4.35\%$$

体重
$$CV = \dfrac{1.02}{9.13} \times 100\% = 11.17\%$$

结果显示,某市周岁男童体重的相对变异度要大于身高。

当进行两组或多组数值变量变异程度的比较时,如果单位不同和(或)均数相差较大时,比较其变异程度就不能采用标准差,而需采用标准差与平均数的比值(相对值)来比较。变异系数没有单位,消除了量纲的影响,变异系数越大,意味着相对于均数而言,变异程度越大。

二、数值变量的统计推断

(一)正态分布与医学参考值范围

正态分布(normal distribution)又称高斯分布(Gaussian distribution),若随机变量X服从一个数学期望为μ、方差为σ^2的高斯分布,记为$X\sim(\mu,\sigma^2)$。正态分布的期望值μ决定了其位置,方差σ^2决定了分布的形状。因其曲线呈钟形,因此,人们又经常称之为钟形曲线。正态分布是概率论中最重要的一种分布,也是自然界常见的一种分布,见图3-3。

习惯上,用$N(\mu,\sigma^2)$表示均数为μ,标准差为σ的正态分布。很多医学现象服从正态分布或近似正态分布。例如,同性别、同年龄儿童的身高以及同性别健康成人的红细胞数、血红蛋白含量、脉搏数等。一般来说,若影响某一数值变量值的随机因素很多,而每个因素所起的作用均不太大,则这个变量服从正态分布,如实验中的随机误差,通常表现为正态分布。

为了应用方便,经常将一般的正态变量X通过u变换$u=(X-\mu)/\sigma$转化成标准正态变量u,以使原来各种形态的正态分布都转换为$\mu=0,\sigma=1$的标准正态分布(standard normal distribution)。u称为标准正态离差。

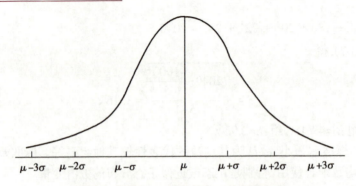

图3-3　均数为 μ，标准差为 σ 的正态分布

这种变换称为标准化变换或 u 变换，由于 X 是随机变量，因此 u 也是随机变量，所得到的随机变量 u 也服从标准正态分布，常常称为 u 分布，u 值所对应的面积见附表1，标准正态分布曲线下的面积。

参考值范围(reference range)是指绝大多数特定的"正常"人群(排除了对所研究指标有影响的疾病和有关因素的特定人群)的解剖、生理、生化及组织代谢产物含量等指标的取值范围。学者们习惯用该人群95%正常个体的某项医学指标的取值范围作为该指标的医学参考值范围。

确定医学参考值范围主要有两方面的意义：其一，用于划界、分类，如临床上生理、生化指标常常是临床医生判断某指标正常与异常的参考依据；其二，动态分析，如某个地区不同时期某些重金属元素的正常值可反映环境污染的动态变化或环保效果。

确定医学参考值范围的方法有两种：

正态分布法：若 X 服从正态分布，医学参考值范围还可以依照正分布的规律计算。因为正态分布变量 X 在区间 $\mu \pm 1.96\sigma$ 上取值的概率为0.95，所以正态分布资料双侧95%医学参考值范围一般按下式作近似估计：

$$\overline{X} \pm 1.96S \qquad\qquad (式 3\text{-}9)$$

单侧95%医学参考值范围：

过高异常：
$$\overline{X}+1.64S \qquad\qquad (式 3\text{-}10)$$

过低异常：
$$\overline{X}-1.64S \qquad\qquad (式 3\text{-}11)$$

例3-8：以表3-1中80位居民电子健康档案中试验前收缩压为例，其分布近似于正态分布，$\overline{X}=128.91$(mmHg)，$S=10.12$(mmHg)，试估计该县居民试验前收缩压的95%参考值范围。

因为收缩压过高、过低均为异常，所以95%医学参考值范围应当是双侧的：

上限为：$\overline{X}+1.96S=128.91+1.96 \times 10.12=148.75$(mmHg)

下限为：$\overline{X}-1.96S=128.91-1.96 \times 10.12=109.07$(mmHg)

该县居民收缩压的95%参考值范围是(109.07~148.75mmHg)。

必须注意，95%医学参考值范围仅仅告诉我们某特定人群中，95%的个体该指标值的范围，并不能说明凡在此范围内都"正常"；也不能说明凡不在此范围内都不"正常"。因此，医学参考值范围在临床上只能作为参考。

正态分布法只限于正态分布资料、近似正态分布或以一定的方法可以转化为正态分布的资料。例如，某变量值经过对数变换后可转换成近似正态分布，这时可先求其对数值的参考值范围,再求反对数即为原变量的参考值范围。

确定医学参考值范围必须抽取足够例数的样本,并判定是否应分"层"确定参考值范围。如果测定值在性别间或年龄组间差别较大,则应分"层"确定参考值范围,每层样本含量至少 100 例。

百分位数法:双侧 95% 医学参考值范围是 $(P_{2.5}, P_{97.5})$,单侧范围是 P_{95} 以下(人体有害物质如血铅、发汞),或 P_5 以上(如肺活量)。该法适用于任何分布类型的资料,但因只考虑到了几个位点的数据,并无充分考虑每个变量值的离散趋势,因此,代表性不如正态分布法。

(二)均数抽样误差与总体均数的可信区间

1. 均数抽样误差　如果我们从总体中进行随机抽样 100 次,样本含量为 n,可以得到 100 个样本均数,每个样本均数与总体均数以及各样本均数之间都有差异,这种差异称为均数的抽样误差,其大小用标准误(standard error)描述。

(1)标准误的意义:标准误也是一个离散度指标,用它来描述样本均数抽样误差的大小,即同一总体中相同样本量的样本均数间的离散度。标准误用"$\sigma_{\bar{x}}$"来表示,即样本均数的标准差,标准误越小,表明样本统计量与总体参数的值越接近,样本对总体越有代表性,用样本统计量推断总体参数的可靠度越大。

(2)标准误的计算:在实际应用中,总体标准差 σ 通常未知,需要用样本标准差 S 来估计。此时样本均数标准误的估计值为:

$$S_{\bar{X}} = \frac{S}{\sqrt{n}} \qquad\qquad (式 3-12)$$

例 3-9:计算表 3-1 中某县金坑乡居民的试验前收缩压标准误。已知金坑乡居民的试验前收缩压平均数 $\bar{X}=134.45$(mmHg),标准差为 9.023(mmHg)。

代入公式(3-12),得标准误:

$$S_{\bar{X}} = \frac{9.023}{\sqrt{20}} = 2.018(mmHg)$$

标准误与标准差的联系:

(1)$S_{\bar{X}}$ 与 S 大小成正比,即总体中各变量的变异度增大,抽样误差也增大。

(2)与 $\sqrt{n}$ 的大小成反比,当 n 越接近总体时,即所包括的个数愈多时,样本均数愈接近总体均数,抽样误差愈小。

2. t 分布　根据数学上的中心极限定理,在总体中以固定的样本含量 n 抽取若干个样本时,若总体服从正态分布,则样本均数的分布也服从正态分布;若总体不服从正态分布,但样本数量足够大,则样本均数的分布仍近似服从正态分布,即 $\bar{X} \sim N(\mu, \sigma_{\bar{x}}^2)$。所以,对样本均数的分布进行 u 变换 $\left[u = \dfrac{\bar{X}-\mu}{\sigma_{\bar{x}}}\right]$,也可以变换为标准正态分布 $N(0,1)$。

在实际工作中,$\sigma_{\bar{x}}$ 往往是未知的,常用样本估计值 $S_{\bar{x}}$ 来代替,为了与 u 变换区别,称为 t 变换 $[t=(\bar{X}-\mu)/S_{\bar{x}}]$,统计量 t 值的分布称为 t 分布,t 分布可以看成是 u 分布的一种扩展。

t 分布的特征:

(1)以 0 为中心,左右对称,呈单峰分布;

(2)t 分布是一簇曲线,其形态变化与自由度 ν 大小有关。自由度 ν 越小,t 分布曲线高峰越低平,尾部翘得越高;自由度ν越大,t分布曲线高峰越高耸,尾部翘得越低,越接近标准正态分布曲线,自由度ν趋近于无穷大时,t分布曲线就是标准正态分布曲线(图3-4)。

对应于每一个自由度ν,就有一条t分布曲线,每条曲线都有其曲线下统计量t的分布规律,计算较为复杂。因此,统计学家根据自由度ν的大小与t分布曲线下的面积的关系,编制了t分布界值表(附表2),以便于应用。表中的横标目为自由度ν,

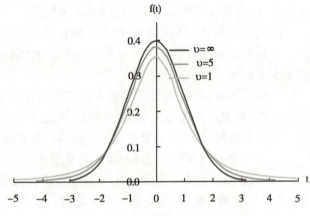

图3-4　不同自由度下的t分布曲线

纵标目为概率P,表中数字表示自由度ν和P固定时,t的界值。因t分布是以0为中心的对称分布,故t界值表中只列出了正值,如果算出的t值为负值,可以用绝对值查表。t分布曲线下中间面积为95%或99%的界值不是一个常量,而是随着自由度大小而变化的,分别用$t_{0.05/2,\nu}$和$t_{0.01/2,\nu}$表示,对应的t分布曲线双侧尾部面积分别为5%(0.05)和1%(0.01)。

3. 总体均数的可信区间

(1)可信区间的涵义:按预先给定的概率所确定的包含总体参数的一个范围,该范围通常称为参数的可信区间(confidence interval,CI),预先给定的概率$(1-\alpha)$称为可信度(confidence level),常取95%。意思是从总体中做随机抽样,每个样本可以算得一个可信区间,如95%可信区间意味着做100次抽样,算得100个可信区间,平均有95个估计正确,平均5个估计错误。

(2)可信区间的两个要素:一是准确度,反映在可信度的大小,即区间包含总体均数的概率的大小,愈接近1愈好;二是精密度,反映在区间的宽度,宽度愈小愈好。在样本含量确定的情况下,两者是矛盾的,若只提高可信度,会把区间变得很宽,故不宜认为99%可信区间比95%可信区间好,需要兼顾可信度和精密度,一般来说,95%可信区间更为常用,在可信度确定的情况下,增加样本含量,可减小区间宽度,提高精密度。

(3)可信区间的算法

$$\overline{X}-t_{\alpha/2,\nu}S_{\overline{X}}<\mu<\overline{X}+t_{\alpha/2,\nu}S_{\overline{X}} \tag{式3-13}$$

式(3-13)中,自由度$\nu=n-1$,$\overline{X}$和$S_{\overline{X}}$分别为样本均数和标准误,$t_{\alpha/2,\nu}$可以按自由度为ν与检验水准为α,查t界值表得到。

例3-10:试根据某县金坑乡居民样本的试验前收缩压估计总体均值的95%可信区间。已知金坑乡居民的试验前收缩压平均值$\overline{X}=134.45$mmHg,标准误$S_{\overline{X}}=2.018$mmHg,

查t界值表得$t_{0.05/2,19}=2.093$,金坑乡居民的试验前收缩压总体均值的95%可信区间为:

$$(134.45-2.093\times2.018,134.45+2.093\times2.018),即(130.23,138.67)\text{mmHg}$$

(三)t检验

t检验,亦称Student t检验(Student's t test),主要用于样本含量较小(例如,$n<30$),总体标准差σ未知的正态分布资料。

t检验分为单样本t检验、两独立样本t检验和配对样本t检验。

1. 样本均数与总体均数的比较

例 3-11：比较某县金坑乡居民的试验前收缩压（134.45mmHg）与该县居民的试验前收缩压总体平均值（μ_0=128.91mmHg）有无差别。资料见表 3-1。

（1）建立检验假设，确定检验水准

$H_0:\mu=\mu_0$=128.91（mmHg），μ 为该该县金坑乡居民的试验前收缩压总体均数，μ_0 为该县居民的试验前收缩压的总体均数。意为"就总体而言，该县金坑乡居民的试验前收缩压总体均数与该县居民试验前收缩压的总体均数无差别"。

$H_1:\mu \neq 128.91$（mmHg）

α=0.05

（2）计算统计量

$$t=\frac{\overline{X}-\mu}{S/\sqrt{n}}$$ 　　　　　（式 3-14）

$$\nu=n-1$$

其中，$\overline{X}$ 为样本均数；μ 为总体均数；S 为样本标准差；n 为样本含量；ν 为自由度。

本例 n=20，$\overline{X}$=134.45mmHg，S=9.023mmHg，μ_0=128.91。

按公式（3-14）得

$$t=\frac{134.45-128.91}{9.023/\sqrt{20}}=2.75$$

相应的自由度为 ν=19。

（3）确定 P 值，做出推断：本例以 ν=19、t=2.75，查 t 界值表，因 $t_{0.02/2,19}<2.75<t_{0.01/2,19}$，故 0.01<$P$<0.02。按 α=0.05 水准，拒绝 H_0，接受 H_1，差异有统计学意义。可认为试验前金坑乡居民的收缩压高于该县居民的收缩压。

单样本 t 检验是检验样本均数来自的总体均数与已知的总体均数（一般为理论值、标准值或大量观察得到的稳定值）有无差别，要求样本来自的总体分布是正态分布。

在统计学中，如果 H_0 实际是正确的，但由于抽样的偶然性，使得由样本资料计算获得的检验统计量得出拒绝 H_0 的结论，统计学上将这种拒绝了正确的 H_0（弃真）的错误称为 I 型错误（type I error），又称为假阳性错误。如果真实的情况是 H_0 错误（H_1 正确），但由于抽样的偶然性，使得由样本数据计算获得的检验统计量得出了不拒绝 H_0（存伪）的结论，统计学上将这种不拒绝实际上不成立的 H_0 所犯的错误称为 II 型错误（type II error），又称为假阴性错误。统计推断的两类错误及其概率见表 3-3 和图 3-5。

表 3-3　统计推断的两类错误及其概率

实际情况	统计推断	
	拒绝 H_0，有差异	不拒绝 H_0，无差异
H_0 成立，无差异	第 I 类错误（假阳性） 概率 =α	正确 概率 =$1-\alpha$
H_1 成立，有差异	正确 概率 =$1-\beta$	第 II 类错误（假阴性） 概率 =β

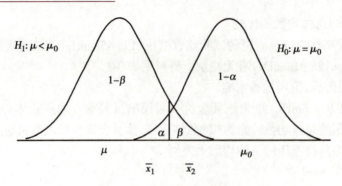

$H_1: \mu < \mu_0$ $H_0: \mu = \mu_0$

$1-\beta$ $1-\alpha$

$\alpha \mid \beta$

μ μ_0

$\overline{x}_1$ $\overline{x}_2$

图 3-5　Ⅰ型错误和Ⅱ型错误

2. 两独立样本均数的比较

例 3-12：利用随机抽取的某县两个较富裕乡镇，铅厂镇和扬眉镇；两个较贫困乡镇，金坑乡和上堡乡。一共四个乡镇的试验前收缩压情况。试比较某县较富裕地区和较贫困地区居民试验前收缩压是否有差异？

（1）建立检验假设，确定检验水准

$H_0: \mu_1 = \mu_2$，即该县较富裕地区和较贫困地区居民试验前收缩压值的总体均数相等。

$H_1: \mu_1 \neq \mu_2$

$\alpha = 0.05$

（2）计算统计量

$$t = \frac{\overline{X}_1 - \overline{X}_2}{\sqrt{\dfrac{(n_1-1)S_1^2 + (n_2-1)S_2^2}{n_1 + n_2 - 2}\left(\dfrac{1}{n_1} + \dfrac{1}{n_2}\right)}}$$ （式 3-15）

$$\nu = n_1 + n_2 - 2$$

其中，$\overline{X}_1$ 和 $\overline{X}_2$ 为两样本均数；S_1 和 S_2 为两样本标准差；n_1 和 n_2 为两样本含量。

本例：较贫困地区样本均数 $\overline{X}_1 = 134.48$mmHg，标准差 $S_1 = 7.40$mmHg；较富裕地区样本均数 $\overline{X}_2 = 123.35$mmHg，标准差 $S_2 = 9.73$mmHg，$n_1 = n_2 = 40$。

按公式（3-15），得

$$t = \frac{134.48 - 123.35}{\sqrt{\dfrac{(40-1)\times 7.401^2 + (40-1)\times 9.728^2}{40+40-2}\left(\dfrac{1}{40} + \dfrac{1}{40}\right)}} = 5.756$$

$$\nu = 40 + 40 - 2 = 78$$

（3）确定 P 值，做出推断：查 t 界值表得：$t_{0.001/2,80} = 3.416 < 5.756$，$P < 0.001$。按 $\alpha = 0.05$ 水准，拒绝 H_0，接受 H_1，差异有统计学意义，可以认为该县较富裕地区和较贫困地区居民试验前收缩压有差异。

两独立样本 t 检验是检验两个样本均数来自的两总体均数有无差别，要求两样本均来自正态分布总体且方差齐。

3. 配对计量资料的比较　配对设计（paired design）是一种比较特殊的设计方式，能够较好地控制非实验因素对结果的影响。配对比较的 t 检验适用于下列情况。自身配对：①同一受试对象处理前后的比较;②同一受试对象接受两种不同处理;③异体配对:将两个受试者配成对子,施予两种不同处理。

例 3-13:比较某县金坑乡居民试验前后收缩压是否有差异。假定试验前后居民试验前后收缩压的差值服从正态分布,进行 t 检验如下:

(1) 建立检验假设,确定检验水准。

$H_0:\mu_d=0$,即试验前后收缩压的差值的总体均数为零。

$H_1:\mu_d\neq 0$

$\alpha=0.05$

(2) 计算统计量

$$t=\frac{\bar{d}-0}{S_d/\sqrt{n}}$$ （式 3-16）

$$\nu=n-1$$

差值的均数,S_d 为样本差值的标准差,n 是对子数。

本例,$n=20$,$\sum d=227$,$\sum d^2=5117$,$\bar{d}=\sum d/n=11.35$。

$$S_d=\sqrt{\frac{5117-\frac{(227)^2}{20}}{20-1}}=11.56$$

按公式(3-16)得

$$t=\frac{11.35-0}{11.56/\sqrt{20}}=4.39$$

(3) 确定 P 值,做出推断:自由度 $\nu=n-1=20-1=19$,查 t 界值表,可知 $t_{0.001/2,19}=3.883<4.39$,$P<0.001$。按 $\alpha=0.05$ 水准,拒绝 H_0,差异有统计学意义。可以认为试验前后金坑乡居民收缩压有所降低。

配对样本 t 检验是检验对子差值的总体均数与 0 有无差别,要求差值服从正态分布。

4. 假设检验注意事项

(1) 要有严密的科研设计:这是假设检验的前提。对比组之间应均衡,具有可比性,要充分考虑影响结果的各种因素,极大限度地减少或避免误差,排除混杂因素的干扰。

(2) 选用的检验方法必须符合其适用条件:t 检验的前提是资料服从正态分布,两组样本比较是否要求方差齐性。通过正态性检验推断数据的正态性,方差齐性的推断可进行方差齐性检验。如果不满足这些条件,只能使用非参数检验如秩和检验代替 t 检验进行两组间的比较。

(3) 单侧检验和双侧检验:选用双侧检验还是单侧检验需要根据分析目的及专业知识进行确定。例如,在临床试验中,比较甲、乙两种治疗方法的疗效有无差异,目的只要求区分两方法有无不同,无须区分何者为优,则应选用双侧检验。如果有充分的理由认为甲法疗效不比乙法差,此时应选用单侧检验。在没有专业知识说明的情况下,一般应采用双侧检验。选用双侧检验还是单侧检验,应该在假设检验的第一步建立检验假设时确定,不应该在算得检验统计量后主观确定,否则可能得到相反的结论。对同一份资料做 t 检验,单侧检验比双侧检验较易获得有统计学意义的结论。如果本应采用双侧检验而误用了单侧检验,易犯 I 型错误,即假阳性错误。

(4) 假设检验的结论:不能绝对化假设检验的结论是根据 P 值大小和检验水准 α 作出

的,有犯错误的风险。拒绝 H_0,可能犯 I 型错误;不拒绝 H_0,可能犯 II 型错误。

(5) 正确理解 P 值的意义: P 值是指在 H_0 成立的前提下,出现现有样本统计量以及更极端情况的概率。P 值越小说明当前样本的证据越倾向于拒绝 H_0,当 P 值小于等于事先规定的检验水准 α 时,就拒绝 H_0。

P 值的大小不仅与总体参数间的差别有关,而且与抽样误差等有关。不能认为 P 值越小,总体参数间的差别越大。P 值越小,说明实际观测到的差异与 H_0 之间不一致的程度就越大,越有理由拒绝 H_0。假设检验只做出拒绝或不拒绝 H_0 的定性结论,但不能给出总体参数间差别大小的结论。

(6) 正确理解统计学意义与专业意义的关系:假设检验的目的是为专业服务的,假设检验中做出统计学推断,紧随其后的是做专业推断。当统计学意义与专业意义一致时,则最终结论与两者均一致。当统计学意义与专业意义相悖时,需结合具体情况加以考虑。

(7) 可信区间与假设检验的区别:两者都属于统计推断的方法,可信区间在回答差别有无统计学意义的同时,还可以提示差别是否具有实际意义。

(8) 涉及多组间比较时,不能用 t 检验理论上讲多个样本均来自同一正态总体,应当无统计学差异。如果每两样本均数比较均进行 t 检验,规定每次 t 检验允许犯 I 型错误的概率为 $\alpha=0.05$,多次比较犯 I 型错误的概率就大于 0.05。g 组样本进行两两比较,需进行 $g(g-1)/2$ 次比较,故每次比较均正确,不拒绝 H_0 的概率为 $(1-\alpha)^{g(g-1)/2}$,犯 I 类错误的概率为 $1-(1-\alpha)^{g(g-1)/2}$。例如,$g=3$ 时,则进行 3 次比较,若 $\alpha=0.05$,每次比较均正确不拒绝 H_0 的概率为 0.857,即实际上拒绝 H_0 接受 H_1 的概率为 $\alpha=1-0.857=0.143$,而不是 0.05,所以增大了犯 I 类错误的概率。

(四) 方差分析

方差分析(analysis of variance,ANOVA)是由英国著名统计学家 R.A.Fisher 提出的,又称 F 检验,是通过对数据的变异分解来判断不同样本所代表的总体均值有无差别,用于比较两组或者两组以上样本均数的差别。

基本思想:原始数据对于总体均数的离差平方和可分解成几个部分,每一部分代表一种变异的来源,自由度也可以得到相应的分解,通过对不同来源变差的均方的比较,以判断某种变异原因的存在与否。其中完全随机设计资料的方差分析是较为简单的一种,完全随机设计(completely random design),即只涉及一个处理因素,该因素有两个或两个以上水平,采用完全随机的方法直接将受试对象分配到各个处理水平组。各处理水平组的例数可以相等也可以不等。具体计算过程,本章不作详细介绍。

第三节　分类变量的统计分析

先将研究对象按其性质或特征进行分类,再分别清点每一类的个数,这样所得到的资料称分类变量资料,也称计数资料。

一、分类变量的统计描述

(一) 常用相对数

对分类变量资料,常运用相对数指标来进行统计描述。相对数(relative number):是两个有关联的数据之比,用以说明事物的相对关系,便于对比分析。常用的相对数指标很多,按联系的性质和说明的问题不同,可分为:率(rate)、构成比(constituent ratio)、相对比(relative ratio)。

1. 率 率是某现象实际发生数与可能发生某现象的总数之比。用以说明某现象发生的频率或强度。常以 %、‰、1/万、1/10 万等比例基数表示。常用的率有发病率、患病率、死亡率、病死率、治愈率等。率的计算方法:

$$率 = 某现象实际发生例数 / 可能发生该现象的总数 \times K \quad (式 3-17)$$

K 为比例基数,取 100%、1000‰、1 万/万或 10 万/10 万。

例 3-14:计算试验前后某县较富裕乡镇(铅厂镇和扬眉镇)居民的高血压患病率,数据见表 3-4。

表 3-4 某县居民高血压患病情况 *

乡镇编号	乡镇	编码	性别	年龄(岁)	试验前高血压	试验后高血压
1	金坑乡	01	女	65	0	0
1	金坑乡	02	女	73	0	0
1	金坑乡	03	女	55	0	0
1	金坑乡	04	男	83	0	0
1	金坑乡	05	女	69	1	0
1	金坑乡	06	男	78	0	1
1	金坑乡	07	女	74	0	0
1	金坑乡	08	男	39	0	0
1	金坑乡	09	男	71	1	0
1	金坑乡	10	男	69	0	0
1	金坑乡	11	女	74	0	0
1	金坑乡	12	女	66	0	0
………						
4	扬眉镇	156	男	54	0	0
4	扬眉镇	157	女	52	0	0
4	扬眉镇	158	男	12	0	0
4	扬眉镇	159	男	53	0	0
4	扬眉镇	160	男	24	0	0

* 根据标准,收缩压低于 140 的用 0 表示,即不患高血压;收缩压等于或高于 140 的用 1 表示,即患高血压。

根据公式(3-17),代入数据:

$$某县较富裕乡镇居民试验前高血压患病率 = \frac{5}{80} \times 100\% = 6.2\%$$

$$某县较富裕乡镇居民试验后高血压患病率 = \frac{3}{80} \times 100\% = 3.8\%$$

2. 构成比 表示事物内部某一构成成分在全部构成中所占的比例或比重。用于反映客观事物内部的结构。计算公式:

$$构成比(\%) = \frac{事件内部某一部分的例数}{事件内部各构成部分的例数总和} \times 100\% \quad (式 3-18)$$

例 3-15:分别计算某县上堡乡居民的男女性别构成比,数据见表 3-4。

利用公式(3-18),代入数据:

$$男性构成比(\%) = \frac{20}{40} \times 100\% = 50\%$$

$$女性构成比(\%) = \frac{20}{40} \times 100\% = 50\%$$

3. 相对比　表示两个有联系的指标之比。如 A、B 两个指标之比,说明 A 为 B 的若干倍或百分之几,通常用倍数或百分数表示。A、B 两个指标性质可以相同,也可以不同,可以是绝对数,也可以是相对数或平均数。

计算公式:

$$相对比 = A 指标 / B 指标(或 \times 100\%) \qquad (式 3\text{-}19)$$

例 3-16:比较某县较富裕乡镇居民试验前、后高血压患病率的相对比。

根据配对已知某县较富裕乡镇居民试验前、后高血压患病率分别为 6.2% 和 3.8%。

根据公式(3-19),代入数据:

$$相对比 = \frac{6.2\%}{3.8\%} = 1.63$$

即某县较富裕乡镇居民试验前高血压患病率是试验后的 1.63 倍。

4. 应用相对数应该注意的问题:

(1) 防止概念混淆,分析时不要把构成比当作率;

(2) 计算相对数时,应注意观察的单位数不能太小,必须要有足够的观察单位数作为分母,计算的率才是稳定的;

(3) 对分组资料计算合计率时,不能简单地把各组率取平均数,而应分别将分子和分母合计,再求出合计率;

(4) 率或构成比的比较应注意可比性。在比较相对数时,除了欲对比的因素之外,其余的影响因素应尽可能相同或相近;

(5) 对样本相对数的比较应作假设检验。由于样本率或样本构成比存在抽样误差,如果通过样本推断总体率或总体构成比有无差异,必须进行差别的假设检验。

(二)率的标准化方法

例 3-17:调查某地甲、乙两个社区某病的患者数,调查人数和患者数分别如下表所示,试比较两个社区的患病率。见表 3-5。

表 3-5　甲、乙两个社区某病的患病率比较

性别	甲社区			乙社区		
	调查人数	患者数	患病率(%)	调查人数	患者数	患病率(%)
男性	300	180	60.0	100	65	65.0
女性	100	35	35.0	300	125	41.7
合计	400	215	53.8	400	190	47.5

上表的资料表明,甲、乙两个社区某病的患病率都是男性高于女性,而且无论男性还是女性,都是乙社区的患病率高于甲社区。但是,从合计栏看来,甲社区的粗患病率为 53.8%,

乙社区的粗患病率为47.5%，似乎甲社区的患病率高于乙社区。怎么会出现这样的矛盾呢？因为两个社区的调查人数的性别构成比例不一样：甲社区的男性调查人数多于女性调查人数；而乙社区正好相反，女性调查人数多于男性调查人数。这种情况下，两个社区的粗患病率是没有可比性的，只有通过采用统一的标准消除其内部构成上的差别之后，才能进行比较，这种消除内部构成差别，使总体率能够直接进行比较的方法就叫作率的标准化法。采用统一标准调整后的率为标准化率，简称为标化率（standardized rate）。

二、标准化率的计算步骤

（1）直接法计算：计算甲、乙两个社区的标准化患病率，结果见表3-6。其步骤如下：①选定"标准人口"：本例，将甲、乙两个社区人口数合并，作为"标准人口"，其中，男性调查人数 $N_1=300+100=400$ 例，女性调查人数 $N_2=100+300=400$，$N=N_1+N_2=400+400=800$；②分别计算"标准人口"的预期患者数：对于甲社区，男性和女性的患病率分别为 $P_1=60\%$ 和 $P_2=35\%$。将甲社区用"标准人口"计算，预期患病率人数分别为 $N_1P_1=400\times60\%=240$ 和 $N_2P_2=400\times35\%=140$，预期患者数之和为380。类似地，乙社区的男性和女性的预期患者数为260和167，预期患者数之和为427；③分别计算甲、乙两个社区的标准化患病率：对于甲社区，标准化患病率 $P'=$ 预期患者数之和 / 标准人口数 $=380/800\times100\%=47.5\%$；对于乙社区，标准化患病率 $P'=$ 预期患者数之和 / 标准人口数 $=427/800\times100\%=53.4\%$。经标准化后，乙社区的患病率高于甲社区。

表3-6 直接法计算甲乙两个社区某病的标准化患者数（人）

性别	标准人口数	甲社区		乙社区	
		原患病率（%）	预期患者数	原患病率（%）	预期患者数
男性	400	60.0	240	65.0	260
女性	400	35.0	140	41.7	167
合计	800	—	380	—	427

（2）间接法计算：如果在观察人群中，不知道各年龄组的发病（或死亡）率，而是利用标准人口的年龄别率与观察人群中相对年龄组人数相乘，求出年龄组预期发病（或死亡）人数的和，再与实际数相比，得出标化发病（或死亡）比[（standardized incidence ratio，SIR）或（standardized mortality ratio，SMR）]；最后乘以标准人口总发病（或总死亡）率，得出该人群的标化发病（或死亡）率。该计算法就称为间接法。

至于选用哪种标化法较好，主要决定于手头掌握资料的情况而定。一般认为直接法是以标准人群年龄别人口数为基准，分母大，所以比较稳定；而间接法用的是标准人群年龄别的发病率，分母是各组的接触人数，数量相对少而不稳定。

三、分类变量的统计推断

（一）率的抽样误差和总体率的估计

1. 率的抽样误差　由于抽样的原因所造成的样本率与总体率的不一致或者样本率之间的不一致，就是率的抽样误差。率的抽样误差可以用率的标准误来表示，计算公式如下：

$$\sigma_p = \sqrt{\frac{\pi(1-\pi)}{n}} \qquad \text{（式 3-20）}$$

其中,σ_p 为率的标准误,π 为总体率,n 为样本含量。因为实际工作中很难知道总体率 π,故一般采用样本率 p 来代替,而上式就变为

$$S_p = \sqrt{\frac{p(1-p)}{n}} \tag{式 3-21}$$

2. 总体率的可信区间　由于样本率与总体率之间存在着抽样误差,所以需要由样本率对总体率进行区间估计,当样本含量 n 足够大,且样本率 p 和 $(1-p)$ 均不太小,如 np 或 $n(1-p)$ 均 $\geqslant 5$ 时,样本率的分布近似正态分布,则总体率的可信区间可由下列公式估计:

总体率(π)的 95% 可信区间:

$$p \pm 1.96S_p \tag{式 3-22}$$

总体率(π)的 99% 可信区间:

$$p \pm 2.58S_p \tag{式 3-23}$$

例 3-18:试根据某县扬眉镇居民试验前高血压样本患病率估计扬眉镇居民试验前高血压总体患病率。

资料见表 3-8 中扬眉镇试验前高血压患病情况,可得试验前样本高血压患病率 $P=3/40=0.075$,代入公式 3-21 中计算得出:

$$S_p = \sqrt{\frac{p(1-p)}{n}} = \sqrt{\frac{0.075 \times (1-0.075)}{20}} = 0.0042$$

因此,某县扬眉镇居民试验前高血压总体患病率的 95% 可信区间:

$$p \pm 1.96S_p = 7.5\% \pm 1.96 \times 0.42\% = (6.68\%, 8.32\%)$$

当样本含量不大时,例如 n$\leqslant$50 时,可直接查表得到总体率的可信区间。

(二) χ^2 检验

1. 定义　χ^2(卡方)检验(Chi-square test)是用途很广的一种假设检验方法,特别在分类资料统计推断中有很重要的应用,包括:两个率和两组构成比比较的卡方检验;多个率或多组构成比比较的卡方检验以及分类资料的关联性分析等。

2. χ^2 检验的用途

(1) 两个率或两组构成比的比较;

(2) 多个率或多组构成比的比较;

(3) 两个分类变量的关联性分析;

(4) 频数分布的拟合优度检验;

3. χ^2 检验的基本公式　式 3-24 中 χ^2 检验的基本公式,可适用于各种情况。

$$\chi^2 = \sum \frac{(A-T)^2}{T} \tag{式 3-24}$$

$$\nu = (R-1)(C-1)$$

其中,A 为实际频数(actual frequency),即某结果的实际发生频数。T 为理论频数(theoretical frequency),ν 为自由度,R 为行数,C 为列数。

理论频数的计算公式:

$$T_{RC} = \frac{n_R n_C}{N} \tag{式 3-25}$$

其中,n_R 表示相应行的合计,n_C 表示相应列的合计,N 为总例数,T_{RC} 表示某个实际频数

相对应的理论频数。

4. 四格表的卡方检验（Pearson Chi-square test）

例 3-19：比较某县较富裕乡镇（铅厂镇和扬眉镇）和较贫困乡镇（金坑乡和上堡乡）居民试验前高血压患病率是否有差异。

资料见表 3-8。

（1）建立检验假设，确定检验水准

$H_0:\pi_1=\pi_2$，即较富裕乡镇和较贫困乡镇居民高血压患病率相同

$H_1:\pi_1\neq\pi_2$

$\alpha=0.05$

（2）计算统计量：列出四格表（表 3-7）：

表 3-7　某县较富裕乡镇和较贫困乡镇居民高血压患者数（人）

乡镇	非高血压	高血压	合计
较贫困	67（a）	13（b）	80
较富裕	75（c）	5（d）	80
合计	142	18	160

对于四格表，通常运用专用计算公式计算，公式为：

$$\chi^2=\frac{(ad-bc)^2 n}{(a+b)(c+d)(a+c)(b+d)}$$　（式 3-26）

$$\nu=(R-1)(C-1)$$

其中，a、b、c、d 分别表示四格表的四个实际频数，n 为总例数 $=a+b+c+d$。

根据公式（3-26），代入数据：

$$\chi^2=\frac{(67\times5-13\times75)^2\times160}{(67+13)\times(75+5)\times(67+75)\times(13+5)}=4.006$$

（3）确定 P 值，做出推断：首先计算其自由度 $\nu=(R-1)\times(C-1)=(2-1)\times(2-1)=1$。再查 χ^2 分布界值表（附表 6），可知，$\chi^2_{0.05,1}=3.34,\chi^2_{0.02,1}=5.41,\chi^2_{0.05,1}<4.006<\chi^2_{0.02,1}$，故 $0.02<P<0.05$。在 $\alpha=0.05$ 的水平上拒绝 H_0，接受 H_1，可以认为两总体率不同。

四格表 χ^2 检验的检验应用条件：任何一个格子的理论数大于或等于 5，且样本例数大于或等于 40，即 $T\geq5$ 且 $n\geq40$。

当任何一个格子的理论数 $1\leq T<5$ 且 $n\geq40$ 时，用校正四格表卡方检验计算公式：

$$\chi^2=\frac{(|ad-bc|-n/2)^2 n}{(a+b)(c+d)(a+c)(b+d)}$$　（式 3-27）

$$\nu=(R-1)(C-1)$$

5. 配对四格表的卡方检验（McNemar Chi-square）

例 3-20：比较某县金坑乡居民试验前后高血压患病率是否有差异。资料见表 3-8。

本例可以用配对资料的卡方检验来处理。

（1）建立检验假设，确定检验水准。

$H_0:B=C$，即试验前后高血压患病率相同

$H_1: B \neq C$,即试验前后高血压患病率不同

$\alpha = 0.05$

(2)计算统计量:见表3-8。

表3-8　某县金坑乡居民试验前后高血压患者数(人)

试验前	试验后		合计
	非高血压	高血压	
非高血压	31(a)	1(b)	32
高血压	6(c)	2(d)	8
合计	37	3	40

当$b+c \geq 40$时,可用以下专用公式计算:

$$\chi^2 = \frac{(b-c)^2}{b+c}, \quad \nu = 1 \qquad (\text{式 3-28})$$

当$b+c < 40$时,可用下式进行连续性校正:

$$\chi^2 = \frac{(|b-c|-1)^2}{b+c}, \quad \nu = 1 \qquad (\text{式 3-29})$$

对于本例,因为$b+c=6+1=7<40$,所以需要作连续性校正。

按公式(3-29):

$$\chi^2 = \frac{(5-1)^2}{6+1} = 2.29$$

(3)确定P值,做出推断:自由度$\nu=1$,查χ^2临界值表得:$\chi^2_{0.1,1}=2.71$,$\chi^2_{0.2,1}=1.64$,$\chi^2_{0.2,1}<2.29<\chi^2_{0.1,1}$,即$0.1<P<0.2$。故,在$\alpha=0.05$的水平下,不拒绝$H_0$,尚不能认为某县居民试验前后高血压患病率不同。

6. 独立样本的行 × 列表的卡方检验(R × C table Chi-square test)

例3-21:某县金坑乡、上堡乡、铅厂镇和扬眉镇四个乡镇居民的试验前高血压患病情况如表3-9结果,试比较其高血压患病率有无差异。

表3-9　四个乡镇居民试验前高血压患病患者数(人)

	非高血压	是高血压	合计
金坑乡	32	8	40
上堡乡	34	6	40
铅厂镇	37	3	40
扬眉镇	36	4	40
合计	139	21	160

本例可以用行 × 列的卡方检验来处理:

(1)建立检验假设,确定检验水准

$H_0: \pi_1 = \pi_2 = \pi_3 = \pi_4$,即四个乡镇居民的试验前高血压患病率相同

H_1:四个乡镇居民的试验前高血压患病率不等或不全相等

$\alpha = 0.05$

（2）计算统计量：独立样本 $R \times C$ 表的卡方检验用于 R 个率或 R 组构成比的比较，其卡方值的计算式可使用前述基本公式，但用通用公式计算更为方便，两个公式完全等价。

$$\chi^2 = n\left(\sum \frac{A^2}{n_C n_R} - 1\right) \qquad \text{（式 3-30）}$$

$$\nu = (R-1)(C-1)$$

按公式（3-30），代入数据计算得：

$$\chi^2 = 160 \times \left(\frac{32^2}{40 \times 139} + \frac{34^2}{40 \times 139} + \cdots + \frac{4^2}{40 \times 21} - 1\right) = 3.234$$

$$\nu = (4-1) \times (2-1) = 3$$

（3）确定 P 值，做出推断：查卡方界值表可知：$\chi^2_{0.25,3} = 4.11$，$\chi^2_{0.5,3} = 2.37$，$\chi^2_{0.25,3} > 3.234 > \chi^2_{0.5,3}$，$0.25 < P < 0.5$，在 $\alpha = 0.05$ 的水平上不拒绝 H_0，尚不能认为四个乡镇居民的试验前高血压患病率不同。

例 3-22：试比较某县金坑乡、上堡乡、铅厂镇和扬眉镇四个乡镇居民的性别、构成比是否有差异。资料见表 3-8。

本例可以用行 × 列的卡方检验来处理：

（1）建立检验假设，确定检验水准

H_0：$\pi_1 = \pi_2 = \pi_3 = \pi_4$，即四个乡镇居民的性别构成比相同

H_1：四个乡镇居民的性别构成比不等或不全相等

$\alpha = 0.05$

（2）计算统计量（表 3-10）

表 3-10　四个乡镇居民性别构成（人）

	女	男	合计
金坑乡	23	17	40
上堡乡	20	20	40
铅厂镇	25	15	40
扬眉镇	14	26	40
合计	82	78	160

按公式（3-30），代入数据计算得

$$\chi^2 = 160 \times \left(\frac{23^2}{40 \times 82} + \frac{20^2}{40 \times 82} + \cdots + \frac{26^2}{40 \times 78} - 1\right) = 6.904$$

（3）确定 P 值，做出推断

$$\nu = (4-1) \times (2-1) = 3,$$

查卡方界值表得：$\chi^2_{0.1,3} = 6.25$，$\chi^2_{0.05,3} = 7.82$，$\chi^2_{0.1,3} < 6.904 < \chi^2_{0.05,3}$，故 $0.05 < P < 0.1$，在 $\alpha = 0.05$ 的水平上不拒绝 H_0，尚不能认为四个乡镇居民的性别构成比不同。

应用行 × 列表 χ^2 检验注意事项

（1）$R \times C$ 表应用：χ^2 检验时，各格子中的理论频数 T 不应小于 1，并且 $T < 5$ 的格子数不应超过总数的 20%。当出现以上情况，可采取如下方法处理：①增加样本量，使理论频数增加；②结合专业知识，增加或删去理论频数太小的行或列，或者将理论频数太小的行或列与

性质类似的行或列合并。

（2）多个样本率比较，若统计推断为拒绝 H_0，接受 H_1，可认为总体率有差别，不能认为任意两个总体率之间均有差别，要进一步推断哪两两总体率之间有差异，需要进一步进行多个样本率的多重比较。

（袁兆康）

第四节　直线相关与直线回归分析

本章前三节内容介绍各种统计分析方法，主要目的是推断不同组别或类别数值变量资料或分类变量资料之间是否有统计学意义。在医学研究中，往往还需要分析两个变量（如食盐摄入量与血压、血小板数与出血症状等）之间的相关关系或依存关系，统计学中通常采用相关分析与回归分析来探索。相关关系是一种非确定性的关系，是英国统计学家 Francis Galton 于 19 世纪 80 年代提出了相关性概念，并建立回归分析方法。后来由英国统计学家 Karl·Pearson 完善了 Galton 提出的相关系数，并提出了回归分析中的复相关系数。相关系数和复相关系数是用于衡量变量之间线性相关程度的统计指标。相关分析与回归分析的种类较多，本节只介绍简单的直线相关、直线回归以及多重线性回归分析。

例 3-23：某医生对上海某社区 168 例（男性 70 例，女性 98 例）60 岁以上老年人进行健康体检，获得性别（男性 =1，女性 =2）、年龄、身高（cm）、体重（Kg）、体质指数（BMI）、空腹血糖（FPG）、甘油三酯（TG）、高密度脂蛋白（HDL）、低密度脂蛋白（LDL）和血清总胆固醇（TC）等资料，数据文件名为：上海某社区老年人体检数据文件 .sav。下面仅列出 70 例男性老年人的体质指数及血清学指标，如表 3-11 所示。

表 3-11　70 例老年男性老年人血清学指标及体质指数的测量结果

序号 id	体质指数 (kg/m²) x_1	空腹血糖 (mmol/L) x_2	甘油三酯 (mmol/L) x_3	高密度脂蛋白 (mmol/L) x_4	低密度脂蛋白 (mmol/L) x_5	总胆固醇 (mmol/L) y
1	25.10	5.99	0.62	2.02	2.74	4.70
2	20.30	5.71	0.72	1.83	2.98	4.59
3	30.80	5.30	0.78	0.96	2.67	4.16
4	26.60	4.70	0.83	1.23	2.09	3.92
5	25.10	4.79	0.89	2.14	2.47	4.60
6	23.40	4.82	0.92	2.19	2.47	4.60
7	16.40	5.60	0.97	1.24	2.03	3.86
8	33.30	5.40	1.01	1.00	2.06	3.68
9	27.50	5.05	1.04	1.30	3.19	4.79
10	17.90	5.40	1.04	1.51	2.33	4.88
11	20.00	5.00	1.12	1.05	2.73	4.71
...	...	...	...	...	...	...
68	28.00	9.80	3.51	0.93	2.49	4.40
69	30.50	6.32	3.92	0.91	1.72	4.41
70	22.90	5.38	0.60	1.34	2.21	3.78

问题的提出：

1. 请分析该数据文件中 70 例男性老年人的低密度脂蛋白（LDL）和胆固醇（TC）两个指标之间是否存在直线相关？

2. 请分析该数据文件中 70 例男性老年人的低密度脂蛋白（LDL）和胆固醇（TC）两个指标之间是否存在线性依存？

3. 请利用该数据文件中 70 例男性老年人的血清学指标，建立血清总胆固醇（TC,y）与体质指数（BMI,x_1）、空腹血糖（GLU,x_2）、甘油三酯（TG,x_3）、高密度脂蛋白（HDL,x_4）和低密度脂蛋白（LDL,x_5）之间的多重线性回归方程，采用逐步回归法，$\alpha_入=0.05$，$\alpha_出=0.10$。同时进行共线性诊断、异常点分析、预测估计。

4. 请利用该数据文件中 98 例女性 60 岁以上老年人体检资料进行直线相关、直线回归、多重线性回归分析，并对不同性别老年人的统计分析结果进行合理的专业解释。

5. 请利用该数据文件中其余体检指标进行其他统计分析方法的探索，结合专业对结果进行合理解释。

一、直 线 相 关

（一）直线相关概述

直线相关（linear correlation）又称为简单线性相关，适用于分析双变量正态分布（bivariate normal distribution）资料之间是否有线性相关、相关方向及密切程度的统计分析方法。相关系数（coefficient of linear correlation）用符号 ρ 和 r 表示，ρ 表示总体相关系数，r 表示样本相关系数。

在进行直线相关分析之前，为了直观地判断两个变量之间的关系，可以将每对（x_i,y_i）在直角坐标系中绘制出散点图（scatter diagram），粗略判断两变量之间是否有线性变化趋势，如图 3-6。

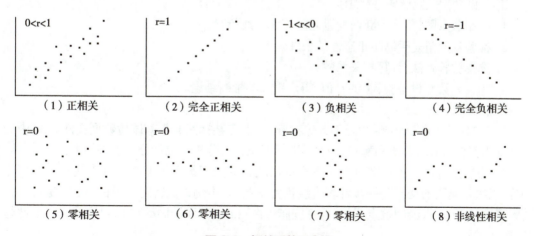

图 3-6　相关系数示意图

在图 3-6 中，图（1）散点呈椭圆形分布，两变量 x、y 变化趋势同向，称为正相关（$0<r<1$）；反之，图（3）x、y 变化趋势呈反向，称为负相关（$-1<r<0$）；图（2）x、y 呈同向变化且散点在一条直线上，$r=1$，称为完全正相关（perfect positive correlation）；反之，图（4）x、y 呈反向变化且

散点在一条直线上,$r=-1$,称为完全负相关(perfect negative correlation);图(5)~(8),两变量间没有联系或可能存在一定程度的曲线联系而没有直线相关关系,$r=0$,称为零相关(zero correlation)。正相关或负相关并不一定表示一个变量的改变是另一个变量变化的原因,有可能同受另一个因素的影响。完全相关属相关分析中的特例,由于医学研究中影响因素众多,个体变异不可避免,很少呈现完全相关。

(二) 相关系数的意义及计算

相关系数亦称 Pearson 积差相关系数(Pearson product-moment correlation coefficient),是通过两个离差相乘来反映两变量之间相关程度及其相关方向的统计指标。相关系数没有单位,其值 $-1 \leqslant r \leqslant 1$,计算公式为:

$$r = \frac{\sum (x - \bar{x})(y - \bar{y})}{\sqrt{\sum (x - \bar{x})^2 \sum (y - \bar{y})^2}} = \frac{l_{xy}}{\sqrt{l_{xx} l_{yy}}} \qquad (式 3-31)$$

式(3-31)中,l_{xy} 为两变量的离均差积和;l_{xx} 与 l_{yy} 分别为变量 x 与 y 的离均差平方和。

(三) 相关系数的假设检验

样本相关系数 r 是总体相关系数 ρ 的一个估计值,r 与 ρ 之间存在抽样误差,必须作假设检验。从同一总体中随机抽取不同的样本会得到不同的样本相关系数(r_1、r_2、…),表明样本相关系数具有变异性。同样,即使从 $\rho=0$ 的总体中做随机抽样,由于抽样误差的影响,所得 r 值也不一定等于零。故计算样本 r 值后,应进行 $\rho=0$ 是否成立的假设检验,以判断两变量的总体是否有直线相关关系。相关系数的检验可通过查相关系数 r 的界值表(附表 6)来实现,亦可用 t 检验,计算公式如下:

$$t = \frac{r-0}{S_r} = \frac{r}{\sqrt{\dfrac{1-r^2}{n-2}}} \nu = n-2 \qquad (式 3-32)$$

(四) 直线相关统计学分析思路

1. 绘制散点图,粗略判断两变量之间有无直线趋势。
2. 检验双变量是否满足正态性的条件。
3. 选择检验方法,计算相关系数 r。
4. 相关系数假设检验,确定 P 值,得出统计学推断结论。

(五) 案例

例 3-24:对本章 70 位男性老年人体检资料(上海某社区老年人体检数据文件 .sav)中的低密度脂蛋白(LDL)和胆固醇(TC)资料进行直线相关分析。统计分析思路如下:

1. 绘制散点图　散点图可粗略直观地反映两变量间是否可能存在着直线相关的变化趋势,以决定是否有必要进一步计算直线相关系数 r。本例将低密度脂蛋白(LDL)考虑作为 y,胆固醇(TC)为 x,绘制散点图得:低密度脂蛋白(LDL,y)和胆固醇(TC,x)之间存在线性趋势(图 3-7)。

2. 双变量正态性检验　双变量正态性检验得:低密度脂蛋白 $W=0.983$,$P=0.469$,胆固醇 $W=0.982$,$P=0.430$,即双变量服从近似正态分布和正态分布。

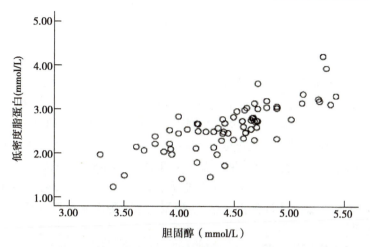

图 3-7 低密度脂蛋白（LDL，y）和胆固醇（TC，x）散点图

3. 相关系数的检验假设

（1）t 检验法的基本步骤

1）建立假设，确定检验水准

$H_0:\rho=0$，低密度脂蛋白与胆固醇值间无直线相关关系

$H_1:\rho\neq0$，低密度脂蛋白与胆固醇值间有直线相关关系

$\alpha=0.05$

2）选择检验方法，计算相关系数 r 和检验统计量

$$r=\frac{\sum(x-\bar{x})(y-\bar{y})}{\sqrt{\sum(x-\bar{x})^2\sum(y-\bar{y})^2}}=\frac{l_{xy}}{\sqrt{l_{xx}l_{yy}}}=0.768$$

$$t=\frac{r-0}{S_r}=\frac{r}{\sqrt{\frac{1-r^2}{n-2}}}=9.882$$

3）确定 P 值，做出推论结论：以自由度 $\nu=n-2=70-2=68$，查 t 界值表，得 $t_{0.001/2,68}\approx3.435$。因为 $|t|>t_{0.001/2}$，则 $P<0.001$，按 $\alpha=0.05$ 检验水准，拒绝 H_0，接受 H_1，有统计学意义。故可认为男性老年人低密度脂蛋白与胆固醇值之间有直线相关关系，且为正相关关系。

（2）查表法：当自由度不超过 50 时，还可使用查 r 界值表（附表 6）法得到结论，若 $r>r_{0.05/2,\nu}$，则 $P<0.05$，此时，按 $\alpha=0.05$ 水准同样可拒绝 H_0，接受 H_1，认为直线相关关系具有统计学意义。

（六）直线相关分析时应注意的问题

1. 进行直线相关分析时，要求两个随机变量服从双变量正态分布。

2. 发现有异常值时应慎用直线相关分析，因为异常值对相关系数的影响较大。

3. 当样本相关系数接近零时，并不意味着两变量间一定无直线相关关系，需要绘制散点图及作假设检验后才能下结论。

4. 两变量之间的相关关系具有统计学意义，并不一定是因果关系，有无因果关系还须进一步从专业角度研究。

二、直线回归

(一) 直线回归概述

在医学研究中,有时还需要反映结局变量是如何依从于解释变量的变化而被动变化的线性趋势(如女大学生肺活量依从于体重水平的变化趋势),或通过易测变量对难测变量作变化趋势的预测(如通过孕妇尿中雌三醇的含量预测胎儿体重),通过限制某变量的水平对另一变量的水平进行控制(如通过限制车流量以控制大气污染水平)。直线回归(linear regression)可以解决此类问题。直线回归又称简单回归(simple regression)是研究一个应变量(dependent variable,y)和另一个或一些自变量(independent variable,x)间线性依存关系,从而预测或控制未知变量的统计分析方法,如糖尿病患者的血糖水平(应变量)随胰岛素(自变量)变化的关系。

(二) 回归系数的意义及计算

直线回归分析前同样需要绘制散点图,粗略直观地判断应变量y(纵轴)和自变量x(横轴)之间是否存在直线依存趋势,以决定是否有必要进一步拟合直线回归方程。直线回归方程(linear regression equation)用来描述应变量y和自变量x之间线性依存关系,直线回归方程为:

$$\hat{y} = a + bx \tag{式 3-33}$$

式(3-33)中,x为自变量;$\hat{y}$为当x取某一值时应变量y的估计值;a为回归直线在y轴上的截距(intercept),也称常数项(constant);b为回归系数(regression coefficient),即回归直线的斜率(slope),其意义是x改变一个单位时,y平均改变的单位数。$b>0$时,表示y与x呈同向直线趋势;$b<0$时,表示y与x呈反向直线趋势;$b=0$时,表示Y与x无直线关系,但并不表示无其他关系(如曲线关系)。根据数学上的最小二乘法(least square method)原理(各实测点至回归直线的纵向距离的平方和最小),可导出a、b的计算公式如下:

$$b = \frac{l_{xy}}{l_{xx}} = \frac{\sum (x - \bar{x})(y - \bar{y})}{\sum (x - \bar{x})^2} \tag{式 3-34}$$

$$a = \bar{y} - b\bar{x} \tag{式 3-35}$$

(三) 回归系数的假设检验

样本回归方程$\hat{y} = a + bx$是对总体回归方程$\hat{y} = \alpha + \beta X$的估计,由于抽样误差的存在,即使总体回归系数$\beta$为0,样本回归系数$b$也不一定是0。因此,必须对总体回归系数$\beta$是否为0进行假设检验,才能说明直线回归关系是否存在,可用方差分析法或t检验法,具体分析过程略见本节案例。

(四) 直线回归统计学分析思路

1. 绘制散点图,粗略判断两变量之间有无直线依存趋势。
2. 检验应变量y是否满足正态性条件。
3. 选择检验方法,计算回归系数b、截距a。
4. 回归系数假设检验,确定P值,得出统计学推断结论。
5. 回归方程的绘制与应用。

（五）案例

例 3-25：对本章 70 位男性老年人体检资料（上海某社区老年人体检数据文件 .sav）中低密度脂蛋白（LDL）和胆固醇（TC）资料进行直线回归分析。

1. 绘制散点图　同直线相关分析，将低密度脂蛋白（LDL）考虑为 y，胆固醇（TC）为 x，绘制散点图（图 3-8）得：低密度脂蛋白（LDL，y）和胆固醇（TC，x）之间存在线性依存关系。

2. 应变量 y 正态性检验　因变量 y 服从正态分布。

3. 直线回归分析结果及解释

（1）直线回归方程：拟合的直线回归方程为：$\hat{y}=-1.330+0.879X$。

由回归系数的 t 检验可知，变量胆固醇的 $t=9.882$，$P<0.001$，有统计学意义。可认为低密度脂蛋白（y）和总胆固醇（x）之间存在线性依存关系（图 3-8）。

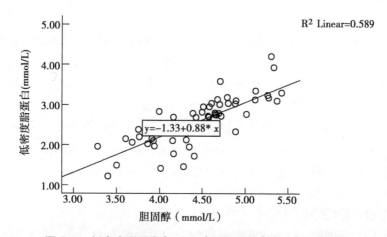

图 3-8　低密度脂蛋白（LDL，y）和胆固醇（TC，x）回归直线

（2）绘制回归直线：在散点图上，可在自变量 X 的实测范围内任取相距较远且易读数的两个 x_1、x_2（如 3.50、5.00），代入回归方程，再求出对应的 y_1（1.75mmol/L）、y_2（3.06mmol/L），用直线连接（3.50，1.75）和（5.00，3.06）两点即为回归直线。

（六）直线回归分析时应注意的问题

1. 要求应变量 y 服从正态分布或近似正态分布，自变量可以是随机变量，也可以是人为控制和选择的变量。

2. 直线回归方程的适用范围有其限度，一般仅适用于自变量 x 的原始数据取值范围内（内插），而不能任意外推（外延），所以绘制的回归直线一般也不宜延长至该范围之外，利用回归方程进行预测或控制时也不宜超出此限。

3. 在实际应用中，两变量之间的关系要有实际意义，不能把毫无关联的两种现象作回归分析，事先须对两种观象间的内在联系有所认识。

4. 作回归分析时，一般以"因"的变量为 x，以"果"的变量为 y，若变量之间看不出明显的因果关系，则通常以容易测定、较稳定或变异度较小者为 x。

5. 当两变量变化趋势为非线性时，可考虑拟合非线性回归方程。

三、多重线性回归

(一) 多重线性回归概述

在医学研究中,由于生物医学规律的复杂性,某个医学指标(应变量 y)的变化往往受到多个因素(自变量 x)的影响,此时就需要应用多重线性回归来分析、估计和预测。例如,成年人的收缩压受年龄、饮食、锻炼和遗传等许多因素的影响,这时可运用多重线性回归分析定量评价多个自变量对应变量的贡献大小。多重线性回归是简单直线回归的扩展。

多重线性回归(multiple linear regression)是研究一个连续性应变量与多个自变量之间线性依存关系的统计方法,目的是用两个以上的自变量 $x_1, x_2, \cdots, x_m$ 数值估计应变量 y 的平均水平。

应变量 y 与自变量 $x_1, x_2, \cdots, x_m$ 间的多重线性回归方程表达式为:

$$\hat{y} = b_0 + b_1 x_1 + b_2 x_2 + \cdots + b_m x_m \qquad \text{(式 3-36)}$$

在式 3-36 应变量 y 表示为自变量 $x_1, x_2, \cdots, x_m$ 的线性函数。b_0 为常数项,又称为截距,是所有自变量都等于 0 时,应变量的估计值,有时也称它为本底值;$b_1, b_2, \cdots, b_m$ 称为偏回归系数(partial regression coefficient)或简称回归系数。偏回归系数 $b_j (j=1,2,...,m)$ 表示在其他自变量不变的情况下,x_j 增加或减少一个单位时,应变量 y 的平均变化量。

与直线回归一样,建立多重线性回归方程先用最小二乘法原理求出 $b_i (i=1,2,\cdots,m)$,再求 b_0,即求出使估计值 $\hat{y}$ 与观测值 y 之差的平方和 $\sum (y-\hat{y})^2$ 达到最小的一组解作为 b_i 的估计值。虽然多重线性回归参数估计的原理与直线回归相似,但是随着自变量个数的增加,计算量变得相当大,通常需要依靠统计软件完成。

(二) 多重线性回归的假设检验

由样本计算得到的偏回归系数 b_i 是总体偏回归系数 β_i 的估计值,即使总体偏回归系数等于 0,但由于抽样误差,仍可使样本偏回归系数 b_i 不等于 0,因此多重线性回归也要作假设检验,以判断其是否有统计学意义。包括对多重线性回归方程的假设检验(方差分析)和每个偏回归系数的假设检验(t 检验)。

1. 对多重线性回归方程的假设检验——F 检验 F 检验是将回归方程中所有自变量 $x_1, x_2, \cdots, x_m$ 作为一个整体来检验他们与应变量 y 之间是否有线性关系,并对回归方程的预测或解释能力做出综合评价。其基本思想与直线回归分析类似,也是将 y 的变异即总的离差平方和分解成回归和残差平方和。步骤如下:

检验假设 $H_0: \beta_1 = \beta_2 = \cdots = \beta_m = 0$

$H_1:$ 各 $\beta_j (j=1,2,\cdots,m)$ 不全为 0;

$\alpha = 0.05$

检验统计量 F 值

将应变量 y 的总变异分解为两部分,即:

$SS_{总} = l_{yy} = \sum_i (y_i - \bar{y})^2 = \sum_i (\hat{y} - \bar{y})^2 + \sum_i (y - \hat{y})^2$,其中,$\sum (\hat{y} - \bar{y})^2$ 为回归平方和,$\sum (y - \hat{y})^2$ 为残差平方和。

$$SS_{总} = SS_{回} + SS_{残} \qquad \text{(式 3-37)}$$

并有 $\nu_{总}=n-1,\nu_{回}=m,\nu_{残}=n-m-1$

$$SS_{回} = \sum_i (\hat{y} - \bar{y})^2 = b_1 l_{1y} + b_2 l_{2y} + \cdots + b_m l_{my} = \sum b_j l_{jy} \qquad (式\ 3\text{-}38)$$

$$SS_{残} = \sum_i (y - \hat{y})^2 = SS_{总} - SS_{回} \qquad (式\ 3\text{-}39)$$

$$F = \frac{SS_{回}/m}{SS_{残}/(n-m-1)} = \frac{MS_{回}}{MS_{残}} \qquad (式\ 3\text{-}40)$$

根据 F 分布，由检验统计量 F 与自由度确定 P 值，即可得到相应的统计结论（表 3-12）。

表 3-12　多重线性回归方差分析表

变异来源	SS	Df	MS	F	P
回归	$SS_{回}$	M	$SS_{回}/m$	$MS_{回}/MS_{残}$	
残差	$SS_{残}$	$n-m-1$	$SS_{残}/(n-m-1)$		
总变异	$SS_{总}$	$n-1$			

如果 $F \geq F_{\alpha,(m,n-m-1)}$，则在 $\alpha=0.05$ 检验水准上，拒绝 H_0，接受 H_1，可认为应变量 y 与 m 个自变量 $x_1, x_2, \cdots, x_m$ 之间存在线性回归关系。

2. 对偏回归系数的假设检验　多重线性回归模型成立只能认为总的来说应变量与自变量间存在线性关系，但研究者往往更加关心对各自变量的解释。因此，需对每一个自变量的偏回归系数进行假设检验，并衡量每一个自变量对 y 的作用大小，可用 t 检验法。

偏回归系数的 t 检验是在回归方程具有统计学意义的情况下，检验某个总体偏回归系数是否等于零的假设，以判断对应的自变量对回归是否有贡献。

检验假设 $H_0:\beta_i=0, H_1:\beta_i \neq 0, \alpha=0.05$

检验统计量

$$t_i = \frac{b_i}{S_{b_i}} \qquad (式\ 3\text{-}41)$$

$$\nu=n-m-1$$

其中 b_i 为偏回归系数的估计值；S_{b_i} 为 b_i 的标准误，其计算较复杂，要用矩阵计算 t_i 服从 $\nu=n-m-1$ 的 t 分布，若 $t_i \geq t_{0.05/2,n-m-1}$，则在 α 检验水准上，拒绝 H_0，接受 H_1，认为 Y 与 X_i 有线性回归关系。因计算复杂，宜用统计学软件来实现。

（三）评价回归模型的拟合效果指标

评价多重线性回归模型效果的优劣是回归分析的重要内容之一。常用的评价指标有：复相关系数、决定系数、校正决定系数、剩余标准差等。

1. 复相关系数　复相关系数（multiple correlation coefficient, R）用来度量应变量（y）与多个自变量（x_i）间的线性回归关系的密切程度，即观察值 y 与估计值 $\hat{y}$ 之间的相关程度。其计算公式为：

$$R = \frac{\sum (Y - \bar{Y})(\hat{Y} - \bar{Y})}{\sqrt{\sum (Y - \bar{Y})^2 \sum (\hat{Y} - \bar{Y})^2}} = \sqrt{R^2} = \sqrt{\frac{SS_{回}}{SS_{总}}} \qquad (式\ 3\text{-}42)$$

复相关系数 R 的取值范围在 0 与 1 之间，R 值越接近 1，说明变量之间的线性回归关系程度越密切。注意：复相关系数 R 用于评价多重线性回归模型优劣时，由于即使在模型中增加了没有统计学意义自变量,R 值仍然会增大。

2. 决定系数　决定系数 R^2（coefficient of determination）等于复相关系数的平方。R^2 表示在 y 的总离均差平方和中由自变量 $x_1, x_2, \cdots, x_m$ 能够解释的百分比,即决定系数的大小反映了各自变量(x_1)对应变量(y)回归贡献大小。其计算公式为:

$$R^2 = \frac{SS_{回}}{SS_{总}} = 1 - \frac{SS_{残}}{SS_{总}}$$
（式 3-43）

R^2 无单位,其取值范围为 $[0,1]$,当 R^2 越接近 1 时,说明回归平方和($SS_{回}$)在总平方和($SS_{总}$)中所占的比重越大,剩余平方和($SS_{残}$)所占比例越小,回归效果越好。决定系数 R^2 与复相关系数 R 一样,即使在模型中增加了没有统计学意义自变量,其值随着自变量个数的增加而不断增加。因此,它只能用来评价自变量个数相同的回归方程的回归效果。

3. 校正决定系数　校正决定系数 R^2_{adj}（adjusted determination coefficient）可以消除自变量个数的影响,当模型中增加的自变量没有统计学意义时,R^2_{adj} 会减小。其计算公式为:

$$R^2_{adj} = 1 - (1 - R^2) \frac{n-1}{n-p-1} = 1 - \frac{MS_{残}}{MS_{总}}$$
（式 3-44）

式 3-44 中 n 为拟合多重线性回归模型时的样本量,p 为方程中自变量的个数。一般情况下,R^2_{adj} 越大,说明模型拟合得越好。但当 p/n 很小时,如小于 0.05 时,校正作用趋于消失。

在实际应用中,R^2、R^2_{adj} 的大小还取决于自变量的取值范围。当自变量的取值范围很窄时,所建模型的 R^2 会偏大,但此时并不代表模型的拟合效果一定好。当自变量的取值范围很宽时,也可获得较大的 R^2_{adj},但由于误差均方偏大使可信区间很宽,从而使模型失去实际应用价值。

4. 剩余标准差　剩余标准差（standard deviation of residual）用 $S_{Y \cdot X}$ 表示,等于误差均方 $MS_{残差}$ 的算术平方根（残差的标准差）,即扣除 m 个自变量的影响后,应变量 Y 仍然存在的变异,即不能由 m 个自变量的变化解释的 Y 的变异,其大小反映模型预测应变量的精度。

$$S_{Y \cdot X} = \sqrt{MS_{残}} = \sqrt{\frac{SS_{残}}{n-p-1}}$$
（式 3-45）

式 3-45 中 n 为拟合多重线性回归模型时的样本量,p 为方程中自变量的个数。剩余标准差 $S_{Y \cdot X}$ 越小,说明建立的回归模型效果越好。剩余标准差 $S_{Y \cdot X}$ 除了与残差平方和有关外,还与自由度有关,因此,$S_{Y \cdot X}$ 与 R^2 对回归效果优劣的评价结果有时不一致。通常研究者希望用尽可能少的自变量来最大限度地解释应变量的变异,从这个意义上来说,用剩余标准差作为评价回归效果比决定系数要更好一些。此外,剩余标准差与校正决定系数相类似,当模型中增加无统计学意义的自变量时,剩余标准差反而会增大。

(四) 自变量的筛选

为使多重线性回归方程仅包含有回归效果显著的自变量,从而使回归方程达到最佳,有必要进行自变量筛选和对偏回归系数假设检验。筛选自变量的准则和方法有多种,会产生不同的“最优”回归方程。筛选自变量的原则:基于研究问题本身的专业知识,使残差均方尽可能小或使校正决定系数(R^2_{adj})尽可能大。

自变量筛选方法有:强制进入法、逐步回归法、强制剔除法、向后法和向前法五种。①强制进入法（Enter）:候选自变量不论有无意义全部纳入回归模型。②逐步回归法（Stepwise）:遵循“先剔除后选入”原则,引入有意义的变量（前进法,Forward）,剔除无意义变量（后退法,

Backward），从而得到一个"最优"回归方程。引入变量的检验水准要小于或等于剔除变量的检验水准，即 $\alpha_入 \leq \alpha_出$。逐步回归法克服了向前法在后续变量引入模型后可能使已在方程中的变量变得不重要的缺点，同时吸收了后退法剔除的做法。③强制剔除法（Remove）：以 Block 为单位，按移除标准将同一个 Block 内的变量一次全部剔除；④向后法（Backward）：对已纳入方程的变量按对应变量贡献大小由小到大依次剔除，且只出不进。其缺点是：当自变量的数目较多或高度相关时，可能得不出正确结果；⑤向前法（Forward）：对候选自变量按对应变量贡献大小由大到小依次选入方程，且只进不出。其局限性是：随着后续变量的引入可能会导致先引入的自变量变得不重要。目前此法已基本淘汰。在实际应用中，采用逐步回归法筛选自变量较为常用。

对于偏回归系数假设检验时检验水平 α 的选择上，一般小样本 α 定为 0.10 或 0.15，大样本 α 定为 0.05。α 定得过小表示选取自变量的标准越严，被选入的自变量个数相对也较少；α 定得过大表示选取自变量的标准较宽，被选入的自变量个数也相对较多。

由于不同的选择方法所得的多重线性回归方程不一定相同，也未必是最佳的。因此，可以尝试不同的方法，把得到的结果与专业知识结合从而选出"最优"的。

（五）案例

例 3-26：利用"上海某社区老年人体检数据文件"中的 70 例男性老年人血清学指标，探索血清总胆固醇（TC, y）与体质指数（BMI, x_1）、空腹血糖（GLU, x_2）、甘油三酯（TG, x_3）、高密度脂蛋白（HDL, x_4）和低密度脂蛋白（LDL, x_5）间的多重线性回归方程，采用逐步回归法，$\alpha_入 = 0.05$，$\alpha_出 = 0.10$。

主要统计分析结果及结论如下：

（1）模型概述：①复相关系数 $R = 0.813$，表明自变量与因变量之间的线性回归关系程度较为越密切；②决定系数 $R^2 = 0.662$，反映了各自变量（x_i）对应变量（y）的回归贡献为 66.2%；③校正决定系数 $R^2_{adj} = 0.646$，说明该模型拟合得比较好；④估计值的标准误 = 0.28441，反映该模型预测应变量的精度较好。

（2）多重线性回归方程的方差分析：从方差分析表（ANOVA）知：$F = 43.005$，$P < 0.001$，拟合的多重线性回归方程有统计学意义。见表 3-13。

表 3-13　多重线性回归方差分析表结果

变异来源	SS	df	MS	F	P
回归	10.436	3	3.479	43.005	<0.001
残差	5.339	66	0.081		
总变异	15.774	69			

（3）建立多重线性回归方程 $\hat{Y} = 2.053 + 0.680 LDL_l + 0.349 HDL + 0.127 TG$。

由回归系数的 t 检验可知，变量低密度脂蛋白、高密度脂蛋白、甘油三酯的 $P < 0.05$，有统计学意义。根据各个自变量标准偏回归系数的估计值 0.778、0.248 和 0.177，可认为对总胆固醇（y）的影响由大到小依次为低密度脂蛋白、高密度脂蛋白和甘油三酯。

（4）预测估计：对 $x_5 = 5.00$、$x_4 = 1.00$、$x_3 = 3.00$ 进行预测估计，Y 的点估计值为 6.183；因变量 Y 总体均数的 95% 置信区间为（5.839, 6.528）；因变量 y 个体值的 95% 预测区间为（5.519, 6.847）。

（六）多重线性回归分析的应用及注意问题

1. 多重线性回归模型的应用　多重线性回归在实际中被广泛应用于医学领域中的数据分析，并且对它的研究和应用还在不断的深入和拓展，这里只介绍其简单的应用。

（1）影响因素分析：通过自变量对应变量有无影响的分析，从而分析出影响因素及其重要程度。例如，影响高血压的因素可能有年龄、超重或肥胖、家族史、工作紧张度、食盐量等，在影响高血压的众多可疑因素中，需要研究哪些因素影响较大。这些都可以利用回归的方法进行分析。

（2）估计与预测：实际工作中某些指标是难以测定的，此时可通过建立这些指标与另一些容易测量指标的多重线性回归模型，用易测指标估计难测指标。对因变量 Y 估计或预测有如下两种情况：

1）总体均数 $\mu_{Y|X_1, X_2, \cdots, X_m}$ 的点估计与可信区间估计：给定自变量 $X_1, X_2, \cdots, X_m$（假定回归方程包含 m 个自变量）的一组取值得 $\hat{Y}$，此时 $\hat{Y}$ 是总体均数 $\mu_{Y|X_1, X_2, \cdots, X_m}$ 的点估计值，相当样本均数，用样本均数加减标准误的形式就可得到总体均数 $\mu_{Y|X_1, X_2, \cdots, X_m}$ 的 $(1-\alpha)$ 可信区间估计：

$$(\hat{Y}-t_{\alpha/2, \nu}S_{\hat{y}}, \hat{Y}+t_{\alpha/2, \nu}S_{\hat{y}}) \qquad \text{（式 3-46）}$$

其中，$S_{\hat{y}}$ 为自变量的任意一组值所对应的 Y 的标准误。

2）个体 Y 值的预测区间：用样本均数加减标准差的形式就可得到个体 Y 值的 $(1-\alpha)$ 预测区间：

$$(\hat{Y}-t_{\alpha/2, \nu}S_y, \hat{Y}+t_{\alpha/2, \nu}S_y) \qquad \text{（式 3-47）}$$

其中，S_y 为自变量的任意一组值所对应的 Y 的标准差。

由于 $S_{\hat{y}}$ 和 S_y 计算都很复杂，所以总体均数 $\mu_{Y|X_1, X_2, \cdots, X_m}$ 的可信区间估计和个体 Y 值的预测区间均由 SPSS 软件相应选项实现。

预测：由自变量值推出因变量 Y 的值、容许区间和总体均数的可信区间。如：心脏表面积 $(\hat{y})=b_0+b_1$ 心脏横径 $(x_1)+b_1$ 心脏纵径 $(x_2)+b_1$ 心脏宽径 (x_3)；新生儿体重 $(\hat{y})=b_0+b_1$ 胎儿孕龄 $(x_1)+b_2$ 胎儿头径 $(x_2)+b_3$ 胎儿胸径 $(x_3)+b_4$ 胎儿腹径 (x_4)；中国人适用的体表面积计算通式为：

体表面积 $(S)=-0.0099+0.0061$ 身高 $(H)+0.0124$ 体重 (W)。

（3）统计控制：用建立的多重线性回归方程进行逆估计，即在应变量 Y 指定的值或范围内来控制自变量 X 的值。预测和控制要求回归方程具有很好的回归效果。

2. 多重线性回归模型的注意问题

（1）满足多重线性回归分析条件：应变量 y 应是服从或近似服从正态分布的独立变量，且当在自变量取不同值时的总体方差齐同。

（2）数据标准化处理：因为 m 个自变量都具有各自的度量单位以及不同的变异度，所以不能直接用偏回归系数的数值大小来反映方程中各自变量对应变量 y 的贡献大小。为此，可先将原始数据进行标准化，再用标准化的数据进行回归模型拟合，此时得到的偏回归系数称为标准化偏回归系数（standardized partial regression coefficient），标准化偏回归系数的绝对值较大的自变量对应变量的影响更大。

（3）多重共线性：各自变量之间不应有明显的多重共线性趋势，多重共线性指的是自变量间存在着近似的线性关系,即某个自变量可以近似地用其他自变量的线性函数来描述。当共线性趋势明显时可能导致偏回归系数的估计值与常识不符、专业上明确有意义的自变量不能引入方程等现象,针对多重共线性问题,可考虑的对策包括增大样本量、采用多种自变量筛选方法相结合的方式、使用主成分分析、进行通径分析和岭回归分析等。

(4) 自变量间的交互作用分析:为了检验两个自变量是否具有交互作用,普遍的做法是在方程中加入它们的乘积项。当研究自变量间存在交互作用时,可以通过设复合变量的方法来分析自变量间的交互作用并进行检验。以 3 个自变量为例,若要考虑 x_1、x_2 的交互作用对应变量的影响,则可设置一个新的变量 $x_4=x_1x_2$,然后进行回归分析,如果 x_4 的回归系数有统计学意义,则可认为 x_1、x_2 间存在交互作用。回归方程中是否考虑交互作用要结合专业知识来判断,如没有这方面的专业知识一般先按无交互作用的模型来进行回归,然后根据是否有统计学意义来判断是否引入交互作用。

第五节　统计表与统计图的编制

统计表(statistical table)和统计图(statistical graph)是描述数据特征、呈现统计分析结果的重要工具,恰当地使用统计表能简明扼要地表达资料的特点,代替冗长的文字描述;科学地绘制统计图有助于准确、直观地反映出事物间的数量关系,给读者留下深刻的印象。

一、统　计　表

统计表常见于研究报告和科研论文中,将统计分析的指标及其结果以表格的形式列出,可使数据表达简单明了、层次清晰,以便进一步分析和比较。

(一) 统计表的结构和要求

编制统计表的总原则是结构简单、层次分明;内容安排合理、重点突出;数据准确可靠。统计表的结构通常包括标题、标目、线条、数字和备注五部分(如表 3-14 是某地不同性别居民肺结核患病率)。

表 3-14　某地 2011 年不同性别居民肺结核患病率

性别	调查人数	患者数	患病率(1/10 万)
男	84 572	455	538.00
女	83 906	539	642.39
合计	168 478	994	589.99

1. 标题　标题(title)统计表的总名称,位于表格上方正中,应高度概括统计表的中心内容,还应简要描述资料收集的时间、地点、对象;文字应确切、简明扼要;还应根据统计表在文中的先后顺序予以编号。

2. 标目　标目(heading)用于说明表格内的项目,根据其位置和作用一般可分为横标目和纵标目。横标目位于表格左侧,表示研究对象或被说明的事物,在内容上属于统计表的主辞;纵标目位于表格上方,用于说明研究对象的各统计指标,在内容上属于统计表的宾辞,这样从左往右读统计表,可以构成一个通顺的句子。此外,标目在使用时还应注意文字简明,有单位的要注明单位。

3. 线条　线条(line)力求简洁,常使用三线格形式(除顶线、底线及隔开纵标目与数字的横线外,其他线条均省去),此外,可用短横线隔开合计行,或用短横线分割多重纵标目;应特别注意禁用斜线和竖线。

4. 数字　数字(data)表内数字必须准确,使用阿拉伯数字;同栏数值的小数位数一致,位置上下对齐;表内不留空格,如缺失可用"—"表示,暂缺或未记录用"…"来表示,若数值为"0",则填写"0"。

5. 备注　备注(remark)统计表表格内的数字区只能写阿拉伯数字,不能出现其他汉字,特别情况需说明时可用备注,用"*"或数字序号在需说明处的数字右上方引出,写在表格外下方。

(二) 统计表的种类

根据主辞的复杂程度,统计表可分为简单表(主辞仅有一个分组标志,如表3-15)和复合表(主辞有两个或以上分组标志,如表3-16)。

表3-15　某地 2009—2012 年高血压患者管理情况

年份	建卡人数	管理率(%)	规范管理率(%)	控制率(%)
2009	31 481	91.59	88.16	48.61
2010	34 482	96.59	85.03	58.58
2011	37 418	97.24	89.97	64.30
2012	56 754	96.51	82.44	62.48

表3-16　某地 2012 年不同年龄居民高血压、糖尿病患病率

年龄别	调查人数	高血压		糖尿病	
		患者数	患病率(%)	患者数	患病率(%)
40~	363	34	9.37	6	1.65
45~	613	123	20.07	28	4.57
50~	576	154	26.74	32	5.56
55~	460	167	36.30	44	9.57
60~	429	195	45.45	58	13.52
65~	425	205	48.24	64	15.06
70~	368	204	55.43	52	14.13
75~	797	453	56.84	72	9.03
80~	496	256	51.61	41	8.27
85~	323	177	54.80	19	5.88
合计	4850	1968	40.58	416	21.14

（三）编制统计表过程中存在的常见错误

统计表的常见错误：①标题：内容不确切；过于省略或累赘等。②标目：横纵标目位置颠倒；表达意义不明确；纵标目未标注单位；标目过多和重复；专业层次不清；组段划分不确切或有重叠等。③线条：线条太多；有竖线和斜线。④数字：罗列原始数据，缺乏专业意义；数值计算不精确；同一指标数字未对齐或小数保留位数不一致，不足者以"0"补足；各百分比相加不为100％；无数字未用"—"表示，缺失值未用"…"表示，数值0者未记为"0"，不要留空项。⑤缩略语和单位：指标名称随意改动，应使用固定的缩略语；单位应遵循国际标准命名原则；在数字和单位之间应有一个单一空格。⑥备注：说明过繁，应简明扼要。

二、统　计　图

统计图（figure）是用点的位置、线段的升降、直条的长短、面积的大小等各种几何图形来表达统计资料的数量或变化动态，可直观地反映出事物间的数量关系。统计图种类较多，常用的包括直条图（bar graph）、圆图（circle graph）、百分条图（percent bar graph）、普通线图（line graph）、直方图（histogram）、散点图（scatter diagram）和箱式图（box plot）等。在医学论文中，应根据资料的类型及表达目的绘制统计图。

（一）统计图的结构和要求

统计图的结构通常包括标题、图域、图例、标目和刻度五部分（图3-9）。

1. 标题（legend）　标题是统计图的总名称，位于图的下方正中，应简明扼要地说明资料的时间、地点、对象和内容，如文中有多个图可根据统计图在文中的先后顺序予以编号。

2. 图域（chart field）　图域是绘制的统计图形部分，对于有纵、横轴的统计图一般用直角坐标系第一象限表示；图形应准确、美观；需表达不同事物时应使用不同形状或颜色的

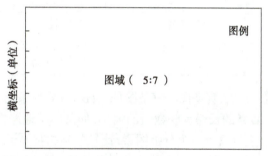

图 3-9　统计图的结构

线条或图形以便于区分。宽高比为3∶2，双栏图的宽≤7.5cm，通栏图的宽≤15cm。统计图的显著性差异结果以 *P<0.05，**P< 0.01 两档表示，P 分别以 *、# 和△标注。

3. 图例（symbol）　当使用不同形状或颜色的线条或图形时，需用图例予以解释，图例一般放在图的下方或右上方的位置。

4. 标目（axis label）　纵标目（Y axis）和横标目（X axis）分别表示纵轴和横轴刻度的意义，有度量衡单位时应标出，纵、横轴长度比例一般为5∶7。

5. 刻度（scale）　刻度即纵轴和横轴上的刻度，与直角坐标系的排列一致，尺度一般按自左而右、自下而上的方向从小到大排列，坐标轴刻度统一向图内侧标注。直条图和直方图纵轴的刻度必须从0开始，而散点图、半对数线图的横轴和纵轴的刻度可根据需要不从0开始。

（二）统计图的选择和绘制

应根据资料的性质和分析目的来选择恰当的统计图，若主辞是非连续性资料，可考虑选

择的有直条图、圆图、百分条图等;若主辞是连续性资料,可在普通线图、直方图、散点图、箱式图、双轴图等中选择。见表 3-17。

表 3-17　统计图的适用数据类型及分析目的

图形	资料性质	分析目的	说明
直条图	相互独立的计量资料和计数资料	比较各类别数值的大小	横轴为种类或类别,纵轴为统计指标
圆图、百分条图	计数资料	分析事物内部各组成部分所占比重	没有坐标轴;必须使用图例来区分各个部分
线图	连续性资料	描述事物随时间变化趋势或描述两现象相互变化趋势	两个变量的观察值必须一一对应;横轴为自变量,纵轴为应变量
半对数线图	连续性资料	描述事物随时间变化趋势和速度或描述两现象相互变化趋势和速度	应变量的变异较大时使用;其他同上
直方图	数值变量的频数表	连续性变量的频数分布	以不同直方形面积代表数量,各组频数与各直方形面积成正比关系
散点图	双变量资料	描述双变量资料的相互关系、方向及密切程度	两个变量的观察值不一一严格对应;横轴为自变量,纵轴为应变量
箱式图	相互独立的计量资料	描述连续性定量变量平均水平和分布特征	横轴为组别或类别,纵轴为计量资料均数和分位数的取值范围
双纵轴图	连续性资料	描述两种事物随时间或另一指标的变化趋势	两个纵轴为不同应变量,横轴为自变量

1. 直条图　直条图(bar graph)简称条图,用于表示相互独立的各指标数值大小,用等宽直条的长短反映数值的大小,如某年某地恶性肿瘤发病率或死亡率的比较。包括单式条图(主辞只有一个分组因素,比较一项指标)、复式条图(主辞有两个分组因素,比较一项指标)、分段条图(主辞只有一个分组因素,但指标中有分段因素,各分段长短代表各组成部分在整体中所占比例)。

绘制直条图时应注意:标题位于图下方。标题包括处理方法、统计学检验及显著水平的解释等。Y 轴的刻度须从 0 开始,表示测量值标注单位(mm);X 轴为不同的处理组。各直条的排列应按自然顺序或长短顺序排列,以便比较。各直条的宽度应相等,直条间隙应与直条宽度相等或为其一半(图 3-10)。若各直条图标记了误差范围,并在标题中做出解释。在误差条上面用横线表示处理组间的统计学差异,并在标题中给予说明。复式条图组内的直条间无间隙,组内各直条图排列次序要前后一致。同一类型中两个亚组用不同颜色表示,并有图例说明(图 3-11)。

2. 百分构成图　百分构成图用于反映事物内部各组成部分所占的比重或分布,可绘制圆图(pie chart)和百分条图(percent bar chart)。

圆图以圆的总面积 100% 代表事物的全部,各扇形面积表示全体中各部分所占的比重。绘制圆图的方法是将各部分的构成比乘以 3.60,获得各扇形的圆心角度数,从"时钟 12 点或 9 点"的位置开始,各部分按习惯顺序或构成比大小顺时针排列;圆中各部分用线分开,注明简要文字及百分比,或用图例区分;若有 2 种或 2 种以上性质类似的资料相比较,应绘直径相同的圆,并使各圆中各部分的排列次序一致,以利于比较(图 3-12)。

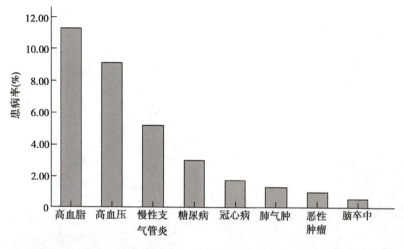

图 3-10　某地 2015 年某单位职工体检主要慢性病患病率（%）条图

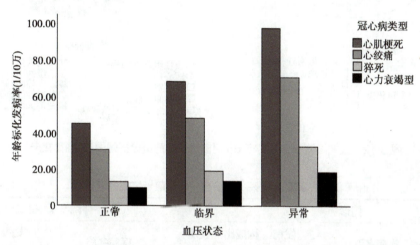

图 3-11　某地 2011 年不同血压状态冠心病各临床型年龄标化发病率（1/10 万）复式条图

　　百分条图是以直条全长的面积为 100%，各部分按习惯顺序或构成比大小顺时针排列把直条分成若干段，直条各部分用线分开并注明简要文字及百分比或以图例表示；若有 2 种或 2 种以上性质类似的资料相比较，应绘宽度相同的直条，并使各直条中各部分的排列次序一致，以利比较，见表 3-18 和图 3-13。

　　3. 线图　线图分为普通线图（common line graph）和半对数线图（semi-logarithmic line graph）两种。两者均通过线段的上升或下降来描述连续性统计指标（如某地居民平均收入、某地某种疾病的发病率或死亡率等）随另一指标（常为时间、年龄）变化而变化的趋势。纵轴表示发生变化的连续性统计指标，横轴表示时间或另一伴随变量。区别在于普通线图的纵坐标为算术尺度，用来比较研究指标的变化趋势；半对数线纵坐标为对数尺度，用来比较研究指标的相对变化速度。故两种图形从不同的角度反映被观察指标的变化情况，但两者的意义和适用场合区别甚大，使用时要根据具体情况正确选用。如果研究者一概应用普通线图来反映动态数据的变化情况，则可能导致无法正确呈现资料所蕴涵的信息。

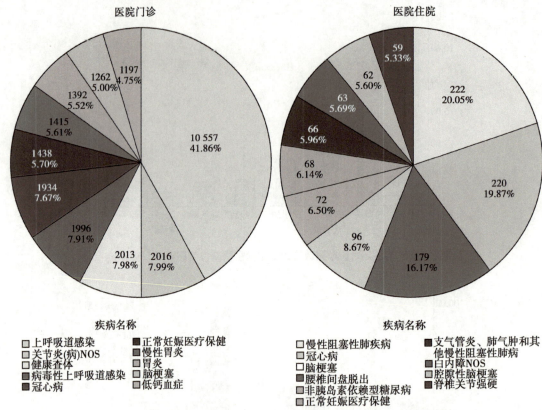

图 3-12 某地某医院 2016 年 06 月前十位疾病谱分析圆图（彩图见文末）

表 3-18 某地某医院 2016 年 06 月前十位疾病谱分析

疾病顺位	门诊 疾病名称	发病人次	构成比（%）	疾病顺位	住院 疾病名称	发病人次	构成比（%）
1	上呼吸道感染	10 557	41.86	1	慢性阻塞性肺疾病	222	20.05
2	关节炎(病)NOS	2016	7.99	2	冠心病	220	19.87
3	健康查体	2013	7.98	3	脑梗死	179	16.17
4	病毒性上呼吸道感染	1996	7.91	4	腰椎间盘脱出	96	8.67
5	冠心病	1934	7.67	5	非胰岛素依赖型糖尿病	72	6.50
6	正常妊娠医疗保健	1438	5.70	6	正常妊娠医疗保健	68	6.14
7	慢性胃炎	1415	5.61	7	支气管炎、肺气肿和其他慢性阻塞性肺病	66	5.96
8	胃炎	1392	5.52	8	白内障 NOS	63	5.69
9	脑梗死	1262	5.00	9	腔隙性脑梗死	62	5.60
10	低钙血症	1197	4.75	10	脊椎关节强硬	59	5.33
	合计	25 220	100.00		合计	1107	100.00

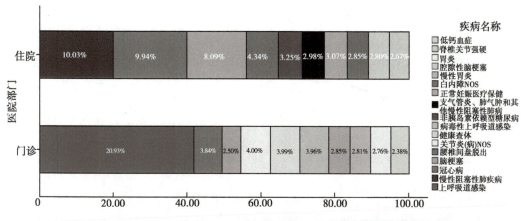

图 3-13 某地某医院 2016 年 06 月前十位疾病谱分析百分条图(彩图见文末)

绘制时应注意:线图的横、纵轴尺度均为算术尺度,且间距应各自相等;半对数线图的横轴仍为算术尺度,纵轴则将观察指标进行对数转换。同一图内不应包含太多的曲线,以免影响视图美观。绘制时相邻两点用线段相连,切勿任意修饰成光滑曲线。见表 3-19 和图 3-14、图 3-15。

表 3-19 某地 2000—2015 年卫生技术人员及万人口医疗机构病床数基本情况

年份	卫生技术人员(万人)		万人口医生数(人)	万人口医疗机构病床数(张)
	总数	医生		
2000	10.71	4.99	38	55
2001	10.51	4.85	37	58
2002	10.16	4.38	33	61
2003	10.22	4.41	33	60
2004	10.17	4.38	32	63
2005	10.35	4.40	32	66
2006	10.9	4.55	33	68
2007	12.24	4.88	35	69
2008	12.77	5.12	37	70
2009	13.09	5.11	36	71
2010	13.54	5.13	36	74
2011	13.91	5.21	37	76
2012	14.61	5.42	38	77
2013	15.64	5.81	41	80
2014	16.4	6.13	43	82
2015	17.02	6.31	44	85

注:1.本表中万人口医生数和万人口医疗机构病床数均按户籍人口统计。2.2002 年开始,卫生指标按照新的《中国卫生统计调查制度》统计。其中,医生为执业医师和执业助理医师。3. 从 2013 年起,按国家卫生计生委统计要求,卫生机构中包含村卫生室(如剔除村卫生室,卫生机构为 3587 所)

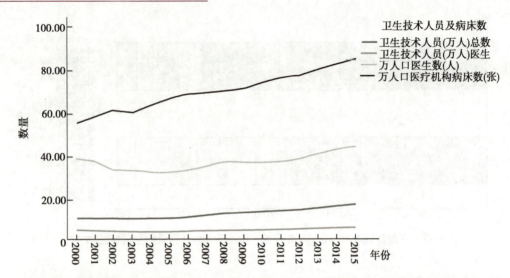

图 3-14　某地 2000—2015 年卫生技术人员及万人口医疗机构病床数普通线图（彩图见文末）

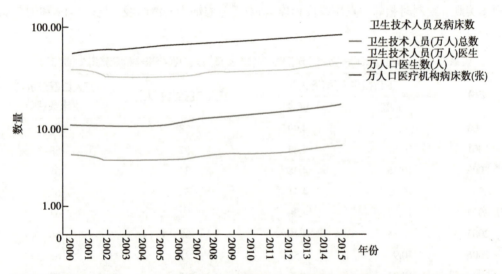

图 3-15　某地 2000—2015 年卫生技术人员及万人口医疗机构病床数半对数线图（彩图见文末）

4. 直方图　直方图（histogram）适用于描述连续性定量变量（如身高、血红蛋白含量）的频数分布特征，以连续排列的等宽直条的高低或面积大小反映频数或频率的多少，横轴表示被观察对象的连续性统计指标，纵轴表示频数或频率（图 3-16）。

绘制直方图时应注意：纵轴的刻度必须从"0"开始，横轴的刻度可不从"0"开始。各组段的组距必须相等，若数据资料组距不等时，应先换算成相等组距后再绘直方图。各等宽直条间不留空隙，可由直线隔开，也可不隔开形成一个多边形图。

5. 散点图　散点图（scatterplot）适用于两个均为连续性定量变量的资料，用直角坐标上点的密集程度和趋势来反映两变量间的相关关系或回归关系，横轴和纵轴各代表一个连续性变量，在反映回归关系时一般用纵轴表示应变量（y），用横轴表示自变量（x）。每个观察对

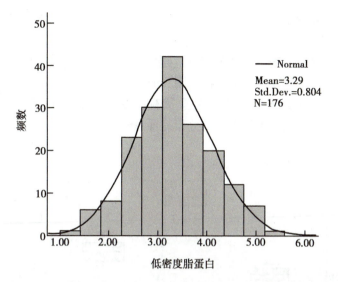

图 3-16 某地 2016 年 176 例成年女性的低密度脂蛋白直方图

象的两个变量值由一个点表示。

绘制散点图时应注意：横轴和纵轴的起点均可以不从 0 开始；与线图不同，对于横轴上的每个值，纵轴可以有多个点与其对应，且点与点之间不能用线段连接（图 3-17）。

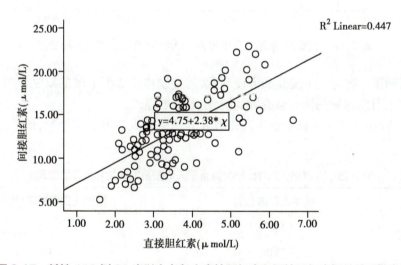

图 3-17 某地 112 例 60 岁以上老年人直接胆红素和间接胆红素相关关系散点图

6. 箱式图 箱式图（box-plot）用于描述连续性定量变量平均水平和分布特征。它展示五个特征值，即除异常值（outlier）或极端异常值外的最小值（minimum）、最大值（maximum）、中位数（median）、两个四分位数（上四分位数 Q_1 和下四分位 Q_3），形似箱子纵断面的形状。箱子的上缘是 P_{75}，下缘是 P_{25}，方框的高度代表四分位数间距（Q_3-Q_1），箱子里的粗横线代表中位数（P_{50}），箱子上下两端的顶线和底线分别代表除异常值外的最小值和最大值，这两条细线之间的距离代表了资料的全距（range）。若资料中有大于 1.5 倍四分位数间距的异常值，常用圆圈"o"表示；若资料中有大于 3 倍四分位数间距的极端值（extreme），常用星号"*"表示。因此,箱式图可观察数据是否呈正态分布、偏态分布或是其他分布类型,以及判定数据资料是否存在异常值。

箱式图中的箱体越长,表明数据的变异度越大。箱子中的粗横线越接近中点,说明数据分布越趋向于对称。箱式图分为简单箱式图(simple box-plot)和复式箱式图(clustered box-plot)两种,前者只有一个分组变量,反映定量资料在各组间的分布特征,后者有两个分组变量,反映该定量资料在各组及各亚组间的分布特征(图 3-18)。

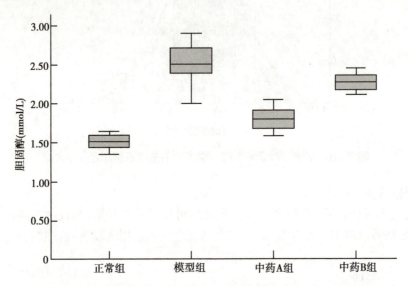

图 3-18 正常组、模型组及中药 A、B 组胆固醇分布特征的箱式图

7. 双纵轴图 有时为了美观和方便观看,需要制作出 2 个 Y 轴的双纵轴图,每个 Y 轴有不同的刻度,且双纵轴图同时会有拆线图、柱形图等样式。

例 3-30:2008—2015 年我国新生人口数及其新生儿人口增长率资料,试绘制成双轴图(表 3-20)。

表 3-20 2008—2015 年我国新生人口数及其新生儿人口增长率

年份	新生人口数(万)	新生人口增长率(%)
2008	1608	—
2009	1615	0.44
2010	1574	−2.54
2011	1604	1.91
2012	1635	1.93
2013	1640	0.31
2014	1687	2.87
2015	1655	−1.90

轴图的编辑与其他统计图一样,学生可自行探索,直至达到双轴图美观为止。见图 3-19。

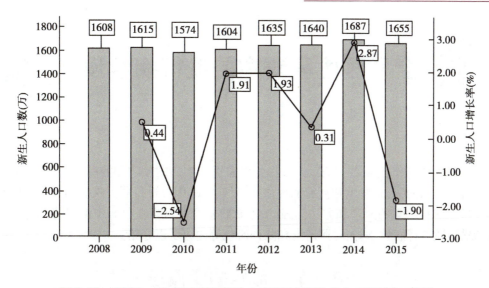

图 3-19　2008—2015 年我国新生人口数及其新生儿人口增长率双轴图

(三) 选择和绘制统计图的常见错误

应用合适的统计图来表示数据资料特征,可以使数量大小、百分比结构、指标的变化趋势等,形象直观、一目了然,而不规范的统计图容易使读者引起错觉,甚至误导。

1. 选择统计图的常见错误

(1) 图、表格内容与文字重复:在研究报告、统计报告和论文中,相同内容不宜用文字、表格和统计图重复表达,应根据内容的需要选择一种表达形式即可,如能用简要文字表达清楚的就不用图和表格来表达;能用表格一目了然表示的就不用图。因此,在选择和绘制统计图时一定要理解统计图的应用条件和专业意义。

(2) 统计图的混用:如直方图和直条图混用;普通线图与半对数线图混用等。

(3) 统计图缺乏专业意义。

(4) 回避多变量统计图。

2. 绘制统计图常见的错误

(1) 统计图没有标题或标题不确切。

(2) 图中的术语、符号、单位不规范,与文中叙述不一致。

(3) 线图修饰成光滑的曲线。

(4) 直方图和直条图的纵轴刻度未从"0"开始,给读者带来错觉。

(5) 直方图组距不等或划分不合理。

(6) 标目未注明单位等。

(黄品贤)

第四章 全科医生科研中的流行病学设计

全科医生的工作任务之一是以人群作为对象进行疾病的预防和控制,其中许多工作诸如描述居民疾病的分布、发生和流行的规律,探讨疾病病因及进行居民疾病的预防和控制等都需要借助流行病学的原理和方法。因此,本章将对全科医生在科研中常用的流行病学设计包括描述性流行病学、病例对照研究和队列研究等内容予以介绍。

第一节 流行病学概述

流行病学是现代医学领域一门重要的方法学科,是人类探索病因、开展疾病防治、改善人类健康、制定公共卫生政策与措施的重要工具。

一、流行病学的定义与任务

流行病学是研究疾病和健康状况在人群中的分布及其影响因素,借以制定和评价预防、控制和消灭疾病及促进健康的策略和措施的科学。

上述定义的基本内涵有四点:①流行病学的研究对象是人群,而不是个体;②流行病学研究的内容为疾病和健康状态,包括了疾病、伤害和健康三个层次。疾病包括传染病、寄生虫病、地方病和非传染性疾病等人类所患的一切疾病;伤害包括意外、残疾、智障和身心损害;健康状态包括身体生理生化的各种功能状态、疾病前状态和长寿等;③流行病学研究的起点是疾病和健康的分布,研究的重点是疾病和健康状态的影响因素;④流行病学研究的最终目的为预防、控制和消灭疾病以及促进健康提供科学依据。

流行病学研究要解决的问题,由浅入深的三个层次为:揭示现象,即描述疾病或健康分布的特征;找出原因,即根据疾病或健康分布特征分析其发生或流行的原因;提出措施,即根据疾病或健康发生或流行的原因提出控制疾病及促进健康的策略和措施,并对其效果进行评价。与流行病学解决的问题相对应,流行病学研究所使用的方法也分为三种,即揭示现象应用描述性方法,找出及确定病因应用分析性方法和实验性方法,最终提出相应措施并评价其效果。

随着流行病学原理的扩展和流行病学方法的迅速进步,流行病学的用途也越来越广泛。实际上,流行病学已深入到医药卫生领域的各个方面。我们将从五个方面予以概括:①病因和危险因素的研究:分析不明原因疾病的发病原因,是流行病学研究的主要用途之一。只有搞清疾病发生的原因,才能针对病因采取有效的预防控制对策,更好地预防疾病的发生。②疾病预防和健康促进,流行病学的根本任务之一就是预防疾病和促进健康。例如,接种麻疹疫苗预防麻疹的发病,通过消灭钉螺来控制血吸虫病;对肺癌,提倡以戒烟作为主要措施;对冠心病,采取控制高血压、戒烟、调节饮食等综合措施来预防。③疾病防治效果评价,疾病的预防和治疗措施实施后的效果,需要通过流行病学方法评价后才能最终判断。④疾病的监测,疾病的监测是长期、连续、系统地在一个地区范围内收集并分析疾病及其影响因素的动态变化,以判断疾病及其影响因素的发展趋势,并评价预防对策的效果或决定是否修改已制定的预防对策。⑤疾病自然史的研究,在无任何干预的情况下,疾病自然发生演变的过程,称为疾病自然史。通过疾病自然史的研究有助于早期发现疾病,早期采取措施预防和治疗疾病。

二、疾病的分布

研究疾病的分布是流行病学研究的基础,也是解决一系列问题的基础。流行病学通过研究疾病在人群、时间、地区的分布特征来探索疾病的病因及其流行特征,为合理地制定疾病的防治、保健对策及提出相应措施提供科学依据。

(一) 疾病频率测量指标

流行病学的研究对象是群体,因此,在描述疾病分布特征时应用的指标常为相对数,即频率指标。常用的频率指标有以下几种:

1. 发病指标

(1) 发病率(incidence rate):表示在一定期间内,某特定人群中某病新病例出现的频率。

$$发病率 = \frac{一定时间内某人群中某病新发病例数}{同期暴露人口数} \times k \qquad (式 4-1)$$

$$K = 100\%, 1000\permil, 或 10\,000/万$$

观察时间单位可根据所研究的疾病病种及研究问题的特点决定,通常多以年表示。

分子与分母的确定:分子是一定期间内的新发患者数。若在观察期间内一个人可多次发病时,则应累加计为新发病例数,如流感、腹泻等。但对发病时间难确定的一些疾病可将初次诊断的时间作为发病时间,如恶性肿瘤、精神病等。分母中所规定的暴露人口是指可能会发生该病的人群,对不可能患该病的人,如已患麻疹者或有效接种麻疹疫苗者不应计入分母内。但实际工作中不易实现,当描述某地区某集团的某病发病率时,分母多用该集团该时间内的平均人口。如果观察时间以年为单位时,可为年初与年终人口之和除以2的人口数或以当年7月1日的人口数表示。

发病率可按不同特征(如年龄、性别、职业、民族、种族、婚姻状况、病因等)分别计算,此即发病专率。由于发病率的准确度可受很多因素的影响,所以在对比不同资料时,应考虑年龄、性别等的构成,进行发病率的标化。

发病率可用作描述疾病的分布,它的变化意味着病因因素的变化。这种变化既可能是某些自然发生的波动,也可能是采用某些有效预防措施的结果。常通过比较不同人群的某病发病率来探讨发病因素,评价防治措施的效果。

(2) 罹患率(attack rate):该指标和发病率一样,也是人群中新发病例数的指标,通常多指在某一局限范围,短时间内的发病率,观察时间可以日、周、旬、月为单位。适用于局部地区疾病的暴发,食物中毒、传染病及职业中毒等暴发流行情况。其优点是可以根据暴露程度精确地测量发病概率。

(3) 患病率(prevalence rate):患病率也称现患率,是指某特定时间内总人口中某病新旧病例所占比例。患病率可按观察时间的不同分为期间患病率和时点患病率两种。通常,时点患病率在理论上是无长度的,一般不超过一个月;而期间患病率所指的是特定的一段时间,通常多超过一个月。

$$时点患病率=\frac{某时点一定人群中现某病新旧病例数}{该时点人口数}×k \qquad (式4-2)$$

$$期间患病率=\frac{某观察期间一定人群中某病的新旧病例数}{同期的暴露人口数}×k \qquad (式4-3)$$

$$K=100\%,1000/千,或10\ 000/万$$

影响患病率升高、降低的原因:患病率的高低受多种因素影响,导致患病率升高的因素包括:病程延长、未治愈者的寿命延长、新病例增加(发病率增高)、病例迁入、健康者迁出、易感者迁入、诊断水平提高、报告率提高等。导致患病率降低的因素包括:病程缩短、病死率高、新病例减少(发病率下降)、健康者迁入、病例迁出、治愈率提高等。

患病率通常用来表示病程较长的慢性病的发生或流行情况,如冠心病、肺结核等。可为医疗设施规划,估计医院床位周转,卫生设施及人力的需要量,医疗质量的评估和医疗费用的投入等提供科学的依据。

(4) 感染率(infection rate):是指在某个时间内能检查的整个人群样本中,某病现有感染者人数所占的比例。感染率的性质与患病率相似。

$$感染率=\frac{受检者中阳性人数}{受检人数}×100\% \qquad (式4-4)$$

该指标应用时可通过检出某病的病原体来发现感染者,也可用血清学或其他方法证明人群处于感染状态。感染率常用于研究某些传染病或寄生虫病的感染情况和分析防治工作的效果,可用于估计某病的流行势态,也可为制定防治措施提供依据,是评价人群健康状况常用的指标之一。

(5) 续发率(secondary attack rate,SAR):是指在某些传染病最短潜伏期到最长潜伏期之间,易感接触者中发病的人数占所有易感接触者总数的百分率。

$$续发率=\frac{一个潜伏期内易感接触者中发病人数}{易感接触者总数}×100\% \qquad (式4-5)$$

续发率多指在一个家庭、病房、集体宿舍、托儿所、幼儿园班组中第一个病例发生后,在该病最短与最长潜伏期之间出现的病例,即续发病例占易感接触者的比例,有时也称二代发病率。

应注意在进行续发率的计算时,须将原发病例从分子及分母中去除。对那些在同一家庭中来自家庭外感染或短于最短潜伏期、或长于最长潜伏期者均不应计入续发病例。续发率可用于比较不同传染病相对传染力的大小,分析传染病流行因素,包括不同条件对传染病传播的影响(如年龄、性别、家庭中儿童数、家庭人口数、经济条件等)及评价卫生防疫措施的效果。

2. 死亡指标

(1) 死亡率(mortality rate):表示在一定期间内一定人群中,死于某病(或死于所有原因)的频率。是测量人群死亡危险最常用的指标。其分子为死亡人数,分母为发生死亡事件的总人口数,常以年为单位。

$$死亡率 = \frac{某期间内(因某病或所有原因)死亡人数}{同期平均人口数} \times k \qquad (式4\text{-}6)$$

$$K = 100\%,1000/千，或 10\,000/万$$

因所有原因导致的死亡人数作分子计算的死亡率称死亡粗率(crude death rate)；以不同特征，如年龄、性别、职业、民族、种族、病因等分别计算的死亡率称死亡专率。计算时应注意分母必须是与分子相应的人口。对不同地区死亡率进行比较时，须注意不同地区人口构成不同的差异，为消除年龄构成不同所造成的影响，需将死亡率进行标化后才可进行比较。

死亡率常用于衡量某一时期，一个地区人群死亡危险性大小的指标，既可反映一个地区不同时期人群的健康状况和卫生保健工作的水平，也可为该地区卫生保健工作的需求和规划提供科学依据。

(2) 病死率(fatality rate)：是表示一定时期内(通常为 1 年)，患某病的全部患者中因该病死亡者所占的比例。

$$病死率 = \frac{某时期内因某病死亡人数}{同期患某病的病人数} \times 100\% \qquad (式4\text{-}7)$$

如果某病处于稳定状态时，病死率也可用死亡率和发病率推算得到：

$$病死率 = \frac{某病的死亡率}{某病的发病率} \times 100\% \qquad (式4\text{-}8)$$

病死率表示确诊疾病的死亡概率，它可表明对人的生命威胁程度，也可反映医疗水平和诊断能力，通常多用于急性传染病，较少用于慢性病。一种疾病的病死率在不同流行中可因病原体、宿主和环境之间的平衡发生变化而变化。

(3) 生存率(survival rate)：是指接受某种治疗的患者或患某病的人中，经若干年随访(通常为 1、3、5 年)后，尚存活的患者数所占的比例。

$$生存率 = \frac{随访满 n 年存活的病例}{随访满 n 年的病例数} \times 100\% \qquad (式4\text{-}9)$$

生存率反映了疾病对生命的危害程度，可用于评价某些病程较长疾病的远期疗效。在某些慢性病，如肿瘤、心脑血管疾病、结核病等的研究中应用。

3. 残疾失能指标

(1) 病残率：某一人群中，在一定期间内人群中病残人数所占的比例，可作为人群健康状况的评价指标。

$$病残率 = \frac{病残人数}{调查人数} \times k \qquad (式4\text{-}10)$$

$$K = 100\%，或 1000/千$$

(2) 潜在减寿年数(potential years of life lost，PYLL)：潜在减寿年数是某病某年龄组人群死亡者的期望寿命与实际死亡年龄之差的总和，即指死亡所造成的寿命损失。潜在减寿年数是测量人群中疾病负担的一个直接指标，也是评价人群健康水平的一个重要指标。可用于衡量某种死因对一定年龄组人群的危害程度，即可反映出对各年龄组人群的危害大小。

潜在减寿年数是在考虑死亡数量的基础上，以期望寿命为基准，进一步衡量死亡造成的寿命损失，强调了早亡对健康的损害，平均死亡年龄大时，对期望寿命影响较小；反之，当平均死亡年龄小时,对期望寿命的影响较大。用潜在减寿年数来评价疾病对人群健康影响的程度,可消除死亡者年龄构成的不同对预期寿命损失的影响。

　　该指标不仅考虑到死亡率的高低,且考虑到死亡发生时的年龄对预期寿命的影响。该项指标可用来计算不同疾病或不同年龄组死者总的减寿年数。

$$PYLL = \sum_{i=1}^{e} a_i d_i \qquad\qquad （式4-11）$$

式中:e—预期寿命(岁)

　　　i—年龄组(通常计算其年龄组中值)

　　　a_i—剩余年龄,$a_i=e-(i+0.5)$,其意义为:当死亡发生于某年龄(组)时,至活到 e 岁时,还
　　　　剩余的年龄。由于死亡年龄通常以上一个生日计算,所以尚应加上一个平均值
　　　　0.5 岁。

　　　d_i—某年龄组的死亡人数

　　该指标的主要用途有:①可用于计算每个病因引起的寿命减少年数,并比较各种不同原因所致的寿命减少年数。②可用于将某一地区和另一标准地区相比较。③在卫生事业管理中,筛选确定重点卫生问题或重点疾病时,潜在减寿年数是一个很有用的指标,同时也适用于防治措施效果的评价和卫生政策的分析。

　　该指标的优点是计算简便、易于理解,结果直观。潜在减寿年数的分析不仅可用于了解居民过去和现在的卫生健康水平,对卫生防疫工作成效的评估也是必需的。

　　(3) 伤残调整寿命年(disability adjusted life year,DALY):DALY 是指从发病到死亡所损失的全部健康寿命年,包括因早死所致的寿命损失年(YLL)和疾病所致伤残引起的健康寿命损失年(YLD)两部分。

　　该指标的主要用途有:①有助于从宏观上去认识疾病和控制疾病,可用于跟踪全球、一个国家或某一个地区疾病负担的动态变化及监测其健康状况在一定期间的改进,还可对已有的措施进行初步的评价,分析医疗卫生干预措施的有效性。②对不同地区、不同对象(性别、年龄)、不同病种进行 DALY 分布的分析,可以帮助确定危害严重的主要病种,重点人群和高发地区,为确定防治重点及研究重点提供重要信息依据。③可进行成本效果分析,研究不同病种,不同干预措施挽回一个 DALY 所需的成本,以求采用最佳干预措施来防治重点疾病,使有限的资源发挥更大的挽回健康寿命年的效果。

(二)疾病流行强度

　　某种疾病在某地区一定时期内某人群中,发病数量的变化及其病例间的联系程度,常用散发、暴发及流行等表示。

　　1. 散发(sporadic)　散发是指发病率呈历年的一般水平,各病例间在发病时间和地点方面无明显联系。确定散发时多与此前三年该病的发病率进行比较。散发适用于范围较大的地区疾病流行的描述。

　　疾病分布出现散发的原因是:①该病因在当地常年流行或因预防接种使人群维持一定的免疫水平,所以出现散发,如麻疹流行后,易感人群数减少或因应用麻疹疫苗后人群中具有一定的免疫力,而出现散发。②有些以隐性感染为主的疾病,可出现散发,如脊髓灰质炎、乙型脑炎等。③传播机制不容易实现的一些传染病也可出现散发,如个人卫生条件好时,人群中很少发生斑疹伤寒,一些人畜共患疾病由于人与动物接触机会少故很少发生,如炭疽。

④某些长潜伏期传染病也易出现散发,如麻风。

2. 暴发(outbreak) 暴发是指在一个局部地区或集体单位中,短时间内突然有很多相同的患者出现。这些人多有相同的传染源或传播途径,大多数患者常同时出现在该病的最长潜伏期内,如食物中毒、托幼机构的麻疹、流行性脑脊髓膜炎等暴发。

3. 流行(epidemic) 流行是指某病在某地区的发病率显著超过该病历年的散发水平(3~10倍)。流行的判定应根据不同病种、不同时期、不同历史情况进行。有时疾病迅速蔓延可跨越一省、一国或一洲时称大流行,如流感、霍乱的世界大流行。

(三)疾病分布的形式

1. 人群分布特征 与疾病有关的一些人群特征可成为疾病的危险因素,这些信息包括:年龄、民族、性别、职业、收入等。

(1)年龄:年龄与疾病之间的关联比其他因素的作用都强,一般来说慢性病随年龄增长发病率有随之增加的趋势。相反,对急性传染病来说,随年龄的增加发病率有减少的趋势。

(2)性别:有些疾病的死亡率与发病率存在着明显的性别差异,疾病分布出现性别差异的原因可能与多种因素有关,如男女两性暴露或接触致病因素的机会不同,与两性的解剖、生理特点及内分泌代谢等生物性的差异有关,男女职业中毒发生率不同是由于妇女较男性更少受雇于从事一些危险性很大的职业有关,两性生活方式、嗜好不同也可能出现疾病的性别分布差异。

(3)职业:不同的职业暴露于不同的物理、化学、生物及职业性精神紧张因素,因此职业不同对人群的健康影响程度也不同。例如,在石棉工人中间皮瘤、肺癌及胃肠癌的发生多见;煤矿工人、翻砂工易患尘肺;生产联苯胺染料的工人易患膀胱癌等。

(4)民族:不同民族具有不同的遗传因素、社会经济状况、风俗习惯、宗教信仰、生活习惯和饮食习惯不同、居住的地理环境、自然条件及社会条件,且医疗卫生质量和水平也有所不同,所以不同的民族疾病的发病率和死亡率及其严重性等方面可有明显差异。

(5)宗教:不同宗教有其各自独立的教义、教规,因而对其生活方式也产生一定影响。不同人群因宗教信仰不同,其生活方式也有明显差异,这些也对疾病的发生和分布规律产生一定的影响。例如,犹太教有男性自幼"割礼"的教规,其结果是犹太人男性阴茎癌发病甚少,女性宫颈癌发病率亦低,这与丈夫割包皮有关。

(6)婚姻:与家庭不同婚姻状况的人,其健康常有很大的差别,国内外的许多研究证实,离婚者全死因死亡率最高,丧偶及独身者次之,已婚者最低,可见离婚、丧偶对精神、心理和生活的影响尤为明显,是导致高发病或高死亡的主要原因。而且,婚姻状况对女性健康有明显影响,婚后的性生活、妊娠、分娩、哺乳等对女性健康均有影响。过早性接触和有过多性伴的女性,宫颈癌多见。近亲婚配,生育遗传性疾病子女的风险要比随机婚配者高很多。

(7)流动:人口流动人口对疾病的暴发流行起到加剧的作用,这为疾病的防治工作提出一个亟待解决的新问题。我国曾因人口大流动引起一些传染病的暴发和流行。如1958年因机关干部、学校师生上山下乡参加农业劳动,曾在这些人群中暴发肝炎和钩端螺旋体病。20世纪60年代中后期,在全国范围内发生流行性脑脊髓膜炎的大流行,发病304万多例,死亡16万多例。

2. 时间分布特征 有些疾病的发病率和死亡率随时间的变动而发生变化,研究疾病的时间分布不仅可提供病因线索,也可反映病因的动态变化。疾病时间分布包括以下几方面:

（1）短期波动：短期波动是以日、周、月计数的短期观察数据的汇总。短期波动的含义与暴发相近，两者的区别在于暴发常用于少量人群，而短期波动常用于较大数量的人群。因为致病因素的特性不同、接触致病因素的数量和期限不同，所以疾病发病时间也不同，短潜伏期者先发病，长潜伏期者后发病，但多数病例发生于该病的最短潜伏期与最长潜伏期之间。同时可根据发病时间推算出潜伏期，从而可推测出暴发的原因及推知暴露的时间。

（2）季节性疾病：每年在一定季节内呈现发病率升高的现象称季节性。季节性升高是很重要的流行病学特征，在流行季节患者数可占全年的绝大部分，很多传染病可表现出以下两种明显的季节性特点：

严格的季节性：传染病发病多集中在少数几个月内，这种严格的季节性多见于虫媒传播的传染病。

季节性升高：虽一年四季均发病，但仅在一定月份发病升高，如肠道传染病和呼吸道传染病，全年均有发生，只是肠道传染病的发生多见于夏秋季升高，而呼吸道传染病在冬春季升高。

（3）周期性：周期性是指疾病经过一个相当规律的时间间隔，发生一次流行。有些传染病由于有效预防措施的应用，这种周期性的规律也发生了改变，如我国流行性脑脊髓膜炎在疫苗应用前每隔十年流行一次，1980年对易感者进行普种疫苗后，其发病率降低，周期性流行规律也不复存在（图4-1）。

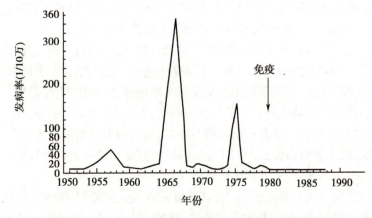

图4-1　保定市1950—1988年流行性脑脊髓膜炎发病率（马志平，1991）

（4）长期趋势（长期变异，长期变动）：长期趋势是疾病经过数年乃至数十年的变化，其临床表现、发病率、死亡率等均发生显著的变化，如有些疾病可表现出持续发病上升或下降的趋势。无论是传染病还是非传染病都可以观察到这种变化。如传染病方面，新中国成立前曾经一度肆虐人类的性病流行十分猖獗，新中国成立后尤其是20世纪60—70年代性病在我国已基本得到控制，甚至已趋消灭，但于20世纪70年代末又死灰复燃，发病率再度上升，至今仍以每年30%的速度在上升。如非传染病方面，1930—2005年间，美国男性恶性肿瘤中，肺和支气管癌的死亡率在1930—1990年一直呈现快速上升趋势，之后开始明显下降；而胃癌的死亡率则一直呈持续下降趋势。

3. 地区分布特征　各种疾病包括传染病,非传染病及原因未明疾病均具有地区分布的特点。不同地区疾病的分布不同,这与周围的环境条件有关,它反映出致病因子在这些地区作用的差别。所以说疾病的地区分布不同,往往是一种表面的现象,根本的原因是由于致病因素的分布和致病条件不同所造成的。

(1) 疾病在不同国家间的分布见于以下几种情况。

1) 有些疾病只发生于世界某些地区,如黄热病只在非洲及南美洲流行。

2) 有些疾病虽在全世界均可发生,但其在不同地区的分布不一,且各有其特点,如霍乱多见于印度,可能是因为该地区水质适合霍乱弧菌生长及与当地人群的生活习惯、宗教活动有关。

3) 有些非传染病全世界各地虽都可见发生,但其发病和死亡情况不一,如日本的胃癌及脑血管病的调整死亡率或年龄死亡专率居首位,而其乳腺癌、大肠癌及冠心病则最低。

(2) 疾病在同一国家内的不同地区的分布:无论传染病还是非传染性疾病,即使在同一国家,不同地区的分布也有明显差别。例如,我国血吸虫病仅限于南方的一些省份,鼻咽癌最多见于广东,食管癌以河南林县为高发,肝癌以江苏启东为高发,原发性高血压北方高于南方。疾病的这种分布的不均一性可能与某些地区存在着较强的致病因素,外环境的某些理化特点,生物媒介的分布及一定的社会因素和自然因素有关。

(3) 疾病的城乡分布:城市与农村由于生活条件、卫生状况、人口密度、交通条件、工业水平、动植物的分布等情况不同,所以疾病的分布也出现差异,如城市人口多、密度大、居住面积狭窄、交通拥挤,人口流动性较大,有利于呼吸道传染病的传播与流行。同时,城市工业较集中,车辆多,空气、水、环境受到严重污染,慢性病患病率明显升高,如高血压,城市高于农村。空气污染可引起呼吸系统疾病患病率升高,空气中致癌物质的含量较高,肺癌及其他肿瘤城市多见,发病率高于农村。

(4) 地方性疾病:某些疾病常存在于某一地区或某一人群,不需要从其他地区输入时称地方性也称地方性疾病,判断一种疾病是否属于地方性疾病的依据是:

1) 该地区的各类居民,任何民族中该疾病的发病率均较高。

2) 在其他地区居住的类似人群中该病的发病频率较低,甚至不发病。

3) 迁入该地区的人经一段时间后,其发病率和当地居民一致。

4) 人群迁出该地区后,发病率下降或患病症状减轻或自愈。

5) 除人之外,当地的易感动物也可发生同样的疾病。

符合上述标准的数越多,说明该病与该地区的有关致病因素越密切。

4. 疾病的人群、地区、时间分布的综合描述　在流行病学研究实践中,常常需要综合地描述、分析疾病在人群、地区和时间的分布情况,只有这样才能全面获取有关病因线索和流行因素的资料。移民流行病学就是进行这种综合描述的一个典型。

所谓移民是指由原来居住地区迁移到其他地区,包括国外或国内不同省、市、自治区的现象。移民流行病学是对移民人群的疾病分布进行研究,以探讨病因。它是通过观察疾病在移民,移居地当地居民及原居地人群间的发病率、死亡率的差异,并从其差异中分析病因线索,区分遗传因素或环境因素作用的大小。

移民由于居住地不同,加之气候条件、地理环境等自然因素出现明显变化,同时其生活方式风俗习惯等许多社会因素方面也存在很大差异,因此,可对疾病造成影响。对移民疾病分布特征的研究,不仅是时间、地区和人群三者的结合研究,而且也是对自然因素、社会因素的全面探讨。

移民流行病学常用于肿瘤等慢性病及某些遗传病的研究,探讨其发病原因。移民流行病学研究应遵循下列原则:

(1) 若环境因素是引起发病率,死亡率差别的主要原因,则移民中该病的发病率及死亡率与原居地人群的发病率或死亡率不同,而与移居地当地居民人群的发病率及死亡率接近。

(2) 若遗传因素是主要病因,则移民的发病率及死亡率不同于移居地,而与原居地人群的频率相同。

在进行分析时还应考虑移民生活条件改变的程度,以及原居地及移居地的医疗卫生水平。

第二节　描述性研究

一、描述性研究概述

描述性研究主要描述有关疾病或健康状况在不同地区、不同时间、不同人群中的分布情况,通过比较不同地区、不同时间、不同人群疾病或健康状况分布的差异,以确定高危人群,形成病因假设,为探讨疾病的病因及制定防治措施提供线索。描述性研究在揭示暴露和疾病的因果关系的探索过程中是最基础的步骤,任何因果关系的确定均始于描述性研究,它是流行病学研究的起点,也是其他流行病学研究方法的基础。

描述性研究不同于分析性研究和实验性研究。描述性研究设计时一般不需要设立对照,也无研究假设;分析性研究和实验性研究一般都设有对照组和研究假设。描述性研究只能描述疾病或健康状况在人群中的数量和分布特征,不能分析暴露与疾病之间的因果关系;而分析性研究和实验性研究是对于不同的人群疾病发病情况进行比较以确定暴露与疾病间的关系。描述性研究收集的资料相对较广泛、简单;而分析性研究和实验性研究收集的资料往往较为细致、针对性强。

描述性研究常用的方法有:个例调查与病例报告、现况调查和生态学研究。

(一) 描述性研究的概念

描述性研究是指利用已有的资料或特殊调查的资料,包括实验室检查结果,描述疾病或健康状况的三间分布的特征,进而提出病因假设和线索。

(二) 描述性研究的应用

1. 描述疾病或健康状况的三间分布及发生发展的规律　描述疾病或健康状况的三间分布情况是描述性研究的最常见用途。例如,若要掌握某市居民高血压的患病情况,则从该市中随机抽取足够数量的合格的研究对象,逐一进行调查和检测,同时收集有关的研究因素,如性别、年龄、职业、高血压家族史等,即可对该市高血压的三间分布情况进行描述,为下一步的病因学研究奠定基础。

2. 提出或初步检验病因假说　描述性研究可为病因未明疾病提供病因假说。通过描述疾病频率在不同暴露因素状态下的差异,进行逻辑推理,从而提出病因学假说。

二、现 况 研 究

(一)现况研究的概念

现况研究是研究特定时点或时期及特定范围内人群中的有关变量与疾病或健康状况的关系,即调查这个特定的群体中的个体是否患病和是否具有某些因素或特征的情况,从而探索患病情况是否与某种因素的暴露有关。现况调查是在特定时间内完成的,犹如时间的一个断面,故又称为横断面研究。这种研究所得到的疾病频率,是在特定时点或时期与范围内该群体的患病频率,故也称为患病率研究。

通过现况研究,可以掌握目标人群中疾病的患病率及其分布状态;提供病因线索;确定高危人群;对疾病监测、预防接种效果进行评价。

根据研究对象的范围可分为普查和抽样调查。

1. 普查(census)　普查是指在特定时点或时期,对特定范围内的全部人群的调查。这个特定时点应该较短,特定范围是指某个地区或某种特征的人群。

2. 抽样调查(sampling survey)　抽样调查是相对于普查的一种比较常用的现况研究方法,指通过随机抽样的方法,对特定时点、特定范围内人群的一个代表性样本的调查,以样本的统计量来估计总体参数所在范围,即通过对样本中的研究对象的调查结果来推论其所在总体的情况。

与普查相比,抽样调查具有省时间、省人力、省物力和由于调查范围小使工作易于做得细致的优点。但是抽样调查的设计、实施与资料分析均比普查要复杂;重复或遗漏不易被发现;对于变异过大的材料和需要普查普治的情况则不适合用抽样调查;患病率太低的疾病也不适合抽样调查,因为抽样比大于75%,则不如进行普查。抽样调查的基本要求是能将从样本获得的结果推论到整个人群。为此,抽样必须随机化,样本含量要足够。

(二)现况研究研究实例

【案例4-1】

全国第五次结核病流行病学抽样调查

1. 明确调查目的和类型　该研究的目的是"了解全国结核病的流行状况和《全国结核病防治规划(2001—2010 年)》"的实施情况,获得全国结核病的患病率资料。由于结核病属于较为常见的病种,且调查目的是获得患病率的资料,因此,选择抽样调查。

2. 确定研究对象、样本量和抽样方法　采用多阶段分层整群等比例随机抽样的方法在全国抽取调查点。根据整群抽样样本点数的计算公式:$K=4s^2/d^2$,计算得 K=176 个,每个调查点调查 1500 人,全国应调查 264 000 人。实际调查中,平均每个调查点的实检人数为 1435 人,全国 176 个调查点抽样人口为 447 563 人,除去外出打工人员及 15 岁以下人口,应检人口为 263 281 人,实检人数为 252 940 人,受检率为 96.1%。

3. 确定调查内容和资料的收集方法　资料的收集采用实验室检查(胸部 X 线检查、痰涂片检查与痰培养)和问卷调查(结核病知识知晓情况)相结合的方法。调查和监测的项目包括肺结核患病状况、涂阳状况和菌阳状况、分离菌株的传代和菌种的鉴定结果、肺结核患者社会经济状况及公众结核病知识知晓情况等。

4. 资料整理和分析 对结核病的现患流行情况及其三间分布特征进行了描述,结果如下:

(1) 流行状况:本次调查发现活动性肺结核患者1310例,其中涂阳患者188例,菌阳患者347例,活动性肺结核患病率为459/10万,涂阳患病率66/10万,菌阳患病率119/10万。

(2) 人群分布:活动性肺结核患病率随年龄的增长有逐渐上升的趋势,75~80岁达到高峰,各年龄组均为男性高于女性。涂阳和菌阳肺结核患病率除15~20岁女性患病率高于男性外,其他年龄组患病率均为男性高于女性。

(3) 地区分布:乡村的活动性、涂阳和菌阳肺结核患病率均高于城镇;西部地区活动性、涂阳和菌阳肺结核患病率均高于中部地区、东部地区最低。

(4) 时间分布:与2000年相比,活动性、涂阳和菌阳肺结核患病率均下降,年递降率分别为0.2%、9.0%、5.8%。

5. 调查结论 本次调查结果表明,我国活动性肺结核患病率下降较慢,但涂阳和菌阳患病率有大幅度下降;不同性别及年龄组的涂阳和菌阳肺结核患病水平较2000年均有明显下降;地区间发展不平衡,乡村患病率明显高于城镇,西部地区患病率高于中、东部地区,局部地区结核病疫情严重。

(三) 现况研究的设计与实施

由于现况研究的规模一般都较大,涉及的工作人员和调查对象也很多,因此,有一个良好的设计方案是保证研究成功的前提。

1. 明确调查目的和类型 根据研究所提出的问题,明确此次调查所要达到的目的。如本节所选案例得研究的目的是"了解全国结核病的流行状况和《全国结核病防治规划(2001—2010年)》"的实施情况,获得全国结核病的患病率资料。明确研究目的后,根据具体的研究目的来确定采用普查还是抽样调查。普查和抽样调查各有优缺点,本节案例中所调查的疾病——结核病属于较为常见的病种,且调查目的是获得患病率的资料,因此选择抽样调查。

2. 确定研究对象 根据研究目的和实际情况来选择研究对象。如果是普查,在设计时可以将研究对象规定为某个区域内的全部居民,或其中的一部分,如14岁以下的儿童;也可以为某一时点上的流动人员,如某企业的全体职工,或几个工厂中工龄满10年或以上者;也可以采用某些特殊群体作为研究对象,如采用化工行业工作者来研究皮肤癌等。如果是抽样调查,则首先要明确该抽样研究的总体是什么,其次要确定采用何种抽样方法及其抽取多少样本等。

3. 确定抽样方法和样本含量

(1) 抽样方法:抽样可分为非随机抽样和随机抽样。前者如典型调查;随机抽样的样本抽取须遵循随机化原则,即保证总体中每一个对象都有同等机会被选入作为研究对象,以保证样本的代表性。

常用的随机抽样方法有单纯随机抽样、系统抽样、分层抽样和整群抽样。

1) 单纯随机抽样：单纯随机抽样也称简单随机抽样，是最简单、最基本的抽样方法。从总体 N 个对象中，利用抽签或其他随机方法(如随机数字)抽取 n 个个体，构成一个样本。它的重要原则是总体中每个对象被抽到的概率相等。单纯随机抽样举例：欲从 100 位社区居民中随机抽取 10 位接受问卷调查，先将总体中的所有个体编号(号码可以从 1 到 100)，并把号码写在形状、大小相同的号签上，号签可以用小球、卡片、纸条等制作，然后将这些号签放在同一个箱子里，进行均匀搅拌。抽签时，每次从中抽出 1 个号签，连续抽取 10 次，就得到一个容量为 10 的样本。

2) 系统抽样：系统抽样又称机械抽样，是按照一定顺序，机械地每隔若干单位抽取一个单位的抽样方法。具体抽样方法如下：设总体单位数为 N，需要调查的样本数为 n，则抽样比为 n/N，抽样间隔为 K=N/n。将每 K 个单位为一组，然后用随机方法确定每一组的单位号 (1,2,3,…,K)，最后每隔 K 个单位抽取一个作为研究对象。系统抽样举例：从 100 位毕业生中随机抽取 10 位接受毕业论文盲审，随机指定学号尾号是 6 的毕业生，即得到由 6、16、26、36、46、56、66、76、86、96 号这 10 位同学组成的容量为 10 的样本。

3) 分层抽样：先将总体的单位按某种特征分为若干层，然后再从每一层内进行单纯随机抽样，组成一个样本。分层可以提高总体指标估计值的精确度，它可以将一个内部变异很大的总体分成一些内部变异较小的层。每一层内个体变异越小越好，层间变异则越大越好。分层抽样举例：一个单位的职工有 500 人，其中不到 35 岁有 125 人，35 岁至 49 岁的有 280 人，50 岁以上的有 95 人，为了了解这个单位职工与身体状况有关的某项指标，要从中抽取一个容量为 100 的样本，由于职工年龄与这项指标有关，决定采用分层抽样方法进行抽取，请写出过程：

S1：100/500 = 0.2

S2：125*0.2= 25(不到 35 岁)

　　280*0.2-56(35 岁至 49 岁)

　　95*0.2=19(50 岁以上)

S3：所以：<35 岁的抽 25 人，35~49 岁的抽 56 人，>50 岁的抽 19 人，就得到一个容量为 100 的样本。

4) 整群抽样：将总体分成若干群组，抽取其中部分群组作为观察单位组成样本，这种抽样方法称为整群抽样。若被抽到的群组中的全部个体均作为调查对象，称为单纯整群抽样；若调查部分个体，称为二阶段抽样。整群抽样的实施步骤：先将总体分为若干个群，然后从群中随机抽取几个群，对这些群内所有个体或单元均进行调查。抽样过程可分为以下几个步骤：

Ⅰ.确定分群的标注；

Ⅱ.总体(N)分成若干个互不重叠的部分，每个部分为一群；

Ⅲ.根据各样本量，确定应该抽取的群数；

Ⅳ.采用简单随机抽样或系统抽样方法，从各群中抽取确定的群数。

5) 多级抽样：在大型流行病学调查中，常常结合使用上面几种抽样方法，把抽样过程分为不同阶段，即先从总体中抽取范围较大的单元，称为一级抽样单位(如省、自治区、直辖市)，再从每个抽得的一级单元中抽取范围较小的二级单元(县、乡、镇、街道)，依次类推，最后抽取其中范围更小的单元(如村、居委会)作为调查单位。

本节案例采用多阶段分层整群等比例随机抽样的方法在全国抽取调查点。

(2) 样本含量:由于抽样调查较普查在多数情况下具有优越性,所以现况研究常采用抽样调查。抽样调查,首先要计算样本量。决定样本大小的因素为:①预期的现患率(P),现患率越小,所需的样本含量越大;反之,则要小些。②对调查结果精确性的要求,即允许误差(d)越大,所需样本就越小。③显著性水平(α),α 值越小,样本量越大,通常取 0.05 或 0.01。明确上述参数后,其样本含量可用下式估计。

$$S_p = \sqrt{\frac{PQ}{N}} \qquad (式\ 4\text{-}12)$$

则:

$$N = \frac{PQ}{S_p^2} \qquad (式\ 4\text{-}13)$$

令: $S_p = \dfrac{d}{t}$,则有

$$N = \frac{PQ}{\left(\dfrac{d}{t}\right)^2} = \frac{t^2 \times PQ}{d^2} \qquad (式\ 4\text{-}14)$$

设:d 为 P 的一个分数。一般采用 d=0.1×P,并且当 α=0.05 时,t=1.96 ≈ 2,则(式 4-14)可写成:

$$N = 400 \times \frac{Q}{P} \qquad (式\ 4\text{-}15)$$

(P 为估计现患率;Q=1-P,t 为显著性检验的统计量,α=0.05 时 t=1.96,α=0.01 时 t=2.58,N 为样本含量)

本节案例是根据整群抽样样本点数的计算公式:K=4s^2/d^2,计算得 K=176 个,每个调查点调查 1500 人,全国应调查 264 000 人。

4. 确定收集资料的方法　在现况研究中,收集资料的方法一经确定,就不应变更,在整个科研过程中必须先后一致,以保证研究资料的同质性。具体而言,一般有两种方法:一是通过测定或检查的方法,如测定 HBsAg 是否阳性,血压是否正常等。另一是通过调查表询问研究对象,让其回答或回忆暴露或疾病的情况,这种方法用得较为普遍,如吸烟、饮酒等情况的调查。资料收集过程中要注意,暴露的定义和疾病的标准均要明确和统一。本节案例中资料的收集采用实验室检查(胸部 X 线检查、痰涂片检查与痰培养)和问卷调查(结核病知识知晓情况)相结合的方法。

5. 资料分析　现况研究所获得的资料,应先仔细检查资料的完整性、准确性,填补缺、漏项,对重复的予以删除,对错误的予以纠正;对疾病或某种健康状态按已明确规定好的标准进行归类、核实,然后则可按不同的人口学特征、时间、地区等方面进行描述,并计算疾病的患病率与死亡率,从而了解某病在不同的人群、时间和地区上的分布特征以及他们的差异。运用卫生统计学方法计算出这些差异是否有显著意义以及所研究疾病与某因素是否具有相关性。在本节案例中,通过将收集到的数据进行整理,进而对结核病的现患流行情况及其三间分布特征进行了描述。

(四) 现况研究中常见的偏倚与质量控制

1. 常见的偏倚　调查或研究结果与真实情况不符,或者说,样本的统计量不能代表总体参数所在的范围,则称为偏倚。偏倚产生的原因主要为:①主观选择研究对象,即选择研

究对象具有随意性;将随意抽样当作随机抽样。②任意变换抽样方法,如根据出院号来随机抽样时,就不能改用入院号等其他方法来抽样。③调查对象不合作或因种种原因不能或不愿意参加调查,从而降低了应答率,应答率太低就会影响调查结果。④在现况研究中,所调查到的对象均为幸存者,无法调查死亡的人,因此,不能全面反映实际情况,有一定的局限性和片面性。⑤询问调查对象有关问题时,由于种种原因回答不准确从而引起报告偏倚,调查对象对过去的暴露史或疾病史等回忆不清,特别是健康的调查对象由于没有疾病的经历,而容易将过去的暴露等情况遗忘,而导致回忆偏倚。⑥调查员有意识地深入调查某些人的某些特征,而不重视或马虎对待其他一些人的这些特征而导致调查偏倚。⑦在资料收集、病患等情况的测量中由于测量工具、检验方法不正确,化验技术操作不规范等则会导致测量偏倚。

2. 偏倚的控制　严格遵照抽样方法的要求,确保抽样过程的随机化原则的完全实施;提高研究对象的依从性和受检率;正确选择测量工具和检测方法,包括调查表的编制等;组织好研究工作,调查员一定要经过培训,统一标准和认识;做好资料的复查、复核等工作;选择正确的统计分析方法,注意辨析混杂因素及其影响。

第三节　病例对照研究

一、病例对照研究概述

(一)病例对照研究的定义及基本原理

病例对照研究(case-control study)是分析流行病学最基本、最重要的研究类型之一,也是现代流行病学方法学的一个重要进展。近年来病例对照研究得到越来越广泛的应用,它是病因学研究的一个重要工具。

病例对照研究是按照有无研究的疾病或某种卫生事件,将研究对象分为病例组和对照组,分别追溯其既往(发病或出现某种卫生事件前)某些因素的暴露情况,并进行比较,以推测疾病与因素之间有无关联及关联强度大小的一种观察性研究。这是一种回顾性的、由果及因的研究方法,是在疾病发生之后去追溯假定的病因因素的方法(图4-2)。

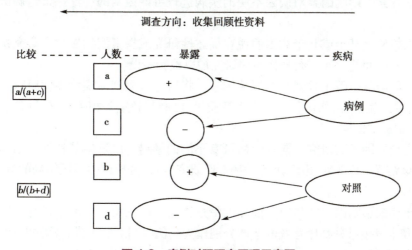

图4-2　病例对照研究原理示意图

(二) 病例对照研究的特点

1. 属于观察性研究　客观地收集研究对象的暴露情况,收集的暴露因素是自然存在而非人为控制的,进而分析暴露因素与疾病或其他卫生事件的关系。

2. 设立对照病例　对照研究必须设立具有可比性的对照,目的是为病例组的暴露比例提供参比。

3. 由果推因研究　开始时已有确定的结果,进而追溯可能与疾病或事件有关的因素,即从所研究疾病(果)与过去的暴露因素(因)的关联性来推断因素与疾病发生的关系,以寻找病因线索。

4. 论证强度　病例对照研究不能观察由因到果的发展过程,一般不能证实暴露因素与疾病之间的因果关系,但可为队列研究及实验性研究提供病因研究的线索和方向。

(三) 病例对照研究的类型

1. 病例与对照不匹配　对于病例和对照之间的关系不做限制和规定。在设计所规定的病例和对照人群中,分别抽取一定量的研究对象,一般对照数目应等于或多于病例人数。

2. 病例与对照匹配　匹配或称配比是要求对照在某些因素或特征上与病例保持一致,目的是对两组进行比较时排除匹配因素的干扰,如以年龄作为匹配因素,在分析比较两组资料时,可免除两组间因年龄构成的差别对结果的影响,从而更正确地说明所研究因素与疾病的关系。匹配分为成组匹配与个体匹配:①频数匹配,匹配的因素所占的比例,在对照组与在病例组一致,如病例组中男女各半,则对照也如此。②个体匹配,根据病例的特征选择相应的对照,病例和对照可做 1:1 匹配、1:2、1:3、……1:R 匹配。

在病例对照研究中采用配比的目的,首先在于提高研究效率,表现为每一研究对象提供的信息量增加。其次在于控制混杂因素的作用。所以匹配的特征或变量必须是已知的混杂因子,或有充分的理由怀疑为混杂因子,否则不应匹配。一旦某个因子做了匹配,不但使它与疾病的关系不能分析,而且使它与其他因子的交互作用也不能充分分析。把不必要的项目列入匹配,企图使病例与对照尽量一致,可能会丢失信息,结果反而降低了研究效率。这种情况称为配比过度,应注意避免。

(四) 病例对照研究的用途

1. 广泛探索　影响因素对病因不明的疾病进行可疑因素的广泛探索是病例对照研究的优势。

2. 深入检验　某个或几个病因假说在描述性研究或探索型病例对照研究初步形成病因假说的基础上,可进一步进行病例对照研究加以检验假设。

3. 研究健康状态等事件发生的影响因素　将研究扩大到与疾病和健康状态相关的医学事件或公共卫生事件,如进行老年人生活质量、肥胖与超重等相关因素的研究,为制定相应的卫生决策提供依据。

4. 疾病预后因素的研究　同一疾病可有不同的结局。以发生某种临床结局者为病例组,未发生该结局者作为对照组,进行病例对照研究,可以分析产生不同结局的有关因素,从而采取有效措施,改善疾病预后。

5. 临床疗效影响因素的研究　同样的治疗方法对同一疾病的治疗可有不同的疗效反应,将发生和未发生某种临床疗效的个体分别作为病例组和对照组进行病例对照研究,以分析不同临床疗效的影响因素。

二、病例对照研究实例

【案例4-2】

资料来源:朱红,王建华.2型糖尿病并发肺结核病的危险因素探讨.中华流行病学杂志,2006,27(1):58-62。

1. 明确研究目的　探索糖尿病(DM)患者易发肺结核(PTB)的可能的危险因素,为DM-PTB的预防提供参考依据和可行的建议。

2. 选择研究对象

(1) 病例组的来源、选择方式、诊断标准以及纳入和排除标准:病例来自2001年10月至2002年10月期间就诊于天津市结核病控制中心和天津市肺科医院全部确诊的2型糖尿病(T_2DM)并发初治继发型肺结核(PTB)患者,DM和PTB的诊断明确。另外要求DM病程长于1年,且确诊时间早于PTB_1年以上。排出现患有其他内分泌系统疾病、结缔组织病、恶性肿瘤、肝肾疾病及胃手术两病并发患者。

(2) 对照组的选择及病例与对照比较的方式:对照来自同期就诊于天津市代谢病医院的确诊T_2DM患者,T_2DM的诊断标准和排除标准同上,另外,咳嗽2周以上或经胸部X线检查有可疑PTB病变者也予以排除。对照组和病例组根据年龄(同一年龄组)、性别进行频数匹配配比。

(3) 样本量估计:一般应根据样本量计算公式估计所需最低样本量。该研究选择一年中符合标准的全部病例。

3. 研究内容和资料收集方式

(1) 调查的主要内容:主要包括研究的暴露因素及标准以及调查表的制定:对所有研究对象采用统一的调查问卷和询问方式,调查内容包括问卷调查、体格检查和实验室检查。问卷内容包括一般人口学特征、DM情况(DM病程、确诊年龄、确诊血糖、最高血糖、控制情况、并发症和伴发症等),TB相关情况(TB接触史、居住环境、接触粉尘等),生活方式和个人嗜好(体育锻炼、吸烟、饮酒、饮茶、饮食等)及社会心理因素。体格检查和实验室检查内容包括身高、体重、血压、空腹血糖、胸部X线检查等。

(2) 调查方式:采用查阅病案、面对面访谈、体格检查。

4. 资料的整理和分析　数据核实后,采用双录入方法建立数据库。首先对两组资料进行均衡性检验,两组在年龄和性别构成上无统计学显著性差异,说明均衡性较好。之后进行单因素及多因素非条件logistic回归分析,筛选出了DM-PTB的危险因素包括:DM病情重、吸烟饮酒、不良接触及性格内向、食盐摄入量少;保护因素包括患DM后饮食控制好、社会经济地位高、居住条件好、个人生活习惯良好。

三、病例对照研究的设计与实施

病例对照研究一般步骤如下:

（一）提出假设

根据以往疾病分布的研究或现况调查得到的结果，提出该疾病的病因假设。

（二）制订研究计划

1. 明确研究目的，选择适宜的对照形式，选择病例与对照比较的方法 根据疾病发生的特点、既往研究的结果或临床工作中需要解决的问题，结合文献提出明确的研究目的。如本节案例的研究目的是出于临床工作的需求，探索糖尿病（DM）患者易发肺结核（PTB）的可能的危险因素。

研究类型的选择可以考虑以下方面：①根据研究目的进一步确定适宜的研究类型，例如，研究目的是广泛探索疾病的危险因素，可以采用不匹配或频数匹配的病例对照研究方法；②根据病例的数量选择研究类型，如果所研究的是罕见病，则选择个体匹配的方法；③以较小的病例样本量获得较高的检验效率，可选择 1 ∶ R 的匹配方法，R 越大，效率越高（但不宜超过 4）；④根据对照和病例在某些重要因素或特征方面的可比性要求，比如病例的年龄、性别构成特殊，随机抽取的对照组很难与病例组均衡可比，以选择个体匹配为宜。本节案例采用的是频数匹配配比，匹配因素为年龄和性别。

2. 确定病例与对照的来源和选择方法，病例的诊断标准和诊断方法 病例与对照的基本来源有两个，一是医院的现患者，医院、门诊的病案，及出院记录，称为以医院为基础的病例对照研究；另一个是社区的监测资料或普查、抽查的人群资料，称为以社区为基础的病例对照研究。

（1）病例的选择：选择病例时要制定明确的疾病诊断标准，制订疾病标准时应注意两点：①尽量采用国际通用或国内统一的诊断标准，以便与他人的工作比较。②需要自订标准时，注意诊断标准的假阳性率及假阴性率的高低，使宽严适度。如有定量指标时，一般要求诊断标准落在患者与非患者分布曲线的交叉点上。

在选择病例时有三种不同的情况，即新发病例、现患病例与死亡病例。比较而言，新发病例由于刚刚发病，对疾病危险因素的回忆可能比较认真，提供的信息较为准确可靠。现患病例则不然，而且易于掺入疾病迁延及存活的因素在内。死亡病例则主要由家属提供信息，准确性较差。

病例一般以社区来源为优，代表性较强，但不易得到。使用医疗机构为来源的病例，可节省费用，容易获得，合作好，信息较完整、准确，但容易发生选择偏倚。

本节案例中所选病例是来自 2001 年 10 月至 2002 年 10 月期间就诊于天津市结核病控制中心和天津市肺科医院全部确诊的 2 型糖尿病（T_2DM）并发初治继发型肺结核（PTB）患者，DM 和 PTB 的诊断明确，同时也制定了详细的排除标准。

（2）对照的选择：在病例对照研究中，对照的选择往往比病例的选择更复杂、更困难。对照最好是全人群的一个无偏样本，或是产生病例的人群中全体非患该病的一个随机样本，而且也经过相同诊断确认为不患所研究的疾病。实际上这种理想的对照很难得到。实际工作中的对照来源主要有：①同一或多个医疗机构中诊断的其他病例；②病例的邻居或所在同一居委会、住宅区内的健康人或非该病患者；③社会团体人群中的非该病病例或健康人；④社区人口中的非病例或健康人群；⑤病例的配偶、同胞、亲戚、同学或同事等。

本节案例中所选对照是来自同期就诊于天津市代谢病医院的确诊 T_2DM 患者，T_2DM 的诊断标准和排除标准同上,另外,咳嗽 2 周以上或经胸部 X 线检查有可疑 PTB 病变者也予以排除。对照组和病例组根据年龄(同一年龄组)、性别进行频数匹配配比。

3. 估计样本大小 这是设计中必须考虑的问题。

(1) 影响样本大小的因素病例对照研究样本大小取决于下列四个参数。

1)研究因素在对照组中的暴露率 P_0;

2)预期的该因素引起的相对危险度 RR 或暴露的比值比 OR;

3)希望达到的检验显著性水平,即假设检验第 I 类错误的概率 α;

4)希望达到的检验把握度 $(1-\beta)$,β 为统计学假设检验第 II 类错误的概率。

(2) 估计方法不同匹配方式的样本大小计算方法不同,除了利用公式计算外,还有现成的表可查。

1)非匹配设计病例数与对照数相等时样本量估计

$$n=2\overline{pq}\,(U_\alpha+U_\beta)^2/(p_1-p_0)^2 \qquad (式 4\text{-}16)$$

其中, $p_1=p_0RR/\left[1+p_0(RR-1)\right],\overline{p}=0.5(p_1+p_0),\overline{q}=1-\overline{p}$ (式 4-17)

式中 U_α 和 U_β 可查表(表 4-1)。当 RR 和 p_0 已知后,也可直接查表得到 n(表 4-2)。

表 4-1 标准正态分布的分位数表

α 或 β	U$_\alpha$(单侧检验) U$_\beta$(单侧和双侧)	U$_\alpha$(双侧检验)	α 或 β	U$_\alpha$(单侧检验) U$_\beta$(单侧和双侧)	U$_\alpha$(双侧检验)
0.001	3.09	3.29	0.050	1.64	1.96
0.005	2.58	2.81	0.100	1.28	1.64
0.010	2.33	2.58	0.200	0.84	1.28
0.025	1.96	2.24	0.300	0.52	1.04

表 4-2 病例对照研究样本含量(非匹配,两组人数相等)

[α=0.05(双侧),β=0.10]

RR	p_0						
	0.01	0.10	0.20	0.40	0.60	0.80	0.90
0.1	1420	137	66	31	20	18	23
0.5	6323	658	347	203	176	229	378
2.0	3206	378	229	176	203	347	658
3.0	1074	133	85	71	89	163	319
4.0	599	77	51	46	61	117	232
5.0	406	54	37	35	48	96	194
10.0	150	23	18	20	31	66	137
20.0	66	12	11	14	24	54	115

(节录:Schlesselman,1982)

2) 1∶1 匹配设计：此时病例与对照暴露情况不一致的对子是有意义的(见资料的整理与分析)。Schlesselman 推荐的公式如下：

$$m=\left[\,U_{\alpha}/2+U_{\beta}\sqrt{p(1-p)}\,\right]^{2}/(p-1/2)^{2} \qquad (式4-18)$$

式中
$$p=OR/(1+OR)\approx RR/(1+RR) \qquad (式4-19)$$

m 为结果不一致的对子数

则需要的总对子数 M 为

$$M\approx m/(p_{0}q_{1}+p_{1}q_{0}) \qquad (式4-20)$$

p_{0}, p_{1} 分别代表目标人群中对照组与暴露组的估计暴露率

$$p_{1}=p_{0}RR/\left[1+p_{0}(RR-1)\right], \quad q_{1}=1-p_{1}, \quad q_{0}=1-p_{0} \qquad (式4-21)$$

4. 根据病因假设与研究所具备的条件，确定调查因素或暴露变量。

5. 设计调查表，根据研究目的和确定的调查因素设计调查表。

6. 设计中要考虑整个研究过程中可能出现的偏倚，并预先设计好如何控制各种偏倚。

7. 确定资料收集、整理与分析的方法　病例对照研究的资料收集主要是利用专门设计的调查表进行面访，因此调查表的设计是很重要的一个步骤。有时也可以采用通信调查方法、报告登记资料、职业史档案等，作为询问调查的补充。某些研究还需要采集个人或环境的样品进行实验室检测。

8. 所需费用的概算。

9. 人员分工及与协作单位的协调。

(三) 收集资料

1. 培训调查员与预调查　制定培训手册和工作手册，对调查员进行培训考核，规范调查方法。小样本的预调查后应对整个研究计划(包括调查表)提出修改和完善的意见与建议。

2. 开展正式的调查　严格按照已修改过的调查表与统一的调查方式进行，不得随意更改。

对于病例对照研究来说，主要靠询问调查对象填写问卷收集信息资料。有时需辅以查阅档案，采样化验，实地查看或从有关方面咨询获得。无论什么方法，都应实行质量控制，以保证调查质量。如抽取一定比例的样本复查，然后进行一致性检验等。

本节案例的研究内容主要包括研究的暴露因素及标准以及调查表的制定：对所有研究对象采用统一的调查问卷和询问方式，调查内容包括问卷调查、体格检查和实验室检查。

(四) 病例对照研究资料的整理与分析

1. 资料的整理

(1) 原始资料的核查：对所收集的资料要经过核查、修正、验收、归档等一系列步骤，以保证资料尽可能完整和高质量。

(2) 原始资料的分组、归纳，或编码输入计算机。

2. 数据的分析

(1) 描述性统计：描述研究对象的一般特征，如性别、年龄、职业、出生地、居住地、疾病类型的分布等。频数匹配时应描述匹配因素的频数比例。此外，还应比较病例组和对照组某

些基本特征是否相似或齐同,目的是检验病例组与对照组的可比性。对确有统计学显著差异的因素,在分析时应考虑到它对其他因素可能的影响。

(2)统计性推断:病例对照研究中表示疾病与暴露之间联系强度的指标为比值比(odds ratio,或称比数比、优势比、交叉乘积比,简写为 OR)。病例对照研究中病例组的暴露比值为:

$$\frac{a/(a+c)}{c/(a+c)} = a/c \qquad\qquad (式\ 4\text{-}22)$$

对照组的暴露比值为:

$$\frac{b/(b+d)}{d/(b+d)} = b/d \qquad\qquad (式\ 4\text{-}23)$$

因此,比值比

$$OR = \frac{病例组的暴露比值\ a/c}{对照组的暴露比值\ b/d} = \frac{ad}{bc} \qquad\qquad (式\ 4\text{-}24)$$

(3)成组资料的分析:这是病例对照研究资料分析的基本形式。

1)资料整理的四格表:每个暴露因素可整理成表 4-3 的四格表形式。

表 4-3　病例对照研究资料整理表

暴露或特征	病例	对照	合计
有	a	b	$a+b=n_1$
无	c	d	$c+d=n_0$
合计	$a+c=m_1$	$b+d=m_0$	$a+b+c+d=t$

例如一项关于口服避孕药与心肌梗死的病例对照研究,结果如表 4-4:

表 4-4　口服避孕药(OC)与心肌梗死(MI)关系的病例对照研究结果

	病例	对照	合计
服 OC	39	24	63
未服 OC	114	154	268
合计	153	178	331

2)分析暴露与疾病有无关联:利用 χ^2 检验分析病例组与对照组的暴露率有无统计学的显著差异,判断两者间有无关联。

$\chi^2_{0.01(1)} = 6.63$,本例 $\chi^2 = 7.70 > 6.63$,则 $P < 0.01$

$$\frac{(ad-bc)^2 n}{(a+b)(c+d)(a+c)(b+d)} = 7.70$$

结果表明两组暴露率有统计学上的显著差异,说明口服 OC 与心肌梗死的发生有关。

3)计算 OR 及 OR 95% 可信区间(CI)。

$$OR = ad/bc = 2.20$$

$$OR95\%CI = OR^{(1\pm 1.96/\sqrt{x^2})}$$
$$= 2.2^{(1\pm 1.96/\sqrt{7.7})}$$

（式 4-25）

即 OR 95% CI=1.25~3.75

在本节案例中，两组资料经均衡性检验，之后进行单因素及多因素非条件 logistic 回归分析，筛选出了 DM-PTB 的危险因素包括：DM 病情重、吸烟饮酒、不良接触及性格内向、食盐摄入量少；保护因素包括患 DM 后饮食控制好、社会经济地位高、居住条件好、个人生活习惯良好。

（4）分层资料和配对资料的分析：在某些情况下，病例对照同时研究多种因素与疾病之间的关系，有些因素可能起到混杂因素的作用影响研究结果。此时，可通过分层分析去除混杂因素对结果的影响。分层分析是把人群根据某特征分为不同层次，如按性别、年龄、不同暴露因素等分层，然后分别分析各层中暴露与疾病的关联。通过分层可以调整这些因素的干扰，详细分析方法见相关流行病学和统计学书籍。

有时，病例对照研究设计时 1∶1 配对设计，即一个病例配上一个相应的对照。如果使用 1∶1 配对设计，资料分析时要用相应的配对资料分析方法（详见相关流行病学和统计学书籍）。

四、病例对照研究中常见的偏倚

1. 选择偏倚　由于选入的研究对象与未选入的研究对象在某些特征上存在差异而引起的误差。这种偏倚常发生于研究的设计阶段。

1) 入院率偏倚：也称伯克森偏倚当利用医院患者作为病例和对照时，由于对照是医院的某一部分患者，而不是全体目标人群的一个随机样本，又由于病例只是该医院或某些医院的特定病例，因为患者对医院及医院对患者双方都有选择性，所以作为病例组的病例也不是全体患者的随机样本，这就难免产生偏倚，特别是因为各种疾病的入院率不同导致病例组与对照组某些特征上的系统差异。

设计阶段宜尽量采用随机方法选择研究对象，在多个医院选择对象等方法以减少偏倚程度。

2) 现患病例 - 新发病例偏倚：又称奈曼偏倚，如果调查对象选自现患病例，即存活病例，可能得到更多的信息，但是其中很多信息可能只与存活有关，而未必与该病的发病有关，从而高估了某些暴露因素的病因作用。另一种情况是，某病的幸存者改变了生活习惯，从而降低了某个危险因素的水平，或当他们被调查时夸大或缩小了病前生活习惯上的某些特征，导致某一因素与疾病关联误差。

调查时明确规定纳入标准为新发病例，或有可能做队列研究，同时将暴露程度、暴露时间和暴露结局联系起来做结论可减少偏倚程度。

3) 检出症候偏倚：也称暴露偏倚，患者常因某些与致病无关的症状而就医，从而提高了早期病例的检出率，致使过高地估计了暴露程度，而产生系统误差。

如果延长收集病例的时间，使其超过由早期向中、晚期发生的时间，则检出病例中暴露者的比例会趋于正常，偏倚因此得到纠正。

4) 时间效应偏倚：对于肿瘤、冠心病等慢性疾病，从开始暴露于危险因素到出现病变往往经历一个较长的时间过程。因此，在病例对照研究时，对暴露后即将发生病变的人，已发生早期病变而不能检出的人,或在调查中已有病变但因缺乏早期检测手段而被错误地认为是非病例的人,都可能被选入对照组,由此而产生了结论的误差。

在调查中尽量采用敏感的疾病早期检查技术,或开展观察期充分长的纵向调查,则可以尽可能地控制时间效应偏倚。

2. 信息偏倚　信息偏倚又称观察偏倚或测量偏倚,是在收集整理信息过程中由于测量暴露与结局的方法有缺陷造成的系统误差。

(1) 回忆偏倚:病例对照研究主要是调查研究对象既往的暴露情况,由于被调查者记忆失真或回忆不完整造成的系统误差称为回忆偏倚。回忆偏倚的产生与调查时间和暴露事件发生的时间间隔、事件的重要性、被调查者的构成以及询问技术有关。病例组和对照组的回忆误差可能不一样,病例组的记忆可能较为准确,但也可能容易提供一些自认为与疾病有关的暴露但实际不真实的情况。

选择不易为人们所忘记的重要指标做调查,并重视问卷的提问方式和调查技术,将有助于减少回忆偏倚。

(2) 调查偏倚:调查偏倚可能来自于调查对象及调查者双方。病例与对照的调查环境和条件不同,或者调查技术、调查质量不高或差错以及仪器设备的问题等均可产生调查偏倚。例如,病例在医院调查,而对照在家调查;调查者对病例与对照的态度不同;有意无意地诱导调查对象以符合设计的病因假设等等。

尽量采用客观指征,选择合适的人选参加调查,认真做好调查技术培训,采取复查等方法做好质量控制,检查条件尽量一致,尽量在同一时间内由同一调查员调查病例和对照,使用的检查仪器应精良,使用前应校准,严格掌握试剂的标准等均可减少偏倚。

3. 混杂偏倚　当研究某个因素与某种疾病的关联时,由于受某个既与疾病有关系,又与暴露因素有联系的外来因素的影响,掩盖或夸大了所研究的暴露因素与疾病的联系,这种现象或影响称混杂,由此产生的偏倚称混杂偏倚,该外来因素称混杂因素。

在设计时利用限制或配比的方法;资料分析阶段采用分层分析或多因素分析模型处理,可适当控制混杂偏倚。

五、病例对照研究方法的优点与局限性

(一) 优点

1. 特别适用于罕见病的研究,有时往往是罕见病病因研究的唯一选择,因为病例对照研究不需要太多的研究对象,此时队列研究常常不实际。

2. 省力、省钱、省时间,并且较易于组织实施。

3. 该方法不仅应用于病因的探讨,而且广泛应用于许多方面,例如疫苗免疫学效果的考核及暴发调查等。

(二) 局限性

1. 不适于研究人群中暴露比例很低的因素,因为需要很大的样本量。

2. 选择研究对象时,难以避免选择偏倚。

3. 暴露与疾病的时间先后常难以判断。

4. 获取既往信息时,难以避免回忆偏倚。

第四节 队 列 研 究

一、队列研究概述

队列研究（cohort study）也称为前瞻性研究（prospective study）、随访研究或纵向研究，与病例对照研究相似都是流行病学的重要研究方法，广泛应用于检验病因假设。

（一）队列研究的定义

队列研究是将某一特定人群按是否暴露于某可疑因素或暴露程度分为不同的亚组，追踪观察两组或多组成员结局（如疾病）发生的情况，比较各组之间结局发生率的差异，从而判断该因素与该结局之间有无因果关联及关联程度大小的一种观察性研究方法。

在流行病学研究中，暴露是指能影响结局（如疾病）的各种因素，及研究对象所具有的与结局有关的特征或状态（如年龄、性别、职业、遗传、行为、生活方式等）或曾接触与结局有关的某因素（如 X 线照射、重金属、环境因素等），这些特征、状态或因素即为暴露因素，也称为研究因素或研究变量。因此，暴露在不同的研究中有不同的含义，暴露可以是有害的，也可以是有益的，但都是研究者感兴趣的。

队列原指古罗马军团中的一个分队，流行病学家加以借用，表示有某种共同暴露的一组人群。队列研究中的研究对象通常包括暴露组和非暴露组两个队列，例如吸烟与肺癌关系队列研究中的吸烟组和不吸烟组。根据研究对象进出队列的时间不同，队列又可分为两种：一种为固定队列，是指观察对象都在某一时刻或一个短时期内进入队列，之后不再加入新成员，随访观察至观察期终止，观察对象很少或几乎没有因为所研究疾病等结局事件以外的退出，即在整个观察期间内队列成员是相对固定的；另一种为动态队列，即在整个观察期间内，原有的队列成员可以不断退出，新的观察对象可以随时进入，即整个观察期内队列成员不是固定的。这两种队列结局频率的计算方法不同。

（二）队列研究的基本原理

队列研究的基本原理是在一个特定人群中选择所需的研究对象，根据目前或过去某个时期是否暴露于某个待研究的危险因素，或其不同的暴露水平而将研究对象分成不同的组，如暴露组和非暴露组，高剂量暴露组和低剂量暴露组等，随访观察一段时间，检查并登记各组人群待研究的预期结局的发生情况（如疾病、死亡、或其他健康状况），比较各组结局的发生率，从而评价和检验危险因素与结局的关系。如果暴露组某结局的发生率明显高于非暴露组，则可推测暴露与结局之间可能存在因果关系（图 4-3）。

（三）队列研究的特点

1. 属于观察法队列研究中的暴露不是人为给予的，不是随机分配的，而是在研究之前已客观存在的，这是队列研究区别于实验研究的一个重要方面。

2. 设立对照组与病例对照研究相同，队列研究也必须设立对照组以资比较。对照组可与暴露组来自同一人群，也可以来自不同的人群。

3. 由"因"及"果"在队列研究中，一开始就确立了研究对象的暴露状况，而后探求暴露因素与疾病的关系，即先确知其因，再纵向前瞻观察而究其果，这一点与实验研究方法是一致的。

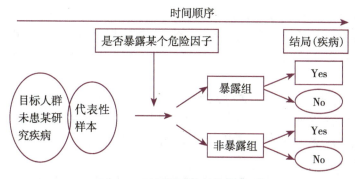

图 4-3　队列研究的结构模式图

4. 能确证暴露与结局的因果联系由于研究者能切实知道研究对象的暴露状况及随后结局的发生,所以能据此准确地计算出结局的发生率,估计暴露人群发生某结局的危险程度,因而能判断其因果关系。

(四) 队列研究的类型

队列研究依据研究对象进入队列时间及终止观察的时间不同,分为前瞻性队列研究、历史性队列研究和双向性队列研究三种。三种队列研究方法示意如图 4-4。

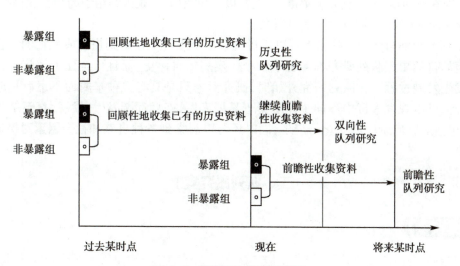

图 4-4　队列研究类型示意图

1. 前瞻性队列研究　研究开始时研究的结局还没有出现,还需要前瞻观察一段时间才能得到,这样的设计模式称为前瞻性队列研究。前瞻性队列研究所需观察时间往往很长,由观察者定期随访,这是队列研究的基本形式。在前瞻性队列研究中,由于研究者可以直接获取关于暴露与结局的第一手资料,因而资料的偏倚较小,结果可信;其缺点是所需观察的人群样本很大,观察时间长、花费大,因而影响其可行性。

2. 历史性队列研究　研究开始时研究的结局已经出现,其资料可从历史资料中获得,不需要前瞻性观察,这样的设计称为历史性队列研究。在历史性队列研究中,虽然研究是现在开始的,但研究对象是在过去某个时点进入队列的;暴露与结局虽然跨时期较长,但资料搜集及分析却可以在较短时期内完成;尽管搜集暴露与结局资料的方法是回顾性的,但究其性质而言仍属前瞻性观察,仍是从因到果的。因此,该法是一种深受欢迎的快速的队列研究方法,具有省时、省力、出结果快的特点。但缺点是因资料积累时未受到研究者的控制,所以内容上未必符合要求。

3. 双向性队列研究　也称混合性队列研究,即在历史性队列研究之后,继续前瞻性观察一段时间,它是将前瞻性队列研究与历史性队列研究结合起来的一种设计模式,因此,兼有上述两类的优点,且相对地在一定程度上弥补了相互的不足。

（五）队列研究的用途

1. 检验病因假设　通常根据描述流行病学的研究结果提出病因假说,然后进行分析流行病学研究,以验证这个假说。由于队列研究是由因及果的研究顺序,能确证暴露与疾病的因果关系,所以能确定病因。一次队列研究可以只检验一种暴露与一种疾病之间的因果关联(如吸烟与肺癌),也可以同时检验一种暴露与多种结局之间的关联(如可同时检验吸烟与肺癌、心脏病、慢性支气管炎等多种疾病的关联)。

2. 评价预防效果　有些暴露有预防某种结局发生的效应,即有预防效果,如大量的蔬菜摄入可预防结肠癌的发生,大蒜的摄入还可预防消化道肿瘤的发生,戒烟可减少吸烟者肺癌发生的危险等,对这种暴露因素结局的随访研究其实就是对其预防效果的评价。但这里的暴露因素亦即预防措施(如蔬菜摄入、大蒜摄入和戒烟)不是人为给予的,而是研究对象的自发行为,所以不属于流行病学实验研究。

3. 研究疾病自然史　临床上可以通过观察单个患者从发病到痊愈或死亡的过程来了解疾病的自然史。队列研究不但可了解个体疾病的自然史,而且可全面了解疾病在人群中的发生发展过程。在队列研究开始时,研究对象只是具有某种暴露而不患有相应的疾病,因此,可以观察人群中不同个体暴露于某因素后,疾病逐渐发生、发展,直至结局的全过程,包括亚临床阶段的变化与表现,同时还可以观察到各种自然和社会因素对疾病进程的影响。

二、队列研究实例

【案例4-3】

二硫化碳(CS_2)职业中毒引起的精神病、中枢神经系统疾患及多发性神经炎等,早在19世纪末即有报道。20世纪中叶,研究者发现CS_2中毒与脑、肾等器官的动脉粥样硬化有关。然而,CS_2长期低剂量的暴露与冠心病的关系却一直没有明确结论。20世纪60年代芬兰职业卫生研究所的Hernberg和Tolonen教授所做的5年前瞻性队列研究最后确定了两者之间的因果关系。

1. 研究因素和结局　本次确定的研究因素是长期低剂量的CS_2的暴露,其定义是在有CS_2暴露的车间工作至少5年以上。研究结局为心肌梗死,同时观察了血压、心电图、心脏大小等指标及心绞痛病史。

2. 研究现场和研究人群　选择1942年至1967年间至少有5年CS_2暴露史的所

有存活的工人 343 人为暴露组,以年龄相差不超过 3 岁,出生地区相同,工种的体力消耗相当为配比条件,在同一城市的造纸厂随机选择了 343 例男性工人为对照组,开始了为期 5 年的前瞻性队列研究。

3. 资料收集　姓名、性别、年龄、工种及工作年限、吸烟、业余时间的体力活动情况等通过询问获得;用药情况、既往车间 CS_2 的浓度等通过查阅档案记录获得;而血糖、血脂、血清胆固醇水平、血压、心电图、心脏大小、体重及车间 CS_2 浓度的动态变化等,均通过实验检测的方式获得。为了保证资料的可靠性,各种检测仪器均事先校准,采用国际通用的检查方法和判断标准,并贯彻始终。

4. 资料整理与分析　首先对可能影响结果的两组的可比性的因素,如每天吸烟量、业余时间体力活动量、体重及用药情况等进行了比较,结果显示两组有良好的可比性。

五年间,暴露组发生 14 例致死性心肌梗死,11 例发生一次心肌梗死后存活下来,非暴露组总共发生 7 例心肌梗死,有 4 例存活下来。结果提示 CS_2 暴露组发生心肌梗死的相对危险度为 3.57,两组致死性心肌梗死的发生率和总的心肌梗死的发生率差异有显著性。

5. 结论　研究结果证实了长期低剂量(20~30ppm)CS_2 暴露与冠心病的关系,据此,芬兰当局于 1972 年将 CS_2 的车间容许浓度降至 10ppm。

三、队列研究的设计与实施

(一) 确定研究因素

研究因素在队列研究中常称为暴露因素或暴露变量,通常是在描述性研究和病例对照研究的基础上确定的。例如,本节案例的研究背景是研究者发现 CS_2 中毒与脑、肾等器官的动脉粥样硬化有关,但 CS_2 长期低剂量的暴露与冠心病的关系却一直没有明确结论,本次队列研究目的就是为了确定两者之间的因果关系,故研究因素即 CS_2 长期低剂量的暴露。

在研究中要考虑如何选择、规定和测量暴露因素。一般应对暴露因素进行定量,除了暴露水平以外,还应考虑暴露的时间,以估计累积暴露剂量。同时还要考虑暴露的方式,如间歇暴露或连续暴露、直接暴露或间接暴露、一次暴露或长期暴露等。暴露的测量应采用敏感、精确、简单和可靠的方法。此外,还应确定同时需要收集的其他暴露因素资料及背景资料,包括各种可疑的混杂因素及研究对象的人口学特征,以利于对研究结果作深入分析。

(二) 确定研究结局

结局是指随访观察中将出现的预期结果事件,也即研究者希望追踪观察的事件,本案例的研究结局即冠心病的发生。研究结局的确定应全面、具体、客观。结局不仅限于发病、死亡,也有健康状况和生命质量的变化,如分子或血清指标的变化等。结局变量既可是定性的,也可是定量的,如血清抗体的滴度、尿糖及血脂等。结局变量的测定,应给出明确统一的标准,并在研究的全过程中严格遵守。考虑疾病的诊断标准时要注意一种疾病往往有多种表现,轻型和重型,不典型和典型,急性和慢性等区别。

队列研究的优点之一是一次可以同时收集到多种结局资料,研究一因多果的关系,故在队列研究中除确定主要研究结局外,可考虑同时收集多种可能与暴露有关的结局。

(三) 确定研究现场与研究人群

1. 研究现场　由于队列研究的随访时间长,所以队列研究的现场选择除要求有足够数量的符合条件的研究对象外,还要求当地的领导重视,群众理解和支持。

2. 研究人群　研究人群包括暴露组和对照组,暴露组中有时还有不同暴露水平的亚组。根据研究目的和研究条件的不同,研究人群的选择有不同的方法。

(1) 暴露人群的选择:根据研究的方便与可能,通常有下列四种选择:①职业人群,如果要研究某种可疑的职业暴露因素与疾病或健康的关系,必须选择相关职业人群作为暴露人群;另外,由于职业人群有关暴露与疾病的历史记录较为全面、真实和可靠,故如果做历史性队列研究,也常选择职业人群为暴露人群,如研究联苯胺的致癌作用,可选择染料厂工人;研究石棉致肺癌的作用,可选择石棉作业工人等。②特殊暴露人群,是研究某些罕见的特殊暴露的唯一选择,如选择原子弹爆炸的受害者,接受过放射线治疗的人,以研究射线与白血病的关系。③一般人群,即某行政区域或地理区域范围内的全体人群,选择其中暴露于欲研究因素的人群作为暴露组。④有组织的人群团体,该类人群可看作是一般人群的特殊形式,如医学会会员,工会会员,机关、社会团体、学校或部队成员等。选择这样的人群的主要目的是利用他们的组织系统,便于有效地收集随访资料。而且他们的职业和经历往往是相同的,可增加其可比性。

(2) 对照人群的选择:选择对照组的基本要求是尽可能保证与暴露组的可比性,即对照人群除未暴露于所研究的因素外,其他各种影响因素或人群特征都应尽可能地与暴露组相同,即具有可比性。做到暴露组与对照组有良好的可比性是很不容易的,关键在于选择恰当的对照人群。对照人群的选择有下列四种:①内对照,在同一研究人群中,将没有暴露或暴露水平最低的人作为对照组称为内对照。也就是说在选定的一群研究对象内部既包含了暴露组,又包含了对照组,不需到另外的人群中去找。这样做的好处是,选取对照比较省事,并可以无误地从总体上了解研究对象的发病率情况。②外对照,当选择职业人群或特殊暴露人群作为暴露人群时,往往不能从这些人群中选出对照,而常需在该人群之外去寻找对照组,故名外对照。如以放射科医生为研究射线致病作用的暴露对象时,可以不接触射线或接触射线极少的五官科医生为外对照。选用外对照的优点是随访观察时可免受暴露组的影响,即暴露组的“污染”,缺点是需费力气去另外组织一项人群工作。③总人口对照,这种对照可认为是外对照的一种,是利用整个地区的现成的发病或死亡统计资料,即以全人口率为对照,如利用全国的或某省(区)、市、县的统计资料作比较。它的优点是,对比资料容易得到,缺点是资料比较粗糙,往往不十分精确或缺乏欲比较的细目,人群可比性差。另外,对照中可能包含有暴露人群。④多重对照,即用上述两种或两种以上的形式选择的人群同时作对照,以减少只用一种对照所带来的偏倚,增强结果的可靠性。

本案例的研究对象选择 1942 年至 1967 年间至少有 5 年 CS_2 暴露史的所有存活的工人343 人为暴露组(职业人群);以年龄相差不超过 3 岁,出生地区相同,工种的体力消耗相当为配比条件,在同一城市的造纸厂随机选择了 343 例男性工人为对照组(外对照)。

(四) 确定样本大小

1. 影响样本含量的几个因素　包括对照人群中所研究疾病的发病率(p_0),暴露组人群发病率(p_1),要求的显著性水平(α)和把握度($1-\beta$)。

2. 样本含量的计算　在暴露组与对照组样本等量的情况下,可用下式计算出各组所需的样本含量。

$$N=\frac{\left[Z_{\alpha}\sqrt{2\bar{p}(1-\bar{p})}+Z_{\beta}\sqrt{p_1(1-p_1)+p_0(1-p_0)}\right]^2}{(p_1-p_0)^2}\qquad\text{(式 4-26)}$$

式中 p_1 与 p_0 分别代表暴露组与对照组的预期发病率,$\bar{p}$ 为两个发病率的平均值,Z_{α} 和 Z_{β} 为标准正态分位数,可查表 4-1 得到。考虑失访对研究结果的影响,尚需在此基础上增加 10% 的样本量。还应注意,计算的样本量是一组的,如果研究中有两组,应用时应乘以 2 为整个研究的样本量。

(五) 资料收集与随访

1. 基线资料的收集　在研究对象选定之后,必须详细收集每个研究对象在研究开始时的基本情况,包括暴露的资料及个体的信息,这些资料一般称为基线资料。这些信息一方面可作为判定暴露组与非暴露组的依据,也为今后仔细分析影响研究结局的因素提供保证。基线资料一般包括暴露因素的暴露状况,疾病与健康状况,年龄、性别、职业、文化、婚姻等个人状况,家庭环境、个人生活习惯及家族疾病史等。获取基线资料的方式一般有下列四种:①查阅医院、工厂、单位及个人健康保险的记录或档案;②访问研究对象或其他能够提供信息的人;③对研究对象进行体格检查和实验室检查;④环境调查与检测。

2. 随访　研究对象的随访是队列研究中一项十分复杂细致,又至关重要的工作,随访的对象、内容、方法、时间、随访者等都直接与研究工作的质量相关,因此,应事先计划、严格实施。

(1) 随访对象与方法:所有被选定的研究对象,无论是暴露组或对照组都应采用相同的方法进行随访,并坚持追踪到观察终止期。有时还须对失访者进行补访。未能追访到的,应尽量了解其原因,以便进行失访原因分析。同时可比较失访者与继续观察者的基线资料,以估计有无产生偏差。随访方法包括对研究对象的直接面对面访问、电话访问、自填问卷、定期体检,环境与疾病的监测、医院医疗与工作单位的出勤记录的收集等。随访的方法应根据随访内容,投入的人力、物力等条件来考虑。

(2) 随访内容:一般与基线资料内容一致,但重点是结局变量,其具体项目视研究目的与研究设计而不同。将各种随访内容制成调查表在随访中使用,并贯彻始终。

(3) 观察终点:观察终点就是指研究对象出现了预期的结果,达到了这个观察终点,就不再对该研究对象继续随访。这里强调的是出现预期结果,如观察的预期结果是冠心病,但某对象患了高血压,不应视为该人已达观察终点,而应继续当作对象进行追踪。如果某对象猝死于脑卒中,尽管已不能对其随访,但仍不作为到达终点对待,而应当看作是一种失访,在资料分析时作失访处理。一般情况下,观察终点是疾病或死亡,但也可是某些指标的变化,如血清抗体的出现,尿糖转阳及血脂升高等,根据研究的要求不同而不同。对观察终点的判断应在设计中制订出明确的标准,规定明确的判断方法。发现终点的方法要敏感、可靠、简单、易被接受。

(4) 观察的终止时间：观察终止时间是指整个研究工作截止的时间，终止时间直接决定了观察期的长短，而观察期长短是以暴露因素作用于人体至产生疾病结局的时间，即潜隐期为依据的。另外，还应考虑所需的观察人年数。要在遵循上述原则的基础上，尽量缩短观察期，以节约人力、物力，减少失访。观察时间过短，可能得不出预期的结果；但追踪时间越长，失访率越高，消耗越大，结果可能也受影响。

(5) 随访的间隔：如果观察时间较短，在观察终止时一次搜集资料即可。但如果观察时间较长，则需多次随访，其随访间隔与次数将视研究结局的变化速度、研究的人力、物力等条件而定。一般慢性病的随访间隔期可定为1~2年。如 Framingham 心血管病的随访研究每2年随访一次，历时24年。

本案例在随访过程中通过询问的方式获得每位研究对象的姓名、性别、年龄、工种及工作年限、吸烟、业余时间的体力活动情况等；通过查阅档案记录获得每其用药情况、既往车间 CS_2 的浓度等；通过试验检测的方式获得其血糖、血脂、血清胆固醇水平、血压、心电图、心脏大小、体重及车间 CS_2 浓度的动态变化。研究期间为5年。

(六) 队列研究资料的整理与分析

随访结束以后，首先应对资料进行审查，了解资料的正确性与完整性。对有明显错误的资料应进行重新调查修正，或剔除；对不完整的资料要设法补齐。在此基础上，先对资料做描述性统计，即描述研究对象的组成及人口学特征、随访时间及失访情况等，分析两组的可比性及资料的可靠性；然后才作推断性分析，分析两组率的差异，推断暴露的效应及其大小。

1. 资料整理模式　根据统计分析的要求，队列研究的资料一般整理成表 4-5 的模式。

表4-5　队列研究资料归纳整理表

	病例	非病例	合计	发病率
暴露组	a	b	$a+b=n_1$	a/n_1
非暴露组	c	d	$c+d=n_0$	c/n_0
合计	$a+c=m_1$	$b+d=m_0$	$a+b+c+d=t$	

注：表中 a/n_1 和 c/n_0 分别为暴露组的发病率和非暴露组的发病率，是统计分析的关键指标。

2. 率的计算　结局事件的发生率的计算是队列研究资料分析的关键，根据观察资料的特点，可选择计算不同的指标。

(1) 累积发病率：当研究人群的数量比较多，人口比较稳定，资料比较整齐的时候，无论其发病强度大小和观察时间长短，均可用观察开始时的人口数作分母，以整个观察期内的发病（或死亡）人数为分子，计算某病的累积发病率。累积发病率的量值变化范围为0~1，其流行病学意义有赖于对累积时间长度的说明。

$$累积发病率 = \frac{某观察期内发病人数}{同期的暴露人口数} \qquad (式4-27)$$

(2) 发病密度：当队列研究观察的时间比较长，就很难做到研究人口的稳定，如研究对象进入队列的时间先后不一，种种原因造成失访，研究对象出现终点结局的时间不同等原因均可造成每个对象被观察的时间不一样。如果观察期间为10年，而有的对象可能只被观察了3年、5年、7年或几年几个月不等，因此，资料变得很不整齐。此时以总人数为单位计算发病(死亡)率是不合理的,因为提早退出的研究对象若能坚持到随访期结束,则仍有发病可能。此时需以观察人时,即观察人数与观察时间的乘积为分母计算发病率,用人时为单位计算出来的率带有瞬时频率性质称为发病密度。最常用的人时单位是人年,以此求出人年发病(死亡)率。发病密度的量值变化范围是从0到无穷大。

$$发病密度 = \frac{某人群在观察期内的发病人数}{观察期内的观察对象人年数} \qquad (式 4-28)$$

(3)标化比:当研究对象数目较少,结局事件的发生率比较低时,无论观察的时间长短,都不宜直接计算率,而是以全人口发病(死亡)率作为标准,算出该观察人群的理论发病(死亡)人数,即预期发病(死亡)人数,再求观察人群中实际发病(死亡)人数与此预期发患者数之比,即得标化发病(死亡)比。最常用的指标为标化死亡比(SMR),这一指标在职业病流行病学研究中常用。标化比实际上不是率,而是以全人口的发病(死亡)率作为对照组而计算出来的比,是一个率的替代指标。

例如,某厂30~40岁组工人有500例,某年内有2人死于肺癌,已知该年全人口30~40岁组肺癌的死亡率2‰,求其SMR。

$$SMR = \frac{研究人群中观察死亡数(O)}{标准人口(全人口)预期死亡数(E)} \qquad (式 4-29)$$

已知 $O=2$, $E=500 \times 2‰=1$

$$SMR = \frac{2}{1} = 2$$

即某厂30~40岁年龄组工人死于肺癌的危险达到相应一般人群的2倍。

3. 统计学性检验　队列研究中暴露组和非暴露组人群发病率或死亡率的比较,需做统计学的显著性检验。当研究样本量较大,p 和 $1-p$ 都不太小,如 np 和 $n(1-p)$ 均大于5时,样本率的频数分布近似正态分布,此时可应用正态分布的原理来检验率的差异是否有显著性,即用U检验法来检验暴露组与非暴露组之间率的差异。如果率比较低,样本较小时,可改用直接概率法、二项分布检验或泊松分布检验;也可用四格表资料的卡方检验;对SMR的检验,实际是所得结果值偏离1的检验,详细方法可参阅有关书籍。

4. 效应的估计　队列研究的最大优点就在于它可以直接计算出研究对象的发病率或死亡率,因而也就能够直接计算出暴露组与对照组之间的率比和率差,即相对危险度与归因危险度,从而可直接准确地评价暴露的效应。

(1)相对危险度(RR):RR 也称危险(risk ratio)或率比(rate ratio),是反映暴露与发病(死亡)关联强度的最有用的指标。RR 大于1说明暴露因素是危险因素,小于1该因素为保护因素,其数值越大或越小该因素的作用效果越强。

$$RR = \frac{I_e}{I_o} = \frac{a/n_1}{c/n_0} \qquad (式 4-30)$$

式中 I_e 和 I_o 分别代表暴露组和非暴露组的率。RR 表明暴露组发病或死亡的危险是非暴露组的多少倍。RR 值越大,表明暴露的效应越大,暴露与结局关联的强度越大。表4-6列出了一个常用的判断标准。

表 4-6　相对危险度与关联的强度

RR		关联的强度	*RR*		关联的强度
0.9~1.0	1.0~1.1	无	0.1~0.3	3.0~9.9	强
0.7~0.8	1.2~1.4	弱	<0.1	10~	很强
0.4~0.6	1.5~2.9	中			

（Monson RA，1980）

　　式 4-30 算出的相对危险度是 *RR* 的一个点估计值，是一个样本值。若要估计数值的总体范围，应考虑到抽样误差的存在，需计算其可信区间，通常用 95% 可信区间。常用的有 Woolf 法，此法是建立在 *RR* 方差基础上的简单易行的方法。

$$Var(lnRR) = \frac{1}{a} + \frac{1}{b} + \frac{1}{c} + \frac{1}{d}$$　　　　（式 4-31）

lnRR 的 95% 可信区间 = $lnRR \pm 1.96\sqrt{Var(ln\ RR)}$ ，其反自然对数即为 *RR* 的 95% 可信区间。

　　(2) 归因危险度（*AR*）：*AR* 也称特异危险度、率差（rate difference，RD）和超额危险度（excess risk），是暴露组发病率与对照组发病率相差的绝对值，它表示危险特异地归因于暴露因素的程度。

$$AR = I_e - I_0 = \frac{a}{n_1} - \frac{c}{n_0}$$　　　　（式 4-32）

由于　　　　　　　　$$RR = \frac{I_e}{I_0}, \quad I_e = RR \times I_0$$

所以　　　　　　　　$$AR = RR \times I_0 - I_0 = I_0(RR-1)$$　　　　（式 4-33）

　　RR 与 *AR* 都是表示关联强度的重要指标，彼此密切相关，但其公共卫生意义却不同。*RR* 说明暴露者与非暴露者比较增加相应疾病危险的倍数；*AR* 则一般是对人群而言，暴露人群与非暴露人群比较，所增加的疾病发生数量，如果暴露因素消除，就可减少这个数量的疾病发生。前者具有病因学的意义，后者更具有疾病预防和公共卫生学上的意义。以表 4-7 为例说明两者的区别，从 *RR* 看，吸烟对肺癌的作用较大，病因联系较强；从 *AR* 看，吸烟对心血管疾病的作用较大，预防所取得的社会效果将更大。

表 4-7　吸烟者与非吸烟者死于不同疾病的 RR 与 AR

疾病	吸烟者 (1/10 万人年)	非吸烟者 (1/10 万人年)	RR	AR (1/10 万人年)
肺癌	50.12	4.69	10.7	45.43
心血管疾病	296.75	170.32	1.7	126.43

　　(3) 归因危险度百分比（*AR%*）：*AR%* 又称为病因分值，是指暴露人群中的发病或死亡归因于暴露的部分占全部发病或死亡的百分比。

$$AR\% = \frac{I_e - I_0}{I_e} \times 100\%$$ （式4-34）

或 $$AR\% = \frac{RR-1}{RR} \times 100\%$$ （式4-35）

$$AR\% = \frac{50.12 - 4.69}{50.12} \times 100\% = 90.6\%$$

以表4-7为例计算肺癌的,说明吸烟者中发生的肺癌有90.6%归因于吸烟。

（4）人群归因危险度（PAR）与人群归因危险度百分比（$PAR\%$）：人群归因危险度百分比也叫人群病因分值（PEF）。PAR是指总人群发病率中归因于暴露的部分,而$PAR\%$是指PAR占总人群全部发病（或死亡）的百分比。

RR和AR都说明暴露的生物学效应,即暴露的致病作用有多大;而PAR和$PAR\%$则说明暴露对一个具体人群的危害程度,以及消除这个因素后可能使发病率或死亡率减少的程度,它既与RR和AR有关,又与人群中暴露者的比例有关。除非研究对象两组的暴露比例与人群中的恰好一致,否则,计算出来的AR、$AR\%$与PAR和$PAR\%$是不一致的。PAR和$PAR\%$的计算式如下:

$$PAR = I_t - I_0$$ （式4-36）

I_t代表全人群的率,I_0为非暴露组的率

$$PAR\% = \frac{I_t - I_0}{I_t} \times 100\%$$ （式4-37）

另外,$PAR\%$亦可由下式计算:

$$PAR\% = \frac{P_e(RR-1)}{P_e(RR-1)+1} \times 100\%$$ （式4-38）

式中P_e表示人群中有某种暴露者的比例,从该式可看出$PAR\%$与相对危险度及人群中暴露者的比例的关系。继续以表4-7的数据资料为例,已知非吸烟者的肺癌年死亡率为0.0469‰（I_0）,全人群的肺癌年死亡率为0.2836‰（I_t）,则:

1）$PAR = I_t - I_0 = 0.2836‰ - 0.0469‰ = 0.2367‰$

$$PAR\% = \frac{I_t - I_0}{I_t} \times 100\% = \frac{0.2367}{0.2836} \times 100\% = 83.5\%$$

2）由结果可知,虽然吸烟导致肺癌的$AR\%$达90.6%,但因人群中只有部分人吸烟,故其$PAR\%$仅为83.5%。

（七）队列研究的偏倚及其防止

队列研究在设计、实施和资料分析等各个环节都可能产生偏倚,因此,在各阶段都应采取措施,预防和控制偏倚的产生。

1. 选择偏倚　如果研究人群在一些重要因素方面与一般人群或待研究的总体人群存在差异,即研究人群不是总体人群的一个无偏的代表,将会引起选择偏倚。选择偏倚常发生于最初选定参加研究的对象中有人拒绝参加,在进行历史性队列研究时,有些人的档案丢失或记录不全;研究对象由志愿者组成,他们往往是较健康的,或是有某种特殊倾向或习惯的;

早期患者,在研究开始时未能发现等,都可造成研究对象的选择偏倚,后者又可称为错误分类偏倚。另外,如果抽样方法不正确,或者执行不严格,则将导致严重的选择偏倚。

选择偏倚的防止:首先,要严格遵守随机化的原则,严格按规定的标准选择对象;对象一旦选定,必须克服困难,坚持随访到底;如果有志愿者加入或有选定的研究对象拒绝参加,则应了解他们的基本情况后,与正常选择参加的人群进行比较,如果两者之间在一些基本特征上没有差异,则可认为导致的选择偏倚很小,否则,将引起的选择偏倚不能忽视。

2. 失访偏倚 这是队列研究中不可避免的偏倚,因为在一个较长的追踪观察期内,总会有对象迁移、外出、死于非终点疾病或拒绝继续参加观察而退出队列。一项研究的失访率最好不超过 10%,否则应慎重考虑结果的解释和推论。

失访偏倚的防止:在研究现场和研究对象的选择中要做好宣传解释工作,尽可能提高研究对象的依从性。对失访者和已随访者的特征做比较分析,推测失访可能导致的影响。如果失访率达到 20% 以上,则本次研究的真实性值得怀疑。

3. 信息偏倚 信息偏倚常是由于使用的仪器不精确、询问技巧不佳、检验技术不熟练、医生诊断水平不高或标准不明确等导致的。

信息偏倚的防止:选择精确稳定的测量方法、调准仪器、严格实验操作规程、同等地对待每个研究对象、提高临床诊断技术、明确各项标准、严格按规定执行是防止信息偏倚的重要措施。此外,还应认真做好调查员培训,提高询问调查技巧,统一标准,并进行有关责任心和诚信度的教育。

4. 混杂偏倚 混杂是指所研究因素与结果的联系被其他外部因素所混淆,这个外部因素就叫混杂变量,它是疾病的一个危险因子,又与所研究的因素有联系,它在暴露组与对照组的分布是不均衡的。在流行病学研究中,性别、年龄是最常见的混杂因素。

混杂偏倚的防止:在研究设计阶段可利用对研究对象作某种限制,以便获得同质的研究样本;在对照选择中采用匹配的办法,以保证两组在一些重要变量上的可比性;在研究对象抽样中,严格遵守随机化的原则等措施,来防止混杂偏倚的产生。

四、队列研究方法的优点与局限性

(一) 优点

1. 由于研究对象暴露资料的收集在结局发生之前,并且都是由研究者亲自观察得到的,所以资料可靠,一般不存在回忆偏倚。

2. 可以直接获得暴露组和对照组人群的发病或死亡率,可直接计算出 RR 和 AR 等反映疾病危险关联的指标,可以充分而直接地分析暴露的病因作用。

3. 由于病因发生在前,疾病发生在后,因果现象发生的时间顺序上合理,加之偏倚较少,又可直接计算各项测量疾病危险关联的指标,故其检验病因假说的能力较强,一般可证实病因联系。

4. 有助于了解人群疾病的自然史,有时还可能获得多种预期以外的疾病的结局资料,分析一个暴露因素与多种疾病的关系。

5. 样本量大,结果比较稳定。

(二) 局限性

1. 不适于发病率很低的疾病的病因研究,因为在这种情况下需要的研究对象数量太大,一般难以达到。

2. 由于随访时间较长,对象不易保持依从性,容易产生各种各样的失访偏倚。同时由于跨时太长,研究对象也容易从半途中了解到研究目的而改变他们的态度。

3. 研究耗费的人力、物力、财力和时间较多,其组织与后勤工作亦相当艰巨。

4. 由于消耗太大,故对研究设计的要求更严密,资料的收集和分析也增加了一定的难度,特别是暴露人年的计算较繁重。

5. 在随访过程中,未知变量引入人群,或人群中已知变量的变化等,都可使结局受到影响,使分析复杂化。

（刘殿武）

第五章 循证医学基本方法

循证医学(evidence-based medicine，EBM)是现代临床医疗诊治决策的科学方法学。旨在针对患者具体的临床问题所作出的有关诊治措施，要建立在最新、最佳的科学证据基础之上。因此，循证医学体现了现代医学的进展，这不仅有利于临床医学由经验型向科学型转变，还将在医疗卫生领域引入人性化的服务，帮助全科医生更好地运用医学文献，将医学研究的结果与具体的全科医疗实践工作紧密结合起来。因此，对于参加全科医生规范化培训的医学生，能够阅读并初步掌握循证医学的基本方法是必要的。本章将重点对循证医学的基本概念和特点、循证医学中的证据评价方法、系统评价的制作步骤以及 meta 分析的统计方法等内容进行介绍。

第一节 循证医学的概念与 Cochrane 协作网

一、循证医学的产生和发展

循证医学产生于 20 世纪 90 年代，主要由于 20 世纪 80 年代临床医学专家对临床实践凭经验决策导致无效干预过度使用(overuse)和有效干预措施的使用不足(underuse)，带来有限医疗卫生资源的巨大浪费，因此，强调需要对医疗干预措施效果进行评价。早在 1972 年，英国流行病学家 Archie Cochrane 在其专著《疗效与效益：医疗保健中的随机对照试验》中首次提出了医疗保健如何才能做到既有疗效、又有效益的问题，提出各临床专业和二级专业应对所有随机对照试验(randomized controlled trial，RCT)进行整理和评价，并不断收集新的结果以更新这些评价，从而为临床治疗实践提供可靠证据。这一倡议得到了医学界的积极响应，对临床医学产生了广泛和深远的影响。此后全世界临床试验非常活跃，发表的结果也越来越多，使循证医学的诞生具有了有证可循的基础。

循证医学真正引起国际医学界的广泛关注起始于 1992 年，加拿大 McMaster 大学 Gordon Guyatt 教授领导的循证医学工作组在 JAMA 杂志上发表了一篇名为《循证医学——讲授医学实践的一种新途径》的文章，在全球范围内第一次提出了循证医学这一概念，并就如何将循证医学的理念引入临床教学，如何在证据的基础上实践循证医学进行了探讨。

1992 年，循证医学的创立者之一，加拿大临床流行病学家 David Sackett 教授领导成立了以 Cochrane 命名的英国 Cochrane 中心。其后，在 1993 年英国牛津成立了世界 Cochrane 协作网。中国循证医学中心(中国 Cochrane 中心)，自 1996 年 7 月正式在四川大学华西医院(原华西医科大学附属第一医院)开始筹建，1997 年 7 月获卫生部认可，1999 年 3 月 31 日，经国际 Cochrane 协作网指导委员会正式批准注册成为国际 Cochrane 协作网的第十四个中心。这是亚洲的第一个 Cochrane 中心，也是中国唯一的一个 Cochrane 中心，目前已有四川大学华西医院和全国三十余所医学院校的临床及其他专业人员参与。

二、循证医学的概念和特点

（一）循证医学的概念

循证医学自起源以来，先后有许多学者对这门学科做了定义，目前最经典的是 David Sackett 教授提出定义："以审慎、准确和明智的态度，寻求及采纳当前最佳的医疗决策来治疗患者"。2000 年 David Sackett 教授在新版"如何实践和讲授循证医学"中，再次定义循证医学为"有意识地、明确地、审慎地利用现有最好的研究证据制定关于个体患者的诊治方案。实施循证医学意味着医生要参酌最好的研究证据、临床经验和患者的意见进行临床决策。"这个定义明确地指出循证医学是指临床医生针对个体患者，在充分收集病史、体检及必要的实验室和影像检查基础上，结合自身的专业理论知识与临床技能，围绕患者的主要临床问题（如病因、诊断、治疗、预后以及康复等），检索、查找、评价当前最新最佳的研究证据，进一步结合患者的实际意愿与临床医疗环境，形成科学、适用的诊治决策，并在患者的配合下付诸实施，最后分析与评价其效果。实践循证医学，既能有效地解决个体患者的临床问题、改善预后和促进患者康复，同时也会推动临床医疗水平的提高和进步，实现"医患"双赢。由此可见，为追求最佳诊治效果，循证医学对个体患者的诊治决策是建立在当前最新、最佳的证据基础之上，故称为"基于证据的临床医学"。这样就有别于传统意义的临床医学模式。

作为一门新兴学科和临床实践模式，自 20 世纪 90 年代以来，循证医学在我国得以迅速普及和推广，当然这其中难免会出现一些偏差。如将 Cochrane 系统评价或大型多中心随机对照试验，直接等同于"循证医学"，或将循证医学称为临床科研方法学等。这些概念上的误区，难免会造成一些误导，应引以为戒。

（二）循证医学的特点

1. "证据"及其质量　是实践循证医学的决策依据高质量的证据应该具有以下共同特征：

（1）科学和真实：科学和真实即证据的生产必须针对特定问题、经过科学设计、偏倚控制、严格实施和客观分析，并能溯源，接受时间和实践检验。

（2）系统和量化：系统指在严格科学的顶层设计下，全面、科学、分步骤的证据生产和使用。定量证据是决策的理想证据，但实际工作中证据并非总能量化，在教育、管理和社会科学领域尤其如此，因而只要是科学、真实的证据仍有用。

（3）动态和更新：基于一定时期、一定人群、一定条件下生产出来的证据，随着条件改变、人群更迭、实践模式和方法改变及新证据出现不断更新，才能科学地指导实践。

（4）共享与实用：证据作为解决问题的知识产品，消耗人类的各种资源生产出来，应该为人类所共享，接受公众监督，保证需要者能获取，并帮助他们利用证据解决实际问题。

（5）分类和分级：将证据按研究者和使用者关注的问题先进行分类，再在同类信息中按事先确定的标准经科学评价后严格分级，是快速筛选海量信息的重要手段和方法。

（6）肯定、否定和不确定：肯定、否定和不确定都可能是研究的合理结果，但都需要证据支持。

2. 专业技能和经验　是实践循证医学的基础循证医学提倡将医学实践经验（内部证据）与当前可得最佳证据（外部证据）结合，再综合考虑用户的意愿和价值观及当时当地的条件，做出最佳决策。若忽视经验即使得到了最好的证据也可能用错,因为最好的证据在用于每一个具体个体时,必须因人而异,根据其临床、病理特点、人种、人口特点、社会经济特点和试验措施应用的可行性灵活运用,切忌生搬硬套。

3. 充分考虑用户的期望或选择　是实践循证医学的独特优势循证医学提倡医生在重视疾病诊断、治疗的同时,力求从患者角度出发去了解患者患病的过程及感受。在卫生决策领域中,也需要充分考虑利益相关者的偏好。

三、实践循证医学的条件和方法

(一) 实践循证医学的基本条件

1. 政府的需要、支持以及宏观的指导　政府的需要、支持以及宏观的指导是实践循证医学的前提。

2. 高质量的证据、高素质的医生和患者的参与　高质量的证据、高素质的医生和患者的参与是实践循证医学的关键。高质量的临床证据是实践循证医学的物质基础,而临床医生是实践循证医学的主体。

3. 必要的硬件设备　广泛有实效的培养和宣传、方便快捷的信息查询处理、强大的专业数据库及严格的质量控制是实践循证医学的技术保障。

4. 明确目标、准确定位、学以致用、持之以恒　明确目标、准确定位、学以致用、持之以恒是实践循证医学的原动力。

(二) 实践循证医学的方法

1. 循证问题的构建及方法　所谓的"循证问题",是指在临床实践中个体患者存在的且亟待解决的临床重要问题。在循证医学的临床实践中,首先应该找准自己的患者究竟存在什么样的重要临床问题? 用现有的理论知识和临床技巧是否可以有效地解决? 如果比较棘手,这就是循证医学应该回答与解决的问题了。

循证问题包括病因及危险因素问题、诊断问题、防治问题以及预后问题等,欲找准循证问题,可依次回答如下问题:

(1) 该患者发病及危险因素是否明确?

(2) 该患者能否明确诊断?

(3) 针对该患者有无有效防治手段或方法?

(4) 这些防治方法能否降低病死、病残概率?

(5) 这些防治方法能否改善患者的生存质量?

(6) 这些防治方法能否改善成本效果?

在此过程中,若回答"是",则进入下个问题;若回答"否",则可作为循证医学问题的候选。找准患者存在的、需要回答和解决的临床问题,是实践循证医学的首要关键环节,如果找不准或者根本不是什么重要的问题,则会造成误导,或者本身就不是医疗常规所不能解决的问题,这就如同一个临床科研选题的误差,必然会造成研究的结果毫无价值一样。

为了找准重要的临床问题,应该强调的是临床医生必须准确地采集病史、查体及收集有关实验室检查结果,尽可能占有可靠的一手资料,充分应用自己的理论、临床技能和经验、逻辑思维以及判断力,经仔细分析论证后,找出哪些属于常识性的"背景性问题"。哪些为"前景性问题":即在临床上亟待解决且必须回答的疑难问题。

在找准重要的临床问题后，需从实际问题出发，将问题具体化为可以回答的科学问题。以防治性研究为例按 PICOS 要素可将问题拆分为：

P(population/patients/participants)：研究对象的类型、特征、所患疾病类型等；

I(intervention)：干预措施；

C(comparison)：对照措施；

O(outcomes)：结局指标；

S(study design)：研究设计方案。

例如，在全科医疗门诊经常会遇到腹泻的儿童，在干预治疗方案上多采用静脉滴注，而国际上推荐的治疗方案是口服电解补液，对比这两种治疗方案，其中有一个临床结局是需要全科医生关注的，即需要留院或护理的时间。为解决这一临床问题，首先将问题分解为：

P：腹泻儿童；

I：口服电解补液；

C：静脉滴注；

O：需留院 / 护理时间；

S：RCT 研究。

2. 证据检索与收集　根据第一步提出的临床问题，确定有关"主题词""关键词"，制定检索策略，应用电子检索数据库和期刊检索系统，检索相关证据，从这些文献中找出与拟弄清和回答的临床问题关系密切的资料，作为分析评价之用。

若初次使用电子文献检索数据库，最好寻求医学信息或图书管理专业人员的帮助，以便尽快熟悉检索方法，提高检索效率。特别是在检索内容与顺序安排上，一般是先寻找可靠的高级别证据，如临床实践指南、系统评价等，由于这些证据综合了大量相关的原始研究结果，且经过了加工和提炼，评阅这类证据可在短时间内全面获取与临床问题相关的新发现、新知识和新进展。若无这样的证据，再寻找可靠的原始研究文献。具体的证据检索方法参见本书第六章。

3. 严格评价证据　将收集到的相关证据，应用临床流行病学及循证医学质量评价的标准，从证据的真实性、重要性以及实用性做出具体的评价，并得出确切的结论。这里将有三种处理方式：①质量不高的证据，或质量可靠但属无益或有害的干预结论，当弃之勿用；②研究的证据尚难定论，当作参考或待进一步研究和探讨；③属最佳证据，则可根据临床的具体情况，解决患者的问题，用以指导临床决策。如果收集的文献有多篇的话，则可以制作系统评价和 meta 分析。这样的综合评价结论更为可靠。

4. 应用最佳证据，指导临床决策　经过严格评价可获得真实可靠并有重要的临床应用价值之最佳证据，将之用于指导临床决策，从而服务于临床实践。反之，对于经过严格评价为无效甚至有害的治疗措施则予以否定；对于尚难定论并有期望的治疗措施，则可为进一步地研究提供信息。

将最佳证据用于对自己的患者作相关决策时，务必遵循个体化的原则，同时要对具体情况作具体分析，切记生搬硬套。此外，还要结合患者接受相关诊治决策的价值取向和具体的医疗环境及技术条件，只有三者的有机统一，才可能使最佳决策得以实施、取得预期效果，参见循证临床实践示意图 5-1。

5. 经验总结与后效评价 通过对患者的循证医学临床实践,必然会有成功和不成功的经验和教训,全科医生应进行具体的分析和评价,认真地总结,以从中获益,达到提高认识、促进学术水平和提高医疗质量的目的;同时也是进行自我继续教育和提高自身临床水平的实践过程。对于尚未或难于解决的问题,将为进一步研究提供方向。国外通过随机对照试验证明了 EBM 自我继续教育方式远优于传统的继续教育模式,进而推荐作为培训临床专科医生的重要手段(图 5-2)。

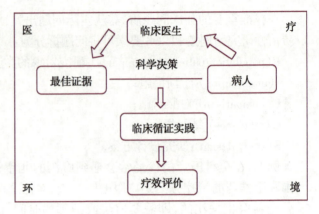

图 5-1 循证临床实践示意图

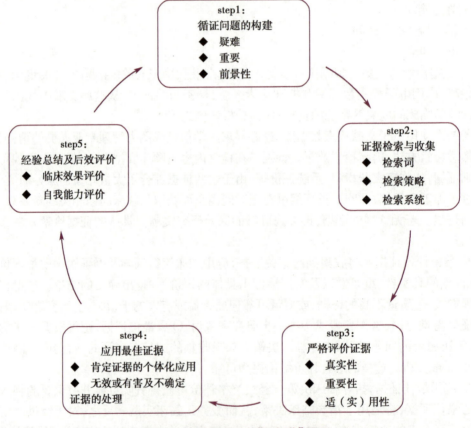

图 5-2 实践循证医学"五部曲"图示

四、Cochrane 协作网简介

(一) 产生背景

据统计,全世界每年有 200 万多篇医学论文发表在 22 000 多种生物医学杂志上。临床医生和决策者很难迅速从中获取所需信息,而循证医学将在全世界范围内收集某一病种各种疗法的小样本单个临床研究结果,进行统计分析和系统评价,把经过科学评价的证据和结论及时提供给医疗卫生决策者,促进真正有效的治疗手段推广应用,摒弃尚无证据表明治疗有效或甚至有害的疗法。为此,1993 年在英国成立的"Cochrane 协作网"从事医疗干预措施效果的系统评价研究,并将结果(证据)通过电子媒体和杂志向全世界传播。此后协作网的工作得到了迅速发展,迄今已有来自 100 多个国家超过 28 000 例志愿者加入了这一国际性组织,其中既包括医护人员、临床研究者和医疗决策制定者,也有患者及其用户,共同致力于更新和推广 Cochrane 系统评价的普及,以获得最佳研究证据。

(二) Cochrane 协作网的宗旨

Cochrane 协作网是一个国际性的非营利的民间学术团体,旨在通过制作、保存传播和更新系统评价提高医疗保健干预措施的效率,帮助人们制定遵循证据的医疗决策。从 1992—1997 年,Cochrane 协作网的主要任务是收集、整理研究依据、尤其是临床治疗的证据,建立资料库——Cochrane 图书馆,以光盘形式一年四期向全世界发行。已成为公认有关临床疗效证据最好的二次加工信息源,是循证医学实践的可靠证据来源之一。从 1998 年起,Cochrane 协作网同时更加深入地进行方法学研究,以提高研究依据的质量,将研究依据应用于临床实践及医疗决策。目前正在加强与循证医学、卫生技术评估、上市药物后效评价等组织和研究项目的合作与相互渗透,更注重系统评价对临床实践、政府卫生决策产生的影响,因而对循证医学的作用已更加深入广泛。

(三) Cochrane 协作网的重要性

Cochrane 协作网以制作、更新和推广有效医疗卫生手段的系统评价为目的,对大量的随机对照临床试验进行检索,包括电子检索和手工检索。Cochrane 协作网的产品 Cochrane 图书馆(the Cochrane Library)包括多个资料注册登记库,其中医疗干预措施及诊断性试验的系统评价,目前已经成为全球最大的医疗干预数据库,成为各国政府部门制定卫生政策和临床实践指南的重要证据来源。目前 Cochrane 图书馆中收录的临床试验注册库(Cochrane Central Register of Controlled Trials)数量已超过 60 万条,发表的系统评价逾 4000 篇。

Cochrane 协作网的工作得到了许多国际性政府组织、国家以及学术团队的广泛认可。这些组织包括世界卫生组织、欧、美、澳等发达国家和地区的政府部门,也包括医学研究委员会、国际基金组织、科学团队、卫生技术评估机构和国家医疗卫生委员会等。国际组织有《科学》杂志、欧盟、欧洲肝病联合会和法国蒙代尔胃肠病组织等。

作为国际上最大的循证医学机构,Cochrane 协作网的成功取决于其有效的工作机制和原则,包括开展国际合作、通过严谨的方法学控制偏倚、通过注册系统评价避免重复并随着新的研究出现而不断更新证据,提倡以临床问题为导向的证据评价,并促进证据的推广应用。Cochrane 协作网内部的组织机构包括:Cochrane 协作领导小组(Cochrane Collaboration Steering Group,CCSG)、14 个 Cochrane 中心、15 个方法学组、11 个领域和网络以及 52 个协作评价小组(collaborative review group)。

第二节　循证医学中的证据评价方法

循证医学强调将最佳的研究证据应用于临床实践,在应用证据之前,必须评价证据是否真实有效、是否可信、是否能应用于临床情境。目前很多临床医生不对文献进行质量评价，将所有发表的研究结果都视为"最佳证据"，从而误导了临床决策。因此，本节主要介绍进行文献质量评价的意义、基本要素，以及对不同类型的研究论文进行质量评价的标准和方法。

一、评价研究质量的重要性

(一) 证据来源复杂

随着计算机信息技术和医学信息的迅猛发展，患者越来越容易获得各种医学知识并寻求医务人员的解释。而各种媒体如报纸、收音机、电视、流行的非专业杂志和互联网等提供的医学信息和对疾病的建议有时相互矛盾或缺乏严格的科学依据，患者因医学知识的限制缺乏鉴别真伪的能力，使医务人员每天都面临许许多多类似问题而不堪重负。

(二) 证据质量良莠不齐

全世界每年有 200 多万篇有关生物医学的文章发表在 2 万余种生物医学杂志上，一个内科医师需要每天不间断地阅读 19 篇本专业文献才能基本掌握本学科的新进展、新研究结果。然而，针对某一专题的医学文献中真正有用的不足 15%，某些文献未经同行严格评价，或带有商业目的。即使发表在最著名的医学杂志上的文章也不一定完美无缺。分析发表在许多医学杂志上的临床试验发现，这些试验从设计、实施、结果分析和文章撰写等方面均存在较大缺陷。结果是，某些诊断试验和治疗方法未经严格评估就进入临床常规应用，给患者造成严重危害。临床医务人员面临的挑战是如何应用真实、最新的医学信息为患者治病，尽可能保存功能、减少痛苦和症状以延长患者的寿命，提高患者的满意度。要做到这点，不仅要求医务人员有高度的热情，还要掌握基本技能，包括掌握严格评价医学文献的技巧，在信息的海洋中系统、全面而又快速、有效地获取所需要的临床医学研究文献，掌握快速阅读和正确评价临床医学文献的基本原则和方法，筛选出真实、有临床意义的研究证据应用于临床实践，为患者做出最佳的医疗决策。

(三) 临床研究证据必须结合患者具体情况

全科医疗实践中面对的患者与临床研究证据中的研究对象存在性别、年龄、并存症、疾病严重程度、病程、依从性、社会因素、文化背景、生物学及临床特征的差别，即使是真实、可靠且具有临床价值的研究证据也不一定能直接应用于每一个医师主管的患者，医务人员必须综合考虑临床专业知识、患者的具体情况和选择，作相应调整。

二、评价研究证据的基本原则

证据的严格评价是指对一个研究证据的质量作科学的鉴别。首先要分析证据的真实性程度，即是否真实可靠。如果这是可靠的话，再进一步评价证据是否有临床重要价值。如果既真实又有重要的临床价值，最后再看证据是否能适用于具体的临床实践。即临床证据的评价要从文献的真实性、临床重要性和适用性三方面综合考虑。

(一) 研究证据的内部真实性

研究证据的内部真实性(internal validity)是指研究结果正确反映被研究对象真实状况的程度。影响内部真实性的因素主要包括研究方法设计是否合理、统计分析是否正确、结论是否可靠、研究结果是否支持研究结论等。如评价治疗性研究证据时，应考虑纳入病例是否随机分配？随机化的方法是否恰当？随机分配方案是否隐藏？组间基线是否可比？统计分析时是否包括了所有纳入研究的对象？是否采用盲法等。

（二）研究证据的临床重要性

研究证据的临床重要性（importance）是指其是否具有临床应用价值。对于不同临床研究问题其评价及指标不同。如对于诊断性试验的证据，可用敏感度、特异度及准确度，临床诊断预测价值及似然比等指标进行评价；而对于治疗性研究的证据，则应评价其治疗措施究竟提高多大疗效、安全性、利弊比值及成本效果究竟如何，可采用相对危险度减少率（RRR）、绝对危险度减少率（ARR）和获得 1 例有利结果需要防治的病例数（NNT）等指标来进行评价；对于预后研究证据则应评价影响疾病预后的有害和有利因素有哪些，各有多大的贡献。

（1）绝对危险降低率（absolute risk reduction，ARR）：指对照组临床结局的发生率（CER）与试验组某结局发生率（EER）的差值，即 $ARR=CER-EER$。

（2）相对危险降低率（relative risk reduction，RRR）：指对照组临床结局的发生率（CER）和试验组临床结局发生率（EER）的差值与对照组临床结局发生率（CER）的比值，即 $RRR=(CER-EER)\div CER$。

（3）获得一例最佳效果需治疗的病例数（number needed to treat，NNT）：其计算公式为：$NNT=1\div ARR$。

（三）研究证据的适用性

适用性即研究的外部真实性（external validity），是指研究结果与推论对象的真实情况相符合的程度，多指研究结果和结论在不同人群、不同地点和针对具体病例的推广应用价值。其影响因素主要包括研究人群与其他人群在特征上的差异、研究对象的类型以及社会环境和经济条件等。评价证据的外部真实性时主要考虑拟应用该证据的患者与文献中研究对象的人口学特征和临床特征上的差异、所处的医疗环境是否具备相应的人力、技术和设备条件、患者的接受程度以及社会经济状况的承受能力等。

三、常见研究证据真实性的评价方法

在对文献质量进行评价，为了避免评价者的主观性，通常由两个人或多个人同时对一篇文献进行独立评价。出现意见分歧时，可通过共同讨论，或请第三人的方法进行解决。对不同设计类型的研究，应采用不同的标准进行评价。

（一）随机对照试验研究证据的评价方法

随机对照试验（randomized controlled trial，RCT）是将研究对象随机分组，对不同组实施不同的干预措施，以比较效果的不同。RCT 是目前公认的质量最高的证据。但是，并非每一个随机对照试验都具备高质量，尤其是该随机对照试验是否具备随机化、对照、盲法的基本特征。因此，在各循证医学中心对随机对照试验类研究论文的评价原则中，通常均包含对随机化、盲法、各组间基线是否具有可比性等方面进行评价。

1. 研究对象　是否进行了随机化分组临床研究中的随机化包括随机抽样和随机分配，前者是为了保证研究样本能代表总体特征，后者是保证研究对象进入试验组或对照组的机会相等，从而保证研究开始阶段的组间可比性，以平衡研究以外的其他因素如：年龄、性别、病情轻重、病程长短、是否有并发症以及一些未知因素对研究结局的影响。

判断一项 RCT 研究是否真正采用了"随机分配"方法应详细阅读文章的方法学部分，严格的随机应采用随机数字表或计算机产生的随机序列进行分组，如研究者按入院顺序交替分组、按身份证号码或出生日期、病历的单双数分组等方法都不是真正的随机而是半随机分配。

2. 随机分配方案　是否进行了隐藏在随机分配之后还应考虑随机分配方案是否被隐藏，即研究人员在分配研究对象时不知道下一位入选的患者将进入哪一组，接受何种治疗，这样就避免了分配入组的医生有意或者无意的破坏随机分配的方法，造成组间的可比性降低，导致治疗效果被人为夸大或削弱，破坏了研究结果的真实性。

隐藏随机分配方案常用以下几种方法：①使用编号的容器；②研究中心控制的电话或传真；③序列编号置于密封且不透光的信封等。

3. 是否随访了纳入研究的所有患者　随访期是否足够长纳入研究的对象理想状态下应全部完成试验并获得相关数据，但实际上在研究过程中由于研究对象的迁徙、死亡或拒绝继续试验等因素可使部分研究对象不能完成试验而导致"失访"，失访者所占比例越大，研究结果的真实性受到的影响越大。通常认为失访率不能超过20%。

4. 是否对随机分配入组的所有患者都进行了分析　对于失访的研究对象如果不纳入结果分析，必然会破坏随机化原则和基线可比性，影响研究结果的真实性。因此，对于所有的随机分组的研究对象应进行"意向性分析"，即所有患者按最初分组的情况进行分析，无论他们是否接受了被分配的方案。

5. 是否对研究对象、医生和研究人员采用了盲法　在临床试验过程中，为了避免来自研究对象和研究人员双方面主观因素的影响，应尽可能采用盲法以减少测量性偏倚。

6. 除试验措施外，组间的其他治疗措施是否一致　研究对象除接受规定的试验措施外，如果有意或无意采用了其他具有类似作用的干预措施必然会影响研究结果的真实性。因此，需评价试验组和对照组接受的其他治疗措施是否一致。

在实际应用中，评价 RCT 证据质量尚无金标准方法，可采用单个条目、清单或一览表和量表评分。1995 年，由临床流行病学家、临床专业人员、统计学家和医学杂志编辑组成的报告试验的标准小组和 Asilomar 工作组提出了报告临床试验的强化标准（consolidated standards of reporting trials，CONSORT），并发布了 CONSORT 声明，并先后在 2001 年和 2010 年进行了两次修改，目前国内外很多主流医学期刊均采用这一声明以规范 RCT 的报告。由于 CONSORT 声明内容较多，在此不作详细介绍，可参考相关文献。

除 CONSORT 声明外，Cochrane 协作网在 2011 年更新的"对干预性研究进行系统评价的 Cochrane 手册 -5.1.0 版（Cochrane Handbook for Systematic Reviews of Interventions- version 5.1.0）"中，提出对随机对照试验可从 7 个方面进行质量评价（表 5-1）。评价者需对每个项目做出偏倚风险低（low risk of bias）、偏倚风险高（high risk of bias）、不清楚（unclear risk of bias）的判断。其中，决定一个随机对照试验是否纳入的主要标准通常是随机化和盲法。

表 5-1　Cochrane 协作网的偏倚风险评价工具

偏倚风险	评价条目	评价内容描述	作者判断
选择风险	1. 随机分配方法	详细描述产生随机分配序列的方法，以利于评估组间是否可比	随机分配顺序的产生是否正确
	2. 分配方案隐藏	详细描述隐藏随机分配序列的方法，以利于判断干预措施分配情况是否可预知	分配方案隐藏是否完善

偏倚风险	评价条目	评价内容描述	作者判断
实施风险	3. 参与者设盲	描述对受试者或试验人员实施盲法的方法,以防止他们知道受试者的干预措施,提供判断盲法是否成功的相关信息	盲法是否完善
测量风险	4. 分析者设盲	描述对受试者接受干预后的结果分析实施的盲法。提供判断盲法是否成功的相关信息	盲法是否完善
随访偏倚	5. 结果数据的完整性	报告每个主要结局指标的数据完整性,包括失访和退出的数据。明确是否报告失访/退出、每组人数(与随机入组的总人数相比)、失访/退出的原因,是否采用意向性分析(ITT)	结果数据是否完整
报告风险	6. 选择性报告研究结果	描述选择性报告结果的可能性(由系统评价者判断)及情况	研究报告是否提示无选择性报告结果
其他风险	7. 其他偏倚来源	除以上 5 个方面,是否存在其他引起偏倚的因素?若事先在计划中提到某个问题或因素,应在全文中作答	研究是否存在引起高度偏倚风险的其他因素

(二)分析性研究证据的评价方法

分析性研究主要包括病例对照研究和队列研究,其研究设计详见本书第四章,目前对于分析性研究真实性评价的原则如下:

1. 是否采用了论证强度高的研究设计方法　在病因和危险因素研究方法中,描述性研究的论证强度最弱,病例对照研究次之,队列研究论证强度较强,而随机对照研究最强,因为其结果来源于真正的人群试验。

2. 因果效应的先后顺序是否合理　在评价某一病因或危险因素与疾病的关系时,如果能明确危险因素的暴露在前、疾病发生在后,则研究结果的真实性高。以"吸烟是否增加患肺癌的危险"为例,吸烟暴露应早于肺癌的发生。又如高血压患者往往同时有较高的血清胆固醇水平,糖尿病患者往往有心血管疾病,对孰先孰后不能草率下结论。

因果效应时序的确定主要有赖于研究设计类型和正确的研究设计。前瞻性研究如随机对照试验和队列研究能够明确因果的时序,论证强度高;而回顾性、横断面调查在因果效应时序难以确定,论证强度低。

3. 随访时间是否足够长,是否随访了所有纳入的研究对象　研究某些疾病特别是慢性非传染性疾病危险因素的致病效应时,由于疾病的潜伏期长,往往需要足够长的时间才能观察到结果的发生,观察期过短易导致假阴性结果。因此,要根据疾病自然史来判断随访期是否足够。以"吸烟是否增加患肺癌的危险"为例,如果受试者仅被随访了几周或几个月,就无法判断阴性结果的真实性,是吸烟确实没有增加肺癌的危险?还是随访期过短、肺癌还没有表现出来?另外,失访率不应超过 10%,一旦失访率超过 20%,失访者可能在某些重要特征上比较集中,结果将变得不可靠。

4. 样本是否具有代表性　分析性研究的样本量一定要足够,同时还要满足样本代表性。

5. 危险因素和疾病之间是否有剂量-效应关系　若致病效应与危险因素的暴露剂量或暴露时间具有显著的相关性,即随着危险因素暴露程度的变化,疾病在人群的发病率也随之发生改变,将这种关系绘成曲线,称剂量效应曲线。例如:Doll 和 Hill 按每日吸烟支数将人群分组,进行队列研究,将肺癌死亡率与吸烟量的关系绘成图,发现随着吸烟量的增加,肺癌的死亡率在增高。在医疗实践中,治疗措施的疗效和不良反应在一定范围内往往也存在剂量-效应关系。当病因和危险因素研究呈现剂量效应关系时,则其因果关系结论的真实性较高。

6. 病因致病的因果关系是否在不同的研究中反映出一致性　对某危险因素与某种疾病关系的研究,如果在不同地区和时间、不同研究者和不同设计方案的研究中都获得一致结论,则这种病因学的因果效应真实性高。例如,吸烟与肺癌的病因学研究,世界上至少有 7 次以上的队列研究、30 次以上的病例对照研究得出相似的结论,说明吸烟与肺癌的因果关系较为真实。倘若能全面收集性质相同的、高质量的研究结果,进行系统评价,则得出的结论真实性更高。

7. 病因致病效应的生物学依据是否充分　如果病因和危险因素研究揭示的因果关系可以用现代生物学和医学知识加以解释,则可增加因果联系的证据,结果的真实性高。但要注意,由于受医学发展水平的限制,有时生物学上的合理解释可能要等待若干年之后,因此,要否定因果关系时也要慎重。例如,1747 年 Lind 发现海员的坏血病与食用水果蔬菜有关,百年后才分离出维生素 C,最终确定是维生素 C 缺乏所致。

8. 偏倚及其影响如何　分析性研究中选择偏倚、信息偏倚和混杂偏倚均可发生。有关选择偏倚,分析性研究与描述性研究类似。需要强调的是,病例对照研究中还应注意病例为新发病例还是现患病例,如果是现患病例,尤其是患病时间长的病例,所得到的很多信息与发病时相比发生了改变,可能只与存活有关未必与发病有关,这种情况称为现患病例-新发病例偏倚。另外,病例对照研究中回忆偏倚更为严重。失访偏倚是队列研究应注意的问题,如果暴露组和对照组的失访人数相等,而且各组中失访者和未失访者结局发生率相同,失访对研究结果没有影响,否则暴露与结局之间的关系可能因为失访而被歪曲。研究者或文献使用者应根据论文的描述,如失访率等对偏倚及其对结果的影响进行估计。混杂因素是观察性研究所共有的,在证据评价时,首先看研究或文献是否考虑到所涉及的混杂因素,设计阶段有无严格的纳入和排除标准、是否对重要的混杂因素进行配比或限制,分析时是否对已知的混杂因素进行分层分析、多因素分析等来评价是否存在混杂偏倚以及混杂因素影响的程度,从而正确认识研究结果。

在非随机对照试验文献的质量评估中,纽卡斯尔-渥太华量表(the Newcastle-Ottawa Scale,NOS)被广泛地应用,量表满分为 9 分,5~9 分为相对高质量的文章。现 Newcastle-Ottawa Scale 量表主要被应用于评价病例对照研究。此评分是从对象选择、可比性、结局和暴露 3 个方面对文献进行评分,每个方面有下设的若干评价条目,当下设的条目符合要求时加分,其中可比性一项最高可获得 2 分。见表 5-2 和表 5-3。

表 5-2　病例对照研究的 NOS 评价标准

栏目	条目	评价标准
研究对象选择	1. 病例确定是否恰当？	①恰当,有独立的确定方法或人员 *;②恰当,如基于档案记录(如 ICD 码)或自己报告;③未描述
	2. 病例的代表性	①连续或有代表性的系列病例 *;②有潜在选择偏倚或未描述
	3. 对照的选择	①与病例同一人群的对照 *;②与病例同一人群的住院人员为对照;③未描述
	4. 对照的确定	①无目标疾病史 *;②未描述

续表

栏目	条目	评价标准
组间可比性	设计和统计分析时考虑病例和对照的可比性	①研究控制了最重要的混杂因素 * ②研究控制了任何其他的混杂因素 *
暴露因素测量	1. 暴露因素的确定	①固定的档案记录（如外科手术记录）*；②采用结构式访谈且不知访谈者的情况（是病例或对照）*；③采用访谈但未实施盲法（知道病例或对照情况）；④未描述
	2. 采用相同方法确定病例和对照组暴露因素	①是 *；②否
	3. 无应答率	①病例和对照组无应答率相同 *；②描述了无应答者情况；③病例和对照组无应答率不同且未描述

* 达到此标准,则该条目给 1 分。

表 5-3 队列研究的 NOS 评价标准

栏目	条目	评价标准
研究对象选择	1. 暴露组的代表性	①真正代表人群中暴露组的特征 *；②一定程度上代表了人群中暴露组的特征 *；③选择某类人群如护士,志愿者；④未描述暴露组的来源情况
	2. 非暴露组的代表性	①与暴露组来自同一人群 *；②来自不同的人群；③未描述非暴露组的来源情况
	3. 暴露因素确定	①固定的档案记录（如外科手术记录）*,②采用结构式访谈 *；③研究对象自己写的报告 *；④未描述
	4. 肯定研究起始时尚无观察的结局指标	①肯定 *；②不肯定
组间可比性	设计和统计分析时考虑暴露组和未暴露组的可比性	①研究控制了最重要的混杂因素 *；②研究控制了任何其他的混杂因素 *
结局测量	结局指标的评价	①盲法独立评价 *；②有档案记录 *；③自己报告；④未描述
	随访时间足够长	①是（评价前规定恰当的随访时间）*；②否
	暴露组和未暴露组随访的完整性	①随访完整 *；②有少量研究对象失访但不至于引入偏倚（规定失访率或描述）*；③有失访（规定失访率）,未描述；④未描述

* 达到此标准,则该条目给 1 分。

(三) 诊断性试验证据的评价方法

循证医学对诊断性试验的要求,首先在于它的真实性,能够对患者做出正确的诊断。在众多的诊断试验中,筛选具有真实性的试验,必须要有严格的规定,目前国际上通用的评价标准如下:

1. 是否用盲法 将诊断性试验与参考标准("金标准")进行独立的对比研究？ 诊断性试验的研究过程中,对每个患者需进行两项试验,然后将新的诊断性试验结果与金标准诊断结果比较,才能判断该试验是否可靠、是否具有真实性。进行这项新试验的技师(或医生),事先不应知晓"金标准"对患者检测的结果,应在盲法下进行检测,这样可避免人为的偏倚,使该试验更具有科学性。目前使用的自动化分析检测仪,基本符合盲法要求,如果操作得当其结果应也具有真实性。最后通过分析该论著,列出四格表计算各项指标,根据敏感度、特异度及阳性似然比来确定该项诊断性试验有无临床应用价值。

2. 该诊断比试验是否包括适当的病谱 诊断性试验的受试患者是否包括各型病例(轻、重、治疗、未治疗)以及个别易于混淆的病例？ 例如,测定血中 T_3、T_4 诊断甲亢,测定血糖诊断糖尿病,测定肝功能、肾功能判断肝脏和肾脏受损情况,这些都是较好的诊断性试验,当各型病例都包括在内时,这些指标可诊断疾病,又可判断病情,还可以进行鉴别诊断。

3. 诊断性试验的检测结果是否会影响参考标准的应用 如果我们的标准诊断(或参考标准)是确切可靠的"金标准",那就不会顾及新开展的诊断性试验结果如何,这对诊断都不会有所改变。如果本来使用的诊断标准就不可靠,一旦发现新的诊断性试验结果与原来的诊断有所不同,有时就会难以取舍。必须继续观察以明确患者的诊断,然后进一步判断原来的标准诊断是否存有缺陷,以及新的诊断性试验是否真正可靠,特别是原有标准诊断的基础薄弱,多以临床症状体征为主,缺乏可信的试验指标,在这种情况下,有了新的诊断性试验,对改进原有诊断标准,提高临床诊断水平是有益的。因此,在评价过程中,一方面要考虑原有金标准是否恰当,另一方面要考虑新的诊断性试验,是否真有新的发现。

4. 如将该试验应用于另一组病例,是否也具有真实性 一项可靠的诊断性试验,在判断其真实性时,应考虑到该试验的重复性,如多次测定同一标本的结果接近。说明测定数值稳定、结果可靠。因此,只要疾病相同,不论在何处采用该项试验其结果都应是一致的,即使用于另一组病例,对特定的目标疾病诊断应具有同样的真实性。在新开展的病例组检测中,应该注意该组的患病率是否与以往的病例组不同。因为患病率不同的病例组,就不能使用阳性预测值和准确度作为评价的指标。

目前国际上对于诊断性研究证据评价工具应用较多的是自 2003 年正式推出的QUADAS(Quality Assessment of Diagnostic Accuracy Studies)。研发小组于 2011 年推出了QUADAS-2 以进一步完善该工具。QUADAS-2 工具主要由 4 个部分组成:病例的选择、待评价试验、金标准、病例流程和进展情况。所有组成部分在偏倚风险方面都会被评估,前 3 部分也会在临床适用性方面被评估。在偏倚风险判断上纳入了标志性的问题,这些研究设计方面的标识性问题与偏倚潜在性有关,旨在帮助评价者判断偏倚风险;但临床适用性的判断未纳入标志性问题。完整版的 QUADAS-2 工具资源在 QUADAS 官方网站(http://www.bristol.ac.uk/)中可以获得。QUADAS-2 中文版条目见表 5-4。

表 5-4 QUADAS-2 中文版条目

研究 (作者/年份)	是否纳入了连续或随机的病例	是否避免了病例对照类研究设计	研究是否避免了不恰当的排除	待评价试验的结果判读是否在不知晓金标准试验的结果下进行的	若使用了阈值,那么它是否是事先确定的	金标准是否可以正确地区分目标疾病状态	金标准判读是否使用了盲法	待评价试验和金标准之间的间隔是否有恰当的时间间隔	是否所有的患者接受了金标准	所有的患者是否只接受了一个相同的金标准	是否所有病例都纳入了分析
作者 年份	U	Y	U	U	U	Y	U	U	N	Y	N
作者 年份	Y	Y	U	U	U	Y	U	U	N	Y	N
作者 年份	Y	U	U	Y	U	Y	U	Y	Y	Y	Y
作者 年份	U	Y	U	U	U	Y	U	U	N	Y	N
作者 年份	Y	Y	U	U	U	Y	U	U	Y	Y	Y
作者 年份	U	U	U	U	U	Y	U	U	Y	Y	Y
作者 年份	U	Y	U	U	U	Y	U	U	N	Y	N
作者 年份	U	Y	U	U	U	Y	U	U	N	Y	N
作者 年份	U	U	U	U	U	Y	U	U	N	Y	N
作者 年份	U	Y	U	U	U	Y	U	U	N	Y	N
作者 年份	U	U	U	U	U	U	U	U	U	U	U
作者 年份	U	U	U	U	U	U	U	U	U	U	U

*Y, Yes; N, No; U, Unclear

第三节 系统评价与 meta 分析

一、概　　述

(一) 系统评价的基本概念

系统评价(systematic review,SR)也称系统综述,是一种全新的文献综合方法,是指针对某一具体临床问题(如疾病的病因、诊断、治疗、预后、护理等),系统、全面地收集所有已发表或未发表的临床研究,采用临床流行病学严格评价文献的原则和方法,筛选出符合质量标准的文献,进行定性或定量合成,得出综合可靠的结论。同时,随着新的临床研究结果的出现,系统评价还要及时更新,随时提供最新的知识和信息作为临床实践和研究的决策依据。

(二) Cochrane 系统评价

Cochrane 系统评价是指 Cochrane 协作网内的系统评价员按照统一的 Cochrane 工作手册(Cochrane reviewers' handbook),在相应 Cochrane 评价组编辑部的指导和帮助下完成并发表在 Cochrane 图书馆的系统评价。由于 Cochrane 协作网有严密的组织管理和质量控制系统,Cochrane 系统评价的制作过程严格遵循了 Cochrane 系统评价员手册,有固定的格式和内容要求,采用统一的系统评价软件(RevMan)录入和分析数据、撰写系统评价计划书和报告,评价结果发表后根据新的研究定期更新,有着完善的反馈和完善机制,因此,Cochrane 系统评价的质量通常比非 Cochrane 系统评价质量更高,被认为是评价干预措施疗效的最佳信息资源。目前,Cochrane 系统评价的结果被作为许多国家卫生决策的依据。

(三) meta 分析及其与系统评价的关系

meta 分析(meta-analysis),也称荟萃分析、汇总分析等,1976 年由心理学家 Glass 首次命名,其定义目前仍有争议,多数专家认为:meta 分析是一种统计分析方法,它将多个独立的、目地相同的、可以合成的临床研究综合起来进行定量分析。

目前系统评价与 meta 分析这两个名词经常被混用,但系统评价是将多个临床研究按照规定的方法和标准进行合成,包括系统、全面地收集、选择、评价和合成相关的文献资料,得出综合可靠的结论并定期更新。系统评价可以是质性的(qualitative systematic review;质性系统评价),也可以是定量的(quantitative systematic review;定量系统评价),即包含 meta 分析过程。因此,系统评价和 meta 分析是两个既不相同、内涵和外延上又有交叉的名词(图 5-3)。如果 meta 分析没有明确、科学的收集、选择、评价文献的方法和标准,而仅是采用统计方法将多个临床研究进行合成并不能保证结论的真实性和可靠性,就不能说是一个高质量的系统评价了。

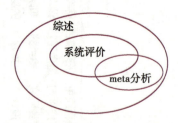

图 5-3　综述、系统评价、meta 分析之间的关系

二、系统评价的制作步骤

系统评价能将多个有争议甚至相互矛盾的小型临床研究采用严格、系统的方法进行评价、分析和合成,以解决纷争或提出建议,为临床实践、医疗决策和临床科研起正确的导向作

用。如果进行系统评价的方法不恰当,也可能影响研究结果,以至于产生不正确的信息,造成误导。因此,系统评价的方法和步骤的正确与否,对其结果和结论的真实性、可靠性起着决定性的作用。

系统评价从方法学上可分为随机对照试验的系统评价、非随机对照试验的系统评价、观察性研究的系统评价、诊断试验的系统评价等。不同类型的系统评价其制作过程都要经历从选题到设计研究方案,然后按照设计方案实施分析评价最终撰写成文的过程,但是不同类型的系统评价在文献的检索策略、评价文献质量的方法、原始文献中数据的提取以及统计分析等方面有一定的差别。由于 Cochrane 系统评价是目前公认的最高质量的系统评价,本节将以评价干预措施疗效的 Cochrane 系统评价为例,简述其基本步骤和方法。Cochrane 系统评价的步骤见图 5-4。

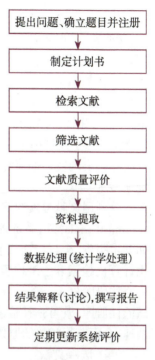

图 5-4 Cochrane 系统评价的步骤

(一)确立题目并注册

系统评价的题目主要来源于临床医疗和护理实践,为医疗和护理决策提供依据,特别适用于评价某些干预措施的利弊难以靠单个临床研究结果确定,或在临床应用过程中存在较大争议等问题的探讨。系统评价的选题应遵循实用性、必要性、科学性、创新性和可行性 5 个基本原则。

为避免重复,在确定题目之前应先进行全面、系统的检索,了解针对同一临床问题的系统评价或 meta 分析是否已经存在或正在进行。如果有,其质量如何?是否已经过时?如果现有的系统评价或 meta 分析已过时或质量差,则可考虑进行更新或重新再做一个新的系统评价。

系统评价在确立题目时,应围绕研究问题明确四个要素:①研究对象的类型(P):如所患疾病的类型及诊断标准、研究人群的特征和场所等;②研究的干预措施和对照的措施(I、C);③研究的结局指标(O):包括所有重要的结局(主要结局和次要结局)及严重的不良反应等;④研究的设计方案(D)。这些要素对于纳入标准、检索策略的制定,文献质量的评价,数据的收集、分析及结果的解释等都十分重要,必须准确、清楚定义。

确立题目之后,应将题目和研究背景告之 Cochrane 协作网系统评价小组的协调员,以确定该题目是否已被注册。如果没有注册则等待专家评审,确定是否有必要进行该题目的系统评价。如果专家认可该题目有研究价值,则在评价小组的指导下填写有关表格,完成题目的注册。

(二)制定系统评价计划书

系统评价的题目确立后,需要制订计划书,内容包括系统评价的题目、背景资料、目的和方法,其中方法学部分是计划书中的重点,包括检索文献的方法及策略、文献纳入和排除的标准、评价文献质量的方法、收集和分析数据的方法等。

计划书制定完成后,应交送相应系统评价小组,接受编辑组内外的同行和方法学专家的评审,并提出修改意见和建议。根据评审意见修改后再送交系统评价小组评审,直到符合发表要求为止。

Cochrane 协作网要求所有的评审合格的系统评价计划书都要公开发表在 Cochrane 图书馆,接受来自同行或有兴趣者等各方人员的评价,提出意见或建议,确保系统评价实施方法完善可靠。同时,公开发表的计划书还有助于提醒他人该题目已经在研,避免重复研究。

(三) 检索文献

系统评价与传统文献综述的关键重要区别在于是否制定检索策略,进行系统、全面地检索。电子数据库如 Medline 是文献检索的主要工具,但 Medline 收录的98%来源于发达国家,仅 2% 来源于发展中国家,主要语种为英语。因此,如果系统评价的检索仅限于 Medline,不可避免会出现发表偏倚和语言偏倚,为防止这些偏倚的影响,应采用多种来源的检索工具系统地检索文献。

除利用文献检索的期刊工具及电子光盘检索工具(Medline、Embase、Scisearch、Registers of clinical trials)外,系统评价还强调通过与同事、专家和药厂联系以获得未发表的文献资料如学术报告、会议论文集或毕业论文等;对已发表的文章,由 Cochrane 协作网的工作人员采用计算机检索和手工检索联合的方法查寻所有的随机对照试验,建立了 Cochrane 对照试验中心注册库(Cochrane Central Register of Controlled Trials,CENTRAL)和各专业评价小组对照试验注册库,既可弥补检索工具如 Medline 等标识 RCT 不完全的问题,也有助于系统评价者快速、全面获得相关的原始文献资料。

(四) 选择文献

选择文献是指根据计划书中拟定的文献纳入和排除标准,从收集到的文献中检出能够回答研究问题的文献资料。文献的选择标准一般应根据确立的题目和构成研究问题的四个基本要素而制定。例如:在一项乳腺癌术后患者功能康复训练效果的系统评价(中国循证医学杂志,2009,9(1):41-54)中,文献的纳入标准如下:①研究设计:所有针对乳腺癌手术后患者功能康复训练的随机对照试验(RCT)。②纳入对象类型:研究对象为年满 18 岁以上、病理诊断确诊为乳腺癌,并完成了乳腺癌手术(根治术、改良根治术、保乳术)的患者。③干预措施试验组参加有组织的、针对乳腺癌术后功能恢复的康复训练项目,包括肢体功能康复训练和全身康复运动。对照组的干预措施包括常规康复,如告知患者运动应循序渐进,引流管拔除后可进行肩关节爬墙运动。④结局指标:主要结局指标包括肩关节活动度(ROM)、肌力、心肺功能和身体耐力、患肢手臂水肿、症状自评、生活质量评价等。

在系统评价制作过程中,文献的选择和纳入包括三个基本步骤(图 5-5):①初筛:通过阅读检出文献的引文信息如题目、摘要以剔除明显不合格的文献,对可能合格的文献进一步对全文进行筛选;②全文筛选:对初筛出可能合格的文献应仔细阅读和评估其全文的方法学部分,提取文献中的相关信息,以确定文献是否符合纳入标准,并决定该文献是否纳入;③获取更多信息:有时,即使获得了文献的全文,仍有可能因提供的信息不全面而无法确定是否纳入。因此,对由疑问或分歧的文献应先纳入,然后通过与作者联系等途径获取更多信息后再决定取舍或在以后的选择过程中进一步评价。

(五) 评价文献质量

系统评价是对原始研究的二次综合分析和评价,如果纳入的原始研究质量低下,而系统评价未对原始研究方法学质量进行正确的评价,则系统评价的结果和结论就有可能是错误的。因此,在制作系统评价时应先评价纳入文献的质量。文献质量很难被定义,有很多不同的观点和看法,但评价任何文献质量时都应考虑研究的设计方案、实施过程中的偏倚风险和

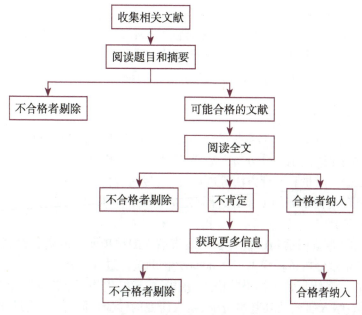

图 5-5 文献筛选的基本步骤

其他与研究质量密切相关的因素,如干预措施的实施、结局指标的选择、统计分析的方法、报告的质量等。对文献质量的评价应包括三个方面,即:内部真实性、外部真实性和临床适用性。

文献质量评价目前尚无金标准方法,可采用单个条目、清单或一览表。目前,Cochrane手册 5.1.0 中并未推荐使用任何一种清单或量表,仅要求采用由 Cochrane 协作网的方法学家、编辑和系统评价员共同制定的"偏倚风险评估"工具。对于随机对照试验的评价,该工具包括 7 个方面,针对每一项研究结果,对这 7 个方面做出"是"(低度偏倚)、"否"(高度偏倚)和"不清楚"(缺乏相关信息或偏倚情况不确定)的判断,具体标准详见本章第二节。

为避免选择文献和评价文献质量人员的偏倚,对文献的选择和质量评价通常至少由 2名评价人员独立、盲法进行,也可采用专业与非专业人员相结合的共同选择和评价办法,出现不一致的情况时可由第三者或双方讨论协商解决。多人选择文献时,还可计算不同评价者间的一致性(Kappa 值)。此外,应先进行预试验,可选择 3~6 篇文献进行初评,以摸索经验,标化和统一选择、评价方法。

(六) 资料提取

资料提取(data extraction)是系统评价制作过程中的重要步骤,为保证系统评价的真实性和可靠性,对原始研究文献数据的收集应尽可能准确,避免偏倚或人为错误。

资料提取一般是通过填写数据提取表实现的,数据提取表的设计尚无统一标准,设计时通常包括以下信息:①纳入研究的基本信息:如纳入研究的编号、发表年份、引用题录、通讯作者和联系方式等。②研究方法和可能存在的偏倚:即文献质量评价的相关信息,如分组方法、是否采用盲法等。③研究对象的特征:如研究对象的年龄、性别等人口学特征以及诊断标准、疾病严重程度等可导致临床异质性的因素。④干预措施的特征:如药物名称、给药途径、剂量、开始给药时间、疗程等。⑤结局指标:应事先确定是否需要提取纳入研究的所有结局指标;⑥研究结果:需收集样本量、分组情况、治疗时间、测量尺度、数据类型、统计学数据(分类资料应收集每组总人数及事件发生率、连续资料应收集每组研究人数、均数和标准差或标准误等);⑦其他信息:如重要的引文、资助机构、潜在的利益冲突等。

提取的数据资料均需输入系统评价管理软件(review manager,RevMan),以进行文献结果的分析和报告。

(七)数据分析和结果描述

1. 数据的分析系统评价 对数据的分析有定性分析和定量分析两种方法。

(1)定性分析:是采用描述性分析方法,将纳入的每个临床研究的特征按研究对象、干预措施、研究结果、研究质量和设计方法等进行总结并列成表格,以便浏览纳入研究的情况、研究方法的严格性和不同研究间的差异,计划定量合成和结果解释,因此,定性分析是定量分析前必不可少的步骤。

(2)定量分析:是应用适当的统计学方法将纳入的单项研究的资料根据其权重进行合并。系统评价的定量分析过程详见本章 meta 分析的统计过程部分。

2. 结果的描述系统评价 结果的描述(报告)应遵循生物医学论文写作的一般要求,报告的内容应包括:纳入研究及其基本特征、纳入研究的偏倚风险评价(质量评价)、各原始研究的结果及 meta 分析的结果、其他(如亚组分析和敏感性分析结果)等。

(八)解释系统评价的结果

解释结果是系统评价过程中进行讨论、得出结论的过程。慎重的讨论和明确的结论有助于帮助患者、医生、护士、卫生管理者和决策者正确理解证据的含义及其与实际决策的关系。为保证讨论和结论部分的全面性和逻辑性,结果解释时应从以下 5 个部分进行。

1. 主要研究结果的总结归纳 总结所有重要结局指标的结果,包括有利和不利结果(如不良反应等);并讨论重要结局指标的证据质量。

2. 证据的可应用性 在确定系统评价结果的应用价值时,首先应考虑干预措施对患者的利弊关系,其次应考虑纳入系统评价的研究,其研究对象是否与你的患者情况相似,是否存在生物学、社会文化背景、依从性、基础危险度、病情等方面的差异。

3. 证据的质量 着重讨论纳入研究的质量。可从纳入研究的设计方案和每个研究的质量、是否存在重要的方法学缺陷、合成结果的效应值大小和方向、是否存在剂量、效应关系等方面进行讨论。

4. 可能存在的偏倚或局限性 可从检索策略是否全面、是否进行质量评价、研究的选择和纳入的可重复性、分析方法是否恰当、是否存在发表偏倚等方面进行讨论。

5. 与其他研究或系统评价的异同点 将本次系统评价的结果与他人的相关原始研究或系统评价相比较,从中找出相同点支持自己的结果,并解释产生此结果的可能机制;如果发现不同点,应讨论导致不同结果的原因。

经过以上讨论之后,最后评价者应对系统评价的发现对临床实践的意义进行总结,并概括该评价结果对未来的科学研究具有什么样的价值。

(九)系统评价的改进与更新

系统评价的更新是指在系统评价发表以后,定期收集新的原始研究,按前述步骤重新进行分析、评价,以及时更新和补充新的信息,使系统评价更完善。

Cochrane 系统评价在发表后要接受来自各方面的评论与批评,评价者需对这些评论作出答复并发表在该系统评价上。当有新的临床研究证据出现后,Cochrane 系统评价每隔 2~3 年更新一次。

三、Meta 分析的统计方法

(一)数据的类型及效应量的表达

1. 数据的类型 Meta 分析中常用的数据主要有以下 5 类。

(1)二分类变量资料:数据按照某种属性分为互不相容的两类,如描述临床结局的指标:存活、死亡,复发或不复发、依从性高或低等。

(2)数值型变量或连续性变量资料:能够精确测量,有度量衡单位的数据,如临床常见的测量指标:血压值、尿糖值、疼痛评分、焦虑评分等。

(3)等级资料或有序多分类变量资料:按照某种属性分为多类,各类之间有程度或等级上差异。如临床疗效的判定用痊愈、显效、有效、无效等表示。

以上这 3 类数据类型比较常见。

(4)计数数据(多分类变量资料):按照某种属性分为互不相容的多类,如人群的血型,可分为 A 型、B 型、AB 型和 O 型 4 类。

(5)生存资料:同时观察两类数据,即是否发生不良事件以及发生不良事件的时间。

2. 效应量的表达 效应量(effect size)是指临床上有意义或有实际价值的数值或观察指标的改变量。数据类型不同可使用的效应量表达方式也有所不同。

(1)二分类变量资料:可采用的效应量有相对危险度(relative risk,RR)、比值比(odds ratio,OR)、绝对危险降低率(absolute risk reduction,ARR)或 NNT(number needed to treat)等。

(2)数值变量资料 / 连续性变量资料的效应量:可采用加权均数差值(weighted mean difference,WMD)或标准化均数差值(standardized mean difference,SMD)等。

(3)等级资料或多分类计数数据,可根据需要转化为二分类变量资料或作为连续性变量资料处理,选择相应的效应量。

(4)生存资料的效应量可用风险比(hazard ratio,HR)。

(二)数据的汇总

在确定了数据类型和效应量的基础上,可按照预先设计的表格,提取纳入研究的相关信息,如作者和发表年份、样本量、分析方法、主要结果变量、设计方案、具体实施时间及地点、质量控制措施等。

(三)异质性检验(heterogeneity test)及处理

1. 异质性检验的原理 纳入同一个 Meta 分析的所有研究都不可避免地存在差异,不同研究间的各种变异被称为异质性。Meta 分析的统计学原理要求只有同质的资料才能进行统计量的合并,即假设各个不同研究都是来自同一个总体(H_0),或各个不同样本来自不同总体,存在异质性(备择假设 H_1)。如果检验结果 $P>0.10$,不拒绝 H_0,可认为多个同类研究具有同质性;当异质性检验结果 $P \leqslant 0.10$,拒绝 H_0,接受 H_1,可认为多个研究结果有异质性。

2. 统计学异质性的几种检验方法 统计学异质性检验简称异质性检验,是指对不同原始研究之间结果的变异程度进行检验。如果检验结果有统计学意义,应解释其可能的原因并考虑进行结果合成是否恰当。常用的检验方法是 Q 检验法。

Q 检验法:Q 检验的无效假设为纳入各研究的效应量均相同(即 $T_1=T_2=\cdots\cdots=T_k$)。则 Q

统计量可以定义为：

$$Q = \sum W_i(T_i - \bar{T})^2 , \text{其中 } \bar{T} = \frac{\sum w_i T_i}{\sum w_i} , \text{则 } Q = \sum_{i=1}^{k} w_i T_i^2 - \frac{(\sum w_i T_i)^2}{\sum w_i}$$

式中 w_i 为第 i 个研究的权重值，为其合并方差的倒数 $(1/S_i^2)$，T_i 为第 i 个研究的效应量，$\bar{T}$ 为所有纳入研究的平均效应量。Q 服从于自由度为 $k-1$ 的 χ^2 分布，Q 值越大，其对应的 P 值越小若 $Q \geq \chi^2_{(1-\alpha)}$，则 $P \leq \alpha$，表明纳入的研究间存在异质性。反之亦然。

(四) 合并效应量及检验

1. 合并效应量　在异质性检验的基础上，选择适当的方法进行分析，合并效应量，用合并效应量反映多个同类研究的综合效应。一般可分两步进行，首先逐一计算每个研究的效应量及其 95% 可信区间；然后根据资料类型与异质性检验的结果，选择合适的统计分析模型，估计合并效应量。

当异质性不明显时，可采用固定效应模型(fixed effect model)估计合并效应量；如果存在异质性，且假定理论效应量不固定，服从某种分布，如正态分布时，可选用随机效应模型(random effect model)；如果异质性过于明显，则应考虑亚组分析、Meta 回归甚至放弃合并，只对结果进行统计描述。

异质性的处理流程见图 5-6。

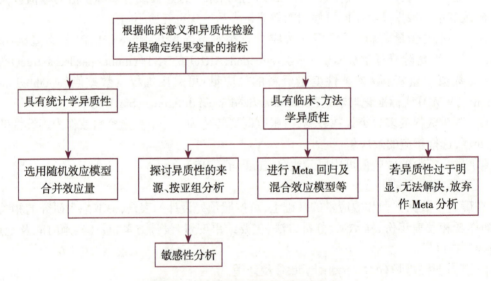

图 5-6　异质性可采取措施的流程图

2. 合并效应量的检验　Meta 分析合并的效应量需要经过假设检验的方法以检验多个同类研究合并的效应量是否具有统计学意义。合并效应量的检验有两种方法：

(1) $z(u)$ 检验：根据 $z(u)$ 值推断该效应量的概率(P)值，如果 $P \leq 0.05$，则合并的效应量有统计学意义，如果 $P > 0.05$，则合并的效应量没有统计学意义。

(2) 可信区间法：当效应量指标为 OR 或 RR 时，当其 95% 可信区间包含 1 时，等价于 $P > 0.05$，合并的效应量没有统计学意义。如果其上下限均不包含 1(均大于 1 或均小于 1)，则等价于 $P \leq 0.05$，即合并的效应量有统计学意义。

四、常见偏倚及其评价

系统评价如同其他研究一样,在研究的各个阶段均可能产生偏倚,致使合并后的结果歪曲真实的情况。

(一) 偏倚的种类

1. 发表偏倚(publication bias)　发表性偏倚是指"统计学上有意义"的阳性研究结果较"统计学上没有意义"的阴性研究结果或无效的研究结果更容易被发表,由此而产生的偏倚。发表性偏倚的产生主要有三个来源,分别为作者、研究的赞助者和杂志社的编辑。

发表性偏倚对 Meta 分析结果的真实性和可靠性有很大的影响,尤其是当入选的研究主要是以小样本研究为主时,发表性偏倚可能会使 Meta 分析的合并效应量被高估,甚至使结论逆转,产生误导,即本来没有统计学意义的结果变为有统计学意义的结果。

2. 文献库偏倚(database bias)　世界上几个主要的医学文献检索库如 Medline,Embase,Science Citation Index(SCI)虽然收集的杂志种类多,但绝大部分来自发达国家,发展中国家所占比例很小,而且来自发展中国家具有阳性结果的研究可能更容易发表在这些文献检索库所收录的杂志中。因此,仅通过这些文献库收集研究报告就可能引入偏倚。

3. 纳入标准偏倚(inclusion criteria bias)　在制定文献纳入和剔除标准时,未对研究对象、研究设计类型、暴露或干预措施、研究结局、样本大小及随访年限、语种、纳入年限等做出明确规定,导致入选标准的不合理而引入的偏倚。

4. 语言偏倚(language bias)　非英语国家的研究者可能更多地将具有阳性结果的研究发表在国际性的英文杂志上,相反,阴性结果的研究更趋于发表在当地杂志。如果系统评价只是检索英文文献,即可能引入偏倚。

(二) 偏倚的识别

1. 敏感性分析　敏感性分析是用于评价 Meta 分析或系统评价结果是否稳定和可靠的分析方法,是指改变某些影响结果的重要因素如纳入标准、研究质量的差异、失访情况、统计方法(固定效应或随机效应模型)和效应量的选择(比值比或相对危险度)等,例如,删除一个大样本的研究后,以观察合并效应量是否发生变化,从而判断结果的稳定性及稳定程度。如果敏感性分析对原结果没有本质的改变,说明 Meta 分析的结果较为稳健可靠。如果敏感性分析后结果差别较大甚至是截然相反的结论,则在解释结果和下结论时应慎重。

2. 漏斗图　漏斗图是用每个研究的效应量估计值为 x 轴,样本含量为 y 轴绘制的散点图。效应量可用 RR、OR、RD 和死亡比等。其前提假设是效应量估计值的精度随样本量的增加而增加,小样本研究的效应量估计值分布于图的底部,范围较宽;大样本研究的效应量估计值分布在图的顶部,范围较窄。当偏倚影响较小时,其形状类似一个倒置的漏斗,故称漏斗图。如果资料存在偏倚,会出现不对称的漏斗图,不对称越明显,偏倚程度越大。在 RevMan 软件中,漏斗图采用 OR 或 RR 的对数值($\ln OR$ 或 $\ln RR$)作横坐标,OR 或 RR 对数值标准误的倒数 $1/SE(\ln RR)$ 为纵坐标绘制,再以真实值标明横坐标的标尺,以 $SE(\ln RR)$ 标明纵坐标的标尺(图 5-7)。绘制漏斗图需要纳入较多的研究个数,一般推荐当 Meta 分析的研究个数在 10 个及以上时才需做漏斗图。

需注意的是,漏斗图的对称与否通常无严格限定,均为主观判断,因此,是一种定性的评

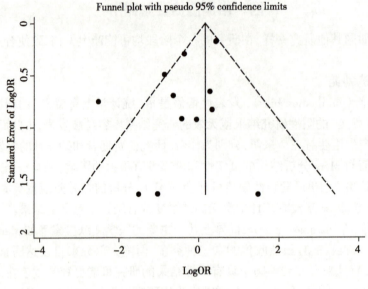

图 5-7 漏斗图

价方法。Egger 线性回归法(Egger linear regression test)是由 Matthias Egger 等于 1997 年开发的一种简便的用线性回归法检验漏斗图对称性的定量法,简称"Egger 检验"。Egger 法对发表偏倚的检测统计量为截距 a 对应的 t 值及 P 值,并通过其 95%CI 是否包含 0 来判断其是否有发表偏倚。若截距 a 对应的 $P<0.05$ 或 95%CI 不包含 0,则提示有发表偏倚;反之,无发表偏倚。Egger 检验的局限性:首先,其自变量的标准差估计来自纳入的原始研究的数据,由于抽样误差的存在,导致回归方程的斜率 b 和截距 a 都为有偏估计;而且当纳入研究个数较少时,该检验效能受到局限,以至于不能检测出漏斗图是否对称,故此时不建议进行该检验。再者,Egger 检验虽然可以检测出漏斗图是否对称,却不能解释其不对称的原因。

3. 失安全系数 meta 分析的结果中需多少阴性研究结果的报告才能使结论逆转,即失安全系数(fail-safe number,Nfs)来估计发表偏倚的程度。P 为 0.05 和 0.01 时的失安全数计算公式:

$$N_{fs0.05} = \left(\sum Z/1.64 \right)^2 - S$$

$$N_{fs0.01} = \left(\sum Z/2.33 \right)^2 - S$$

公式中 S 为研究个数,Z 为各独立研究的 Z 值。失安全数越大,说明 meta 分析的结果越稳定,结论被推翻的可能性越小。

五、应用实例分析

为探讨被动吸烟和女性乳腺癌之间的关系,有研究者做了一篇相关性的 meta 分析,根据纳入和排除标准,共纳入了 8 篇高质量文章。其数据汇总如表 5-5 所示。

表5-5 数据的汇总及评分

Included Studies	Year of Publication	Ages in Studies		Case		Control		Incidence(%)		Quality score
		Case	Control	tobacco smoke pollution	Total Number of Cases	tobacco smoke pollution	Total Number of Cases	Case	Control	
Li Jun.[5]	2007	50.26 ± 9.82	50.37 ± 9.68	104	175	88	175	59.42	50.29	8
Ren Xiao-nan.[6]	2008	50.22 ± 8.80	50.22 ± 8.80	145	200	115	200	72.50	57.5	8
Shi Ping.[7]	2010	53.29 ± 10.08	52.90 ± 10.87	128	223	73	223	57.40	32.74	8
Shrub role, M. J. (a)[8]	2004	47.9 ± 8.00	47.2 ± 8.80	231	1459	289	1556	15.83	18.57	9
Shrub role, M. J. (b)[8]	2004	47.9 ± 8.00	47.2 ± 8.80	170	1459	158	1556	11.65	10.15	9
Wang Ying-qing(a)[9]	2006	59.67 ± 10.05	61.43 ± 11.10	48	84	117	269	57.14	43.49	8
Wang Ying-qing(b)[9]	2006	59.67 ± 10.05	61.43 ± 11.10	23	84	34	269	27.38	12.64	8
Zha Yuan-ping.[10]	2001	48.6 ± 3.40	50.2 ± 2.80	293	352	255	352	83.24	72.44	6
Zhang Jian-chen.[11]	2003	47.2 ± 9.40	46.8 ± 9.40	175	300	118	300	58.33	39.33	8
Zhou Liang.[12]	2009	48.67 ± 8.92	49.09 ± 9.85	60	206	33	214	29.13	15.42	9

分析：纳入的研究均为病例对照研究，包括 4 项 1∶1 匹配和 4 项组设计研究，病例总数为 4542 例，对照总数为 5114 例。文献质量评分大于 6，均为高质量文献。

该数据在 RevMan 软件中的计算结果如图 5-8、图 5-9 所示。

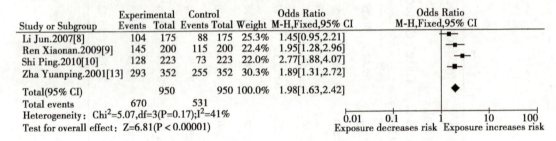

图 5-8　中国女性被动吸烟与女性乳腺癌关系研究的森林图（1∶1 匹配研究）

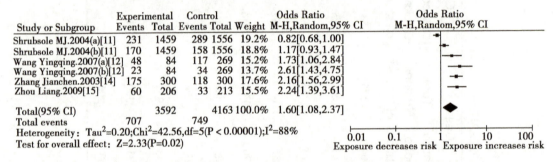

图 5-9　中国女性被动吸烟与女性乳腺癌关系研究的森林图（成组设计研究）

分析（以图 5-8 为例）：

1. 图 5-8 的上部为 4 个独立研究的描述，左侧为 4 个独立研究的数据，右侧为每个研究的单个效应量和 95% 可信区间，"weight"表示每个研究的权重。

2. 图 5-8 的中间部分为森林图，图中水平线代表每个研究的结果，线中间的方块代表研究结果的点估计值，方块的大小代表该研究在 Meta 分析中的权重，线宽代表研究结果的 95% 可信区间；垂直线代表"无效应线"，如果一个研究水平穿过垂直线，表明该研究结果的 95% 可信区间包含 0，说明研究的效应在比较的两组间差异无显著性；图中的菱形块代表各个研究合并后的效应估计值，即采用固定效应模型或随机效应合并研究结果后的值，该综合值也可以有 95% 可信区间。由图可见第 1 个研究结果无统计学意义。横线落在无效线的左侧或右侧表示该研究结果有统计学意义，第 2 个、第 3 个和第 4 个研究横线落在无效线的左侧。

3. 图 5-8 的底部为 Meta 分析的结果

（1）异质性检验 χ^2 和 P 值以及 I^2 值：本例 $\chi^2=5.07$，$P=0.17$，$I^2=41\%$，纳入的研究之间不存在异质性，因此选用了固定效应模型。

（2）用菱形表示合并效应量 $OR_{合并}$（Total）：本例 $OR_{合并}=1.98$。

（3）合并效应量 $OR_{合并}$ 的 95% 可信区间：$RR_{合并}95\%CI=1.63\sim2.42$，由图中可见菱形并没横跨无效线，表示合并效应量有统计学意义，即被动吸烟和女性乳腺癌之间有关系。

（4）合并效应量的假设检验：$Z=6.81$，$P<0.00001$，同样表示合并效应量有统计学意义。

（李晓枫）

文献研究是进行科学研究时最基础的搜集资料方法。任何研究在选题和设计时,都必须从文献研究开始;进入研究和成果发表、推广及应用阶段,也需文献提供必要的佐证和补充。全科医生在社区相对独立的环境中执业,在遇到有关某种疾病的病因、诊断、治疗及预后等方面的问题时,可查询教科书,也可通过检索、阅读与分析相关文献,寻求答案。同时随着全科医学发展,一部分全科医生会承担教学和科研工作,同样需要通过文献研究,及时更新知识。本章系统地介绍了文献研究中的基本概念、基本操作以及结合全科医生的实际工作如何具体应用。

第一节 文献研究法概述

一、文献的概念、种类和发展趋势

(一)文献的概念

人类积累创造的知识,通过一定的方法和手段、运用一定的意义表达和记录体系保存下来,并用以交流传播的一切物质形态的载体,都称为文献(document,literature)。文献因载有知识和信息才有其存在的意义和价值,而知识和信息因附着于文献这一载体上,才能超越时空地被保存和传递。

(二)文献的种类

1. 按出版类型,可将文献划分为如下类型:

(1)期刊:期刊是具有相对固定的刊名、编辑出版单位、报道范围、出版周期,以分期形式报道最新知识信息且逐次刊行的连续出版物。具有更新快、内容广泛、连续出版等特点。常见的国内全科医学期刊有:《中华全科医师杂志》《中华全科医学》《中国全科医学》《全科医学临床与教育》等;常见的国外全科医学期刊有:《家庭医疗》(Family Practice)、《英国全科医学杂志》(The British Journal of General Practice)、《家庭医学年刊》(Annals of Family Medicine)、《家庭医学》(Family Medicine)、《澳大利亚家庭医生》(Australian Family Physician)、《加拿大家庭医生》(Canadian Family Physician)等。

期刊可从出版的网上数字资源进行检索获取,国内期刊可主要检索:中国生物医学文献服务系统(http://www.sinomed.ac.cn/,简称 SinoMed)、中国知网(http://www.cnki.net/)、万方数据知识服务平台(http://www.wanfangdata.com.cn/)、维普信息资源系统(http://www.cqvip.com/)等。国外期刊可主要检索:PubMed(http://www.pubmed.com)、Science Direct(http://www.sciencedirect.com)、Ovid 全文电子期刊(http://gateway.ovid.com/autologin.html)、Web of Science(http://isiknowledge.com)等。

(2) 学位论文:学位论文是指作者从事科研工作并取得创造性的结果或有了新的见解,并以此为内容撰写而成,作为提出申请授予相应的学位时评审用的学术论文。学位论文具有一定的独创性、参考文献多而全面、一般不公开出版等特点。

国内学位论文可从中国知网中的"中国优秀博硕士学位论文全文数据库"、万方数据资源系统的"中国学位论文全文数据库"、CALIS 高校学位论文库(http://www.calis.edu.cn)等检索查阅。国外学位论文可从 ProQuest 国外学位论文检索系统或者 NDLTD 学位论文库(http://www.ndltd.org)中检索查阅,ProQuest 国外学位论文检索系统目前在国内设立了镜像网站:中国科学技术信息研究所镜像站(http://168.160.16.198/umi)、CALIS 镜像站(http://202.120.13.45/umi/index.jsp)。

(3) 会议论文:会议论文是指在学术会议上宣读和交流的论文、报告及其他有关资料。其特点是传递信息比较及时,内容新颖,专业性和针对性强,出版形式多样,但易被忽略。

国内会议论文可从中国知网中的"中国重要会议论文全文数据库"以及万方数据资源系统的"中国学术会议论文库"检索查阅。国外会议论文可从 CPCI 国外会议文献检索系统(http://www.webofknowledge.com/)及 OCLC Proceedings First 国外会议论文检索系统(http://firstsearch.oclc.org/)进行检索查阅。

(4) 图书:与期刊等其他文献相比,图书具有单本独立性、内容结构具有较强的系统性、内容的观点具有相对的稳定性、内容的文体具有前后一致的统一性、篇幅具有较强的灵活性和出版的时间具有较强的机动性等特点。

进入互联网时代,除了传统的印刷本图书,也出现了以电子形式储存,通过计算机等设备使用,方便公众使用的电子图书。主要的医学电子图书数据库有:读秀学术搜索(http://www.duxiu.com/)、Theme E-Book Library(http://ebooks.thieme.com/bookshelf)、牛津医学在线平台(http://oxfordmedicine.com/)、McGraw-Hill 医学在线电子图书(http://mhmedical.com/umbrella-index.aspx)、Ovid 医学电子图书(在 Ovid 检索平台点击 Books@Ovid)等。除了以上电子图书数据库外,Elsevier、Springer、Karger 等著名出版社在其各自的电子出版物平台上提供了大量的电子书供读者阅读。

(5) 科技报告:科学技术报告简称科技报告,是描述一项科学技术研究的结果、进展或一项技术研制实验和评价的结果;或是论述一项科学技术问题的现状和发展的文件。科技报告旨在提供系统、翔实的信息,不以发表为目的,是科研历程及其成果的完整记载,可具保密性。科技报告查阅可至万方数据资源系统中查阅"科技成果"以及中国知网中"国家科技成果数据库"。

(6) 专利文献:是各国及国际性专利组织在审批专利过程中形成并定期出版的各类文件的总称。专利文献是集技术、经济、法律信息于一体的特殊类型的科技文献,是受专利法保护的有关技术发明的法律文件。绝大多数的医学研究成果所涉及的各种仪器、医疗设备、药品、化学物质、微生物菌种等都属于专利保护的范畴,因此专利文献对医学研究和医疗工作有着重要的参考价值。国内专利检索常用数据库:国家知识产权局专利检索系统(http://www.pss-system.gov.cn/),中国知识产权网(http://search.cnipr.com/)。国外专利检索常用系统:美国专利商标局专利检索(http://patft.uspto.gov/),欧洲专利局(http://www.epo.org/searching/free/espacenet.html)。

(7) WHO 出版物:世界卫生组织(WHO)经常围绕全球公共卫生重大问题或地区性特

殊事件等以学术文件的形式发布信息通报、交流工作经验、传播科学知识等,形成一类具有独特学术价值的出版物。可通过访问 http://www.who.int/dsa 了解 WHO 出版物的详细内容。此类出版物主要涉及丛书和期刊两大系列。丛书为不定期出版;刊载在期刊的文献多为国际著名的生物医学文献信息系统所收录,如 PubMed、Embase 等。

从事科研工作时,最常参考的有期刊、学位论文和会议论文这三类文献。

2. 按性质和功能,可将文献划分为如下类型。

(1) 一次文献:是作者基于本人的研究所完成的原始创作,如:学术论文年、专著、会议论文、学位论文等。

(2) 二次文献:将无序分散的一次文献经过收集、整理、加工,按照一定的内容,如著者、篇名、主题等加以编排,形成供读者检索一次文献所需的形式,如:索引、文摘、目录及相应的数据库。

(3) 三次文献:根据研究目的,以二次文献为工具,将搜集到的一次文献进行整理、阅读与分析,编写而成的文献,如:综述、系统评价、指南、百科全书、年鉴、手册等。

(三) 发展趋势

随着互联网应用的普及,移动阅读市场的扩大,传统的出版商和数据库也开始提供基于移动互联网的终端设备和数据库产品。如 PubMed 等数据库陆续推出了能在移动设备(手机、平板电脑、电子书等)上进行检索、收藏甚至下载全文的数据库产品。通过各种便携移动设备依托互联网、多媒体技术及成熟的无线移动网络,使人们不受时间、地点及空间的限制,方便灵活地利用各种数据库进行信息查询、浏览和获取资源等。

二、文献研究法

(一) 文献研究法概念

文献研究法(document study)是指根据研究目的,搜集各种相关文献资料,探讨和分析相关信息的研究方式。

文献研究法一般包括下面几个步骤:首先,确定研究目的和问题,明确文献搜集、整理以及分析的侧重点;其次,进行文献的搜集,运用基本的文献检索技能,力争查全、查准;最后,进行文献的整理,熟悉常用的文献管理软件,对文献进行整理;最后进行文献的阅读与分析,形成文献综述或者论文报告。

文献研究法较常见于社会科学的研究中,对于某些再现或分析历史现象的课题,文献研究法是唯一的途径。在医学研究领域中,最为有代表性的文献研究法应属系统评价,系统评价由于其规范科学的方法,为临床医生的临床实践提供可靠证据,详见本书第五章。

(二) 文献研究法的特点

由于文献研究的主要对象是各种形式的文献,因此,具有相对获取容易、费用低、可在短时间内了解某一研究领域的概况等优点,但同时由于文献研究是基于对现有资料进行研究,研究质量必然受到原始文献质量的影响,因此,在阅读文献时应注意评价原始文献质量,并按统一的标准选择分析的文献,切忌盲目分析利用。

(三) 文献研究法实例

某研究者欲了解中国内地 1993 年至 2012 年 20 年间全科医学学科的发展现状,采用了文献研究法进行。首先查阅了中国期刊全文数据库、万方数据知识服务平台、PubMed 平台,以"全科医生"或"家庭医生"或"全科医学"或"家庭医学"或"基层医疗"或"社区卫生服务"等词作为题名和关键词进行国内外研究文献的系统检索。此外,为覆盖全科医学领域的临床研究,本研究还将作者单位为"社区卫生服务机构"作为补充检索条件。对获取到的1993至2012年发表的相关研究文献,从文献的基本信息(发表年份、是否核心期刊、作者所在机构)、文献的研究方法(流行病学研究方法、综述和评论以及定性研究)、文献的研究内容(社区卫生服务、全科医学教育培训和临床研究)进行分析。从发表文献的角度总结了这20年间,我国全科医学领域论文发表的数量、质量、研究的主要力量、研究内容的特点等,提出了今后全科医学研究发展的建议。

第二节　文献的搜集

文献搜集,是用科学的方法,利用检索工具和检索系统,从有序的文献集合中检出所需的信息的一种方法。正确的文献收集方法不仅能够促进信息资源的迅速开发和利用,而且能够帮助专业人员继承和借鉴前人的成果,避免重复研究,少走弯路,是文献研究法中最为重要步骤。

一、搜集文献的基本要求

临床工作中,在面临诊断和鉴别诊断问题、处理方案决策问题、预防/患者教育等问题时,从文献搜集角度,可首先考虑检索循证医学数据库,如Up To Date、Best Practice、DynaMed,这类数据库结构合理,检索便捷,常常在短时间内即可获得问题的答案,可作为床旁查找证据的首选,但这类数据库的缺点是语言均为英语,中国医生面临语言障碍。其次,包含大量电子教材和医学参考工具的数据库(如Access Medicine、MD Consult、StatRef等),国内外各大医学会、专业协会制定的临床指南(如国际指南协作网www.g-i-n.net,美国国家指南中心www.guideline.gov,中国临床指南文库cgc-chinaebm.org等),均是很好的资源。

科研工作全过程都需要进行文献的搜集工作。选题阶段,要了解某一研究领域的进展和方向,可先通过Web of Science、Scopus、中国引文索引等引文数据库来查询;然后可利用PubMed、中国生物医学文献服务系统等中西文数据库,采用查全策略,全面收集文献;然后整理检索结果,去重、筛选、归类,使用图书馆资源在全文数据库中获取全文。在研究阶段则可通过RSS或Email Alert订阅文献搜集阶段的检索式以及本领域重要期刊,来追踪最新研究进展。

文献搜集围绕研究目标进行,临床和基础科研工作虽然搜集文献种类不同,但都应遵循搜集文献的基本要求:①先查找最近几年的文献,再回溯到过去;②先查找本专业或研究领域的核心文献,再逐渐扩大搜集文献的范围;③全面搜集资料,不能有意回避观点不同的文献;④注意收集原始文献,以避免文献信息利用出错;⑤搜索文献时,为提高检索效率,在检索内容与顺序上,有一定的原则,一般是先寻求可靠的三次文献,如指南、系统综述等。

二、查找文献的具体方法

在了解了搜集文献的基本要求后,具体查找文献的过程就是文献检索的过程,可从文献检索技术、文献检索的主要途径和具体检索步骤三个方面掌握。

（一）检索技术

文献检索包含文献信息的存储和查找两个过程。存储是将文献存储有序化，即将大量无序的文献集中，经过整理、分类、标引等处理，形成有序的数据集合，这就是数据库（database）。文献的查找是指运用编制好的检索工具或检索系统，获取到满足用户需求的过程。文献检索系统的核心是数据库。数据库由若干条记录集合而成，一条记录包含若干字段。一篇文献用一条记录来表示，一条记录又包含分类、题名、著者、年份、主题等字段，其中大部分字段是可检索字段。在数据库检索文献信息时，用户的信息需求是通过编写检索表达式体现的，检索表达式是由检索词和布尔逻辑运算符、位置算符以及系统规定的其他组配连接符号组成。下面介绍两种常用的检索技术。

1. 布尔逻辑检索技术　是文献检索中最常用的检索技术。布尔逻辑检索时通过三个布尔运算符"AND"、"OR"、"NOT"来实现其功能，分别表示逻辑与、逻辑或、逻辑非三种逻辑运算关系，如图 6-1 所示。

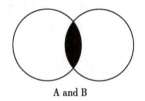 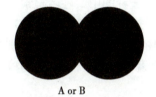 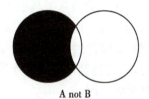

A and B　　　　　　A or B　　　　　　A not B

图 6-1　布尔逻辑运算

（1）逻辑"与"，AND：检索表达式为 a AND b。查找既包含检索词 a，又包含检索词 b 的记录。作用是缩小检索范围，提高查准率。例如，查找"全科医学中医患沟通评价工具"的相关文献，检索式为（general practice）AND（physician-patient communication）。

（2）逻辑"或"，OR：检索表达式为 a OR b。查找包含检索词 a 或包含检索词 b 的记录。作用是扩大检索范围，提高查全率。例如查找"全科医学"相关的文献，检索式为（general practice）OR（family medicine）OR（primary care）OR（general medicine）。

（3）逻辑"非"，NOT：检索表达式为 a NOT b。查找包含检索词 a 但不包含检索词 b 的记录。作用是缩小检索范围。但此运算使用不当时容易排除掉可能有用的文献，应慎用。例如，查找"动物子宫内膜异位症（不要人的）"相关的文献，检索式为（endometriosis）NOT（human NOT animal）。

上述 3 个运算符执行的顺序依次为"NOT"、"AND"和"OR"，改变运算符执行优先级的方法是使用括号，括号内的检索式优先执行。

2. 截词检索和通配符检索　是利用截断的词的一个局部，即截词进行检索的技术。即自动地对同一概念词的词根相同、含义相近而词尾形式不同等一类相关词进行检索，并自动用"OR"连接截词的检出结果，有效提高了查全率。一般信息检索系统都利用了截词技术，利用截词符和通配符来屏蔽未输入的字符。常用的截词符和通配符有"*"、"?"、"＄"等。如在 PubMed 数据库中，* 被称为无限截断符，如 child* 可以检索出包含 child、childish、children、childhood 等词的文献。在 Web of Science 中 ＄ 被称为有限截断符，可用在词尾截词，也可用在词中作为通配符，如用 ca＄t 可检索出含有 cat 和 cart 的文献。

（二）文献检索的主要途径

文献检索途径是指检索系统提供的用以查询获取资源的各种标识,在计算机检索系统中常表现为字段检索。常见的有以下几种。

1. 主题词检索 按照规范的主题词进行检索的途径,常用的主题词表是美国国家医学图书馆编制的《医学主题词表》(MeSH)。例如,有关"艾滋病"的描述,著者可用"艾滋病"、"获得性免疫缺陷综合征"、"AIDS"等词表达,但通过检索 MeSH 词表,只有"获得性免疫缺陷综合征"才是主题词,所以用主题词途径检索时一定要用"获得性免疫缺陷综合征"才能检索到所需的文献信息。目前支持主题词途径的检索系统主要有 SinoMed 和 PubMed。

2. 关键词检索 用户可根据自己的需求选择熟悉的词语进行检索,使用的词语不必规范化,但使用这种途径进行检索时,必须同时考虑多个近义词、同义词,以减少漏检。例如,检索"艾滋病"时需要考虑其学名"AIDS"、"获得性免疫缺陷综合征"等。

3. 著者检索 是利用文献上署名的作者、编者或机关团体名称作为检索入口查找文献的途径。在中文检索工具中直接用著者的中文姓名检索即可。在外文检索工具中,常采用姓在前、名在后,用首字母缩写的形式进行检索。如查找 John Smith 的文献,需用 Smith J 进行检索。文献检索出来后,要参照机构和文章内容加以鉴别,避免误检。

另外,还有其他常见的字段检索,如:引文检索、机构检索、刊名检索、分类检索等,可根据需要灵活运用。

（三）检索步骤

进行文献检索时首先要明确个人检索要求,然后选定相应的数据库,确定检索途径,最后构建检索表达式完成检索。具体过程如下:

1. 分析课题内容,明确检索要求 分析检索课题内容,通过回答下列几个问题,明晰检索要求:

(1) 最能反映课题核心内容的主题概念是什么:分析课题后,从课题中提取主题概念,注意分析隐含的主题概念,如检索"中国内地老年痴呆患者家庭照顾者抑郁情绪综合干预"这样一个课题,其主题概念包括中国内地、痴呆、家庭照顾者、抑郁和干预,但对于家庭照顾者这一主题,相近的概念还包括照顾、照料、照护、家庭护理、caregiver 等。

(2) 需要什么样的文献类型:明确所需文献的语种、类型、年代范围、作者或其他特征,这对限定检索范围很重要。

(3) 需要查新、查全还是查准:本次文献检索的目的如果是要了解某学科或者某研究领域的最新进展和动态,强调查"新";如果是要撰写综述、专著等,强调查"全";如要解决研究中某具体问题找出技术方案,强调查"准"。

2. 选择数据库,确定检索途径 分析了检索需求后,可根据已知的条件选择最能满足检索要求的数据库。

(1) 哪些数据库可能包含所需文献:了解常用医学文献数据库收录的学科领域、收录的文献类型、收录的时间范围、数据库更新的及时性,周期和更新频率、数据库的基本索引和辅助索引,如需查全,则需选定多个数据库。常用医学文献数据库包括:欲检索国内生物医学文献,首选 SinoMed,还可选中国期刊全文数据库、万方数据库等;若要了解国际上的医学期刊,首选 Medline 或者 PubMed;若要了解药学相关文献,可选 SciFinder、Embase 等。

(2) 确定检索途径:可根据检索需求或检索课题已知条件及所选定数据库所提供的检

索功能,确定检索途径,常用的有关键词检索、主题词检索、分类检索等。仍以检索"中国内地老年痴呆患者家庭照顾者抑郁情绪综合干预"为例,本研究以制作系统评价为目的,因此确定的数据库包括 PubMed、SinoMed、中国期刊全文数据库、万方数据库。不同数据库检索途径略有差别,在 PubMed 英文数据库中以 intervene、trial、dementia、care、depress 为主题词进行检索;而在 SinoMed 数据库中以干预性研究、家庭护理(非专业)、抑郁为主题词,干预、intervene、痴呆、阿尔茨海默病、照顾者、家庭护理、照料者、照护者、caregiver、抑郁、郁闷、depress 为自由词进行检索。

3. 构建检索表达式 检索途径确定后,编写检索表达式,即将作为检索标识的主题词、作者姓名、关键词以及各种符号如分类号等用各种算符(如布尔算符、位置算符等)组合,形成既能被计算机识别又能体现检索要求的表达式。这一步的关键是能够找全与课题 / 问题直接相关的词(尤其是特征词)及其同义词、近义词、别称、简称 / 缩写有哪些?它们的逻辑关系是什么(AND / OR)?如失能老人这一主题概念,其近义词可包括长期照顾、长期照料、长期照护、社区护理、照顾者等,对于这些近义词或同义词的把握,一方面是对本领域的熟悉程度,另一方面可以请教专业人员,通过预检索找到这些近义词和同义词。

4. 对检索策略进行调整,提高检索效率 检索策略的调整可分为两种情形,即扩大检索和缩小检索。

(1) 扩大检索(查全):扩大检索,即增加检出文献量,可通过选择更多的数据库和时间范围、选择更多的检索途径(如主题词 / 扩展主题词 / 上位主题词 + 自由词)、选择更多的检索方式、使用近义词、同义词、截词检索、相关信息检索等措施获取较多检出结果,如用 PubMed 查找"全科医学"的相关文献,检索时用(general practi*) OR (family medicine) OR (family physician) OR (primary care),增加用 OR 连接的检索词,减少 AND 组合中的非核心词,模糊检索,扩大检索范围。

(2) 缩小检索(查准):缩小检索,即减少检出文献量,可通过减少数据库数量、选择最准的检索途径(如 PubMed 中的主要主题词)、选择最快捷准确的检索方式、增加"AND"组合使用、使用字段限定检索、使用精确检索(如双引号)、使用一些检索系统提供的过滤功能(如 PubMed 提供的 filter)等措施获取更精确的检出结果。

5. 整理检索结果,获取原始文献 将结果导入文献管理工具,通过阅读标题摘要等信息,根据文献相关性、来源、作者背景、发表日期、参考文献(证据)、被引情况(认可度)、他人评论等因素,初步判断结果是否满足需求。若对结果不满意,再次回顾检索过程,重新调整策略。如果结果满足需求,则可开始获取原始文献,进入下一步分析研究。

综上所述,整个检索的过程和步骤概括为如下流程(图 6-2)。

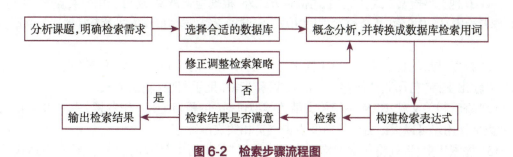

图6-2 检索步骤流程图

第三节　常用医学文献数据库

医学研究中目前常用的数据库包括参考数据库和全文数据库。参考数据库主要包括文摘和索引数据库,最常使用的有中国生物医学文献服务系统、PubMed 等。全文数据库包括期刊论文、会议论文、学位论文、研究报告等,最常使用的中文全文数据库有中国知网、万方数据知识服务平台、维普信息资源系统;英文全文数据库有 Science Direct、Ovid 全文电子期刊、EBSCOhost 等,本节主要介绍几种常用的数据库的使用。

一、常用中文医学文献数据库

(一) 中国生物医学文献数据库

1. 数据库概况　中国生物医学文献数据库(简称 CBM)(http://www.sinomed.ac.cn/)是中国生物医学文献服务系统(简称 SinoMed)8 个中外文数据库中的一个,收录了自 1978 年以来 1800 余种中国生物医学期刊,以及汇编、会议论文的文献题录。CBM 最大特点是题录均严格依据美国国立医学图书馆的医学主题词标引规则,与 PubMed 检索系统有良好的兼容性。

2. 检索途径和方法　CBM 主要检索方式包括快速检索、高级检索、主题检索、分类检索、期刊检索、作者检索、机构检索、基金检索、引文检索等。

(1) 快速检索:快速检索是 CBM 的默认检索方式,直接输入关键词进行检索即可,如有多个关键词,需用空格键分开,系统默认逻辑关系词“与”。

(2) 高级检索:点击“高级检索”按钮,进入 CBM 高级检索页面。具体操作步骤如下:

1) 根据需要选择检索入口:通过下拉菜单选择需要的检索入口,主要包括常用字段、全部字段、中文标题、英文标题等 19 个检索入口。

2) 在输入框中输入检索词:用户可根据需要选择是否进行“智能检索”,选择逻辑关系词“AND”、“OR”、“NOT”,点击“发送到检索框”按钮;如果需要构建多个检索词的表达式,重复执行上述步骤即可;对检索框中的检索表达式确认无误后,点击“检索”按钮进行检索。

(3) 主题检索:点击“主题检索”按钮,进入 CBM 主题检索页面。具体操作步骤如下:

1) 通过下拉菜单选择中 / 英文主题词,在输入框中输入检索词,如“高血压”,浏览相关主题词索引,选择确定需要的恰当主题词“高血压”,点击进入副主题词选择页面。

2) 在副主题词选择页面,有主题词的注释信息和树状结构表,用户可以根据自己的需要选择更恰当的主题词,并且可以根据检索要求选择是否加权,是否扩展,添加相应副主题词后,点击“主题检索”按钮。

(4) 其他类型检索方式:除了上述检索方式外,根据检索需要,还可采用分类检索、期刊检索、作者检索、机构检索、基金检索、引文检索、定题检索等,具体操作方式参考其他相关书籍。

3. 检索结果的处理

(1) 检索结果的显示输出:CBM 输出记录显示格式支持“题录”和“文摘”两种格式。检索结果输出支持“打印”、“保存”、“E-mail”和“写作助手”四种输出方式。

(2) 查看相关文献:CBM 中相关文献的类型包括“主题相关”、“作者相关”、“共引相关”三种类型。用户可以根据自己的需要点击浏览相关文献。

(3) 检索历史:系统将每次的检索步骤记录在“检索历史”中,包括序号、检索表达式、检索结果以及检索时间。在"检索历史"中可对检索记录进行相应操作,可从中选择一个或多个检索表达式并用逻辑运算符"AND"、"OR"、"NOT"组成更恰当的检索策略进行检索。

4. 检索实例　检索自1996年来高血压预防和控制的研究进展。

(1) 分析主题概念,确定检索词:根据检索内容,可以提取"高血压"、"预防和控制"、"进展"三个检索概念,其中"高血压"为主要检索概念,"预防和控制"、"进展"为限定检索概念,时间范围为1996年至2017年。

(2) 检索过程:首先进入CBM首页,点击"主题检索",在检索框中输入"高血压",点击"查找",系统显示有主题词"高血压",且允许与副主题词"预防和控制"组配,默认选择扩展检索"扩展"、副主题词"扩展"检索,添加完副主题词后,点击"发送到检索框",点击"主题检索"进行检索;然后在"快速检索"页面,输入"高血压AND(预防OR控制OR防控)"进行自由词检索;最后点击"检索历史",选择前两步检索表达式,选择逻辑关系词"OR"进行逻辑运算。在检索结果显示页面点击"限定检索"进行限定操作,输入年代范围"1996—2017",勾选文献类型"综述",然后点击检索入口下方以红色字体显示的检索条件,系统即显示最终的检索结果。

(二) 中国知网

1. 数据库概况　中国知网(简称CNKI)是一个综合性的数字文献资源系统,收录的文献包括期刊、博硕士论文、会议论文、报纸、国家标准、专利、年鉴等,内容覆盖医学、理工、农业、工程技术、哲学、人文社会科学等,收录了国内8200多种重要期刊,是目前世界上最大的连续动态更新的中国期刊全文数据库。

2. 检索途径和方法　登录CNKI网站(http://www.cnki.net/),进入首页,通过统一的检索界面,可对期刊、学位论文、会议报纸等多个数据库进行跨库检索。CNKI的检索方式主要有简单检索、高级检索、专业检索、作者发文检索、句子检索以及一框式检索。CNKI的简单检索及一框式检索页面,操作简单,但检索精度差,在实际文献检索过程中,更常用高级检索,下面重点介绍高级检索的操作。

点击首页检索框右方的"高级检索"按钮,切换至高级检索页面。高级检索可以同时输入多个检索词,并且利用逻辑关系词"并含"、"或含"、"不含"指明各个检索词之间的关系;逻辑检索行中的"+""-"意为增加一行检索式或删除一行检索式;"精确"与"模糊"意为选择检索词的匹配程度,"精确"是指检索结果中包含与检索词完全相同的词语,"模糊"为检索结果中包含检索词或检索词中的词素。

当检索内容比较复杂,还可选用专业检索,将所要检索课题内容的检索词使用逻辑运算符和关键词编制成检索表达式进行检索。

3. 检索结果的处理

(1) 显示:在检索结果页面上点击每一篇文献的篇名,进入当前文献的细览区,显示出当前文献的详细信息和扩展信息,包括题名、作者及其单位、摘要、关键词、相似文献、读者推荐等多项内容,检索结果题录信息可以按照列表和摘要格式进行显示。

(2) 保存:在显示题录格式(包含文献的题目,作者,摘要,关键词等信息)进行文献保存时,首先选择需要保存的文献,然后点"导出/参考文献"按钮进行保存。目前CNKI提供的文献保存格式主要有CAJ-CD格式引文、Refworks、EndNote、NoteExpress、NoteFirst等格式。个人可根据自己使用的不同文献管理软件选择相应格式,保存至本地文件。

(3) 全文下载:CNKI提供CAJ和PDF两种全文格式。用户可点击"CAJ下载"或"PDF

下载"全文。需要注意的是 CAJ 格式文件需要下载安装全文阅读浏览器 CAJ Viewer 才能进行阅读,该浏览器可在 CNKI 下载中心免费下载。

4. 检索实例检索失能老人家庭照顾者社会支持状况相关文献。

(1) 进入 CNKI 首页,点击"高级检索"。

(2) 输入检索条件:从检索项的下拉菜单中选择"主题",输入检索词"失能老人",分别添加检索条件"主题"中分别输入"家庭照顾者"、"社会支持"。

(3) 点击"检索"按钮,显示检索结果。

(三) 万方数据知识服务平台

1. 数据库概况　万方数据知识服务平台(http://www.wanfangdata.com.cn/)汇集了学术期刊、学位论文、学术会议、中外专利、科技成果、法律法规等资源,内容涵盖自然科学和社会科学各专业领域,是与中国知网齐名的中国专业学术数据库。数字化期刊全文数据库是万方数据知识平台的重要组成部分,收录了自 1998 年以来国内出版的各类期刊 7600 余种,其中包括 220 多种中华医学会和中华医师协会独家授权数字化出版的期刊。

2. 检索途径和方法　利用万方数据库检索文献,主要有三种方法:快速检索、高级检索、专业检索。

(1) 快速检索:进入万方数据库首页,点击"期刊"链接切换到期刊全文数据库,在后面的输入框中直接输入关键词或题名,点击"检索论文",即可检索出相关论文。

(2) 高级检索:进入万方数据库首页,点击"高级检索"按钮,进入高级检索页面。页面左侧选择文献类型,右侧通过下拉菜单选择检索途径(题名或关键词等),输入关键词,选择逻辑关系词,进行时间限制,完成文献检索

(3) 专业检索:根据系统语法将检索词利用逻辑运算符和关键词编制成检索表达式进行检索。

3. 检索结果的处理

(1) 显示:检索结果页面,主要显示分为四个部分:分类筛选区、二次检索区、结果显示区、相关分析区,见图 6-3。

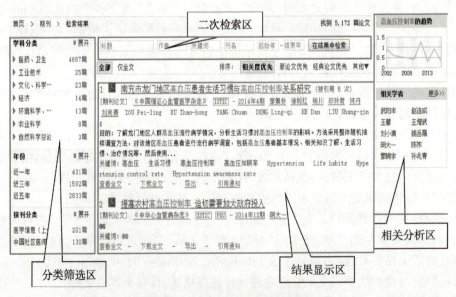

图 6-3　万方检索结果显示页面

1）分类筛选区：检索结果可按照学科分类、年份、按刊分类进行二次筛选。

2）二次检索区：在初次检索的结果上，根据标题、作者、关键词、刊名、发表年份可进行二次检索。

3）结果显示区：主要显示文献题名、作者、摘要、中英文关键词等内容。

4）相关分析区：主要包含知识脉络分析和相关学者分析，前者呈现该领域的研究趋势，后者主要包含该领域研究学者及其所在机构、发文数、被引数、H指数等。

（2）导出：点击文献下方的"导出"按钮，生成导出文献列表，选择要保存的文献参考格式进行保存。

（3）全文浏览、下载及保存：在每篇文献的下方有查看全文、下载全文链接，点击"查看全文"可以在线查看文献，点击"下载全文"可以下载PDF格式文档。

4. 检索实例　检索《中国全科医学》杂志上关于高血压患者服药依从性的有全文的相关文献。

（1）进入万方数据知识服务平台首页，选择期刊全文数据库，点击"高级检索"。

（2）在下拉菜单中选择"期刊-刊名"字段填写"中国全科医学"，输入主题"高血压"、"服药依从性"，选择逻辑关系词"与"。

（3）点击"检索"按钮得到检索结果。

二、常用英文医学文献数据库

（一）PubMed 数据库

1. 概述　PubMed 数据库（http://www.PubMed.com）是由美国国立医学图书馆（National Library of Medicine，NLM）的生物技术信息中心（National Center for Biotechnology Information，NCBI）开发研制的生物医学文献数据库，目前主要基于 Entrez 检索平台来提供服务。PubMed 整合在 NCBI 的统一检索平台上，并与该平台上的其他 40 多个数据库建立了无缝链接，均可免费访问，全面提供了生物医学研究必需的文献信息与分子生物信息，主要包括文献库（literature）、健康库（health）、基因库（genes）等。PubMed 收录了全世界 80 多个国家和地区的 5600 多种生物医学期刊的文摘和题录数据。

（1）医学主题词表：医学主题词表（medical subject headings，MeSH）是由 NLM 编制的用来标引 PubMed 引文的词表，目前已收录的主题词大约有 2.6 万条，每年更新一次。MeSH 副主题词通常和 MeSH 主题词一起使用，便于更全面地描述某一问题。

MeSH 词表主要由字顺表和树状结构表组成。字顺表反映主题词之间的横向联系，而树状结构表反映主题词之间的纵向关系，两者通过树状结构号联结起来，形成一个完整的检索体系。

（2）检索原理及规则：PubMed 对检索词具有自动转换和匹配检索的功能，同时也可运用布尔逻辑运算符、截词符等进行复杂的检索，使用规则可参考第二节的相关内容。

1）词汇自动转换功能（automatic term mapping）：词汇自动转换功能是 PubMed 数据库特有的功能。其基本原理是：系统先对输入的检索词进行概念分析，根据用户在基本检索界面的检索框中输入的未带任何限制的检索词，系统会自动使用各种转换表或索引表对其进行搜索、对比、匹配，然后转换成相应的 MeSH 主题词或刊名、著者等，再将检索词在所有字段［all fields］中进行检索，执行"OR"布尔逻辑运算后呈现出检索结果。如果检索词是词组，系统会将其拆分为单词后在所有字段检索,而单词与单词之间的布尔逻辑关系为"AND"。MeSH 转换表(MeSH translation table)是最常用的转换表,该表包括 MeSH 主题词、副主题词、统一医学语言系统中的同义词、主要的药物和其制品以及它们的同义词等词汇。此外还有刊名转换表(journal translation table)、作者全名转换表(full author translation table)、研究者(合著者)全名转换表[full investigator(collaborator)translation table]、作者索引(author index)、研究者(合著者)索引表[investigator(collaborator)index]等,实现对检索词的自动转换和匹配检索。

2)短语精确检索:短语精确检索是指将检索词组加上双引号进行强制检索,此时系统关闭词汇自动转换功能,提高查准率。例如,在检索框中输入"mammary cancer",并用双引号引起来,然后点击"search"按钮,系统将其作为一个整体在数据库的全部字段中进行检索。

3)限定字段检索:PubMed 数据库支持限定字段检索,格式为:检索词[字段标识],常用检索字段的标识及含义见表 6-1。例如,要检索文献类型为 clinical trial 的文献,应输入:clinical trial[pt]。

表 6-1　PubMed 的常用检索字段标识及含义

字段名称	字段标识	字段含义
all fields	[ALL]	所有字段
author	[AU]	著者
first author name	[1AU]	第一著者
journal title	[TA]	期刊全称、缩写或 ISSN 号
language	[LA]	语种
MeSH terms	[MH]	MeSH 主题词
PMID	[PMID]	PubMed 中文献的唯一识别码
text words	[TW]	文本词,来自 TI、AB、MH、SH、PT、NM 等字段
title	[TI]	文献的题名
title/abstract	[TIAB]	文献的题名、摘要

2. 检索途径和方法

(1)基本检索:进入 PubMed 数据库后,系统默认为基本检索界面。在检索框中输入检索词,点击右方的按钮"search",系统开始检索,并显示检索结果。

1)关键词检索(topics):在提问框中键入英文单词或短语(大小写均可)后点击回车键或者点击右侧的"search",PubMed 即会使用其词汇自动转换功能进行检索并显示检索结果。

2)著者检索(authors):在提问框中键入著者的姓氏全称和名字的首字母的大写,格式为:著者姓氏 - 空格 - 名字首字母大写,例如,Lederberg J,点击右侧的"search"按钮,系统就会自动到著者字段去检索。如果只输入了著者的姓氏,则系统将会默认在 MeSH 词表、文本词以及著者索引中进行匹配。2002 年以后的文献,如果提供了作者姓名的全称,也可据此进行检索。

3)期刊检索(journals):在提问框中键入刊名全称或 MEDLINE 形式的简称、ISSN 号,然后点击右侧的"search"按钮,系统将会在刊名字段检索。

（2）高级检索：在进行复杂课题的研究时通常需要用到高级检索进行分步检索。在PubMed主页，点击检索框下方的"advanced"按钮进入高级检索界面。PubMed的高级检索（advanced search）页面主要有三个组成部分，分别是检索输入框，检索构建器（search builder）以及检索史（search history）。

1）检索构建器：利用检索构建器可以很方便地实现多个字段的组合检索，提高查准率，同时结合检索史的应用，加入布尔逻辑运算完成复杂的检索。

检索时，先在左侧的下拉菜单中选择检索字段（系统默认为all fields），在检索框中输入检索词（可点击右侧的"show index list"按钮，系统显示该检索词的相关索引词供选择），选择布尔逻辑运算符AND、OR、NOT，上方的检索框中即显示出输入的检索词和运算符，点击"edit"按钮可编辑检索式。在完成检索式的构建之后，点击"search"按钮即可。点选"add to history"按钮，可将检索式及其检索结果存入检索史中。

例如，检索2012年至2016年以来期刊Neurology上发表的标题中包含Parkinson disease的文献，用检索构建器的步骤如下：①在左侧的下拉菜单中点选"title"字段，输入Parkinson disease，点击"AND"；②点选"journal"字段，输入Neurology，点击"AND"；③点选"date-publication"字段，输入2012 to 2016，检索框中的检索式为：(Parkinson disease [title]) AND " Neurology" [journal])AND ("2012" [date-publication]:"2016" [date-publication])，点击"search"按钮后，出现检索结果。

2）检索史：可完整记录本次检索以来所有的检索式的具体格式及检索结果，大概包括检索式序号，检索提问式（query）、检索结果数（items found）以及检索时间（time）。单击检索式序号，可执行布尔逻辑运算（AND、OR、NOT），也可删除检索式（delete from history）、显示检索结果（show search results）、显示实际执行的检索式（show search details）或者将检索式保存到My NCBI（save in My NCBI）。PubMed最多可储存100条检索式，一旦超过，系统会自动除旧留新；检索历史最多可保留8小时。此外，点击"add"按钮可直接将某个检索式添加至检索构建器（add to builder）。

在实际检索过程中，通常是在检索构建器中选择检索字段并输入检索词，然后点击"add to history"按钮，将检索结果输入检索史；重复这一步骤，待把所有检索词都进行完上述操作输入检索史后，再在检索框中直接输入检索表达式，如 #4 AND（#2 OR #3)NOT #6，再点击"search"按钮完成检索。同时，也可先在基本检索的页面完成各个检索词的检索，同样地把检索结果输入检索史中，再在检索史中构建完整的检索表达式，这样方便对检索表达式的调整和修正。

（3）主题词检索（MeSH database）：PubMed中的主题词检索使用的是MeSH主题词检索途径。点击PubMed主页右下角的"MeSH database"进入MeSH主题词数据库。在输入框中键入一个词或者词组后，系统将把与该词有关的主题词及其定义都显示出来供用户浏览选择。

在选好主题词后，可通过以下两种方式进行检索：

1）在选中的主题词左侧的小方框里打勾，然后点击右侧的"add to search builder"按钮，然后点击"search PubMed"开始检索。系统默认将主题词与所有副主题词组配并进行扩展检索，并在全部主题词字段进行检索。

2）点击选中主题词的超链接，进入主题词详细页面。在主题词的下方列出了副主题词的选项（所有可以与该主题词进行组配的副主题词）、限制主要主题词检索（restrict to MeSH major topic）和不扩展检索（do not include MeSH terms found below this term in the MeSH hierarchy）的选项，如果不选择这些选项，系统将默认与所有的副主题词进行组配，在所有的主题词字段并进行扩展检索。选择副主题词 prognosis，点击"add to search builder"按钮，将检索策略加入到提问框中，然后点击"search PubMed"按钮执行检索，页面下方即显示出关于高血压治疗方面的相关文献。

3. 检索结果处理

（1）显示：在 PubMed 检索结果的界面，可对文献的显示格式（format）、每页显示文献数（items per page）以及文献排序格式（sort by）等进行设置，点击页面上方的"display settings"链接进行操作。PubMed 默认的文献显示格式为 summary，此外，还有 abstract、MEDLINE、XML、PMID List 等其他格式。系统默认每页显示的记录条数为 20，也可更改。检索结果默认按照最近新增（recently added）排序，也可选择别的格式，如按照出版时间（Pub date）、第一作者（first author）、排名最末作者（last author）、题目（title）等进行排序。

（2）保存：点击检索结果页面上方的"send to"链接，在下拉菜单中选择"file"，将保存格式选为 full（text）或 summary（text），然后点击"create file"，即可将记录保存为文献。

4. 检索实例　检索近 3 年 PubMed 收录的有关乳腺癌（breast neoplasms）治疗方面的综述类文献，要求提供免费全文。

检索步骤：

（1）PubMed 主页点击 MeSH database 链接，进入主题词检索界面。

（2）输入 breast neoplasms，进入该主题词的详细页面中，选择副主题词 therapy，点击页面右上方的"add to search builder"，发送到检索式构建框中，然后点击"search PubMed"按钮。

（3）进入检索结果的显示界面，在页面左侧的检索过滤器，出版时间（publication dates）选择"5 years"，文献类型（article types）选择"review"，是否提供全文（text availability）选择"free full text available"，页面即可显示相对应的检索结果

（二）Science Direct（ELSEVIER 电子期刊全文库）全文数据库

1. 概述　Science Direct（http://www.sciencedirect.com）是由 Elsevier 开发推出的全文数据库检索平台，通过 Science Direct 可以链接到 Elsevier 庞大的电子资源，其中包括期刊全文、单行本电子书、参考工具书、指导手册以及系列图书等，内容涵盖生命科学、数学、物理学、化学、临床科学等 24 个学科。

2. 检索途径和方法

（1）高级检索：点击快速检索栏中下方的"advanced search"按钮或者系统界面上端工具栏中的"search"，即可进入高级检索界面。

高级检索中有两个检索输入框，可以输入单词、词组并进行布尔逻辑组配运算。输入框后的字段限制选项默认为 all fields，还可对文摘 / 标题 / 关键词（abstract/title/keywords）、著者（authors）、特定著者（specific author）、期刊名（journal name）、论文标题（title）、文摘（abstract）、关键词（keywords）、参考文献（reference）、机构名称（affiliation）、全文（full text）等检索字段进行限制选择。其中，authors 字段与 specific author 字段的检索结果是不同的：一篇文献通常有多个著者的信息储存在著者字段中，当限定在 authors 字段进行检索时，输入框中的检索词只要是在著者字段中出现就会成为命中记录，这就表示可以是两个甚至更多作者名字中分

别包含了检索词；而specific author字段检索则限定检索词必须出现在同一个著者的名字中，因此，如果想检索某著者发表的文献需使用specific author字段进行限定检索，保证查准率。高级检索同时还提供学科主题、文献来源、文献类型、文献的出版时间、卷号、期号、页码等限定检索；同时也可以进入期刊、图书、影像的特定检索界面进行相应的检索。

(2) 浏览进入Science Direct数据库默认界面，左侧即为期刊浏览栏表，用户可以按照出版物名称字顺或者按照学科主题浏览该数据库收录的期刊或图书。也可点击系统界面上端工具栏中的"publications"进入出版物浏览界面，按照出版物名称字顺、学科主题或者关注的出版物浏览三种方式浏览期刊或者图书内容。

3. 检索结果处理 检索结果可以浏览、打印、保存，全文只能单篇下载，题录和摘要可以进行批量下载，下载格式默认为PDF格式。

4. 检索实例 检索近一年来Science Direct收录的有关乳腺癌(breast neoplasms)治疗的分子生物学方面的期刊文献，要求提供免费全文。

检索步骤：

(1) 进入Science Direct主页点击检索框下方的"advanced search"链接，进入高级检索界面。

(2) 在第一个检索输入框中键入breast neoplasms，然后在下面的检索框中输入therapy，后面的字段限制选项均为默认的all fields，布尔逻辑运算选择AND，文献类型选择journals，open access articles，学科主题选择biochemistry，genetics and molecular biology，出版时间选择2016 to present，然后点击最下方的"search"按钮，即可得到相应的检索结果。

第四节 文献管理与分析

一、文献的管理

(一) 文献管理概述

随着互联网技术的不断发展，文献信息的电子化和网络化越来越普及。对于一次研究，根据不同研究目的，研究者往往需要在多个中英文数据库中进行文献的搜集，这样所搜集到的文献可能非常庞杂。另外，研究者可能对多个领域或者某一领域下不同研究方向有兴趣，搜集到大量文献，如何对这些文献分类存放便于查找，这就涉及文献的管理，是研究者在科研工作中必须掌握的技能之一。在目前各类数字参考资源迅速增长的情况下，传统的文献管理和利用方式越来越难以满足科研人员对文献信息的存储、组织、检索和使用的要求，因此，准确、高效、便捷的管理和利用文献的要求促使文献管理软件的应运而生。

(二) 文献管理软件

1. 概述 文献管理软件集文献检索、收集、整理以及导入导出功能于一体，能够帮助用户实现高效的文献管理和应用，一经推出迅速得到推广使用。文献管理软件在国外的影响相对较大，使用广泛，而国内的文献管理软件的发展尚处于起步阶段，但其重要性也慢慢得到越来越多科研人员的认可。目前国外最常用的文献管理软件有Endnote、Reference Manager、ProCite等，国内使用相对较多的有NoteExpress、PowerReference、医学文献王以及WriteNote等。下面以NoteExpress的使用为例展示如何进行文献管理。

2. NoteExpress 的使用　NoteExpress(以下简称 NE)是北京爱琴海软件公司开发的一款专业的文献管理软件,除具备文献信息检索与下载功能外,还有对各类文献实行有效管理的强大功能。全中文界面,目前最新版本为 3.2。下载地址:http://www.inoteexpress.com/aegean/index.php/home/index/index.html,可下载个人免费版和集团免费版。下面介绍与文献管理相关的主要功能与操作。

(1) 个人数据库的建立:点击工具栏上的"新建数据库"按钮可以新建个人数据库并添加题录。题录是描述文献外部特征的条目,主要包括:文献的题目,作者,摘要,关键词等信息。NE 就是以题录为核心对文献进行管理。建立题录数据库,可先查看摘要而非全文,可提高效率,题录与原文之间通过附件的应用相互链接。题录导入方式主要有三种:手动建立题录,文献检索结果批量导入、在线数据库检索后导入。

1) 手动建立题录:是需要手工填写题录的各个字段,比较费时。

2) 检索结果批量导入:是指从各个文献数据库(如万方、维普、CNKI、PubMed、Elsevier等)检索出结果后,将结果批量导入题录数据库。以万方数据库为例:进入万方数据库,根据需要检索得到相应的文献,在检索结果页面点击"导出"链接,然后选择左侧的"NoteExpress"格式后,点击上方的"复制"按钮,题录信息即可自动输入到剪贴板(.txt)或文献(.ris);然后回到 NE 中,在相应的题录数据库中执行"导入题录"的命令,进入图 6-4 对话框中,题录来源选择"来自剪贴板",过滤器选择"NoteExpress"后,点击"开始导入"按钮,即可成功将题录数据批量导入题录数据库中。

图 6-4　导入题录命令对话框

3) 从在线数据库检索后直接导入:是指利用 NE 的"在线检索"功能,从 PubMed、CNKI等在线数据检索到结果,应用"保存勾选的题录"按钮,即可将检索到的勾选的文献添加至题录数据库中,见图 6-5。

(2) 文献的管理:题录数据库建好后,就可以对数据库中的题录进行查重、排序、添加附件、添加笔记、添加标识、库内检索以及统计等,实现对文献的有序管理,方便今后阅读。

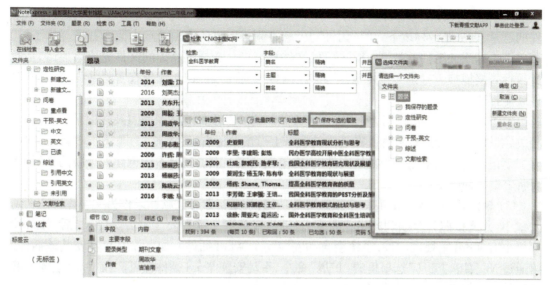

图 6-5　保存题录

1) 分类:在建立的题录下,可根据个人关注的不同领域分别建立不同的子目录,分别存放不同文献。

2) 查重:点击"检索"菜单下的"查找重复题录",在跳出的窗口中选择待查重的文件夹并填写好查重依据后,进行查重。对于查出来的重复数据,可利用键盘上的"delete"键或"删除题录"菜单,即能将查到的重复题录一次性删除。

3) 排序:单击题录区某字段(如年份)标题栏,系统即可按照该字段对数据进行排序,再次单击该字段,则变成倒序排列,第三次点击该字段时,取消排序。

4) 本地检索:选中要检索的文件夹,在工具栏的检索框中输入关键词,按回车键即可进行快速检索;进行高级检索,需要打开"检索"菜单下的"在个人数据库中检索"窗口,填写检索条件后,点击"添加条件"按钮,填写条件后,通过布尔逻辑进行组合检索,明确所有检索条件后,点击"检索"按钮即可开始检索,然后在左侧"最近检索"文件夹下会自动形成以关键词命名的新文件夹,用鼠标右击该文件夹选择"保存检索"命令,即可将最近检索相关主题的题录或笔记保存到"保存的检索"任一文件夹下,从而永久保存检索结果。在联网状态下,该文件夹中的内容会自动更新,以后添加到系统中的题录如果恰好满足该搜索条件,即会自动出现在该文件夹中,这一功能对于追踪某一热点研究问题非常有意义。

5) 设置优先级与标签:对于检索得到的文献,根据与研究主题的相关性大小不同,可对其设置优先级,特别重要的文献标识以优先级,提醒及时阅读。同时对于同一主题文件夹下的题录可能又可区分为不同的亚主题,这时可通过设置标签的方式实现。选中要标识优先级和标签的题录,点击"题录"菜单下的"星标与优先级",点击"非常高"即完成优先级设定;点击工具栏中的"标签与标记"按钮,为设定的标签起名,即可完成标签设定,再点击标签,可获取到相关标签文献。

6) 添加附件:NE 中的题录可以与文献全文或者任何其他格式的文献通过"添加附件"

功能联系起来,实现个人文献的有序管理。添加附件的方法有两种:一是选中要为其添加附件的题录,点击题录列表下方的"附件"按钮,在附件下方的空白处点击鼠标右键,在"添加"菜单下选择添加附件的类型(单个文件、文件夹等)后,选择要添加的文件完成添加;二是通过鼠标直接拖拽。一条题录可以添加多个附件,在查看题录时,如想查看附件内容,双击附件就能打开。

7)添加笔记:该功能可以实现在阅读文献时将所产生的想法及观点及时记录下来,并与相关题录建立链接加以管理。在选中的题录上点击鼠标右键,选择"为题录新增笔记"即可添加笔记。也可选中笔记所在的文件夹,在笔记列表上点击鼠标右键创建一个新的笔记,并可将之链接到题录。

(3) 辅助撰写论文:NE 有一个很重要的功能,就是将参考文献题录作为文中注释插入到文章中,并能按照各个期刊的格式要求,自动生成参考文献列表。成功安装 NE 后,如果计算机中有 Word 字处理软件,系统会自动安装一个 Word 插件。如果没有自动安装该插件,可通过 NE 菜单"工具"选项里的"扩展"命令,手动安装 Word 插件即可。在 Word 里插入参考文献题录的步骤参考其他相关书籍。

二、文献的阅读与分析

(一) 文献的阅读

期刊论文作为医学文献的最常见形式,其一般结构如下:题目、作者姓名与单位、摘要、关键词、背景、材料与方法、结果、讨论、致谢、参考文献等。

在繁忙的临床工作中,一位医生不可能阅读完所有他需要了解领域的文献,出于临床工作需要或者科研需要,在完成了相应的文献搜集及整理后,不可能也没必要通读所有检索到的文献,因此需要掌握文献筛选和阅读的方法。

1. 根据文献的题目、摘要,对文献进行分类筛选　一般根据文献的题目和摘要对文献的相关性及重要性进行分析,对无相关性文献进行剔除,完成文献的初筛。对初筛后的文献,根据文献的相关性,可将文献划分为重要文献和一般文献,重要文献是指对本学科发展具有里程碑式意义的研究文献以及学术权威撰写的综述,对这些文献应仔细阅读原文;一般文献是指与本学科研究领域相关的其他领域重要文献和本学科领域内的除重要文献以外的其他文献,对这些文献以阅读摘要为主,在阅读过程中发现文献有价值,可以升级为重要文献,再阅读全文。

2. 根据不同目的,选择性阅读文献及文献内容　如果医生希望迅速检索自己最需要的临床证据,加拿大循证医学专家 Brian Haynes 教授于 2009 年提出了循证卫生保健决策的"6S"模型,类似金字塔状分布,见表 6-2。最上面的资源、最少,但易于使用,从上至下,文献量逐渐增大,信息逐渐庞杂,需要仔细甄别。该模型也可指导我们阅读医学文献,即先读循证教科书及循证医学期刊,其次为综述,最后读原始文献。在临床科研实践中,不同阶段对文献阅读的侧重点有所不同,因此,根据实际需要,有选择地阅读文献相关内容:如在选题阶段,则需重点阅读前言部分,掌握该领域研究现状,同时还要重点阅读讨论部分中指出的该研究存在的不足、下一步研究方向等,这些可作为今后的研究方向;在课题设计阶段,则可重点阅读文献中有关研究方法部分。

表6-2　循证卫生保健决策的"6S"模型

层数	6S 名称	资源	举例
第一层	system（系统）	计算机决策支持系统	极少，偏重临床实践中的综合应用
第二层	summaries（总结）	循证实践指南、循证教科书	Up To Date，Best Practice
第三层	synopses of syntheses（综述摘要）	循证摘要	ACP journal club，evidence-based medicine
第四层	syntheses（综述）	系统评价	Cochrane 系统综述
第五层	synopses of single studies（单一研究摘要）	循证摘要类杂志	—
第六层	studies（原始研究）	发表在期刊上的原文	Pubmed，SinoMed

3. 掌握阅读要点，精读重要文献　对于需要精读的重要文献，在阅读全文时需要注意从下面几个方面去把握。

（1）前言部分：是否交代了研究目的、立题的理论或实践依据是否充分、理论或实际意义是什么。

（2）材料与方法部分：研究设计方案是什么、样本来源及样本大小估算的依据、测量指标有哪些。

（3）结果部分：主要结果是什么、有无新发现、报告结果的图表有哪些。

（4）讨论部分：结论是什么、是否回答了前言部分提出的问题、对于结果是否给出充分合理的解释、是否提出研究主要不足及今后的研究方向等。

在阅读文献的同时，可根据个人习惯将文献打印出来或者直接在电子版文献上进行标记，最后汇总文献的精粹部分以及阅读文献的收获等，根据文献不同主题进行分类存放，便于需要时及时查阅。

（二）文献的分析

文献具有两种特征，一是外部特征，如题目、作者、作者单位、发表期刊、发表时间、语种等，这些信息具有唯一性和指向性，因此，常被用来标识文献，以便检索查询；二是内容特征，如研究目的、研究对象与方法、结果、讨论与结论等，是文献的核心所在。

目前针对文献外部特征分析方法主要有传统的文献计量学分析和在此基础上的共现聚类分析。通过上述分析可了解到某一研究领域的高频主题词、高产作者以及该领域的主要研究热点等信息，有助于研究者较为全面了解某一研究领域的概况，具体方法可参考相关教材。

对医学专业人员而言，阅读文献时，更侧重对文献内容的分析和评价。临床医学研究目的主要是解决临床上有关疾病的病因、诊断、治疗及预后等问题，而针对上述不同临床问题，其常用的设计方案也不同，如病因研究常用队列研究、诊断方法的准确性常用横断面研究、治疗效果常用随机对照研究、疾病预后则常用队列研究和随机对照研究。针对上述不同研究类型的文献，一些知名学术机构或组织开发了系列评价工具。因随机对照试验研究采用了随机、盲法以及设置对照组，最大限度地控制了混杂和偏倚对结果的影响，在临床研究中备受青睐，因此随机对照试验质量评价工具最为多见，常见的如：Cochrane 风险偏倚评估工具、Jadad 量表、CASP 清单等，利用这些评价工具可帮助我们对文献的质量进行判断。有关随机对照试验、病例对照研究、诊断性试验等研究的具体评价方法可参考本教材相关章节。

　　一般医学文献分析评价包括3个方面的评价：①真实性评价，是评价分析的核心，如果一篇文献真实性有缺陷，则其他方面的价值毫无意义。②重要性评价，是指研究结果本身是否具有临床价值。③适用性评价，是指文献的结果和结论能否推广应用到研究对象以外的群体或者环境。有关上述三个方面评价的具体内容见本教材相关章节。

　　通过文献的阅读与分析，总结该领域研究现状，发现需要进一步研究的问题和角度，形成文献综述或者论文，文献综述和论文的撰写方法见本教材相关章节。

（杜　娟）

第七章 问卷调查法

问卷调查法（questionnaire method），是指调查者运用统一设计的问卷向被选取的调查对象以书面问题的方式搜集资料的一种研究方法。随着全科医学学科的不断发展，全科医生作为基层医疗中的核心，必须通过自己的科研实践来回答临床工作中的问题，提升全科医疗水平。当全科医生根据临床工作实践，凝练出科学问题，选择了合适的研究方法后，就可以通过问卷调查来搜集资料。本章系统地介绍了问卷的基本概念、问卷设计的具体要求以及问卷调查的实施。

第一节　调查问卷的基本概念与结构

一、调查问卷基本概念

（一）问卷的概念

问卷（questionnaire）是调查研究中收集资料、对某些变量进行度量的一种测量工具，问卷的设计直接关系到调查的质量。通过问卷调查获取资料是一种比较便捷、经济的途径，是医学研究中收集资料的重要手段。

本章将利用下面这份问卷（以下称之为问卷示例）对相关问题进行阐述。需说明的是这不是一份正规的调查问卷，仅是用作示例，便于大家理解学习问卷设计中相关内容。

【案例 7-1】 问卷示例

患者问卷调查					
姓名：　　　性别：　　　年龄：　　　职业：					
疾病病种：					
(1) 内科	(2) 外科	(3) 妇科	(4) 眼科	(5) 中医科	(6) 五官科
文化程度：					
(1) 大学以上	(2) 大学	(3) 大专	(4) 小学	(5) 文盲	
职称情况：					
(1) 正高	(2) 副高	(3) 中级	(4) 初级	(5) 无	
您是否到本院看过病：					
(1) 是	(2) 否				

一个月来几次:

(1) 1   (2) 2   (3) 3   (4) 4   (5) >4

您的医疗费用支付方式为:

(1) 公费   (2) 劳保   (3) 半自费   (4) 自费   (5) 商业性医疗保险

您认为所接触的医生的医疗水平:

(1) 好   (2) 较好   (3) 一般   (4) 不好   (5) 很不好

您对所接触的医生在认真观察病情、及时检查治疗方面是否满意:

(1) 满意   (2) 较满意   (3) 一般   (4) 不满意   (5) 很不满意

您对所接触的医生的服务态度是否满意:

(1) 满意   (2) 较满意   (3) 一般   (4) 不满意   (5) 很不满意

您对护理您的护士的服务态度是否满意:

(1) 满意   (2) 较满意   (3) 一般   (4) 不满意   (5) 很不满意

您对护士的操作技能是否满意:

(1) 满意   (2) 比较满意   (3) 一般   (4) 不满意   (5) 没接触

您对挂号处工作人员的服务态度是否满意:

(1) 满意   (2) 一般   (3) 不满意   (4) 未接触

您对药房工作的服务态度是否满意:

(1) 满意   (2) 一般   (3) 不满意   (4) 未接触

您对药房工作人员在交代药品的服法用量方面是否满意:

(1) 满意   (2) 比较满意   (3) 一般   (4) 不满意   (5) 没接触

您对检验科工作人员的服务是否满意:

(1) 满意   (2) 一般   (3) 不满意   (4) 未接触

您对检验结果的准确性是否满意:

(1) 满意   (2) 比较满意   (3) 一般   (4) 不满意   (5) 没接触

您对医院的就医环境是否满意:

(1) 满意   (2) 比较满意   (3) 一般   (4) 不满意

您对病房的卫生情况是否满意:

(1) 满意   (2) 比较满意   (3) 一般   (4) 不满意

您对医生诊室的设置是否满意:

(1) 满意   (2) 比较满意   (3) 一般   (4) 不满意

(二) 问卷的类型

在问卷设计中,根据不同的填答方式,可分为自填式问卷和访问问卷。自填式问卷调查由调查对象自行填写;访问式问卷,由调查者通过与被调查者的交谈,根据被调查者的回答进行填写。根据问卷的结构不同,可分为封闭型问卷和开放型问卷,详述如下。

1. 封闭型问卷   封闭型问卷(closed questionnaire)又称结构型问卷。在这类问卷中,列出的每个问题的后面备有可供选择的答案(备选答案),被调查对象根据自己的实际情况选择填写。例如:

(1) 您的最高学历是

A. 博士研究生　　　　B. 硕士研究生　　　　C. 本科生　　　　D. 大专及以下

(2) 您认为吸烟对身体有害吗?

A. 非常有害　　　　B. 有害　　　　C. 无害　　　　D. 不知道

问卷示例即为此类封闭型问卷。

对于封闭型问卷而言,答案是统一的、标准化的,调查结果便于统计分析;回答方式简单,应答率高;问题明确单一,调查结果的可信度高,因此应用广泛。但是,由于事先设计了备选答案,调查对象的创造性受到限制,不利于发现新问题;当所列举的问题调查对象不理解或不完全理解,或者没有适合于被调查者的答案时容易造成盲目回答,从而产生偏倚。

2. 开放型问卷　开放型问卷(opened questionnaire)又称无结构型问卷。在这类问卷中,只列举问题,不提供备选答案,被调查对象根据自己的情况自由回答。例如:

您认为吸烟对身体有哪些伤害?（列出问题,无备选答案)

在控烟方面,您有什么好的建议吗?（列出问题,无备选答案)

一般而言,开放型问卷适用于探索性研究,对于很难知道有几种备选答案的情况更加适用;调查对象可以充分发挥创造性,在自由回答的过程中,收集到生动的、意想不到的结果;使用灵活,调查对象可以进行详细的说明和论证,但是,由于被调查对象自身的差异,对问题的认识和理解存在偏差,所收集到的信息有时无法使用,而有些重要的又没收集到;调查结果不是统一和标准化的,统计分析难度大;回答花费时间多,易导致问卷的拒答率高、回收率低。

3. 混合型问卷　混合型问卷(mixed questionnaire)这类问卷既包括封闭型问卷的问题类型,又包括开放型问卷的问题类型。由于该类问卷可以弥补上述两类问卷的不足,常被应用于实际调查工作中。

二、调查问卷的一般结构

一份完整的调查问卷至少包括五个部分:问卷的标题、说明信、填表说明、问题与答案以及编码等。

(一) 问卷的标题

问卷的标题应高度概括调查的主题,因此,应简单明了,不宜过长,使调查对象看到标题后就能明确调查目的并产生兴趣。

问卷示例中"患者问卷调查"即为问卷的标题,调查对象"患者"已知,但是调查目的却不明确。因此,该标题需要修正。

(二) 说明信

说明信是指在问卷的首页上附给调查对象的说明,其作用包括:表明调查者的身份,增加调查对象的信任,愿意合作;介绍调查的目的和意义,激发调查对象的责任感,使其乐意参与;用真诚的语言请求被调查者合作,要求其准确回答问题;匿名保证,使调查对象在回答敏感问题时消除顾虑;对调查对象的参与表示感谢;留下调查者的地址,以表明调查者是认真负责和值得信赖的。

问卷示例中结构不完整,没有"说明信",应增加,如下所示:

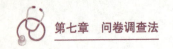

说　明　信

尊敬的患者:

您好! 为进一步提高我院的医疗服务水平,更好地服务患者,我们设计了这份满意度调查问卷,请您对在我院就诊过程中的医疗质量、服务质量、就医环境及收费价格等进行满意度评价(调查目的)。问卷不记名(匿名保证),请您在百忙之中抽出时间,根据自己的实际情况认真填写,不要有漏项,您的参与将对我院工作起到积极的推动作用(恳请合作),衷心感谢您的支持与合作(表示感谢)。

×××医院(调查者身份、地址)

(三) 填表说明

填表说明也称为指导语。是用来解释问卷中某些指标的含义,指导被调查者正确的填写调查问卷。分为卷头指导语和卷中指导语。

1. 卷头指导语　通常紧跟问卷的说明信。其作用包括:

(1) 对选择答案时所用符号进行说明,例如:

请您在备选答案后面的(　　)中打"√"

请您在 1~10 的线段上相应的位置上打"×"

请您在问题右边的方框内填入答案的编码　　①

请您在所选答案前的编号上画圈　　①男　2女

(2) 对问卷中所用的代码进行解释,例如:

对于"目前农村医生的数量太少",这个观点,您的态度是:

①A　　②D　　③NA

这里的英文字母为常用代码,因此,在指导语中进行解释:A 为赞成;D 为不赞成;NA 为不知道。方便调查对象进行选择。

(3) 对某些指标含义进行解释,例如:

您在医院的工作岗位是:

A. 医生　　B. 护士　　C. 行政管理人员　　D. 后勤人员

医院院长、科主任往往是双肩挑干部,如果此问题为单选题,在回答此问题时可以有两种选择,医生和行政管理人员,这样在统计时会出现部分人被统计在行政管理人员中,另一部分人被统计在医生队伍中。因此,需要在指导语中对其进行解释:行政管理人员指的是医院各职能部门的工作人员和双肩挑的干部。

(4) 对填写、邮寄等要求进行说明,例如:

请您如实填写,每题只选一个答案,不要空项。

请您填好后将问卷装入随问卷寄去的信封并及时寄回我处,最晚寄回日期是某月某日。

问卷示例中没有填表说明,应在说明信后增加"卷头指导语"部分。在实际工作中,常常将说明信和填表说明同时给出。例如:

【案例 7-2】　说明信和填表说明

尊敬的患者：

您好！为进一步提高我院的医疗服务水平，更好地服务患者，我们设计了这份满意度调查问卷，请您对在我院就诊过程中的医疗质量、服务质量、就医环境及收费价格等进行满意度评价。问卷不记名，请您在百忙之中抽出时间，根据自己的实际情况认真填写，不要有漏项，您的参与将对我院工作起到积极的推动作用，衷心感谢您的支持与合作。

填表说明：

1. 请您在每个问题后面，选择最符合您状况的答案，并在相应的答案数字上打√。
2. 需要填写的，请您在_____上填写。如：年龄 69 岁

×××医院（调查者身份、地址）

2. 卷中指导语　是针对某些较特殊的问题做出的特定解释。例如：

针对您的健康问题，签约团队全科医生是否给您做以下健康指导：(本题可多选)

A. 戒烟　　　　B. 限酒　　　　C. 限盐　　　　D. 运动计划　　　E. 控制体重
F. 用药指导　　G. 心理指导　　H. 康复计划　　I. 护理指导

(四) 问题与答案

问题与答案是问卷的主体，是调查者最关注的内容，被调查者的各种情况正是通过这部分来搜集得到。调查者可以根据调查目的，自行设计问题与答案的内容，设计的好坏直接关系到整个调查的成败。

(五) 编码

有些问卷提前设计了编码，也有的待问卷回收后进行统一编码，应确保每一份问卷都要记录一个唯一的且有顺序的识别号码，目的是便于后期的数据录入和统计分析。

第二节　调查问卷设计的具体方法

一、问卷设计的基本原则

问卷设计实际上是将课题研究的理论假设逐步操作化的过程，即将理论问题转化成可操作指标表示出来，因此，问卷设计的质量直接影响调查的结果，一份问卷只有结构合理、项目齐全、语言精练、长短适宜，才有可能达到预期的调查目的。

(一) 紧紧围绕调查目的进行设计

问卷是为调查者服务的，因此在问卷设计中应紧紧围绕调查目的展开，需要的内容一个不少，可要可不要的问题尽量不要，问卷中的每一个问题都有一个明确的意义。有些人在设计调查问卷时喜欢包罗万象，想通过一次调查了解尽可能多的问题，将问卷设计得过长，这样一方面调查对象不能很好地掌握调查的目的，另一方面对于过长的问卷往往拒答率很高，使调查失败。因此，问卷一般不宜过长，以回答时间 30 分钟为宜。

(二) 明确阻碍问卷调查的因素

问卷调查可以认为是调查者和调查对象之间的一种互动过程,一项调查是否能够成功,关键在于调查对象的配合程度,因此,在设计问卷时必须对阻碍问卷调查的因素有明确的认识。

1. 主观障碍　调查对象心理上和思想上对问卷产生各种不良反应所形成的障碍统称为主观障碍。

(1) 畏难情绪:当问卷内容过多、开放式问题需要花费太多精力通过回忆或计算才能回答问题时,往往容易使调查对象产生畏难情绪,致使其采取应付态度,甚至放弃问卷,从而造成问卷回收率下降,不合格问卷增多,影响信息的准确性。

(2) 顾虑重重:当调查内容涉及比较敏感的问题时,如实回答可能会带来不利影响,调查对象会顾虑重重,问题越敏感,这种心理反应就会越容易产生,最终导致其选择较为稳妥的回答,而不是按照真实情况回答。出现这种情况往往说明问卷设计时对匿名保证、资料的保密性解释得不够。

问卷示例中,调查患者对服务他的医生的满意度,患者和医生之间是长期的合作关系,如果问卷不匿名,即使患者对医生并不满意,考虑到以后还需要长期就诊于此,调查对象可能会产生违心回答。

(3) 漫不经心:当设计问卷说明信时,对调查的目的、意义以及调查对象应该如实填写问卷等重要性和作用阐述不够时,容易产生这种心理反应。在这种不良心理反应的影响下,会使调查对象在填写问卷时出现不认真、随心所欲,严重的可能出现恶搞,随意更改问卷内容,使回收的问卷不可使用。

(4) 毫无兴趣:当问卷设计的问题与调查对象的实际情况离的较远,调查问卷设计的平淡,调查对象认为调查与自身利益毫不相关,因此,表现出对调查毫无兴趣。

2. 客观障碍　指调查对象受自身能力和条件等方面的限制产生的障碍。尤其是自填式问卷,会受到调查对象的年龄、文化程度、身体状况等因素的影响,产生阅读能力、理解能力、表达能力、记忆能力、计算能力等方面的障碍。

(三) 其他因素

在设计问卷时还应考虑调查对象的选取、资料处理分析方法、问卷发放回收的方式以及调查经费和时间的影响。

二、问卷设计要求

(一) 项目要齐全,结构要合理

在问卷设计中注意保持问卷的结构完整,不缺项。结构主要包括调查表名称、说明信、填写说明、问题内容与答案四大部分,其他如问题编号、问卷页码、调查时间、调查地点、调查员姓名等项目也通常是不可缺少的。在实际调查中常见一些调查问卷没有说明信和填写说明,这样很难使调查对象明确调查目的,对于调查表的填写也是无所适从,因此,上面所述的四个主要结构内容一个不能少。

问卷示例中无说明信、填表说明,还缺少问题编号、调查时间、调查地点、调查员姓名等项目。

(二) 问题要明确、表述要清晰

调查问卷在设计问题时一定要保证给出的问题是明确的。如问卷的题目"患者问卷调查"并不明确到底是做什么调查，可以改为"患者就医满意度问卷调查"。问卷示例中第一个问题"疾病病种"，该问题的提法不明确，是问调查对象的疾病史，还是问来医院看什么病，从备选答案看又可以理解为到医院哪个科看病。对于这样的问题如果你想了解患者就医的科室，可以改为"您此次到医院的哪个科室看病"；如果你想了解患者的疾病史，可以改为"您曾经得过何种疾病"，相应的将备选答案改为不同的疾病病种。

(三) 语言要精练、数字要准确

问题的语言要精练，尽量避免使用"有时"、"偶尔"、"经常"等不确定的词，如：问卷示例的第3题"您经常到本院看病吗？"可以改为"您一个月来我院看几次病？"

当问卷中有年份、年龄、收入等需要用数字表示的问题时一定要准确。例如：

(1) 你的年龄是多少岁？

A. <20　　B. 20~30　　C. 30~40　　D. 40~50　　E. >50

显然在每个选项中都有互容的部分，使调查对象无法填写。这是在设计调查表时常犯的错误。应修改为以下两种方式中任何一种：

A. <20　　B. 20~30　　C. 31~40　　D. 41~50　　E. >50

A. <20　　B. 20~　　C. 30~　　D. 40~　　E. 50~

(四) 难度要适中、顺序要合理

设计问卷问题时应遵循：调查对象熟悉的、简单易懂的问题放在前面，比较生疏、较难回答的问题放在后面。问题的难度应以不需要经过查阅文献或进行复杂的计算便可以回答为宜，过于复杂的问题会引起调查对象的畏难情绪。例如：

(1) 您十年前的收入水平在您所在的地区处了什么位置？

A. 上等　　B. 中等　　C. 下等

调查对象在回答该问题时首先要回忆十年前自己的收入是多少，还需查阅文献找出当时所处地区的平均收入水平，然后再将其分为上、中、下三等，再比较自己的收入处在什么位置。显然这个问题难度太大，调查对象很难准确回答。

(五) 问题要分类，层次要清晰

在设计问卷时注意将相同类型的问题进行归类，每一类问题排序时应注意问题的逻辑顺序，这样使得整个问卷层次清晰，便于调查对象按正常思维和逻辑顺序回答，否则造成调查对象思维大范围的跳跃，会影响收集信息的准确性，从而影响调查的质量。问题的类型主要包括：

1. 事实型的问题　年龄、性别、学历、职称、职业、职务等，通常放在问卷的最前面。
2. 行为型的问题　干某事。就诊、咨询、听健康教育讲座、测量血压、血糖、体检等。
3. 态度型的问题　对某个问题所持的态度。赞成、反对、满意、不满意等。
4. 原因型的问题　为什么会引起某一事物的发生。文化、知识、能力、态度、关系、环境等内在和外在因素。

问卷示例没有进行归类，应将其归为三类：第一类是事实型的问题，即基本情况；第二类是行为型的问题；第三类是态度型的问题，即满意度。同时对第三类问题应该进行分层设计，可分为三层，即服务质量、服务态度和服务环境。这样问卷就给人以归类准确，层次清晰的

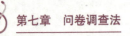

感觉,方便调查对象准确填写。

三、问卷设计的程序

(一) 明确研究目标

在设计问卷之前,对研究目标要十分明确,通过调查希望得到什么样的结论,如何将研究目标转化为可操作的目标;在本研究领域其他人的工作进展是怎样的,有无可以借鉴的东西。因此,要进行文献研究,了解国内外研究概况,在此基础上建立研究假设,制订验证研究假设的可操作的研究计划,包括调查对象、样本量、调查方法、统计方法、如何组织实施等。

(二) 设计问卷初稿

根据调查的目的和研究假设,列出调查内容的提纲,广泛收集相关的资料、信息,建立问题库。第一步将所有要调查的问题一一列出;第二步将所有问题进行归类;第三步将归类的问题按照逻辑关系排出各类问题的顺序;第四步对每一类中的问题进行分层,按照日常习惯和逻辑关系将问题进行排列;第五步反复检查问题前后的连贯性、问题之间的逻辑关系以及问题是否可以实现调查目的的需要。

(三) 问卷的试用和修改

设计好的问卷初稿,不能直接用于正式的调查,需要经过一个试用过程,这一步十分重要,不能省略。在试用中可能发现问卷中存在的问题,包括问卷的缺陷、遗漏、语言表述、逻辑关系、层次、分类等。试用的方式有两种:一是专家咨询,将问卷初稿分别送给本研究领域的专家、学者和研究人员,请他们根据自己的经验和认识,从各个角度和方面对问卷进行评价,指出其存在的问题;二是开展小范围的预调查,即利用问卷初稿,从正式调查的总体中抽选出部分样本,这些被抽取的调查对象应有较好的配合度,对研究感兴趣,能够提出一定的见解。通过对预调查结果的分析查找问卷初稿中存在的问题。根据不同渠道收集的信息,对初始问卷进行修改完善。

(四) 确定问卷

将修改完善后的问卷定稿,交付印刷,准备用于正式调查。

四、问卷的内容设计

(一) 问题设计的要求

问题的设计通常可以参考其他研究者的经验,结合本研究的目的,利用专家咨询法、头脑风暴法、小组讨论法等列出问题,然后进行筛选和整理。在问题设计中应注意以下原则。

1. 问题必须围绕研究假设进行设计　一份好的问卷,要求设置的问题恰好能够满足检验假设的需要,因此,在设计中应该有一个总体的框架,要明确需要采用哪些指标来测量假设,对每一个问题在调查中的作用都应该十分清楚,避免将不必要的问题列入。

2. 问题的提出要具体、明确,不能太抽象、笼统　如:"您对我社区卫生服务中心满意吗?"这样的问题显然太笼统,不具体,可以这样设计:"您对我社区卫生服务中心提供的基本医疗服务项目满意吗?"使问题具体化,方便回答。

3. 问题的提出避免过于专业术语化,应尽量使用调查对象自己的语言　例如:进行艾滋病知识知晓率调查时提出问题:"获得性免疫缺陷综合征是通过哪种渠道传播的?"很多人不清楚此为何种疾病,可以改为"艾滋病是通过哪种渠道传播的?"

4. 一个问题不要问两件事,避免难于回答 例如,问卷示例中"您对所接触的医生在认真观察病情、及时检查治疗方面是否满意"就是一个问题问两个以上的问题。

5. 问题的提出不能有暗示和诱导 设计者为了证实自己的研究假设是正确的,给出的问题带有明显的暗示和诱导,使得调查结果可靠性下降。例如:你是否认为社区卫生服务中心医生的医疗水平不如大医院的医生?这里就有明显的暗示,即社区卫生服务中心医生的水平就是不如大医院的医生水平。对于两类工作性质、工作岗位明显不同的人员进行比较,显然缺少一些限定的指标,比如可以限定在接诊急诊患者、开展慢性病管理方面、开展健康教育、处理疑难杂症等方面分别进行比较更为客观。

6. 问题的提出也不要用双重否定的词和句子 例如:"您是否认为不吸烟就不得肺癌?"这是双重否定的句子,可以改为"您是否认为吸烟可以引起肺癌?"

(二) 问题的编写格式

问卷中问题的编写格式有多种,最常用的有 8 种形式。

1. 二项式 又称是否式。问题下面只设有 2 个备选答案。

例如:你是否了解我国的社区卫生服务功能?

A. 是　　B. 否

这种方式提问的优点是易于理解,可迅速得到明确的答案,便于统计分析,但是得到的信息较少,了解得不够深入。

问卷示例中"你是否到本院看过病"的问题形式就是二项式表示。

2. 多项式 即问题下面的备选答案超过 2 个。例如:

下列哪个项目是社区卫生服务提供的公共卫生服务项目?

A. 健康教育　　B. 重大公共卫生项目　　C. 计划生育　　D. 疾病诊断

这种形式是封闭式问卷中最常用的,对于备选答案既可以单选,也可以多选,但所设备选答案不可能包括所有情况时,可以在最后设一个"其他"选项。

问卷示例中大多数的问题形式都是此种多项式。

3. 矩阵式 将同一类问题集中在一起,共同利用一组作为备选答案,从而构成类似数学中的矩阵式的表达方式。

例如:您对社区卫生服务机构提供的服务项目的满意程度如何?

项目	备选答案		
	满意	一般	不满意
慢性病管理			
健康教育			
公共卫生			

4. 序列式 所有备选答案具有程度上的差异并可排列。例如:

您对"吸烟能引起肺癌"的说法

A. 非常同意　　B. 同意　　C. 不同意　　D. 非常不同意　　E. 不知道(说不清)

这种备选答案设为 5 个水平的形式最常见,但也有设为 3 个或 7 个水平的情况。如 3 个水平:同意;不清楚;不同意。

问卷示例中很多题采用的都是序列式,如您对所接触的医生的服务态度是否满意?
①满意;②较满意;③一般;④不满意;⑤很不满意。

5. 尺度式　将答案分成两个极端,中间分成若干个等距离线段,要求回答者在适当位置上打"×"。线段的两头分别表示两个极端的状态,中间可分为3、5、7个距离,每一个线段代表不同的强度,调查对象根据自己的感受在线段的相应位置上打上标记"×"。

例如:你对吸烟能引起肺癌的说法

很不同意 ＿＿＿＿＿＿＿＿＿＿＿＿ 很同意
　　　　1　2　3　4　5　6　7

6. 填入式　这是一种定量的开放式的问题。当备选答案数量很多不容易列全时,可采取此种形式。要求调查对象将定量结果直接填入。研究者可以按照一定的规律进行分类,适合于进行统计分析。

例如:您的年龄＿＿＿＿＿岁;您的年收入是＿＿＿＿＿元
问卷示例中基本情况采用的都是填入式。

7. 关联式　将一系列相互衔接的问题放在一起,后面问题的回答依赖于前面问题的回答。对于中间无关的问题可以跳过。但特别注意在设计关联式时一般需要增加卷中指导语,以提醒调查对象。例如:

1. 您吸烟吗?

A. 吸　　　　　B. 不吸(如选B,请跳过2、3题,直接回答第4题)

2. 一天吸几支?

A. <5　　　　B. 5~10　　C. 11~15　　D. 16~20　　　　E. >20

3. 您从几岁开始吸烟＿＿＿＿＿?

4. 您对公共场所禁止吸烟的规定的态度

A. 非常赞同　　B. 赞同　　C. 不赞同　　D. 非常不赞同　　E. 说不清楚

这里面2、3都是和1关联的题,当第一题选择B时,就不需要回答2、3题,直接回答第4题。因此在第1题后面需加卷中指导语。

问卷示例中"您以前是否到本院看过病"与"一个月来几次"这两个问题就是关联题。应该在"否"后面加卷中指导语。

8. 顺位法　也称排序法。列出若干项目由调查对象根据某种特征进行排序。该法有两种排序方式,一种是将所有的项目排序,另一种是只对其中某些项目排序。

例如:请将您到社区卫生服务中心看病的三个最主要的原因选出并排序:(请按重要程度由大到小排列)＿＿＿＿＿＿＿

A. 看病方便　　　　B. 离家近　　　　C. 不用挂号　　　D. 便宜

E. 人少,不用排队　F. 医生服务态度好　G. 医生了解情况

H. 就医环境好　　　I. 报销比例高

对于这8种问题形式,在问卷设计中可以根据调查需要灵活使用。

根据上述各个部分中提到的问卷示例的问题,以及该问卷所要表达的研究目的,给出修改后的问卷如下:

【**案例7-3**】　**修改后的问卷示例**

患者就医满意度问卷调查

尊敬的患者：

您好！为进一步提高我院的医疗服务水平,更好地服务患者,我们设计了这份满意度调查问卷,请您对在我院就诊过程中的医疗质量、服务质量、就医环境及收费价格等进行满意度评价。问卷不记名,请您在百忙之中抽出时间,根据自己的实际情况认真填写,不要有漏项,您的参与将对我院工作起到积极的推动作用,衷心感谢您的支持与合作。

填表说明：

1. 请您在每个问题后面,选择最符合您状况的答案,没有特殊说明的均为单选题,在相应的答案数字上打"√"。

2. 需要填写的,请您在 _____ 上填写。如:年龄<u>69</u>岁。

×××医院(调查者身份、地址)

一、基本情况

1. 您的性别:(1)男　(2)女

2. 您的出生日期:_____ 年 ___ 月 ___ 日

3. 您的文化程度：

(1) 小学及以下　(2) 初中　(3) 高中/中专　(4) 大专　(5) 本科　(6) 研究生

4. 您从事的职业：

(1) 机关企事业单位管理者　　(2) 一般办事人员

(3) 专业技术人员　　　　　　(4) 商业/服务业员工

(5) 个体工商户　　　　　　　(6) 非农业产业工人

(7) 农民或农民工　　　　　　(8) 离退休

(9) 其他_____(请注明)

5. 您的医疗费用主要支付方式为：

(1) 公费医疗　　　(2) 城镇职工医保　　　(3) 城镇居民医保

(4) 新农合　　　　(5) 商业性医疗保险　　(6) 全部自费

二、就医行为

6. 您以前是否到本院看过病：

(1) 是　　　　　　(2) 否(选"否",请跳过第7题,直接回答第8题)

7. 一个月来几次：

(1) 1次　　　　(2) 2次　　　　(3) 3次

(4) 4次　　　　(5) >4次　　　(6) 其他_____(请注明)

8. 您此次到医院的哪个科室看病：

(1) 内科　　　　(2) 外科　　　　(3) 妇科

(4) 眼科　　　　(5) 中医科　　　(6) 五官科

(7) 其他_____(请注明)

三、对服务质量的满意度

根据您本次就诊经历,对医务人员的医疗服务质量进行满意度评价,请在对应的数字上打"√"。注意:如果未接受过该项服务,可以不填写。

条目	很满意	满意	一般	不满意	很不满意
9. 医生在疾病诊断治疗方面	5	4	3	2	1
10. 护士输液时的操作技能方面	5	4	3	2	1
11. 药房工作人员在交代药品的服法用量方面	5	4	3	2	1
12. 检验科人员报告检验结果的准确性方面	5	4	3	2	1
13. 对医院医疗质量总体满意度	5	4	3	2	1

四、对服务态度的满意度

根据您本次就诊经历,对医务人员的服务态度进行满意度评价,请在对应的数字上打"√"。注意:如果未接受过该项服务,可以不填写。

条目	很满意	满意	一般	不满意	很不满意
14. 医生的服务态度	5	4	3	2	1
15. 护士的服务态度	5	4	3	2	1
16. 挂号处工作人员的服务态度	5	4	3	2	1
17. 药房工作人员的服务态度	5	4	3	2	1
18. 检验科工作人员的服务态度	5	4	3	2	1

五、其他

19. 您对医院的总体就医环境是否满意:

(1) 很满意　　(2) 满意　　(3) 一般　　(4) 不满意　　(5) 很不满意

20. 您是否愿意再次到本院就诊:

(1) 很愿意　　(2) 愿意　　(3) 一般　　(4) 不愿意　　(5) 很不愿意

21. 您是否愿意推荐亲戚朋友到本院就诊:

(1) 很愿意　　(2) 愿意　　(3) 一般　　(4) 不愿意　　(5) 很不愿意

22. 对于本次就诊过程,您有何意见和建议?

五、问卷设计的常见问题及质量控制

(一) 问卷设计的常见问题

设计有误的问卷往往会影响调查的质量,因此,设计问卷时应注意以下问题的出现。

1. 说明信与指导语中易出现的问题　有些问卷中的说明信,对调查背景、调查目的缺乏必要说明,这样极易导致被调查者对调查内容不理解而拒答;有些问卷中的说明信则过于冗长,则易导致被调查者的厌烦情绪。

2. 问题设计中易出现的问题　本章第二节中对于问题设计所提的要求,也是问卷调查设计初学者容易犯错误的地方,如:问题的含义不清楚、不明确,可能是问卷设计者对所提问题的目的和用意不清楚造成的,也可能是对问题的用语推敲不够造成的。如:"您对社区医院近年来变化情况的感觉是什么?"此问题的含义就比较模糊,被调查者不清楚问的是社区医院的什么变化情况,是医生整体诊疗水平的变化还是医院的就诊环境的变化? 问题设计得不够明确,十分含糊。再如:一个问题不要问两件事,问卷示例中"您对所接触的医生在认真观察病情、及时检查治疗方面是否满意"就是一个问题问了两个以上的问题,当被调查者对这两个方面的问题的回答不一致时,就难以作答。在问题设计方面应注意的其他问题,例如:问题的设计避免过于专业化的用语,问题不能有暗示和诱导,不能用双重否定的提问方式等,在问题设计时也应格外注意。

3. 答案设计中易出现的问题 答案设计中最易出现的问题是在答案的列举中,答案含义过于笼统。如:"您是否经常去社区卫生服务机构看病? A. 经常;B. 有时;C. 极少;D. 从未去过"答案中出现的"经常"、"有时"和"极少"。若把答案改为:"A. 每周一次;B. 每月一次;C. 半年一次;D. 从未去过",经过这些量化工作,调查者就能得到反映真实状况的资料了。

(二)问卷设计的质量控制

问卷设计的科学与否,直接关系到调查结果的可靠性。通常说,一份高质量的问卷应具备至少以下四个特点:首先能够满足研究目的的需要,即问卷所包含的问题应与所研究的内容关系密切;其次,要尽可能与调查对象相适应,为调查问卷的顺利完成提供重要保证;具有较高的信度和效度,即尽可能保证问卷中的每一个问题都是在测量我们所要测量的变量(具有效度),并且测量不受时间、地点和对象变化的影响(具有信度);问题少而精,即在能够获得必要资料的前提下,问卷包含的问题越精练越好。因此,要提高设计问卷的质量,需要注意以下几点。

1. 问卷设计者应明确认识问卷的作用、特点以及适用范围。问卷是定量研究调查中用来收集资料的工具之一,并非所有的调查都适合采用问卷。一旦决定使用问卷调查,在设计问卷时就要保证问卷结构完整、内容合理、表述恰当,这一工具只有运用得当,才可发挥巨大的作用;若运用不当,可能导致整个调查的失败。

2. 问卷设计者在设计问卷时除了考虑研究本身外,还要考虑被调查者的构成特征。设计的问卷能否顺利收集到可靠资料,很大程度上取决于问卷是否适合调查对象。调查对象在年龄、文化程度、知识构成以及价值观上有很大的差别,因此,设计问卷时设计者一定要尽量考虑每一位调查对象,做到以真诚、友善、简单的方式用书面文字与调查对象交流。

3. 问卷设计者应有严谨的治学态度和一丝不苟的科研精神。要求设计者在问卷设计过程中必须依据科学的程序和方法,仔细推敲,精益求精。

4. 灵活运用问卷设计的原则、方法和技巧。任何关于问卷设计的原则、方法以及技巧都不是教条,而是要学会具体情况具体对待,具体问题具体分析,只有在实践中反复摸索、体会,才能把理论知识真正落实到实践中去。

第三节 问卷调查法的实施

一、资料收集方法

资料收集方法主要有两种基本类型,即自填问卷法和结构访问法。

（一）自填问卷法

自填问卷法是指调查者将问卷发送或邮寄给被调查者,由被调查者自行阅读和填答,再由调查者收回的资料收集方法。这种方法是问卷调查中最常用的一种资料收集方法。自填问卷法可分为个别发送法、集中填答法、邮寄填答法和网络调查法。

1. 个别发送法　是自填问卷法中最常用的一种。调查员依据所抽取的样本,将印制好的问卷逐一发到被调查者手中,同时说明调查的要求和意义,请求他们的合作,并约定好收回问卷的时间、地点和方式。个别发送法克服了当面访问中所需调查时间较长的弱点,也不像邮寄法与被调查者完全不见面,而是介于两者之间,较好地处理了调查的质量与数量之间的关系,是问卷调查中最常选用的资料收集方法。

2. 集中填答法　采用某种方式将被调查者集中起来,由调查者统一讲解调查的主要要求、目的、问卷的填答方法等事项,然后将问卷分发给被调查者,请他们当场填写并当场收回。此方法比个别发送法更为节省调查时间和人力,比邮寄填答法更能保证问卷的填答质量和回收率。但此方法最大的局限性在于,实际工作中很难将符合纳入标准的调查对象集中起来,而且将众多被调查者集中在一起填答,有时不利于表达个人真实想法。

3. 邮寄填答法　即调查者把印制好的问卷连同已写好回邮地址和收件人姓名且贴好足够邮资的信封寄给被调查者,被调查者填答完毕后再将问卷寄回调查者。此方法不仅省时、省力、省钱,还可以不受空间距离的限制。但此方法的局限性是:调查者要有被调查者的姓名和地址,而这在实际调查中常常难以得到,即使有,随着时间推移,地址也可能发生变化;另外,该方法最大的缺点是问卷回收率低,难以达到问卷调查的回收率标准。

4. 网络调查法　即调查者利用互联网向特定研究对象发送调查问卷,同时也通过互联网收回被调查者填答好的问卷的调查方法。常见的网络调查方式有:①用电子邮件方式发送给被调查者调查问卷的链接地址:确定调查总体,抽取好调查对象的样本,并收集到他们的电子邮箱地址,然后给调查对象发送电子邮件,说明调查要求和目的,告知调查方法,并附上调查问卷所在的链接地址。被调查者填答结束后,问卷的数据自动存入事先设计好的数据文件中;②用电子邮件方式发送给被调查者调查问卷:确定调查总体,抽取好调查对象的样本,并收集到他们的电子邮箱地址,将调查问卷直接用电子邮件发送给调查对象,被调查者填答完毕后再通过电子邮件将问卷发回给调查者,调查者将填答好的问卷下载后汇总,形成数据库文件;③通过移动互联网终端发送调查问卷:确定调查总体,抽取好调查对象的样本,直接让调查对象点击问卷链接地址进行问卷填答,被调查者填答结束后,问卷的数据自动存入事先设计好的数据文件中,形成数据库文件。网络调查法的优点是方便快捷、节省费用。不足之处主要体现在调查对象的范围的局限上,即只能调查有条件上网同时也会上网的对象,造成选择偏倚。

（二）结构访问法

结构访问法是指调查者根据问卷内容,采取口头询问的方式,向被调查者了解相关情况,收集有关资料的方法。结构访问法又分为当面访问法和电话访问法等。

1. 当面访问法　即调查员携带问卷到调查地点,按照问卷内容对所选择的被调查者进行访问,并严格按要求记录调查者的各种回答。调查员应严格按照问卷提出问题,不得改变问题顺序和提法,也不得随意对问题做出解释。此方法的优点是:第一,调查员可对调查过程加以控制,并且根据调查员培训要求,对被调查者提出的问题进行解释,从而提高调查结果的可靠程度;第二,当面调查,问卷回答率高。此方法的缺点是:第一,调查费用较高且调查所需时间较长;第二,当面访问时,由于调查员不同,虽经过调查员培训,但在具体实施过程中,可能因被调查者对问题的理解、交谈进展情况的不同等原因,造成调查员偏倚;第三,对一些敏感问题进行当面访问,会使被调查者产生较多的顾虑,这些会直接影响到被调查者所回答问题答案的可靠性。

2. 电话访问法　即通过电话对被调查者进行访问的方法。当面访问时调查员不仅可以得到被调查者的回答,还可以观察其表情和动作,以此判断被调查者所提供信息的真实性,必要时可进行解释说明,打消他们的顾虑。而在电话调查中,调查员只能完全靠自己的听力来判断这一切。电话访问简便易行、省时、省钱。但主要问题是被调查者的选取及代表性方面的困难,一方面,电话号码簿上的号码不一定是构成调查者所希望调查的总体;另一方面,许多属于调查总体的成员的号码没有出现在号码簿上,这样就无法抽到他们。另外,在国内使用电话调查时,可能由于文化原因,一般拒答率较高,因此,运用电话访问法时,研究者要对总体及样本的情况有足够的认识,尽可能做到抽样的科学性和代表性,另外,电话访问时应也有相应的技巧,降低拒答率。

二、调查问卷的回收率

调查问卷回收时要注意以下问题:一是在填写完成后的问卷结尾处记录问卷完成的日期和接收日期;二是每一份问卷都要有一个唯一代码;三是原始的问卷要妥善保管。

问卷回收过程中,调查问卷回收率是决定和影响调查样本代表性的重要因素。回收率是反映抽样调查结果对总体的代表性程度的重要指标之一。

1. 调查问卷回收率　调查问卷的回收率也称为调查问卷的应答率或回答率,即调查过程中,研究者成功完成调查的个案数与计划完成的样本总个案数的百分比。

回收率的计算方法为:

$$回收率 = \frac{实际完成调查的个案数}{计划完成的样本总个案数} \times 100\%$$

若一项调查从总体中抽取 1000 例调查对象作为样本,研究者采用自填问卷的方法收集资料,发出 1000 份问卷,实际收回 957 份,根据上述公式计算,该项调查的回收率为

$$\frac{957}{1000} \times 100\% = 95.7\%$$

但实际调查中,由于收回的问卷中还可能会有一些不合格的问卷,所以,严格意义上的调查回收率也称为有效回收率,指的是通过对问卷审核后,剔除掉那些缺项较多、明显乱填的废卷后剩下的问卷数——即有效问卷数占样本总个案数的百分比。

$$有效回收率 = \frac{实际完成调查的有效个案数}{计划完成的样本总个案数} \times 100\%$$

由于最终进入数据分析的问卷数目是有效问卷数,所以,一般情况下研究者在研究报告中向读者报告的应是有效问卷数和有效回收率。

2. 调查问卷回收率的标准和意义　调查问卷回收率是决定和影响调查样本代表性的重要因素。回收率是反映抽样调查结果对总体的代表性程度的重要指标之一,在确定了研

究方法以及抽样方法后,在进行样本估算时一般考虑到问卷回收时率应保证在80%,会在计算所得的样本含量的基础上再扩大20%的样本量,以保证足够的样本含量,因此,一般问卷回收率应保证在80%以上。另外,一旦确定了调查对象后,不能随意更换调查对象,如出现拒访,需要更换调查对象时,应遵循课题研究中制定的置换研究对象的相关规定,同时在结果报告时应该报告置换率。如果能够获取拒访对象的年龄、性别等基本信息时,可以做拒访对象和接受调查人群中这些信息的统计学检验,如果没有统计学差异,则更能说明调查对象的代表性问题。

三、调查员的选择与培训

(一) 调查员的选择

调查队伍承担着实施调查的具体任务,是调查成功的保证。因此调查员选择要注意下列原则:

1. 调查队伍的组成应该包括课题组成员、调查现场的管理人员和调查员;

2. 进行明确分工,明确各自的任务和职责;

3. 调查员应具备诚实、认真、勤奋、负责、谦虚、耐心、能吃苦等良好素质;

4. 调查员应熟悉调查现场情况,能够找到顺利开展调查的关键人物,并迅速打开局面;

5. 调查员可以由专业调查人员、研究人员、学生、熟悉现场的人员(如开展社区卫生服务调查,社区全科医生是合适的人选)等组成。

(二) 开展调查员培训

调查员培训是开展现场调查必不可少的环节,通过培训,使调查员了解研究的目的及意义,统一和规范调查内容及要求,明确调查员的任务,提高调查员的调查技巧和能力,强化调查工作的组织纪律。

调查员培训的内容包括:①调查概况介绍,包括课题的研究背景、调查的目的、调查工作的重要性、研究单位、参与研究的单位、如何抽样、抽样量、调查对象、每个调查员的工作量、调查步骤、调查所需时间、何时开始、何时结束等;②调查要求,包括每天工作进展、如何保证收集资料完整性、如何制作访问备要、建立相互联络方式、强调调查纪律;③问卷培训,将问卷从头至尾逐题讨论,解释清楚全部可能发生含糊不清的问题,鼓励调查员从不同理解角度提出问题,统一认识,使之规范化,不产生歧义;④调查技巧培训,如何进入现场、如何介绍调查目的意义、如何取得调查对象的信任与配合、如何保证收集资料的完整性。

四、现场调查过程的管理与质量控制

一项调查课题的开展与实施,通常不是由研究者一个人完成,需要有一定数量的调查员的参与,而且通常会持续一段时间。现场调查一般包括设计阶段、实施阶段以及资料整理和分析阶段。为调查结果能反映所调查事物的真实情况,必须对现场调查的每一个环节采取严格的质量控制措施,质量控制贯穿设计阶段、实施阶段和数据的整理分析阶段。

(一) 设计阶段的管理与质量控制

设计阶段的管理与质量控制应当从以下几个方面进行:

1. 调查方案的设计　必须围绕调查目的,从实际出发设计调查方案,包括课题组所具备的条件、现场的配合情况、经费情况、时间等,避免脱离实际,造成调查方案不可行。

2. 调查对象的选择 最好的调查对象是相对稳定的人员,比如常驻人员、实际居住人员。进行抽样调查时应注意抽取代表性强的样本,如采用随机抽样方法。

3. 调查工具的准备 根据研究目的设计调查问卷,认真筛选调查指标,遵循设计原则,满足设计要求,保证问卷质量,避免因设计不完善引入的误差。

4. 预调查 预调查的目的是检验调查设计工作的合理性和可行性。通过预调查可以发现问卷中存在的设计缺陷、易产生歧义的问题及需要补充完善之处,甚至修改调查计划,以减少正式调查中出现误差。

(二)实施阶段的质量控制

现场调查的实施阶段包括:调查的组织与管理、调查员的选择与培训、问卷的填写与回收、问卷的初审与复审、现场督导。此阶段的质量控制措施应该从以下几方面来考虑:

1. 调查员的选择与培训 调查员应具有良好的素质,愿意从事调查工作,态度认真负责,工作细致耐心,有一定的社会交往能力。在基层进行的调查,一般以当地医务人员作为调查员为宜。在农村挑选乡镇卫生院医生及工作负责并有一定业务能力的村医,城市挑选社区医生,他们熟悉当地的风俗习惯和语言,能够取得群众配合,获得的资料更真实可信。调查员培训可以使其准确掌握研究的目的,统一、规范对每个问题的理解,学会调查技巧,以保证资料收集环节的准确性,避免误差的引入。

2. 问卷填写与回收 现场调查中应尽可能要求调查对象本人填写问卷,如果调查对象为儿童可由母亲代为填写,以保证填写信息的真实性。对于确定为调查对象的家庭应通过组织和宣传说明调查工作的意义,取得群众的配合。还要注意问卷的回收率,较高的回收率,偏倚也较少。一般回收率达到50%才是足够的,至少达到60%才算是好的,达到70%以上就是非常好的。

3. 问卷的初审与复审 问卷回收时就应该进行初审,检查问卷的填写质量,发现错漏项目应在最短的时间内请调查对象予以补充和更正。如等到工作结束时再进行审核,这样错漏项目过于集中,进行纠正就比较困难。复审时,可以在完成的调查中随机抽取2%~3%进行重复调查,观察两次调查结果的一致性。两次调查间隔时间应尽可能接近,初审、复审者均应在审核表上签名。

4. 现场督导 现场调查期间,要组织专人进行现场督导,保证调查地区应答率达90%及以上。

(三)资料整理和分析阶段的质量控制

资料整理和分析阶段的质量控制应注意以下几点。

1. 核查资料的完整性,对调查表的再次审核,发现有缺项应要求所属地区负责核查更正,如无法更正者,则将其作废;

2. 检查资料的正确性,对调查表的各项指标填写是否符合要求进行核查,对不符合要求的及时更正;

3. 检查调查问卷的编码,保证编码的单一性;

4. 计算机录入数据时采取两次录入,或采取双机双人录入,完全一致的数据才能进入分析;

　　5. 设定一定的计算机程序对录入的数据进行逻辑检查,不符合逻辑的数据将无法被录入。

　　对调查质量控制结果可以从应答率、初审率、复审率、模拟测验发现的差错率、抽样调查的符合率、计算机逻辑检错率、样本代表性等进行分析。

(郭爱民)

第八章 常用定性调查方法

第一节 定性研究概述

一、定性研究的概念

定性研究(qualitative research)是研究社会现象的一种广泛采用的方法和手段。

1. 定性研究的定义　定性研究以问题开始,为了获得问题的答案,研究人员需要收集大量资料。定性资料通常是以文字、声音、图像形式表示,而不是数字形式。定性研究是一个发现问题的过程,并可以帮助解释定量研究的结果,回答事件为什么会发生。

2. 定性研究的特征　首先,定性研究人员面向自然世界,收集有关感官经历的资料,包括:人们看到、感觉到、听到、尝到和闻到的一切。定性研究不是在实验室条件下进行实验或通过邮寄问卷进行,而是需要研究人员深入到社会,接触人们的日常生活,系统理解人们的生活经历。

第二,定性研究人员工作在现场,与人面对面接触。他们通过人文主义的多种方法如:听、说、看、读等试图理解人们怎样认识他们的世界。研究人员与人们交谈、就像他们的亲属一样深入其日常生活聆听他们的谈话、观察他们的居住空间、服饰、工具和装饰等。

第三,研究人员评价人们生活世界的一切,包括凌乱的东西。他们设想通过探索复杂的事物,获得对人们经历的详细理解。研究人员整体地、全面地将社会世界作为一个综合的系统来观察,而不是以可测量和统计处理的变量来观察,通常进行详细描述和解释而不是测量和预测。

第四,研究人员本身在定性调查研究中非常重要。研究人员系统地反映对人们日常生活的影响,因为他们进入到被调查者的世界,他们可能将被调查者的世界以某种方式定型。

第五,定性研究对于个人经历非常敏感。研究人员的世界观可能使整个项目定型。从最早的好奇到最后的报告,研究人员的个人经历是一面透镜,凭它来观察世界。研究人员的性别、种族、年龄、政治、信仰等都影响定性研究的结果。

第六,研究人员试图不对社会世界提出一个刚硬的、先验的框架。他们想了解哪些是组成被访谈者生活的重要问题。在研究之前,往往没有正式的假释,但研究人员提出一些引导性问题。这种概念框架可以且常常被改变、修改和精练,或许更重要的问题被发现。另外,根据对研究的场所、被访谈者的认识和研究者对于项目不断增长的知识,这种资料收集活动可以改变。

第七,定性研究依靠多方面和反复的复杂推理,它在部分和整体之间移动,如:从理论到经验的演绎推理和从经验到理论的归纳推理。定性研究人员传统上是进行从特殊到一般陈述的推理,归纳多于演绎。

最后,定性研究是解释性的。定性研究注重描述、分析、解释。研究人员理解和描绘那些通过个人特有的社会经济、历史经历滤过所了解的东西。通过这面透镜,研究人员理解他/她所了解的、解释他/她所进入的世界。现场记录和访谈片段本身不能说什么,他们必须经过有思想的、伦理的和政治敏感的方式解释。

3. 定性研究的抽样 定性研究通常对小样本人群进行深入调查,不同于定量研究的目标是大样本人群以寻求统计学意义。样本量通常以信息饱和原则确定。

定性研究的抽样是非概率性抽样,往往是目的性的而不是随机的。定性研究的样本通常不是全部事先指定的,可以随着现场调查的开始而发展。

二、定性研究的用途

研究问题的产生致使研究人员去收集资料,然后将这些资料、信息排列成有意义的形式,变成知识。定性研究是产生能服务于社会的知识的研究,研究结果可以是马上影响决定、或帮助人们对一个复杂主题的理解、或解释某些事件的意义、或对被访谈者有利的行动。

1. 定性研究可作为提供解决方案或建议的工具 当针对某个问题要想达到某个目标时,定性研究可以确定一个较好的解决方案或达到目标的途径。如:一个学校请研究人员作定性研究以揭示为什么入学人数下降。研究的发现形成知识然后付诸行动。评价和政策研究及行为研究都将定性研究作为工具使用。

2. 定性研究是产生新想法的工具 定性研究可以通过对目标人群的访谈或观察获取第一手资料,了解自己不知道或不了解的有关目标人群的语言和行为范围,了解目标人群在被访谈或观察后的想法和反应,给研究人员提供产生新想法的信息。

定性研究可以深入了解人们行为、情感、思想等领域里的一系列问题及变化范围,为定量研究问卷设计提供必要的信息。

3. 定性研究可以提高理解力 定性研究的发现可以启发使用者。定性研究可以作为知识积累的一个储存库,使用者作决定时可以从中挖掘。研究发现可能挑战现有的信仰,改变大众意识。研究发现积累的知识利于研究人员的思路并提高理解力改善行为。

定性研究可以帮助理解和解释定量研究的结果,补充定量研究的结果。

4. 定性研究提供解释现象的新途径 定性研究鼓励以新眼光看相似的问题,使研究发现成为知识。定性研究过程可以产生故事,这些故事可提供各类人群能分享的解释。定性研究通过排序和解释,使复杂的和含糊不清的经历或信仰可以理解和交流。解释和理解是人类重要的需要,定性研究可以满足这种需要。

三、定性研究的几种常用方法

定性研究根据研究问题的特点,可以选择不同的方法收集资料,常用的方法包括如下几种。

1. 深入访谈 深入访谈(in-depth interviewing)是利用没有问卷或提纲的开放性谈话,或是利用准备好的访谈提纲(开放式问题)进行的访谈,问题的顺序不是严格的。这种访谈可能是与非故意选择的个体间随意的非正式谈话,或是与关键的知情者的正式访谈。这种访谈能产生一些想法和假设。

2. 专题小组讨论 专题小组讨论(focus group discussion,FGD)研究目的确定好要讨论的主要问题和目标小组,然后召集一组同类人员在主持人用事先准备的讨论提纲引导下进行开放式讨论。

3. 选题小组讨论 选题小组讨论(nominal group discussion)是一种程序化的小组讨论过程,其目的是为了寻找问题,并把所发现的问题按其重要程度排列出来。也就是要在一个由具有各种不同既得利益、不同思想意识和不同专业水平的人组成的小组中发掘问题并排出个先后次序来。

4. 头脑风暴法 头脑风暴法(brainstorming)是一种通过团队形式,聚焦特定的问题,让每位发言者在开放、自由、愉快、轻松的氛围中,毫无顾忌地提出自己的各种想法,像掀起一场头脑风暴引起会议参与者广泛发表看法,激发创造性思维并获得创新性想法的一系列规则与方法。

5. 鱼骨图法 鱼骨图法(fishbone diagram)是找出导致某结果的所有原因,并以系统的图形方式予以图解的一种方法,它直观展示了结果与原因之间的关系,因其图形形状酷似鱼骨而得名鱼骨图。

6. 观察法 观察法(participant observation)是通过生活在另一种文化或亚文化环境中和参与被观察人的日常生活而收集资料。观察能使人理解生活的完整的文化模式,非语言表达的行为也能记录;它能产生假设并帮助解释由其他方法获得的资料。

7. 案例调查 案例调查(case studies)提供与某个特定的人、家庭或事件(如医生和患者的关系)的经历有关的深入的定性资料。社会学研究中,在深入调查个人与机构的关系,研究某种行为发生的原因,解释某种观点、信念时需要用案例研究方法。

8. 地图法 地图法(mapping)是绘制简单的地图或在当地已有的地图上,将有关信息或内容在地图上标示出来。了解某社区某现象的特点及其与周围环境的关系。可以由研究人员操作,也可由当地熟悉情况的人操作。

第二节 常用的定性研究方法

每种定性研究方法有各自的特点,适合不同的研究目的;不同的研究问题、不同的研究对象、不同的环境或时间要求宜选不同的方法;同时,同一研究也可以采用多种方法结合。

一、个人深入访谈

(一) 概述

深入访谈是定性研究的一种基本技术。谈话是理解人们对某些问题的想法、感觉和行为的基本手段。深入访谈通过研究者与研究对象之间的个别谈话了解研究对象的经历、态度和行为等。通常,深入的理解通过长谈产生。通过访谈把访谈者带入被访谈者的世界,至少可了解能用语言表达的被访谈者的内心世界。一个熟练的访谈者询问详细的、具体的情况,引出丰富的详细描述。

深入访谈可以在许多方面应用,可以在定性研究中单独使用,也可以结合定量方法以帮助发展封闭结构式的问卷和提供信息帮助理解定量研究的结果。

(二) 访谈的特点

访谈是获得丰富、详细的有关人们观点的途径。它有如下一些特点:

1. 交流目的性　无论是正式或非正式的访谈,都可以看作是一次有目的的谈话。在任何有意义的谈话中,双方都诚意地对某一主题有兴趣,虽然可能是暂时的。你询问那些你确实想要得到回答的问题,且对那些回答做出响应。在问题、回答和下一个问题间有一个流程,所有这些都由主题为引导,虽然我们常常以开放式的问题开始。一个完全没有范围、没有组织的谈话通常到结束也不能得到一个故事。

2. 叙述开放性　访谈可产生叙述性的描述,虽然,访谈以一定的结构和次序开始,但谈话的流程和组织形式根据你和被访谈者之间的细微的交流而定。叙述可以有许多形式,如:围绕时间、按年代顺序或插话式,围绕地方或空间,围绕主题或传递的信息。访谈方式可以归纳,以详细内容开始、然后阐述一个大画面;以演绎的方式进行,从完全到特殊。访谈者与被访谈者在价值、信仰、目的方面的差异或许能培养出双方的理解,或许产生障碍。

3. 表达多样性　访谈询问比较仔细,希望揭示较深入的内涵或发现一些例子。希望被访谈者详细阐述而不是表面上的一些你真正感兴趣的情况,了解被访谈者的经历包括感觉、语言、声音、思想。访谈者要了解什么是所要寻求的、仔细倾听被访谈者所说的和没有说的、并对其反馈的反应敏感。可以利用语言和非语言的方式表示,如:点头、面部表情、说"嗯、啊"、甚至沉默也是表示你理解或想了解更多的一种信号。我们不能暗示被访谈者把信息收回去,一旦觉得还有细节,要进一步询问详细情况。好的访谈者是极好的听众,他们有人与人间交流、形成问题和探测细节的技巧,可能获得大量的资料,当然资料要花很多时间去分析。

4. 技术局限性　访谈受到被访谈者的合作、研究人员的技巧的影响。被访谈者可能对采访者要了解的东西不愿意谈或感到不舒服。有时,因为访谈者有限的技术或不熟悉方言,提出的问题可能得不到丰富、详细的回答;被访谈者有意回答的问题访谈者却不感兴趣;被访谈者有很好的理由不真实回答问题。

(三) 访谈的步骤

1. 策划访谈　当决定采用深入访谈技术后,就需要进行访谈的设计和准备,包括研究设计,确定访谈对象和样本大小,选择和培训访谈人员,准备实地调查,收集和分析资料等。同时考虑专业人员、顾问或其他有关人员的帮助,特别是对于一个新手进行较大规模的研究时,可从这些人员那里获得支持和帮助。

2. 确定访谈对象　采用访谈方法调查大样本人群是不可行的,通常选择小样本人群中对所调查问题有足够了解的对象提供信息,即知情人,如研究妇幼卫生项目母亲则是知情人。但是,对于知情人的假定有一点需注意,如妇幼卫生项目的知情人不必只限于母亲,因为年轻的母亲们在孩子的健康方面很大程度上听从年纪较大的妇女如她们的母亲或婆婆的劝告,另外,丈夫们也起了一定的作用。选择深入访谈知情人的抽样类型是立意抽样或方便抽样。根据研究问题的实质和目标人群的组成,从许多确定的人群中选择一个或多个知情者。

知情人的选择要注意几个方面:知情人必须较好地代表要调查的人群;知情人尽可能不认识访谈人员,以便减少产生偏性回答的可能性;知情人对需研究的专题没有现成的知识;要有意识地选择人群中不同年龄、种族、地位、教育等属性的访谈对象。

3. 提出问题提纲　提纲包含一系列交谈的话题。准备访谈提纲是研究的重要部分,调查资料的质量取决于研究问题的深度。

问题通常可以分三种类型:结构式/规范化问题、描述性问题和对比性问题。结构式问题是一般的或普通的为深入讨论而给出的一个框架,如询问知情者:你知道关于艾滋病的传播途径有哪些？描述性问题有一般的、根据经验的、假设的、本地语言描述的几种形式,描述性问题和结构式问题相似但试图创造一个焦点,如讨论昆虫传播疾病时,你可以问知情者苍蝇传播疾病的知识、然后问蚊子传播疾病的知识,等等;描述性问题常常问知情者自己的经验,也可以问知情者了解的别人的经验是什么？假设的描述性问题用在当知情者对某种情况没有任何经验时,可以提出一个假设的情况,如假如你发现一个邻居得了结核病你将做什么？本地语言描述的描述性问题,由于某些地方的人们可能有一些特殊的术语来描述某些事情,因此,用当地术语描述问题很重要,如果你翻译成其他方言或语言,需注意引用原始的术语;对比性问题可以突出重要的区别,通常可以包括两个项目或两种情况,也可以有三种情况,如:这个药和你前面描述的两个药之间有什么区别？

研究人员的任务是回顾研究内容、制定能获得切实回答的问题。首先建立问题的框架,包括:列出主要研究目标的清单;列出每个目标的主要部分;列出与知情者探讨可能获得信息的问题草稿;对照目标和问题,剔除不适合的问题;再次检查问题,确认列出的所有问题能帮助你获得所需的所有信息。其次设计探针,探针是当一个原先设计的调查问题在引出所需信息失败时,用于提示知情人更深入谈话的工具。如:最近一次您身体不舒服是什么时候,问题是什么,有没有利用卫生服务,什么服务,为什么？探针清单:预防保健,治疗,各种服务,费用,距离,质量,合理治疗的感觉,健康问题严重程度个人判断,可得到服务的了解情况。

另外,注意问题的顺序,访谈话题的顺序并不是硬性规定的,应该由访谈者来判断,因此,这是需要培训访谈者主持艺术的原因之一。一般,同类的信息要求所有的知情者都提供,但问题的用词和顺序可根据每个知情者的特点重新更改。

一份好的访谈提纲使用一般性或非直接性的词语来代替直接性的问题,后者可能只得到是或否的回答。问题的文字清晰而不模糊,简单且容易理解,合理且在知情者的经验范围内。

4. 选择和培训访谈人员　访谈人员是深入访谈的主持者,通过询问一系列问题使访谈继续下去,直到获得合适的回答。深入访谈成功与否很大程度上取决于访谈者本身的素质。因此,要求访谈人员具备一定的素质,如教育程度,受过相关领域(如社会学、医疗卫生)的高等教育、中等教育且有一定的深入访谈经验。同时,也要考虑一些个人特征,如:容易使人产生信任和合作,口才好,语言能力良好是优先考虑的条件。另外的素质包括:有深入访谈的经验、能建立良好的人际关系、善于倾听、自信但不傲慢、谦虚、礼貌等。

深入访谈比一般的问卷调查需要更多的技巧,所以访谈人员的培训尤为重要。培训需注意以下几个方面:

(1) 培训时间:培训的时间要足够长,使研究的所有方面都讲解到,培训时间的长短与研究的大小和现场人员的技能有关。一般来说,需 2~3 天,培训时必须保证有一个合适的场所免于日常琐事的干扰。

(2) 培训安排:在培训开始时,培训的材料均需分发给访谈人员,使他们能事先阅读,在培训时提出疑问,培训者必须解释并和访谈人员进行讨论。培训可按某些要求编排分段性的日程表,日程表包括理论和实习两个方面。理论内容包括:提出研究的目的和目标,概述深入访谈,如何开展访谈如开始——主持——结束访谈,如何记笔记,提出访谈中可能遇到的问题,如何分析资料和书写报告。实习内容包括:角色扮演和预试验。角色扮演为每位访谈者提供了获得现场访谈经验的机会,同时,在评价访谈的个人效果时也非常有用。在实地调查开始前,选择一个与研究目标人群类似特征的人群开展预试验,可以评价访谈提纲是否合适,让访谈人员实习所学的技巧,预试验后,研究小组一起讨论预试验实地调查的经验,包括提纲使用是否适宜、清晰或模糊、调查环境等。

(3) 访谈技巧:预试验应以友好的问候开始访谈,注意倾听知情人所提供信息的每个细节,被访谈者在访谈中提到的关键词语或术语,访谈者要让其进一步解释对此的想法,注意知情者回避的话题,留心其故意的歪曲、不正确的概念或误会,对这些问题应立即采取措施进一步解释澄清,合适的时候使用"探针",引导知情者自然地从一个话题过渡到另一个话题,采取沉默形式给知情人足够的谈话余地,对预期之外的信息保持开放性。

5. 准备和开展访谈　现场开展访谈之前,应该仔细做好准备工作。包括:联系访谈对象并约定访谈时间,约定时间的时候要征求被访人的意见以确保访谈时间有一定的弹性,访谈员需检查访谈所需用品,如谈话提纲、笔和笔记本、录音设备、电池等,如路程较远,宜尽早安排交通以便准时到达现场。

访谈者应在访谈前到达现场并检查各项安排是否妥当,包括座位的安排。访谈者和被访谈者坐下后访谈可以进行,同时注意如下情况:

首先,开场介绍,以营造使被访谈者感到轻松和不受约束的气氛。包括:自我介绍,解释访谈目的,请被访谈者介绍自己,强调被访谈者的意见非常重要,因为人们一旦感到别人认为其意见重要和合理时,往往乐于表达意见或看法,建立友善的气氛和保证访谈的秘密。另外,对于做笔记和使用录音需解释并征求被访谈者的同意。

访谈在访谈提纲指导下进行,尽可能使用交谈的语调,访谈宜先谈不敏感的话题,当被访谈者足够放松的时候再过渡到专门的深层次的话题,总之要使被访谈者尽量多地谈到与问题有关的内容,并注意语言和非语言(如动作、表情)的信息。同时,访谈者需注意阐述观点、澄清问题、留心问题新的方面。访谈进行中注意对关键问题的笔记,最好使用录音设备全程录音,结束一个访谈检查录音情况并做好标记。访谈结束,不要忘记感谢被访谈者,并花一些时间自由交谈一下。

最后,现场资料整理。访谈结束后,访谈者应浏览笔记以保证访谈记录合乎要研究的问题,并趁被访谈者未离开之前澄清不明白的信息。每个现场结束时,有必要与访谈人员交谈以探讨他们的实地调查感受,包括使用访谈提纲所遇到的问题,实地调查中发现的新的主题。随着访谈的继续,可以在访谈提纲中增加新的想法、无关的问题则从提纲中删除。访谈结束后,根据研究目的,逐字逐句或以总结的形式写出录音的内容,录音的记录和笔记及访谈者的评论应该一致。

二、专题小组讨论

(一) 概述

专题小组讨论是通过召集一个小组同类人员对某一研究议题进行讨论得出深入结论的定性研究方法。它是根据研究目的和预先确定研究主题的讨论提纲,在一个主持人的带领下,一个小组研究对象,用 1~2 个小时的时间,围绕主题根据讨论提纲进行充分和自由的讨论,讨论有记录员或观察员进行现场记录和帮助安排录音。

专题小组讨论的目的是利用小组的社会动力,在主持人的协调下,鼓励参加讨论者揭示他们行为的潜在原因。主持人最好富有经验,小组以 6~12 人为宜,讨论是主持人用准备好的提纲向小组所有人员询问全部问题,为保证调查的覆盖面,通常需要几个组。

专题小组讨论使研究集中在某个焦点上并发展相关的研究假设,允许你更深入地探讨要调查的问题和其可能的原因;可以用来为结构式的调查形成适当的问题,因为设计一个好的问卷需要对当地语言和观念有一些初步的理解;可以对已经获得,但可能不完全或不清楚的有关知识、信仰、态度和行为信息作补充或确认,可以为健康教育程序提出适当的消息,可以探索有争议的或敏感的话题。

(二) 专题小组讨论的特点

专题小组讨论的费用相当低且可以快速进行。专题小组讨论的被访谈者是根据研究的特殊要求所确定的标准进行挑选的,一组人常常是具有相似的经济文化背景。讨论的主题是事先确定的,研究人员将所要讨论的题目列出一系列开放式问题。因为讨论是以小组形式进行,人多的环境常会鼓励人们充分表达自己的观点、交流活跃且能产生丰富的信息。有时候敏感的或有争议的话题通过小组讨论较好有把握,因为被访谈者在小组里讨论表达一些观点会感到舒服或无虑。一个人的观点建立于另一个人已说过的内容或受启发,可有一个协同加强的效果。专题小组讨论是灵活的,允许对有关话题的不同观点进行深入探讨。

当然,专题小组讨论也有一些不足。少数人的意见在小组里有可能不能被表达出来,特别是在对质或争论被认为是不合适的文化地域。对于一些不正常的或被社会蔑视的行为在小组讨论时显然不能显现出来,除非小组讨论的被访谈者是某一特殊人群。小组讨论还经常产生一些所谓的标准,什么是应该做的。小组讨论也受通常的偏倚影响。在任何小组讨论里,总是有一些支配性的或较活跃的被访谈者,他们较自信或有闯劲,对于他们的观点比较健谈,另外一些被访谈者则较少有机会表达他们的观点。

近年来,专题小组讨论变得很流行。由于它可以快速操行,使很多定性研究仅限于做专题小组讨论。但是,专题小组讨论只适合于结合其他研究方法如访谈、调查和观察一起探索或确认假设和研究问题,不能作为主要或唯一的研究方法。

(三) 专题小组讨论的步骤

1. 制订计划　一旦决定运用专题小组讨论就必须对此进行计划,如同其他研究一样,计划包括:研究设计、选择和培训现场调查人员、数据收集、资料分析和完成报告,另外,小组讨论会所需的场所、数据收集和分析所需的设备、聘请有经验的顾问帮助设计和培训调查人员等都需考虑。

2. 决定小组的类型和选择被访谈者

(1) 小组的人数:专题小组讨论最适宜的规模是 6~12 个被访谈者。如果被访谈者太少,讨论受到限制;如果被访谈者太多,较难推动讨论。小组的大小应该便于被访谈者间相互积极地交流。

(2) 小组成员的选择:选择专题小组参加成员的普通方法是有目的性的非概率抽样。研究人员选择可以提供必要信息的人。根据研究所涉及的目标人群进行简便或定额抽样。选择的参加成员集中于某一人群以便获得最有意义的信息,虽然,其结果并不一定具有普遍意义,但要确保小组对于较大目标人群的代表性。

一组被访谈者的社会经济学特征应该大致相同或与调查有关论点的背景相似,小组成员的年龄、性别、背景组成应该考虑有利于促进自由的讨论。如：小组中既有一般的医生又有医院的负责人，这可能不利于讨论，因为医生可能不愿意当着他们上级的面发表意见，把他们分成两个组会产生更自由、开放的讨论。任何一组被访谈者必须对涉及的议题发表意见，且乐于和其他被访谈者交谈。

(3) 小组的数量：如果你需要从几种不同类型的知情者获得某个议题的信息，这些知情者可能从不同的方面讨论议题，应该组织每个主要类型的专题小组讨论，如：一个小组是男性，一个小组是女性，或一个小组是老年妇女，一个小组是年轻妇女。

进行小组讨论的数量取决于研究项目的需要、资源、和是否能获得新的信息，即来自不同组的不同观点是否显现出来。一个有效的策略是设置足够的专题小组讨论，对研究问题提供充分的答案。对于任何有意义的议题，只有一个专题小组的讨论是不够的。一般每个亚组至少组织两个小组讨论，如：男性两个组，女性两个组，这样允许对收集的信息进行比较。

(4) 联系被访谈者：被访谈者应该事先至少 1~2 天受到邀请并了解专题小组讨论的一般目的。同时，也应该解释专题小组讨论的形式及其议题对当地政府官员的帮助作用。

3. 拟订讨论提纲：提纲的主要目的是引导专题小组讨论。为确保研究所涉及的问题都能包含到，最好研究的各方尽心准备、相互协商。提纲由调查研究的题目和专题小组的类型而定。拟订讨论提纲的普遍原则包括：

(1) 问题结构

1) 普遍问题是为开始调查和让被访谈者表达一般观点和态度而设计的。

2) 特殊问题是发现关键信息和表达被访谈者的感情和态度的问题。

3) 深度问题是为揭示更深层次的信息或弄清楚以前的回答而设计的。

(2) 问题顺序和文字表达：问题的顺序从普遍到特殊，问题的结构性通常不强，多以"开放式"表示，以便被访谈者自由回答。问题必须用简单的文字来表示。避免答案仅仅为"是"或"否"，因为这样的回答不利于热烈的讨论。提的问题不要使人们有罪恶或尴尬的感觉。

(3) 问题数量：主持人虽然在实际的讨论中可能经常深入询问，增加新的议题，但多数专题小组讨论提纲的议题并不多。提纲的内容最好安排在大约 1 个小时，以留一些机动时间备用。

每个专题小组讨论应该准备一份讨论话题的清单。讨论同一个主题但不同小组的提纲可以稍微有些不同，这依赖于各组被访谈者的知识或态度，以及第一次如何讨论和探索这个主题。

4. 选择和培训主持人和记录员 对调查小组人员进行挑选，因为研究小组完成任务的能力，从某些程度上取决于研究人员的能力。对调查小组人员的一般要求是：

(1) 主持人：主持人的任务包括引导讨论但并不操纵小组，鼓励被访谈者充分表达他们的观点并相互交流，建立友好关系，以获取被访谈者的信任，并探索一定深度的回答，保持灵活性，尽可能做到中立。如果讨论离题了，要在不伤害参加者自尊的前提下，巧妙地言归正传，控制每一个主题和讨论的时间安排。

由于主持人需具备高的领导才能和交际技巧，对他们的选择必须慎重。需注意教育背景如：社会学、公众传播和心理学，以及小组协调的经验。

(2) 记录员：记录员的任务主要是观察会议和作记录。最好能训练记录员如何使讨论记录客观及观察非语言的表达。

（3）其他人员：根据需要，有时可以聘请其他人员帮助讨论。如：助理，使讨论避免干扰；助理主持人，在主持人对方言不熟悉时，他/她可以帮助讨论的进行，通常是翻译。

对于研究人员的培训除了明确上述任务，还要进行角色扮演和预试验，结果有助于改进讨论提纲并可以帮助研究人员组织好今后正式的专题小组讨论。

5. 进行专题小组讨论

（1）安排现场：在专题小组讨论时应该尽可能地鼓励交流，将椅子围成一个圆，讨论的场所不要太大也不要太小，使打扰最小。

专题小组讨论应该在一个中立的场所进行，如：你不能将关于卫生服务利用和质量的讨论安排在政府的卫生中心进行。尽量减少其他来源的偏倚。

（2）准备物品：参加专题小组讨论需要时间，对参加者应该提供一些激励措施，如在讨论中给予一些食品、饮料。不管你的激励措施是现金还是其他什么，不要造成使回答者认为激励措施是回答问题的一种义务。

另外，小组讨论要用的录音机、磁带、电池、记录本、讨论提纲都要准备充分以保证讨论正常运转。为了方便讨论，也需准备一些其他的材料，如：黑板、笔和其他对讨论有帮助的东西。

（3）开展讨论：研究小组人员中应该有一个人作为主持人或协调人，另一个人作为记录员。主持人或协调人不应该扮演讨论主题的专家，他或她的角色是促进和支持讨论。

主持人的第一个任务是介绍讨论会。包括介绍主持人自己和记录员，介绍所有被访谈者的名字或让他们自我介绍。以随便、友好的方式讲话，以使被访谈者们轻松。介绍专题小组讨论的目的、所讨论信息的类型和信息对社会的用途，说明讨论内容的保密性，以培养讨论气氛。

主持人的第二个任务是鼓励讨论。保持热情、活跃、幽默，显示对小组讨论意见的兴趣，鼓励尽可能多的被访谈者坦率表达他们的真实观点，给所有被访谈者发言的机会，避免与特别健谈（支配性）的被访谈者的目光接触、或轻轻地表示你需要听其他人的意见，多鼓励比较被动/不健谈的被访谈者发表意见，可以通过点他们的名字来问他们的观点。

主持人需提醒被访谈者回答是没有"对"或"错"的，允许有不同的观点。对于问题反映取中立态度的，避免简单的答案或只是得出"是"或"否"的回答，而要探察在"是"或"否"回答后面的深层次的原因。

营造和谐的气氛是主持人的一个重要职责。让被访谈者挂个名字牌比较好，这样可以让被访谈者相互记住对方，也让主持人记住被访谈者，以便相互联系、交流。

主持人需注意观察非语言的交流。注意你自己的语调、面部表情和动作，也包括被访谈者的情况。留心被访谈者变得厌烦、不安宁、不自在的迹象。

当被访谈者问主持人的想法或观点时，不需要对提问做详细的解答，应该将问题引导到小组讨论上来，如：你认为怎么样？你将怎么做？当然，如果必要，会后可以给被访谈者谈他们问过你的信息。不要去评论被访谈者说的每一件事。当被访谈者都沉默的时候，稍微等一会看看发生了什么，而不是马上催促他们说。

主持人需仔细聆听并将讨论从一个问题移到下一个问题。巧妙地控制不同问题的时间分配。如果被访谈者自然地将一个话题跳到其他话题上，让讨论继续，因为有用的额外信息可能随之出现,你可以总结他/她提出的观点并将话题引回到原来讨论的话题。如果离题了,你要注意引导到主题上来,可以通过连接或归纳某些想法和观念,尽量使讨论集中。如:X先生,你的经历与Y先生谈到的情况相似还是不同?

记录员负责观察会议和作记录,负责录音机的使用。他/她应该和专题小组成员分开坐。一般记录员要求不参加讨论,但在某些情况下还是可以发言,如:主持人忽略了被访谈者的重要观点、提出涉及的新问题等。

在讨论结束时主持人和记录员应该总结、核对一致或不一致的地方,并感谢被访谈者。总结讨论所产生的重要论点,核对小组对这些重要观点的感觉。让被访谈者知道他们观点的价值。聆听讨论结束后额外的意见。

一个小组讨论通常持续1~2个小时,最好1~1.5个小时。一般,对某个主题的讨论会,第一个组比以后的组讨论的时间长一些,因为所有信息都是新的,以后当对某个主题的观点各个组基本相同时,主持人可以很快地将讨论移向可能得出新的观点的话题。

(4) 使用录音和笔录:常常推荐录音,录音是唯一帮助捕捉信息的方式。录音证明了讨论的内容,也包括讨论的过程,录音有助于澄清讨论中的一些观点或术语。在专题小组讨论使用录音前,主持人应该向被访谈者解释使用录音设备的目的。录音应包括的重要内容有:

1) 日期、时间和地点;

2) 被访谈者的姓名和特征,包括:性别、年龄、职业等;

3) 描述小组被访谈者的水平、到场的支配性被访谈者、感兴趣的程度;

4) 被访谈者的意见,尽可能多地以他们自己的话录下,特别是一些关键的陈述;

5) 情感方面,如:附于某些意见的勉强的、强烈的感情;

6) 使用的词汇,特别是想通过专题小组讨论帮助制定问卷或健康教育材料。

如有条件还可以使用录像。录像带可以提供记录,包括讨论时说了什么、怎么说的、表情、动作等。图像还可提示讨论中小组受到怎样的影响等。

录音很重要,但应该把记录员的记录看得比录音更重要。记录的内容通常包括:专题小组名称、会议日期、会议地点(位置和简单描述,如大小和舒适程度)、座位安排、讨论开始和结束时间、被访谈者人数和其特征等信息、专题组人员的参与水平和兴趣程度、积极或消极被访谈者的情况、个人印象和观察、讨论不同主题的记录(注意非文字的反馈如音调、手势、被访谈者的直接引用语要加引号)。

三、选题小组讨论

(一) 概述

选题小组讨论是一种程序化的小组讨论过程;其目的是为了寻找问题,并把所发现的问题按其重要程度排列出来。也就是要在一个由具有各种不同既得利益、不同思想意识和不同专业水平的人组成的小组中发掘问题并排出先后次序。这个技术,部分是来源于美国在20世纪60年代后期在制订社区发展规划过程中取得的经验,由Delbecq和van de Ven提出,现已在社会服务、教育、政府工作以及工业等诸多行业的评估中工作中被广泛应用。在目前卫生领域的研究中,该方法被用来发现运作过程中的问题、确定优先领域、筛选评价指标等。

(二) 选题小组讨论的特点

通过选题小组讨论的方式发现存在的问题和提出初选指标,是一种具有较高效率和有效性的方式,它比头脑风暴法和专题小讨论等形式更为有效,特别是在指标的评选方面,是一种集思广益,融合定量与定性方法为一体的程序化的一种方法,避免了前两种方法中个别人在讨论过程中的垄断性发言、身份、地位的影响等缺点。

选题小组讨论法能让与会人员和研究者确定问题的相对重要性序列,或确定各因素的影响程度,能把每一个个人的观点综合起来,能在同一时间内让多个个体在不受外界干扰的情况下表达出自己的观点。选题小组讨论的优点具体如下:

(1) 在观点形成阶段,每一位与会人员的地位都是平等的,都能不受他人影响地把自己的观点列举在纸上,而不是口头表达。因为预期自己的主张能在小组的讨论中形成影响力,所以人们会增强对小组的责任感,提高参与的积极性,同时也不会出现个别人主宰讨论的情况。

(2) 一个研究人员就可组织讨论,并且时间一般不超过一个半小时,所以与专题组访谈法相比,选题组讨论法相对节省时间,效率更高。

(3) 与会人员不会有"受挫"的顾虑。在比较开放的讨论,如专题组访谈中,参加人员可能会产生类似"受挫"的感觉,如讲话声音太小,讲述了"错误"的事情,没有得到其他人的支持等。

(4) 选题组讨论能产生一致的效果,并且有可能影响与会人员今后的行动、他们可能会把最后产生的各条目视作自己工作中的挑战,从而在今后的工作中有意识地加以重视和改进。

选题小组讨论的困难与缺点:一是受文化水平的制约;二是选题小组讨论一开始提问的语言组织非常重要,要求清晰而明确,任何文字或语法组织上的细微偏差,都可能导致收集的信息或过于宽泛,或模糊,或偏离主题的情况。一种减少偏差的方法是,从调查的具体目的出发来思考和组织问题,使问题尽量围绕主题。另外,为使调查更全面,要求对不同的相关群体做不同的选题组讨论,因此,目标人群的选择也很重要。三是与其他定性研究方法一样,选题组讨论法的目的不在于结果的推广,而是通过调查一小部分人,深入地理解某一问题的本质,关注的是问题的"深度"。因此,试图通过这一小样本归纳出某种统计意上的结论是不妥当的。

(三) 选题小组讨论的步骤

1. 开选题小组讨论前的准备工作

(1) 大白纸;夹白纸的夹子或粘条;

(2) 水笔,色笔等;

(3) 计算器;

(4) 纸条若干,信封若干(收集纸条用);

(5) 采访机或其他录音设备(可用可不用)

(6) 确定与会人员(每组 6~10 人,可以同时进行几组,可根据研究的目的和性质选择小组成员);

(7) 确定会议地点与时间.

2. 主要步骤

第一阶段:列出与陈述问题

(1) 主持人给出要讨论的问题。

第八章 常用定性调查方法

（2）问题的提出：小组成员不出声地酝酿各自的想法，结合自己的工作经验和工作体会，把认为必要的问题写在卡片（或纸片）上，10~15分钟。

（3）然后把每一个人的问题依次列到大图纸上或黑板上，直到全部列完为止。

（4）每人向大家解释自己写的每一项内容。

第二阶段：讨论所列问题

（5）提问、合并相同的问题，剔除有关问题。

（6）回收各小组成员的记录问题，分别保存，以备以后分析。

第三阶段：重要性评判

（7）小组内问题打分：各小组成员对所产生问题，进行重要性排序打分，如从所列指标中选出认为重要的10个指标，最重要的为10分，最不重要的为1分，未选中的为0分。

（8）收上来每人的评分结果，汇总计算所列的每一个问题的得分情况；

（9）按每一个问题的得分情况进行排序，排序结果则基本上代表了小组成员的共同意见。

（10）最后根据所列问题的得分情况进行分析。

3. 实例

【案例8-1】 从社区卫生服务部科长的角度看待社区卫生服务运转过程中存在的问题

如上海市某区10个社区卫生服务部的科长在选题小组讨论共列出41个相关问题，进一步归纳合并为26个问题，对这26个问题进行打分，其中得分超过15分以上的问题如下表：

表8-1　10个CHS部的科长针对于存在问题的选题小组讨论分析结果

序号	存在问题	得分
1	政府在预防保健经费方面投入不足	70
2	人员素质低，不利于发展CHS	65
3	人员待遇差，体现不出医务人员的价值	47
4	缺乏人员素质配置标准	30
5	医保有关规定与CHS发展有冲突	29
6	上级对下面的指导缺乏针对性、明确性	29
7	人员配备不足（数量）	28
8	考核时要重点考核（各条线无明确的量化标准）	27
9	中心人员对CHS认识存在偏差（应以整体来看待）	27
10	领导的实际重视程度不够	26
11	服务站以医疗为主，防保人员管理面过宽，未形成有效的工作团队	26
13	街道居委会对CHS认识不够（特别是大卫生方面）	23
14	公共卫生专业人才缺乏（人员均为其他专业转行而来）	20
15	社区人群整体素质提高问题	19
16	与街道融合的存在问题（应体现主动性）	18
17	条块结合，以块为主，没有明确的标准	16

根据以上得分高低,某区管理人员可以了解到社区卫生服务中心对"政府在预防保健经费方面投入不足;人员素质低,不利于发展社区卫生服务;人员待遇差,体现不出医务人员的价值"等方面的问题反映较突出,由此可以确定优先需要解决的问题。

四、头脑风暴法

(一)概述

头脑风暴法,又称智力激励法、脑力激荡法,它是一种通过团队形式,聚焦于特定的问题或主题,让每位发言者在开放、自由、愉快、轻松的氛围中,毫无顾忌地提出自己的各种想法,像掀起一场头脑风暴引起会议参与者广泛发表看法,激发创造性思维并获得创新性想法的一系列规则与方法,是一种重要的定性研究方法。该方法由美国创造学家亚历克斯·奥斯本于 1939 年首次提出,1953 年正式发表的激发创造性思维的方法。他把头脑风暴描述成一个团体试图通过聚集成员自发提出的观点,为一个特定问题找到解决方法的会议技巧。Brainstorming 原指精神病患者头脑中短时间内出现的大量荒诞想法,借用这个概念,旨在希望团队能应用该方法在短时间内获得大量创造性的想法,而不在乎想法的质量。

在实践中,头脑风暴法可分为两种类型:直接头脑风暴法和质疑头脑风暴法。直接头脑风暴法用于群体决策中相互激发,产生尽可能多的设想;质疑头脑风暴法是对直接头脑风暴法中的设想逐一分析可行性,并进行完善。

有学者还按照复杂程度将头脑风暴法分为简单头脑风暴法语与高级头脑风暴法。简单头脑风暴,又称传统头脑风暴法,是当人们想起新观点时,他们就大声说出观点,这是对头脑风暴的普遍的观点。高级头脑风暴,是传统头脑风暴的完善扩展,基于传统头脑风暴的方式上,加入更加专业化的技术与新技术如计算机技术结合,它使整个过程更容易和更有效。

(二)特点

1. 头脑风暴法的优点

(1)简便易行:头脑风暴法没有高深的理论,对环境要求较低,实施起来简单易行。

(2)集思广益:头脑风暴法能够使与会人员通过交流信息、相互启发,产生"思维共振",起到集思广益的作用,从而极大地提高管理决策的质量与效率。

(3)创新性强:头脑风暴法由于使用了没有拘束的规则,使与会人员没有心理压力,能在短时间内得到更多创造性的成果。

(4)培养人才:由于头脑风暴法采用了自由畅谈、禁止批评等规则,这样不仅有助于创新,并且还可以发现并培养思路开阔、有创造力的人才。

(5)增强团队精神:头脑风暴法为参加会议的人员创造了一个无拘无束的信息交流平台,大家可以自由地发表自己的意见和看法,从而增进与会人员的交流与了解,有利于增强群体凝聚力和团队精神。

2. 头脑风暴法的不足及原因 头脑风暴法得到了广泛的应用,但是也暴露了其不少问题。主要体现在会议效果不好、质量不高,团队决策不理性、脱离实际,制约了其应用。也有学者实证研究表明头脑风暴法在群体决策中不一定有助于新思想的产生。

有学者从心理学角度分析了头脑风暴法的思维缺陷。

(1) 社会惰化现象削弱了头脑风暴法的作用效果：社会惰化现象是指群体共同完成某件事情时个体付出的努力比独立完成时减质、减量的现象。就整体而言，头脑风暴的参与者责任分散，往往期望他人提出更高明的见解，形成责任转移，引起集体内的社会惰化现象。同时，当讨论高难度问题时，参与者因为更多地关注他人的观点而缺乏自主思考的时间，群体的环境使人们不能集中精力思考，客观上造成"惰化"的结果。

(2) 头脑风暴法中潜在的"冒险转移"可能性：冒险转移，是指在进行风险类问题决策时，团体决策比个人决策更有冒险性的倾向。头脑风暴法的实施原则鼓励新颖独特，具有个体责任分散的特点，满足冒险转移的前提，个人独立决策时自我抑制的行为都得到了助长，极易引起团队做出高风险的决策，导致决策的不理性与脱离实际。

(3) 服从团队内权威的思维传统阻碍了新异观点的产生：尽管头脑风暴的过程中强调"所有成员观点等价"，但稳定的服从心理机制难以因为短暂的自由氛围消除。团队成员有可能将注意力集中在权威者的意见上，或者失去表达的机会。导致的结果是，团队中权威人士表达意见后，大多数人放弃提出不同观点，采取服从态度。

（三）实施原则

为保证头脑风暴法实施的质量与效率，尤其需要克服一些制约参与者自由发言的影响因素，奥斯本及后来的研究者提出了诸多原则，总结起来主要包括以下四条核心原则：

1. 禁止评价，自由发言　强调任何一位参与者对他人的观点不做任何批评或者表扬，会议主持人更要注意营造开放、自由、无权威、无评价的氛围，以保证团队中的每个成员都能畅所欲言，激发思维。

2. 鼓励新颖，大胆想象　鼓励自由想象，发挥想象的最大限度，不考虑想法的可行性等问题，甚至鼓励夸张奔放的观点，认为想法看起来越荒唐就越有价值。

3. 注重数量，客观记录　追求数量的最大化，设想的数量越多，就越有可能获得更多的有价值的设想。客观记录每一个提出的观点，不进行任何筛选。

4. 相互激发，整合创新　提倡在他人观点基础之上建立新的观点，重视每一个观点都有相互激发的意义；鼓励与会人员提出改进他人设想的建议；或者鼓励与会者将几个设想综合，提出新设想。

（四）实施步骤

头脑风暴法是团队性的程序与方法，一般说来包括主持人、记录员、发言人等基本的3部分。主持人负责组织、引导整个头脑风暴法的实施；记录员及时、客观记录发言人的观点；发言人就需要解决的问题自由发表想法、观点。

1. 准备阶段　在开会前要做好准备工作。①主持人应事先对所议问题进行一定的研究，弄清问题的实质，找到问题的关键，设定所要达到的目标。②确定参加会议人员，一般以8~12人为宜。会议人数太少不利于交流信息，激发思维；而人数太多则不容易掌握，并且每个人发言的机会相对减少，也会影响会议现场气氛。③将会议的时间、地点、所要解决的问题、可供参考的资料和设想、需要达到的目标等事宜一并提前通知与会人员，让大家做好充分的准备，以便其了解议题的背景和外界动态。④布置会议现场，座位排成圆形的环境往往比教室式的环境更为有利。

2. 热身阶段　这个阶段的目的是创造一种自由、宽松、祥和的氛围，以便活跃气氛，使大家得以放松，进入一种无拘无束的状态，促进思维。主持人宣布开会后，先说明会议的规则,然后随便谈点有趣的话题或问题,让大家的思维处于轻松和活跃的境界。比如说说笑话、猜个谜语、听一段音乐等。

3. 明确问题　主持人扼要地介绍有待解决的问题。介绍须简洁、明确,不可过分周全,否则过多的信息会限制人的思维,干扰思维创新的想象力。

4. 畅谈阶段　畅谈是头脑风暴法的创意阶段,为了使大家能够畅所欲言,需要制定一些规则。主持人首先要向大家宣布规则,如果时间允许,可以让每个人先就所需解决的问题独立考虑 10 分钟左右。随后引导大家自由发言,自由想象,自由发挥,使彼此相互启发,相互补充,真正做到知无不言,言无不尽,可以按顺序"一个接一个"轮流发表意见,如轮到的人当时无构想,可以跳到下一个。在如此循环下,新想法便一一出现。与会人员每讲出一个主意、方案,由记录员马上写在白板上,使每个人都能看见,以利于激发出新的方案。经过一段讨论后,大家对问题已经有了较深程度的理解。为了使大家对问题的表述能具有新角度、新思维,主持人或书记员要对发言记录进行归纳整理,找出富有创意的见解,以及具有启发性的表述,供下一轮头脑风暴时参考。

5. 筛选阶段　通过组织头脑风暴畅谈,往往能获得大量议题有关的设想。至此任务只完成了一半,更重要的是对已获的设想进行整理、分析,以便选出有价值的创造性设想来加以发实施,即设想处理。设想处理的方式有两种:一种是专家评审,可聘请有关专家及学员代表若干人(5 人左右为宜)承担这项工作。另一种是二次会议评审,即所有与会人员集体进行设想的评价处理工作。通过评审,将大家的想法整理成若干方案,经过多反复比较,最后确定 1~3 个最佳方案。

五、鱼 骨 图 法

(一) 概述

1. 定义　鱼骨图又称特性因素图,是找出导致某结果的所有原因,并以系统的图形方式予以图解的一种方法,它直观展示了结果与原因之间的关系,也被称为发现根本原因的方法,因其图形的形状酷似鱼骨而得名鱼骨图。鱼骨图法是由日本著名的质量管理专家石川馨发明,也被称为石川图。

在一个完整的鱼骨图中,包括鱼头、鱼脊、大鱼骨、中鱼骨、小鱼骨等基本组成部分。所关注的问题或观察的效应称之为鱼头,指向鱼头中间的大箭头称为鱼脊,与鱼脊相连的箭头称为大鱼骨,是与问题相关的主要原因,并按照影响问题的重要性依次排开,靠鱼头越近,表明越重要。与大鱼骨相连的箭头称为中鱼骨,是与主原因相连的次要原因,距离鱼脊越近,表明其对与鱼脊相连的主原因越重要。次要原因的进一步细化就构成了小鱼骨。鱼骨图清晰地表明了各个原因相对于问题的重要程度,并展现了关键原因,易于研究者对问题的原因有个整体把握(图 8-1)。

鱼骨图在实践中根据实际需要,大致可以分为以下 3 种类型:A. 问题型鱼骨图,各要素与所关注的问题之间不存在原因关系,而是结构构成关系,对所关注的问题分解成若干个小问题。B. 原因型鱼骨图,将问题分解成若干主要的方面寻找原因。C. 对策型鱼骨图,将要达成的目标或要改善的问题,分成若干主要的方面寻找细致的对策。

2. 特征

(1) 全部性:鱼骨图展示的是导致所研究结果的所有的原因,对观察对象有影响的所有

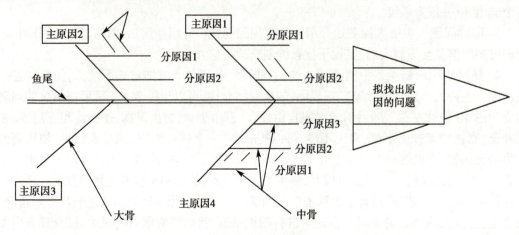

图 8-1　鱼骨图框架

因素。

(2) 直观性：鱼骨图是对所观察效应或考察的对象有影响的因素直观的展示。

(3) 逻辑性：鱼骨图将所有可能的原因按照一定的内在因果逻辑关系清晰地展示出来。

(4) 主观性：鱼骨图是一种定性研究方法，其建立的内在关系具有一定的主观性。

鱼骨图因具有形象、直观、实用、可分层分析、能反应一般问题的基本规律等优点而成为全面质量管理最常用的方法，用以勾画特定问题的潜在原因的全貌，有助于分析原因与寻找解决方案，被广泛地应用于企业管理、技术工程等领域。

鱼骨图作为一种定性研究的方法，影响问题的原因可能较为详尽地列出，但各个因素的重要性程度优先程度往往得不到很好解决，易陷入主观性的失误。在管理实践与研究中，学者常常也结合层次分析法（AHP）等定量分析的方法，对鱼骨图结果进行完善，对因素的重要性程度予以量化，使其结果更加系统化、数量化，避免主观偏差。

（二）编制过程

鱼骨图的编制大体分为两个步骤：问题原因分析和绘制鱼骨图。研究开始前，先由研究负责人召集与所关注问题相关的人员组成研究小组，该小组成员必须对所关注的问题有深入的了解。

1. 问题原因分析　在该阶段，实际操作中可以按照以下步骤：

(1) 针对问题：根据实际需要，通过查阅文献或头脑风暴等方法，确定主要原因构成"大鱼骨"。常用的主要原因框架（大鱼骨），如在现场生产作业领域多采用人力、机器、原料、方法或工艺、环境、测量 6 类框架；管理类问题多采用人力、财力、物力、信息、政策 5 分类框架。

(2) 组织小组成员：采用头脑风暴方法分别对各主要原因找出其所有可能原因（因素）。

(3) 将找出的各原因或要素进行归类、整理，明确其逻辑从属关系：此时应该注意主要原因和关注的问题、次要原因和其从属的主要原因间的直接因果关系，再以下的原因应分析至可以直接下对策为止；各因素尽量独立，如果某种原因可同时归属于两种或两种以上因素，请以关联性最强者为准（必要时考虑现时到现场看现物，通过相对条件的比较，找出相关性最强的要因归类。）

（4）完善各原因或要素的表述 确保表述简洁、明确。

2. 绘制鱼骨图 在前一阶段分析的基础上绘制鱼骨图，大致按照以下的步骤：

（1）首先将所关注的问题写在白纸或白板的右边的三角框内，称为鱼头，并在三角框左边从左到右引出一个大的水平箭头，箭头指向问题，构成鱼脊。

（2）列出主要原因：在鱼脊上画出与鱼脊成一定角度的箭头，并在其上标注主要原因，构成大鱼骨。

（3）列出次要原因：在几个主要原因的方向之下，将导致这些的次要原因，并用小箭头与成一定角度鱼骨相连，构成中鱼骨。在此阶段，可以将问题原因进一步细化，尽量穷尽所有原因，并可以用更小的鱼骨来标记。

（4）鱼骨图的优化整理：最后，研究小组成员认真总结鱼骨图编制过程，展开讨论，防止原因的遗漏，并对原因重要性程度达成共识，完善鱼骨图。

3. 注意事项 鱼骨图分析较多运用头脑风暴方法，所以在运用鱼骨图时，要注意头脑风暴法的运用，项目小组负责人要创造一个平等、开放的氛围，负责人不对讨论发表意见或作出诱导，让参与者充分的表达意见。尽可能多地收集可能的原因或对策。

4. 应用实例

【案例8-2】

鱼骨图具有较强的因果分析优势，往往应用于原因的分析与寻找。张强等学者研究关注的问题是社区卫生人力流动，应用文献研究、个人访谈的方法收集资料，运用鱼骨图分析分析我国社区卫生人力流动的影响因素。鱼骨图（图8-2）所示，鱼头是社区卫生人力流动；大鱼骨是社会因素、组织因素与个人因素；在每个大鱼骨之下，还对应着若干中鱼骨（即次要原因），列出的大鱼骨与中鱼骨是通过文献查阅的方法获得。研究根据实际调查与访谈资料对鱼骨图进行相应的解释并提出对策。

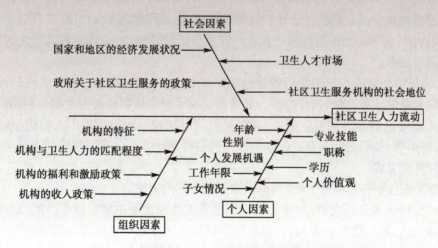

图8-2 社区卫生人力资源流动影响因素的鱼骨图

第三节　定性访谈资料的分析与报告

定性研究在医疗卫生领域中最常用的资料收集方法,是个别访谈和专题小组讨论,定性访谈资料的分析是一个过程,一旦进入现场它就开始,直到完成报告。

一、定性访谈资料的分析

1. **整理记录与录音资料**　资料的分析从访谈人员记录的现场笔记、录音的记录开始。录音逐字转录为文本文件,记录或录音的整理需要在访谈或讨论等完成后及时进行,以便时间长了有遗漏、错误,及时进行整理有利于回忆补充、审查记录来不及或录音不清楚的或错误的地方,有的表情、动作、环境现象等感性认识深刻可以及时用文字表达出来。注意听取参与实地调查人员的汇报,因为这是实地调查结束后快速而简便总结资料的方法。

2. **熟悉并理解原始材料**　反复阅读原始记录,甚至再听录音、看录像带、照片、图片等。首先,把记录编辑好,有意识地阅读记录,注意讨论中的印象和主要观点;第二,再阅读记录,搜寻对研究有意义的重要部分,也注意新的兴趣点;第三,再次阅读记录,把由于协调不当而强加给被访谈者的回答删除掉,也可以删除记录错误或没有意义的部分。主持人和记录员是收集资料的主力,研究人员在分析资料中应该和他们紧密合作。

3. **分类与编码归类**　分析资料时,为了使资料条理化和系统化,需要对资料进行分类,可以按调查提纲或专题形式归类,并使用编辑缩略代码,在记录被访谈者谈论的不同分主题和感兴趣的话题中使用代码,对每类回答进行编码,同类的回答给予同一编码;最后,把发现归纳成多种亚主题,使用合适的标题标记分类信息,使用信息清单去检查已获得信息的情况,描述、解释研究主题的重点发现。对每个被访谈对象或小组也给予编号,在以后的报告书写中可以用此编号,也可用另取的名字。

分类编码可以利用定性分析软件,如 MAXQDA(可用于科研和商业机构的定性和混合方法资料及多媒体分析分析的一个计算机辅助软件,由德国柏林的 VERBI 软件公司开发并发布)、NVIVO(由国际 QSR 制作的一款定性资料分析软件包)对受访者和其各主题或亚主题的回答进行编码。

4. **总结与综合结果**　把归类后资料的精华提取出来,找出调查对象中共性的现象,同时比较不同对象的差异,进行初步分析。如通过访谈了解弱势群体的卫生服务利用情况,再找出弱势人群普遍的健康和卫生服务利用问题,同时比较不同组如贫困人群组、残疾人群组、老年人群组等,他们之间又存在哪些差异? 问题各是什么? 分析时根据能力或条件可以用手工或计算机完成。

为了帮助定性资料的综合分析,可以采取一些不同的方法。

用资料分析表来分析资料:如按访谈提纲准备主要或次要主题的清单。把关心的议题列在表格的左边,而右边分成多列,以供不同访谈对象或专题小组填写,回答根据不同的分主题填写在相应的格子中。又如可以把所了解的存在问题和造成各种问题的原因分两列用表格形式整理出来。这样比较清楚,一目了然。

定性资料量化来说明问题的程度:如分析 60 例患者卫生服务利用的定性资料时,可以将性别、年龄、是否就医、就医机构、不就医原因等输入计算机进行统计,对有关指标适当量化。如就医情况：42 例就医，占 70%，18 例不就医，占 30%。不就医者中 7 例因经济原因，4 例自认为病轻，3 例因行动不便、没有人陪伴，2 例自己买药，2 例采取土办法，1 例没时间。

用图概括定性研究问题的产生、发展和结局：如用流程图表示患者就医的过程。如上述 60 例患者，先分出是否就医，然后对就医的 42 例在分出第一次就医的不同机构或地点各有多少人，再分出是否再次就医及机构或地点各多少人。

5. 报告的结构　报告的写作可先列提纲，包括研究题目、目的、资料收集的方法与过程、分析方法、各分题的主要发现、讨论、结论、干预措施建议，然后对照写作提纲归纳核查所有资料。写报告时，除了注意结果的呈现，同时也需注意描述研究团队和研究设计的过程。

对于研究者的个人特征，注意描述谁是访谈者、记录者，研究者的背景包括性别、学历、职业，定性研究的经验和培训情况；同时注意研究者与研究对象的关系，例如，他们的关系是否在访谈前建立，研究对象对访谈者的了解，访谈者的特征及其对结果的可能偏移判断。

对于研究设计过程，首先，描述理论框架，其方法学观念和理论方法是什么，如扎根理论和内容分析。其次，对研究对象的选择进行描述，包括：抽样方法，是目的抽样还是方便抽样或滚雪球抽样；样本量有多少；研究人员与对象是如何交流的，是面对面还是电话或电子邮件；拒绝参加或中途退出的对象有多少，是什么原因。最后，对资料收集的场所和具体过程进行介绍，如在家里还是工作场所，除了研究对象和访谈者外，是否还有其他人在场，研究对象的特征是什么，访谈提纲来源及有无预调查，有无重复访谈，有无录音、记录及场记，访谈历时多长，信息饱和问题。最后，对于资料分析的过程也应进行介绍，如用了多少代码进行资料编码，主题是预设的还是来自获得的资料，用了管理和分析资料所用的软件信息。

6. 结果的呈现　写报告的目的是为了将研究发现的问题向有关部门反馈和同道们交流，为进一步制定政策和干预措施提供参考。报告应该具有针对性，对发现的问题进行详尽的描述和分析。同时注意报告的资料能否得出研究的结果，研究结果是否清晰呈现了重要的主题，是否有特殊的案例描述，是否对次要主题也进行了讨论。

写报告时，根据所关心的主题或问题写出结果。可用引语来表明被访谈者重点表达的想法、信念和感情，对引文注意身份标记，如标明编号。需注明被访谈者的大多数观点和少数观点，以及因被访谈者的差异而引起的不同观点。研究人员对于资料的分析和认识不应该只停留在资料本身直接提供的信息上，而要应用研究人员自己的知识和经验对资料进行判断和推导，分析存在的主要问题，解释其原因，并将结论升华到理论的高度。同时，根据研究结果提出建议，或总结反映来自被调查者的建议。

二、定性访谈资料分析应用举例

如在我国新型农村合作医疗保险制度（新农合）试点阶段，某项目试图促进建立公平的卫生保健筹资机制，为设计和实施可持续的和可及的农村医疗保险制度提供有力的证据。研究采用案例调查的方法在几个新农合已经试点的县进行，研究从公平的参与、享受者的满意度、服务利用和提供的效率、贫困的减少等方面监测和评价新农合的实施及其效果，研究抽取各利益相关者包括需方、供方和管理方采用定量和定性结合的方法进行了调查。

为了较深入了解农村居民参加新农合或不参加新农合的原因、参保与否的决定过程、对新农合的认知、信息来源、新农合的影响、新农合实施中的问题和建议等方面的内容，研究小组按照信息饱和原则选取参加了新农合和未参加新农合的农村居民共 50 人进行定性访谈，兼顾性别、年龄、经济状况和有无因患病就诊或住院,访谈中全程录音并对关键点做记录。

在访谈结束后,研究人员将访谈录音逐字转录为文本,并与现场笔记核对,再次阅读确保访谈资料完整。采用框架分析法,用定性资料分析软件 MAXQDA 进行编码和归类,进行类属分析和归纳综合。

对访谈资料进行整理分析前,每一个访谈对象的文本给予编号(如:T1-T50 号),每个编号对象对应的主要特征制定一张一览表,以便后面分析时了解访谈对象的特征和反应的可能关系。分析的主题框架和分类编码在访谈提纲内容的基础上,结合访谈中的发现拟定,本例如下:

【案例 8-3】

定性访谈资料的整理

各主题与分类编码:

Q1. 居民参保/未参保的原因
  1.1　参加的原因
  1.2　未参加的原因
  1.3　继续参加的意愿
Q2. 居民参保与否的决定过程
  2.1　过程
  2.2　影响决定的因素
Q3. 居民对新农合的认知
  3.1　共付比例
  3.2　起付线
  3.3　封顶线
  3.4　定点医院和转诊
  3.5　报销程序
  3.6　筹资和管理
  3.7　补偿范围

  3.8　其他
Q4. 信息来源
  4.1　各种宣传
  4.2　反馈
Q5. 新农合的影响
  5.1　服务质量
  5.2　费用负担
Q6. 新农合实施中的问题
  6.1　筹资
  6.2　保险范围
  6.3　支付
  6.4　转诊
  6.5　费用控制
  6.7　多部门合作
  6.8　其他
Q7. 建议

接着,提取上述 T1-T50 号访谈记录文本,一个一个文本仔细阅读,从头开始对照上述分类编号进行编码,2 位研究人员同时背对背阅读并编码,以便合理判断,若有不同意见之处再讨论商量。阅读和编码中必须熟悉主题和编号,集中注意力,同一编号可能会出现在几个地方,同时,编码时可能需要反复多次阅读。

然后,把编码过的所有访谈对象的记录文本提取出来,按照以上每个分类编码摘取所有对象可能的回答,对所有回答进行归纳分析,如对参加新农合的原因,阅读访谈记录后发现有好几种,如涉及防大病的风险意识、互助共济、从众心理、和其他方面,则可以再给下级编号,如 1.1.1,1.1.2,1.1.3,然后将共同的回答集中在一起,看看有多少对象回答,归纳大多数是什么原因,少数是什么原因,个别又是什么原因;同时对于一些访谈对象回答的表达有代表性或特别富有意义的,可以标记好,后面报告中可作为引言应用。如上述参保原因可归纳如下:

参加新农合的原因:

1. 为保障自身经济利益,尤其是为防大病的风险而参保　大多数村民了解到合作医疗可能带给大家的好处,为了保障自身经济利益尤其是为了防大病而参加合作医疗,这成为当前农民参合和继续参合的首位原因。

"长个病可以减免钱吗,起码一条,吃药报销。"(T3)

"防患于未然啊。不拿钱也长病,拿上钱了不怕。防大病,小病无所谓。"(T12)

2. 互助共济理念　虽然调查中发现绝大部分的参合农民没有得到大额补偿,但是这并未影响他们的参合积极性,他们在陈述参合原因时均表达了互助共济的理念。

"我没有病,但是大家伙里生病的我也得出一份钱。这15块钱虽然是我很多天的饭钱,但是集体的事,大家都得做。要是我有了病了,大家伙也是帮助我,这个是循环的。"(T25)

3. 从众心理　有些村民开始不表态,观望其他村民是否多数都参加新农合才决定。

4. 其他原因　集体经济代缴:如有个村的集体经济比较好,村里便统一为本村村民缴纳参合费用,所以这些村的村民便全部参加了新农合。

碍于情面:个别村民反映,干部多次上门宣传,不好意思拒绝,因此,缴费参保了。

5. 特殊群体　一些特殊群体的参合原因与一般人群略有不同,如低保户的参保费由民政局代缴,因此,该群体均已参保;老年人经济上相对不独立,因此,参保情况多取决于子女。

(严　非)

第九章 德尔菲调查法

德尔菲法(Delphi)是在许多领域广泛应用的一种专家分析方法。它是在专家个人判断法和专家会议法的基础上发展起来的一种专家调查法。德尔菲调查法最初产生于科技领域，后来逐渐广泛地应用于商业、军事、教育、人口、卫生保健等领域的预测。此外，德尔菲法作为一种主观、定性的方法，不仅可以用于预测领域，而且还可以广泛应用于各种评价指标体系的建立和具体指标的确定过程，以及决策、管理沟通和规划工作。近年来，我国卫生系统也大量采用该方法对卫生事业发展作预测、评估，以及决策分析和编制规划等。

第一节　德尔菲调查法概述

一、德尔菲调查法的定义

德尔菲(Delphi)是古希腊地名。相传一条巨蟒在德尔菲祸害人间，太阳神阿波罗(Apollo)将其杀死，并成为德尔菲的主人。阿波罗神精通预测，人们便在德尔菲建了一座阿波罗神殿，用作预卜未来的神谕之地，后人借用 Delphi 作为预言的代名词。20 世纪 40 年代，O·赫尔姆和 N·达尔克首创了德尔菲调查法，后经 T·J·戈登和兰德公司进一步发展而最终成型。1946年，美国兰德公司为避免集体讨论存在的屈从于权威或盲目服从多数的缺陷，发表了《长远预测研究报告》，首次将此法用于定性预测，后来此方法被迅速广泛采用。20 世纪中期，美国政府执意发动朝鲜战争，兰德公司提交了一份预测报告，预告这场战争必败。政府完全没有采纳，结果一败涂地。至此，德尔菲法得到广泛认可与应用。

德尔菲调查法(Delphi method)，又称专家意见法、专家函询调查法或专家规定程序调查法。该方法是通过调查者将所需解决的问题拟定成调查表，按照既定程序，以函件为主要通信方式单独向专家组成员进行征询意见；之后调查者回收汇总专家组成员以匿名方式(函件)提交的建议，整理出综合意见并再次反馈给专家。经过几次反复征询和反馈，专家组成员的意见逐步趋于集中，最后获得准确率较高的集体判断结果的一种决策方法。

二、德尔菲调查法的基本特点

德尔菲调查法的核心是以匿名方式进行多轮函询征求专家组意见并反复整理反馈信息直到专家组意见趋于一致。因此，它具有明显不同于其他专家预测方法的 4 个特点，即匿名性、反馈性、统计性和收敛性。

1. 匿名性　这是德尔菲法的主要特征。从事预测的专家组成员间不发生任何的横向联系，以背靠背形式独立完成分析判断。交流仅通过调查员以函件方式单线实现。此方式可克服专家会议调查法易受权威、会议潮流、气氛等因素影响的缺点，既可保证专家们不受任何干扰地独立发表自己的意见,又可给专家充分的思考和查阅资料时间。

2. 反馈性　匿名、函件单线联系方式使首轮专家意见往往较为分散,不易做出结论。为使专家组能够对每一轮咨询的汇总情况和其他专家意见充分了解,就需要组织者对每一轮咨询结果进行汇总分析,及时反馈给每位专家,以便专家们在下一轮咨询中根据新的调查表进一步发表意见,该方法需要经过3~4轮的信息反馈。

3. 统计性　在应用德尔菲法进行信息分析与预测研究时,对研究内容的评价或预测既不是由信息分析员完成,也不是由某位个别专家提出,而是由一批相关领域专家集体提出参考意见或观点,并对专家组每位成员的回答进行统计学分析后得到。因此,应用德尔菲法所得的结果具有统计学特征,常以概率形式表示,它既反映了专家观点的集中程度,又可反映专家观点的离散程度。

4. 收敛性　德尔菲法调查过程中首轮调查获得的专家组信息通常较为分散,需要整理汇总,归并同类事件,排除次要事件,并用准确术语提出一个预测事件一览表,并作为下一轮的调查表发给专家。专家组根据反馈信息比较自己同他人的不同意见,修改自己的意见和判断。进行反复多轮征询和反馈,最终使专家组成员的意见逐步趋于集中,最后获得准确率较高的集体判断结果。

三、德尔菲调查法的优缺点

(一)德尔菲调查法优点

德尔菲调查法作为一种匿名、轮番征询专家意见,最终得出预测结果的一种集体经验判断法,它与常见的召集专家开会、通过集体讨论、得出一致预测意见的专家会议法既有联系又有区别。其优点主要体现在:

1. 科学性　此方法简便易行,无须建立繁琐的数学模型,具有一定的科学性。

2. 准确性　专家能够在不受干扰的情况下,独立、充分地表明自己的意见,具有一定的准确性。

3. 客观性　可避免专家会议法易出现的迫于权威随声附和,或固执己见,或因顾虑情面不愿与他人意见冲突等弊病,具有一定的客观性。

4. 综合性　预测值是根据专家的意见综合而成的,能够发挥集体的智慧,具有一定的综合性。

5. 实用性　应用面比较广,费用比较节省,具有一定的实用性。

(二)德尔菲调查法缺点

德尔菲调查法也有一定的局限性,其缺点主要体现在:

1. 专家通常时间紧,回答有时相对草率。

2. 预测结果主要依靠专家主观判断,缺乏客观标准,故该方法主要适用于历史资料缺乏或未来不确定因素较多的事件。

3. 选择合适的专家较为困难,若受邀专家水平有限或不了解其他专家所提供调查资料的依据,其参考结论可能会趋近算术平均数或中位数。

4. 该方法征询次数多,反馈时间长,可能会出现部分专家因工作或其他原因中途退出,影响预测的准确性,该方法不适用于快速决策。

5. 征询过程中专家组缺乏思想沟通交流,可能存在一定的主观片面性。

(三) 改进措施

为了克服上述的局限性,可以采取以下一些措施:

1. 向受邀专家说明德尔菲调查法的原理,让其对德尔菲法特点和流程有较深认识和了解。

2. 征询前应尽可能详尽地提供与调查项目有关的背景材料和数据。

3. 请受邀专家将自己的判断结果分为最高值、平均值、最低值等不同程度,并分别估计其概率,以保证整个判断的可靠性,减少轮回次数。

4. 在第二轮反馈后,只给出专家意见的极差值,而不反馈中位数或算术平均数,避免发生简单求同的现象。

四、德尔菲调查法与其他决策法的比较

常见集体决策方法包括德尔菲调查法、互动群体法、头脑风暴法、名义群体法和电子会议法。

互动群体法(interacting group technique)指通过召开会议的形式,让成员面对面地相互启发,从而获得决策意见和观点的方法。

头脑风暴法(brainstorming),又称头脑风暴法,1938 年美国奥斯朋(Dr.Alex F.Osborn)所创。利用创造性想法为手段,集体思考,使大家发挥最大的想象力。根据一个灵感激发另一个灵感的方式,产生创造性思想,并从中选择最佳解决问题的途径。讨论过程中不可批评参与者的创意,以免妨碍他人创造性的思想。

名义群体法(nominal group technique,NGT),又称 NGT 法、名义团体技术、名目团体技术、名义群体技术、名义小组法。是指在决策过程中对群体成员的讨论或人际沟通加以限制,但群体成员是独立思考的。类似召开传统会议,群体成员都出席会议,但群体成员首先进行个体决策。

电子会议法(electronic meetings)是一种名义群体法与复杂的计算机技术结合的群体决策方法。在使用这种方法时,先将群体成员集中起来,每人面前有一个与中心计算机相连接的终端。群体成员将自己有关解决政策问题的方案输入计算机终端,然后再将它投影在大型屏幕上。

德尔菲调查法能使人际冲突趋于最小,互动群体法有助于增强群体内部的凝聚力,头脑风暴法可以使群体的压力降到最低,电子会议法可以较快的处理各种观点。各类方法具有其优点和不足,具体比较见表 9-1。

表 9-1　德尔菲调查法与其他决策法的比较

效果标准 / 决策方法	德尔菲法	互动群体法	脑力激荡法	名义群体法	电子会议法
观点的数量	高	低	中等	高	高
观点的质量	高	低	中等	高	高
社会压力	低	高	低	中等	低
财务成本	低	低	低	低	高
决策速度	低	中等	中等	中等	高
任务导向	高	低	高	高	高

续表

效果标准/决策方法	德尔菲法	互动群体法	脑力激荡法	名义群体法	电子会议法
潜在的人际冲突	低	高	低	中等	低
成就感	中等	从高到低	高	高	高
对决策结果的承诺	低	高	不适用	中等	中
群体凝聚力	低	高	高	中等	低

第二节　德尔菲调查法工作流程

一、实 施 原 则

1. 权威性与代表性　挑选的专家应在该领域具有一定的代表性和权威性。

2. 获得最大支持　预测之前,需获得受邀专家的同意和支持,以此确保他们能认真完成每次预测,提高预测的有效性。同时,需向组织高层及时汇报和说明预测的意义和作用,争取获得决策层和其他高级管理人员的最大支持。

3. 提供充分信息　在对专家征询时需提供尽可能充分的信息,以便其能作出较为准确的判断。

4. 合理设计问卷　问题表设计应该措辞准确,避免组合事件出现,即征询问题潜藏专家同意和反对两个方面。每次征询的问题不宜过多,设置要集中且针对性强,不能过于分散,尽可能将各个事件构成一个有机整体;问题要按等级排序,先简单后复杂,先综合后局部;征询专家有关数字或数量问题时,只需要专家作出粗略的估计值即可,不需要精准的数字。

5. 避免诱导专家　不应将调查单位或领导小组的意见强加于调查意见中,避免诱导专家意见向领导小组靠拢,导致预测结果呈现专家迎合领导小组观点的现象。

6. 给予不同权重结论　统计处理时,不同问题应区别对待,不同专家的权威性应给予不同权重,不能一概而论。

二、实 施 步 骤

德尔菲调查法的实施步骤主要包括了 6 个方面(图 9-1),具体如下:

1. 组建预测调查小组　德尔菲法由 3 个要素组成,包括组织者、与决策问题有关的专家组和一套特质的征询调查表和程序。组织者在整个调查工作中起到非常重要的作用,他需要确定征询问题、挑选专家、发放调查表、汇总分析信息、反馈调查结果、提出预测报告或者决策意见等。

2. 选择受邀专家　按照课题所需预测内容涉及的知识范围,确定专家类型与人数。被邀请专家要达到一定的数量,这可根据预测内容大小和涉及面范围而定,一般为 20~30 人。

3. 设计征询调查表　确定调查题目,拟定调查表。首轮调查只需组织者向受邀专家寄发不带任何附加条件、只提出预测问题的开放式调查提纲,同时向专家提供相关资料(包括预测目的、期限、填写说明、相关背景资料等),调查表是专家们交流思想的主要工具。

4. 填写征询调查表　受邀专家根据收到的调查提纲和背景资料,提出自己的预测意见,书面答复并说明自己如何利用所提供的材料和还需补充的材料明细。

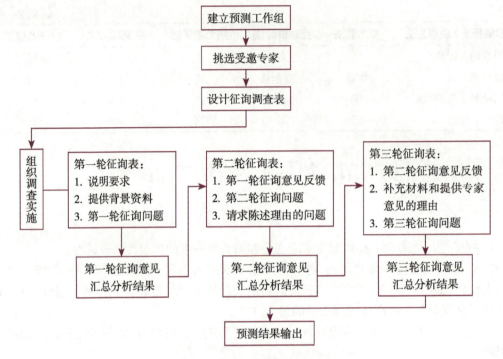

图 9-1　德尔菲调查法工作流程

　　5. 收集反馈调查表　组织者将第一次收集到的专家组信息进行整理汇总,归并同类事件,排除次要事件,用准确术语提出一个预测事件一览表,并作为第二步的调查表发给专家。受邀专家可根据反馈信息比较自己同他人的不同意见,修改自己的意见和判断。组织者将每轮受邀专家组修改意见收集汇总,再反馈给各位专家,以便做下一轮修改。逐轮收集意见并为专家反馈信息是德尔菲调查法的主要环节。此工作通常需要三到四轮。向专家组反馈信息时,只提供各条意见内容,不说明意见来源。

　　6. 汇总分析结果　对受邀专家意见进行综合分析。需要强调四点:①并不是所有被预测事件都要经过多轮征询。有些事件可能在第一轮征询后就达到统一,就无须再次征询。②有些事件可能经过三轮征询,专家组仍未能达到基本一致。此时可采用中位数和上下四分点来下结论。实际调查中,预测结果不统一较为常见。③调查过程必须采用匿名和函询方式。④组织者要做好意见甄别和判断工作。

三、调查过程

　　在德尔菲调查法中,组织者和受邀专家是不可或缺的两方要素。调查过程大致可分为四个步骤,在每个步骤中,组织者和受邀专家均有各自不同的任务。

　　1. 开放式的第一轮征询

　　(1) 组织者向受邀专家组寄发调查表,提供现有背景资料,说明预测目的、明确问题要求,规定回收期限,调查员对各个问题的结论进行归纳和统计,并提出下一轮的调查要求。

　　(2) 首轮调查表通常为开放式调查提纲,为避免限制过多而漏掉重要事件,故调查表不带任何附加条件,只涉及预测问题,受邀专家需要紧紧围绕预测问题提出预测观点和判断。

（3）组织者收集汇总回收的调查表，合并归纳同类信息，甄别剔除次要信息，用专业术语整理罗列一个预测事件一览表，将其作为第二轮的调查表反馈给专家组。

2. 评价式的第二轮征询

（1）组织者将第一轮经综合分析后的专家意见一览表，连同第二轮新的调查表和要求一并寄给受邀专家。此阶段，专家在清楚地了解全局的情况下，可对原意见进行保留或修改。同时，总体观点或结论与其他专家差异较大者，应请他们充分陈述理由，这也为下一轮的征询调查提出新的要求。

（2）受邀专家需要根据已收到的反馈信息，对第二轮调查表所列的每个事件做出相应评价。例如，预测事件发生的时间、争论焦点、事件发生远近的理由。

（3）组织者对第二轮专家意见进行再次统计分析，并提出第三轮调查表。第三轮调查表应包括事件、事件发生的中位数和四分位数，以及事件发生时间在四分位数以外的理由。

3. 重审式的第三轮征询

（1）寄发第三轮调查表，请专家组重审争论。

（2）受邀专家需对四分位数外的不同意见做出评价。

（3）受邀专家根据反馈信息形成新的评论，若观点有修正或在四分位数外，需要阐述理由。

（4）组织者回收专家组的新评论和新争论，再次进行中位数和四分位数分析。

（5）汇总专家组观点，形成第四轮调查表，其重点在于争论双方的分歧观点。

4. 复核式的第四轮征询

（1）寄发第四轮调查表，专家再次评价和权衡，做出新的预测。是否需要再次论证与评价，取决于组织者的要求。

（2）回收第四轮调查表，计算预测事件的中位数和四分位数，归纳总结各类建议的理由以及争论点。

经过几轮反复匿名征询，专家意见将逐步趋同。征询轮次和时间间隔依据调查内容的复杂程度、专家意见的离散程度有所不同，通常征询轮次为 3~5 轮，征询的时间间隔为7~10 天。

四、质量控制

1. 意见征询表拟订　意见征询表是收集专家观点与判断的主要工具。预测工作组需根据调查目的，拟订征询问题条目，制成调查意见征询表，在此过程中应注意：

（1）征询问题简单明确，能让专家给予答复。

（2）用词需准确，避免组合问题出现。

（3）征询问题数量不宜太多。

（4）意见征询表中还需提供充分且完备的信息，以使专家能够做出判断。

2. 征询专家选定　受邀专家的适合挑选直接关系到德尔菲调查法的成功与否。因此，在选择专家时应注意：

（1）依照研究项目的主题，拟选专家宜来自相关的多个领域，且应挑选业务精通、见多识广、经验丰富、具有预见性和分析能力强者，德尔菲拟选的专家一般是指在该领域从事 10 年以上技术工作的专业人员。

（2）依照研究项目规模和涉及领域范围，确定受邀专家人数，人数不宜过多或过少。人数太少，限制学科的代表性，人数太多，难以组织，数据处理复杂且工作量大。根据有关文献，专家人数以 15~50 人为宜。

（3）组织人需采用匿名函件方式单独与专家联系，保证专家彼此间无横向联系。

（4）逐轮收集意见并为专家反馈信息是德尔菲法的主要环节。专家咨询轮数一般要经过三四轮，多数短期评估及预测经过两轮或三轮。当专家意见趋同一致时，专家咨询轮回工作即可结束。

3. 信度和效度控制　通过分析专家积极系数、权威程度、专家意见集中程度以及协调程度等指标可评价德尔菲调查法研究结论的权威性和可靠性，以达到控制调查结果的信度和效度。

（1）专家的积极系数：专家的积极系数是指专家对本项研究关心、合作的程度。通常用专家意见征询表的有效回收率和意见提出率来表示。问卷回收率越高，提出意见的专家人数越多，表明专家积极程度越高。艾尔巴比指出：一般认为回收率达 50% 为统计分析的起码比例，回收率达 60% 为好，回收率达 70% 为非常好。

$$问卷回收率 = 回收意见征询表数 / 发放意见征询表数$$
$$意见提出率 = 提出意见专家数 / 回复专家数$$

（2）专家的意见集中程度：专家意见集中程度以专家对某指标评分的均数（M_j）、满分频率（K_j）和评价等级（S_j）表示。根据 Likert 5 分度量法，将专家意见的重要性程度划分为 5 个等级，分别赋予不同的量化值，5= 非常重要、4= 比较重要、3= 一般、2= 不太重要、1= 不重要。

均数的计算公式（9-1）：

$$M_j = \frac{1}{m_j} \sum_{i=1}^{m} C_{ij} \qquad\qquad (式 9-1)$$

均值（M_j）表示对 $j(j=1,2,\cdots,n)$ 指标全部评价的算术平均值，其中：m_j 表示参加 j 指标评价的专家数，C_{ij} 表示第 $i(i=1,2,\cdots,m)$ 个专家对第 j 个指标的评分值。M_j 的取值范围为 0~100 分，M_j 取值越大，则对应的 j 指标的重要性越高。

满分频率的计算公式（9-2）：

$$K_j = \frac{m_j'}{m_j} \qquad\qquad (式 9-2)$$

满分频率（K_j）表示对指标给满分（100分）的专家数与对该指标作出评价的专家总数之比。K_j 表示 j 指标评价的满分频率，m_j' 表示对 j 指标给满分的专家数，m_j 表示参加 j 指标评价的专家数。K_j 的取值范围为 0~1，K_j 越大，说明对 j 指标给满分的专家比例越大，则该指标重要性越大。

评价等级和的计算公式（9-3）：

$$S_j = \sum_{i=1}^{m_j} R_{ij} \qquad\qquad (式 9-3)$$

评价等级即名次，一般用自然数 1,2,3…来表示，1 等级最高，2 等级次之，3 等级更次之……以此类推。指标的评价等级和即为专家对指标作出评价的评价等级的算术和。计算方法为：把同一专家对不同指标的评分从高到低进行编秩，遇有 N 个相同的评分取平均秩次（即平均等级）；再将各专家对同一指标评分的秩次相加，即为秩次和（又名等级和）。

评价等级和(S_j)表示对 j 指标的评价等级和,R_{ij}为第 i 个专家对第 j 个指标的评价等级,S_j值越小,表明该指标在评价体系中的作用越大,越值得保留。

(3) 专家的权威程度:任何专家不可能对预测中的每一问题都是权威,而权威程度对于评价可靠性具有较大影响。因而,在对评价结果进行处理时,常需要考虑专家对某一问题的权威程度。专家的权威程度与预测精度呈一定的函数关系,一般来说,预测精度随着专家权威程度的提高而提高。

专家的权威程度(Cr)由两个因素决定,一是专家对咨询内容做出判断的依据,用 Ca 表示,二是专家对咨询内容的熟悉程度,用 Cs 表示。权威系数等于判断系数和熟悉程度系数的算术平均值,Cr取值范围在 0~1。一般认为,权威系数 ≥ 0.70 为可信度高,意见可以采纳。权威系数值越大,说明专家判断的科学性越大,结论可信度越高。权威系数的计算公式为(9-4):

$$Cr = \frac{Ca+Cs}{2}$$

(式 9-4)

专家对项目判断的主要依据分为实践经验、理论依据、参考国内外资料和直觉。Ca值按影响程度递减分为大、中、小,分别赋予不同的量化值判断系数(表 9-2)。Ca 不能大于 1;Ca=1 表示所有判断依据对专家意见的影响程度最大;Ca=0.8 表示影响程度居中;Ca=0.5 表示影响程度最小。专家对条目熟悉程度分为很熟悉、熟悉、一般、不熟悉、很不熟悉五个等级,分别赋予不同的量化值。很熟悉 =1.0、熟悉 =0.8、一般 =0.6、不熟悉 =0.4、很不熟悉 =0.2(表 9-3)。

表 9-2　专家判断依据评分

判断依据	对专家判断的影响程度		
	大	中	小
实践经验	0.5	0.4	0.2
理论依据	0.3	0.2	0.1
参考国外资料	0.05	0.05	0.025
参考国内资料	0.05	0.05	0.025
直觉	0.1	0.1	0.05

表 9-3　专家熟悉程度评分

等级	很熟悉	熟悉	一般	不熟悉	很不熟悉
评分	1.0	0.8	0.6	0.4	0.2

(4) 专家的协调程度:专家意见的协调程度是指全部专家对全部指标给出的评价意见是否存在较大分歧,其反映专家意见的收敛情况,通常用变异系数(V)和协调系数(W)反映。变异系数反映专家对 j 指标相对重要性评价的离散程度,即协调程度,其值越小,说明专家意见的协调程度越高,收敛性越好。一般要求各项指标变异系数≤0.25。协调系数用肯德尔和谐系数(Kendall's W)表示。其取值范围为 0~1,一般在 0.3~0.5 范围内波动。协调系数大,经检验后具有显著性,说明专家意见协调程度好,一致性高,专家评估结果可信度高。

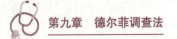

变异系数的计算公式为(9-5)：

$$V_j = \frac{\sigma_j}{M_j}$$

（式9-5）

σ_j表示全部专家对j指标评分的标准差，M_j表示全部专家对j指标的评分均数。

专家协调系数计算公式为(9-6)：

$$W = \frac{12}{m^2 - (n^3 - n)} \sum_{j=1}^{n} d_j^2$$

（式9-6）

n表示指标数，m表示专家总数。

为了保证协调系数可信和可靠，用协调程度的显著性检验表示。计算公式如下(9-7)：

$$\chi^2 = \frac{1}{mn(n+1) - \frac{1}{n-1}\sum_{i=1}^{m} T_i} \sum_{j=1}^{n} d_j^2$$

（式9-7）

第三节　德尔菲调查法的发展与应用

一、德尔菲调查法的最新发展

随着传统德尔菲调查法的广泛应用，基于德尔菲原理的众多新方法也应运而生。

1. 政策德尔菲调查法　政策德尔菲调查法(policy delphi)是1970年由Turoff首次提出，该方法致力于为重大问题的潜在解决办法寻找最有可能的反对意见。政策德尔菲调查法实施中，组织者并不需要专家们做出任何决策，而只需要寻找一组知识渊博、经验丰富、视野开阔的专家提出尽可能多的意见和相关证据。传统德尔菲调查法可作为一个决策工具，而政策德尔菲调查法则是一个决策辅助工具。政策德尔菲调查法与传统德尔菲调查法在应用原理和实施步骤上类似，如专家组在提出反对意见的过程中使用不确定性的调查问卷、征询过程中使用精简的结构化模式限制新想法的产生，和实施过程中多轮反馈导致花费时间过长等，这些使其在方法学上仍存在一些局限性。

2. 模糊德尔菲调查法　鉴于传统德尔菲调查法的不确定性和模糊性，1985年Murry等学者提出将传统德尔菲调查法和模糊理论相结合的理念，以此改进其缺陷。他们建议采用隶属度对每个参与的专家之间建立隶属函数。随后，ISHIKAWA等学者将模糊理论引入德尔菲法，开发出最大、最小和模糊积分算法，但此方法仅适用于时间序列预测。2000年，Hsu和Yang采用三角模糊隶属函数来分析专家意见并以此正式建立了模糊德尔菲调查法(fuzzy delphi)。

模糊德尔菲调查法的优点有：充分考虑和整合了每位专家的意见，以此达到群组决策共识，同时，模糊数可以将人类思想中模糊部分如不确定信息和主观信息等进行处理，从而减少调查时间，节省调查成本。但也有学者认为模糊德尔菲调查法仍有需要改进之处：第一，专家征询轮次的减少会使获取专家的信息准确性和可靠性下降；第二，采用三点估计法可能会对专家如何定位中值造成困扰；第三，三角模糊隶属函数的分析结果能提供一些与研究项目或问题有关的重要信息，这对专家的判断会产生潜在影响。

3. 市场德尔菲调查法　20世纪80年代，一种基于大规模德尔菲法的新方法——市场德尔菲法(market delphi)产生了。它是适用于中、微观层次的一种有效的新技术预见模式，其充分考虑了"社会经济需求"。它能使政府部门在制定科技政策时主动呼应产业需求,在制定产业政策时能主动呼应产业界的技术前瞻需求,由此形成科技政策和产业政策联动效应,真正实现科技资源和资本资源的最优化配置。此方法除具有传统德尔菲法的匿名性、反馈性、收敛性与统计性特征外,还具有以下几个特征:第一,在征求候选技术清单时,"市场德尔菲法"要求清单的征集应充分吸收产业界专家的意见,精心详细的调研、论证与筛选,可以最大程度降低操作层面的技术风险;第二,在问卷指标设计上除具有一般"大规模德尔菲法"中应有的基本要素外,还包括成长性、研发主体构成方式、投资主体构成方式、风险投资模式、市场赢利能力等要素;第三,调查问卷发放到其他各领域专家手中,使更多来自产业界的技术专家、技术管理专家积极参与到技术前瞻与技术选择中来,使预见能够适应产业发展的社会经济需求;第四,此方法强调目标控制范式在技术预见中的地位。

4. 实时德尔菲调查法 传统德尔菲调查法多轮次的征询反馈,造成研究时限过长。2006 年,GORDON 等人采用"实时"技术删除多轮调查缩短调查时间以此改进德尔菲法,此方法通过在线获得专家的意见和信息实现,因此,称为实时德尔菲调查法(real time delphi)。该法还借助网络让专家直接参与调查研究,从而提高了专家参与研究的积极性,同时简化了问卷征询过程。与传统德尔菲调查法相比,实时德尔菲调查法解决了其存在的一些缺陷,如组织者任务复杂,有效结果反馈的实效性不足和长期跟进调查的困难等,实时德尔菲调查法的最大优势在于决策分析、输入输出和交互影响分析的矩阵设计问题等方面都具有高效性和适用性。但实时德尔菲调查法现还处于理论研究阶段,更多的实践和研究还有待进一步发展。

5. 问题解决德尔菲调查法 2007 年,White 和 Turoff 提出了一种更新的德尔菲调查法——问题解决德尔菲调查法(problem solving delphi)。该方法可通过收集参与者的排序和配对比较以此获得专家组协调一致的意见,其主要采用瑟斯顿比较判断法(Thurstone's law of comparative judgment),将参与专家的意见集中到同一个动态协作区间内。该方法适合于处理紧急问题,如灾难应急等,其可帮助人们进行快速有效的决策分析,同时,动态协作区间还可让决策团队采用相同方式解决问题。

二、德尔菲调查法的应用

近 10 年来,德尔菲法已成为一种广为适用的预测方法。许多决策咨询专家和决策者,常常把德尔菲调查法作为一种重要的规划决策工具。斯蒂纳(G.A.Steiner)在其所著作的《高层次管理规划》一书中,把德尔菲调查法当作最可靠的技术预测方法。德尔菲调查法作为一种直觉预测技术,最初是为了军事策略问题的预测而设计,后逐步为政府部门和工商业所采用,并扩展到教育、科技、运输、开发研究、太空探测、住宅、预算和生活质量等多个领域。它最初强调利用专家对已有经验数据为基础的预测进行证实,后来在 20 世纪 60 年代开始用于价值预测问题,此方法已经在美国、加拿大、英国、日本等多地的分析人员中广泛使用。德尔菲调查法及其新方法在国外公共卫生领域也有着广泛的应用,主要集中在流行病学疾病防控研究、食品安全与卫生以及卫生经济学评价等方面。

1. 德尔菲调查法在国外的应用 对于德尔菲法的应用,国外开展得比较早。1946 年,兰德公司首次采用这种方法进行预测,不久该方法得到认可并广泛运用;1968 年,美国海军后勤系统司令部组织 48 名专家预测 15 年后的情报处理技术;1969 年,达克(N. Dallkcl)应用德尔菲法对100多个实际问题作了良好的评价;1971年,日本人首次将德尔菲法用于与整个科学技术领域有关的技术预测;1973年,美国情报处理协会组织57例专家预测国际数据通信发展趋势。

到20世纪70年代中期,德尔菲法开始应用于医学领域。最早应用于探讨护理科研重点和护理科研课程体系。20世纪90年代以来,德尔菲法在护理科研中得到广泛应用。护理管理方面,Anne应用德尔菲法对护理服务商业化的原因以及护士自主开业所面临的问题进行了研究,为护理组织机构和健康服务组织对护理资源的合理分配提供了有益指导。护理教育方面,Jane在对注册家庭护士毕业前应具备的能力的研究中应用了德尔菲法,其研究结果为注册家庭护士的培养提供了重要依据。临床护理研究方面,Violeta博士在探讨临床急诊护理研究重点时采用了三轮式Delphi法。

2. 德尔菲调查法在国内的应用 和国外研究相比,国内德尔菲法的发展和应用稍晚。20世纪80年代初,德尔菲调查法才在国内发展和应用。早期此方法的主要应用领域为科技发展的长期趋势预测,之后在评价相关领域、确定影响因素相关领域、医学相关领域、土地集约利用评价、生态环境可持续发展领域和教育相关领域等多个方面均有应用。

医学不仅是我国最早应用德尔菲调查法的领域之一,也是我国应用德尔调查菲法最成熟的领域之一。德尔菲调查法在国内医学领域的应用最早为1983年,王莹等学者应用此方法进行职业病诊断标准的制定。随后,德尔菲法在临床医学、护理学、卫生经济学和流行病学等领域均有应用,主要包括:①医疗机构的技术创新能力、疾病防治能力、应急能力和服务能力的评价,医疗机构的绩效考核、服务质量和服务满意度的评价,医疗机构的民主文化测评体系、服务风险管理指标体系和安全管理指标体系的构建;②医护人员的资质、工作内容、工作范围、培训提纲的评定,医护人员的服务能力、技能、质量和绩效的评价,医护人员的人力资源配置、技术水平影响因素分析、执业准入标准构建、工作环境评价量表测评;③卫生管理体系、传染病暴发流行预警指标体系、出生缺陷干预综合评价指标体系、医疗新技术准入评估指标体系、农村合作医疗补偿方案评价指标体系的构建,卫生许可网上审批系统绩效、疾病管理适宜技术绩效、医用设备利用情况的评价,医疗机构品牌效应构成因素、亚健康影响因素、医学科研协作的影响因素的分析,诊疗指南、诊疗方案、诊疗标准、医护流程设计原则、医护技术操作规程标准、健康评定量表的拟定。此外,卫生城市评选、医疗机构设立、健康教育机构资源配置等也都特别适合用德尔菲法。

德尔菲调查法及其衍生的新方法在国内的广泛应用还需要医学科研工作者和统计预测专家的深入研究。现以一个案例来说明德尔菲调查法在医学领域的应用。

【案例9-1】

肠易激综合征(irritable bowel syndrome,IBS)作为消化系统最常见和典型的功能性疾病,表现为一组包括腹痛、腹胀或腹部不适伴排便习惯改变(腹泻或便秘)、粪便性状异常(稀便、黏液便或硬结便)等临床表现的综合征,症状常呈持续存在或间歇发作,但又缺乏形态学和生化指标异常的证据。IBS已被心身医学家描述为七种经典的心身疾病之一,虽不威胁生命,但由于其慢性及反复性,给患者带来严重影响。许多研究显示与器质性疾病患者相比,IBS患者的生活质量更差,几乎生活的各方面都受到影响。重视这部分患者的社会性和心理状况,将健康测量由物质到精神、由客观到主观进行转变,从多维角度反映个体或群体的健康状况,是顺应新的医学模式下评价健康的发展要求。生命质量则可全面反映上述理念和内容,尤其在疾病状态缺乏良好的客观指标时,生命质量测定资料将补充传统临床测量指标,全面反映患者的健康状况,为治疗方法或干预措施筛选等提供综合依据。国外学者虽已开发出5~7种IBS生命质量测定量表,但量表缺乏系统性和连贯性,信度、效度、灵敏度不高,也无法体现中国文化特色。基于此,开发一份科学合理、量化可比且适合中国国情的特异性测定量表是IBS患者生命质量测定与评价中迫切需要解决的问题。本文在国内外有关IBS患者生命质量测定与评价文献循证分析和专题小组讨论的基础上,结合慢性消化系统疾病患者、相关临床专业的专家、医护人员等人群的指标重要性评价结果,拟定指标体系草案,然后采用德尔菲调查法进行2轮专家咨询,最终构建指标体系。

1　对象与方法

1.1　研究对象

据有关文献报道,专家人数以15~50人为宜。本研究按照代表性与权威性相结合原则,依据专家研究领域、知识结构,社会职务和工作年限等标准进行遴选。参与专家分别来自北京、上海、浙江、广东、四川、云南等多个省市和地区,共30人。

1.2　指标体系草案拟定

指标体系草案的拟定分为4个步骤:①对IBS患者、消化科专家和临床工作者(医生和护士)进行访谈,收集IBS症状及并发症、药物的副作用、肠易激综合征患者相对特殊的心理和社会特点等方面内容;②回顾国内外IBS患者生命质量测量和评价的研究文献,进行循证分析,初步构建生命质量特异模块条目池;③对初建特异模块条目池组织专题小组讨论;④在上述基础上,构建出IBS患者生命质量测定量表指标体系草案,对患者和医护人员中分别进行预调查,了解两类人群对指标重要性的评价。结合以上4个步骤,最终拟定指标体系草案,整个指标体系分2级,一级指标3个,二级指标29个,见表9-4(由于版权保护,表中均未给出量表条目完整表述)。

表9-4　IBS特异模块指标体系和专家第一轮重要性评判结果

序号	亚领域	备选条目	均数 ± 标准差	第一轮变异系数	满分频率(%)
1	疾病	腹痛	9.11 ± 1.36	0.149	58.6
2	症状	腹胀	9.11 ± 1.41	0.155	55.7
3		腹痛腹胀缓解情况	9.03 ± 1.68	0.186	54.3
4		腹泻次数	8.36 ± 1.39	0.166	38.6
5		大便性状	7.87 ± 1.98	0.252	25.7
6		排便急迫感	8.11 ± 1.42	0.175	38.3
7		黏液便	7.21 ± 2.06	0.286	24.6
8		大便次数	7.29 ± 1.86	0.255	25.7
9		排便不畅	8.03 ± 1.54	0.192	34.3

续表

序号	亚领域	备选条目	均数 ± 标准差	第一轮变异系数	满分频率（%）
10	心理	对病情的担心	8.11 ± 1.60	0.197	38.6
11	社会	夸大病情	8.01 ± 1.80	0.225	35.7
12	特点	经常想自己患病	7.75 ± 2.02	0.261	14.3
13		检查的苦恼	8.19 ± 1.42	0.173	35.1
14		饮品禁忌的苦恼	8.41 ± 1.76	0.209	43.7
15		饮食禁忌的苦恼	8.20 ± 1.73	0.211	34.3
16		如厕时间的苦恼	8.11 ± 1.89	0.233	38.9
17		放松状况	8.13+1.79	0.220	39.7
18		紧张的适应	8.24 ± 1.93	0.234	40.1
19		容易激怒别人	7.36 ± 1.94	0.264	34.3
20	不良反应	旅行不便	8.21 ± 1.66	0.202	38.6
21		如厕的苦恼	8.29 ± 1.56	0.188	41.7
22		剧烈运动	8.33 ± 1.54	0.185	42.3
23		体重变化	7.71 ± 2.06	0.267	28.6
24		饮食限制	7.79 ± 2.01	0.258	35.7
25		着衣限制	8.33 ± 1.54	0.185	34.3
26		增加服药剂量	7.81 ± 2.10	0.269	28.6
27		停止服药	7.26 ± 2.15	0.296	25.7
28		减少服药种类	7.26+2.09	0.288	14.3
29		坚持服药	7.07 ± 1.98	0.280	14.3

1.3　德尔菲调查法

应用德尔菲调查法进行3轮专家咨询。第一轮咨询主要是确定指标体系结构，并对指标重要性进行评判。重要性评判采用语义差异量表的形式，1分表示"一点也不重要"，10分表示"极为重要"。第二轮是根据第一轮咨询结果做指标结构修改和第二轮次的指标重要性评判。第三轮是根据第二轮咨询结果做指标结构再次修改和重要性评判。三轮重复相同的程序，且每下一轮咨询时提供上一轮专家评判的最小值、最大值、均值、标准差和变异系数，便于专家重新评估自己最初的判断。专家咨询表采用邮寄和E-mail相结合的方式，每轮咨询问卷均有详细填写说明。判断无效问卷的原则：①不符合要求的回答在该问卷中占有很大的比例。如一份问卷中所有评价指标均为10分，即判为无效问卷。②对关键变量回答的缺失率超过15%。

1.4　分析方法

咨询问卷信度采用内部一致性检验（Cronbach's α）。

各级指标重要性评判结果采用均值、标准差、变异系数和满分频率。其中,变异系数为全部专家对某指标评分的标准差占全部专家对该指标评分均数之比;满分频率为指标给满分(100分)的专家数与对该指标做出评价的专家总数之比。

专家咨询可靠性采用积极系数、权威程度和协调程度。积极系数为参与指标体系评判的专家占全部专家人数比例。权威程度(Cr)由专家对评价方案的判断依据(Ca)和专家对问题的熟悉程度(Cs)2个因素决定,即 $Cr=(Ca+Cs)/2$。$Cr \geq 0.70$ 则认为专家对此次评估内容及问题的权威程度是高的,结果是可信的。协调程度用变异系数(CV)和肯德尔和谐系数(Kendall's W)进行检验。具体计算公式参看本章第2节。

2 结果

2.1 专家积极性系数

专家的积极性系数主要用于说明专家对咨询项目的关心程度。第一轮发出30份,回收28份,回收率为93.3%,问卷有效率为100%;第二轮专家咨询发出30份,回收26份问卷,问卷回收率为86.7%,问卷有效率为100%;第二轮专家咨询发出30份,回收25份问卷,问卷回收率为83.3%,问卷有效率为100%。

2.2 专家意见集中程度

第一轮咨询中(表9-4),有42.9%的专家对指标体系结构和名称提出20条修改意见,其中有6位专家对一级指标结构和名称提出修改建议,有11位专家对二级指标结构和名称提出修改建议。20条修改建议中,有11条建议调整指标体系结构,如删除、合并及新增指标。专家对3个一级指标重要性评判均值最高的是"疾病症状"(8.98±1.42),其次是"心理社会特点"(8.89±1.13),最低为"不良反应"(6.25±2.07)。结合咨询专家意见,经课题组成员讨论,一级指标仍为3个,但名称分别更换为腹部胀痛(PFA)、大便情况(STI)、心理生活影响(EML)。专家对29个二级指标重要性评判均值最高的是第1条"腹痛"(9.11±1.36)、第2条"腹胀"(9.11±1.41),第3条"腹痛会在排便或排气后减轻"(9.03±1.68),最低的是第29条"您能坚持按时服药吗?"(7.07±1.98),其次是第27条"对于本病您经常感到有必要减少药物剂量或停止服药吗?"(7.26±2.15),第28条"对于该疾病您经常感到有必要减少服用药物的种类吗?"(7.26±2.09),第12条"您经常想自己的病吗?"(7.75±2.02)。

本研究按照重要性评判均数<8、变异系数>0.25、满分频率<30%的标准对指标进行调整或删除,共有13个二级指标项需要调整或删除:①因很多患者的腹痛和腹胀情况会在排便或排气后缓解,所以第3条中应加入腹胀的情况;②不必要对大便的次数和性状进行具体的限制和描述,使得量表显得繁琐,可以概括地表述为是否有腹泻和便秘症状即可,或表述为是否满意自己的大便情况;③第9条(排便费力)与第6条(大便是否急迫或排不尽感)有较大的重叠,可以删除,并把第6条的排便急迫和排便不尽感分两个条目表述;④第12条(您经常想自己的病吗?)与第10、11条也有较大的重复,可以删除;⑤关于表现敌意的第19条(是否容易激怒他人),心理学家认为患者更关心的是他人是否激怒自己,而且这种心理在共性条目中已有表述,可以考虑删除;⑥因肠易激综合征患者的一个重要特征就是体重不会有较大的变化,这在诊断时即可确认,

所以反映体重变化的第 23 条可以删除；⑦患有本病的患者不仅在食量上受到限制，而且食物的冷热、种类也受到限制，可对第 24 条进行补充；⑧关于用药情况及不良反应，因为每种药物的不良反应不同，尤其是改善中枢情感药物具有特殊性，只能概括说明，所以此部分可以删除。综合专家意见，评测结果为建议删除第 5、7、8、12、19、23、24、26、27、28、29 条；分解第 6 条，把第 9 条并入"排便不尽感"条目；增加"对大便的满意情况"、"是否存在便秘情况"和"是否存在腹泻"三条。见表 9-5。

表 9-5　IBS 特异模块各指标第二轮讨论体系和专家重要性评判结果

序号	亚领域	备选条目	均数 ± 标准差	第二轮变异系数	满分频率（%）
1	腹部胀痛	腹痛	9.24 ± 1.16	0.126	58.6
2		腹胀	9.31 ± 1.21	0.130	55.7
3		腹痛腹胀缓解情况	7.83 ± 1.98	0.253	28.3
4	大便情况	腹泻	7.66 ± 2.29	0.299	28.6
5		便秘	7.47 ± 2.98	0.399	25.7
6		大便满意度	8.21 ± 1.26	0.153	39.3
7		排便急迫感	8.14 ± 1.42	0.174	38.3
8		排便不畅	8.45 ± 1.24	0.147	41.3
9	心理生活影响	对病情的担心	8.39 ± 1.55	0.185	40.6
10		夸大病情	8.32 ± 1.56	0.188	35.7
11		检查的苦恼	8.51 ± 1.39	0.163	42.1
12		饮品禁忌的苦恼	7.41 ± 1.86	0.251	23.7
13		饮食禁忌的苦恼	8.20 ± 1.63	0.199	44.3
14		如厕时间的苦恼	8.41 ± 1.79	0.213	38.9
15		放松状况	7.64+2.03	0.266	29.7
16		紧张的适应	8.34 ± 1.82	0.218	40.1
17		旅行不便	8.29 ± 1.56	0.188	43.6
18		如厕的苦恼	8.33 ± 1.26	0.151	41.7
19		剧烈运动	7.76 ± 2.11	0.272	22.3
20		饮食限制	7.59 ± 1.97	0.260	25.7
21		着衣限制	7.48 ± 1.87	0.250	24.3

　　第二轮咨询中（表 9-5），将修改后形成包含 21 条的 IBS 特异模块量表再次进行专家咨询，有 30.0% 的专家对二级指标机构和名称提出 12 条修改意见。本研究仍按照重要性评判均数 <8、变异系数 >0.25、满分频率 <30% 的标准对指标进行调整或删除。共有 7 个二级指标项需要调整或删除：①因为第 4、5、6 条目均是反映大便情况或大便的改变，可以将其合并，表述为：您有腹泻和（或）便秘吗？但是心理学者认为第 6 项（大

便满意度)反映的是一种主观感觉,与前两项为客观反映不同,建议单独列出第6项;②第12和13项均是反映饮食限制的苦恼,内容相似,可以合并在一起进行表述;③第15和16项可以合并,表述为:您是否能适应紧张的工作或生活状态;④由于考虑患者发病年龄和个人体质不同,建议将第19项删除;⑤临床专家最初建议改第21项为"是否需要腹部保暖",但最终讨论认为这是极少数人的一种需要,在人群中的区分度不会太好,建议删除;⑥第20条所隐含的饮食受限在第12、13条中有所体现,可以删除;⑦根据统计分析结果,建议将第3条删除。见表9-6。

表9-6 IBS特异模块各指标第三轮讨论体系和专家重要性评判结果

序号	亚领域	备选条目	均数 ± 标准差	第三轮变异系数	满分频率(%)
1	腹部胀痛	腹痛	9.45 ± 0.79	0.084	61.6
2		腹胀	9.41 ± 0.82	0.087	60.7
3	大便情况	大便习惯改变	8.67 ± 0.88	0.101	40.3
4		大便满意度	8.75 ± 1.16	0.133	40.3
5		排便急迫感	8.43 ± 1.32	0.157	39.3
6		排便不畅	8.52 ± 1.24	0.146	42.1
7	心理生活影响	对病情的担心	8.41 ± 0.99	0.118	41.2
8		夸大病情	8.42 ± 1.55	0.184	36.2
9		检查的苦恼	8.51 ± 0.86	0.101	44.1
10		饮食禁忌的苦恼	8.27 ± 1.43	0.173	44.3
11		如厕时间的苦恼	8.46 ± 1.19	0.141	39.9
12		紧张的适应	8.54 ± 1.12	0.131	41.1
13		旅行不便	8.31 ± 1.46	0.176	45.3
14		如厕的苦恼	8.38 ± 1.16	0.138	42.9

第三轮咨询中,将修改后形成包含14条的IBS特异模块量表再次进行专家咨询,同意修改的专家占94.4%。可见,第三轮咨询结果显示专家意见较统一,因此第三轮不再对指标结构和各级指标名称进行咨询。专家对各级指标的第三轮重要性评判、变异系数和满分率的结果见表9-6。

2.3 专家权威程度

第一轮咨询中的28名专家对5个判断依据的自评总和的算术均值分别为:理论分析0.82、工作经验0.88、参考国外文献0.71、参考国内文献0.78、直观感觉0.73。28名专家判断依据的总体影响程度C_a=(0.82+0.88+0.71+0.78+0.73)/5=0.78。按照不同熟悉程度的评分标准计算的全部专家对3个一级指标自评总和的算术均值C_s=0.84。专家总体权威系数C_r=(0.78+0.84)/2=0.81,说明专家对此次评估内容的权威程度较高。三轮专家咨询问卷的克朗巴赫系数分别为0.83、0.92、0.95。

2.4　专家协调程度

专家意见的协调程度是指全部专家对全部指标给出的评价意见是否存在较大分歧,其反映专家意见的收敛情况,通常用变异系数和协调系数反映。本研究通过三轮的专家咨询调查(表9-4、表9-5、表9-6),可以看出各二级指标变异系数的波动范围随着咨询次数增加而逐渐减小,说明专家意见趋向集中。

专家意见协调系数,也称为肯德尔和谐系数(Kendall's W),用 W 表示,W 取值范围在 0~1 之间,W 越大,表示专家意见协调程度越好。W=0 说明专家意见的一致性最差;W=1 说明专家意见的一致性最好,对所有指标的评价完全一致。

肯德尔和谐系数的计算和检验可在 SPSS 统计软件包中实现。启动 SPSS,打开相应数据库,选择 Analyze(分析)→ Nonparametric Tests(非参数检验)→ K Related Samples(K 个相关样本),点击进入,在弹出的对话框【Test Variables】(检验变量)中将所要分析的变量加入,同时在下方【Test Type】(检验类型)勾选"Kendall's W"选项,点击"OK(确定)"键运行,结果见表9-7。

本研究各二级指标协调系数的波动范围在 0.36~0.52 之间,且随专家咨询次数的增加肯德尔和谐系数也随之增加,说明第三轮专家对指标的评判协调程度最高。

表 9-7　三轮咨询专家意见的一致性系数

轮次	指标(项)	Kendall's W	χ^2 值	P 值
第一轮	29	0.36	231.38	<0.001
第二轮	21	0.42	262.54	<0.001
第三轮	14	0.52	281.44	<0.001

(陈　莹)

<table>
<tr>
<td>第十章</td>
<td>全科医学中的量表测验法——
基于量表的测定评价</td>
<td></td>
</tr>
</table>

测量是按照一定的法则,用数字方法对事物的属性进行描写的过程。量表测验(tests)指基于标准化的调查工具对事物的属性进行测定与评价,是调查研究的常用方法之一。量表测验法已经广泛用于心理测验、教育测验、社会测验、管理人力资源测评以及医学领域的相关测评,尤其在全科医学中得到了广泛的应用。本章对量表测验的核心工具(量表)进行了专门介绍,包括量表的概念、构成、研制、评价等。同时对量表测验在全科医学中的应用及常用工具进行介绍。

第一节 量表测验方法概述

一、量表的概念与构成

量表(scale)是一种测量工具,是经过精心设计、条目分析和反映尺度定位等一系列过程选择条目,并按一定格式编排形成的专门的调查表。其每个条目的选项均在一定的反应尺度上表述出来,因而可按事先确定的标准记分来量化处理。由于测量的参照点和单位不同,构成四种不同的测量系统水平,分别是名义水平、顺序水平、间隔水平和比例水平。相应地,四种不同测量水平对应的量表分别称为"命名量表"、"顺序量表"、"等距量表"和"比例量表"。

1. 命名量表(nominal scale) 命名量表也可称为类别量表或称名量表,是量表中测量水平最低的一种,只是用数字来代表事物或把事物归类,没有任何数量的意义,只起着标志事物的作用,因而没有序列性、等距性和可加性。

2. 顺序量表(ordinal scale) 顺序量表也称等级量表,其测量水平比命名量表高,指明类别的大小或含有某种属性的多少,量表的顺序关系可以具体地表现为更高、更优、更难、更乱、更好、更成熟,通常记成"高于""优于"等。

3. 等距量表(interval scale) 等距量表的定义特征是分配给两个人或物体的数字之间的差异程度,与这些人或物体在被测量属性上的差异程度是相对应的。等距量表具有公共的不变的测量单位,任何两个间隔的比与人为的测量单位及零点无关。在等距量表中,零点和测量单位是任意的,也就是说在等距量表中,没有真正的零点,测量单位也是人为的。

4. 比率量表(ratio scale) 比率量表是最高水平的一种量表,既有相等单位又有绝对零点值。这种量表在物理测量中容易见到,如长度、重量等。由于大多数健康状况与心理特征

211

难以找到有意义的绝对零点,所以此种量表在健康评估与心理测量中不常用到。

量表由具体条目、维度等构成。不同的目的和理论依据决定了量表条目的总体安排、内容和子量表的构成。根据测定的对象和目的不同量表的构成略有差异,下面以生命质量测定量表为例,描述生命质量测定量表的一些基本元素和层次。

1. 条目(item)　条目是量表所含内容的基础分割单位,是量表最基本的构成元素。条目池(item pool)是所有备选的有关条目的集合,为进一步筛选条目做准备。一个量表的好坏在很大程度上取决于条目的选择。根据条目的性质和形式可分为不同的条目。

(1) 按语义分:根据条目的语义可分为评价性条目、强度性条目、频度性条目和能力性条目四种,这在世界卫生组织(WHO)的生命质量评价中广为采用:

1) 评价性(evaluation)条目:反映某现象的主观评判的条目,其回答选项诸如:好、差;满意、较满意等。

如:你睡眠好吗?

很差　　差　　不好也不坏　　好　　很好

2) 强度性(intensity)条目:反映某现象影响程度的条目,其回答选项诸如:重、极重;影响大、影响极大等。

如:在过去4周内,你常感到身上有疼痛吗?

一点不疼　　很轻微疼痛　　轻微疼痛　　中等疼痛　　严重疼痛

3) 频度性(frequency)条目:反映某现象发生的频繁程度的条目,其回答选项诸如:很少、经常等。

如:你感到看东西越来越费力了吗?

根本没有　　偶尔有　　有(约一半时间)　　经常有　　总是有

4) 能力性(capacity)条目:反映能力的条目,回答选项诸如:能、完全能等。

如:你能看清马路对面的人吗?

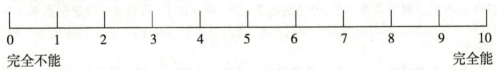

(2) 按性质分:按照条目的性质可分为可知觉的客观性条目与自我报告的主管性条目。

1) 可知觉的客观性条目(perceived objective):这类条目反映一种客观的状态,如住房、经济收入等,但不是对这些状况的直接描述(如住房多少平方米),而是人这个主体对其主观的评判(如是否满意)。在语义上多属于频度性和强度性条目。

2) 自我报告的主观性条目(self-reported subjective):某些条目反映的直接是人这个主体对自身的心理感受,如焦虑、烦躁等,这些条目称为自我报告的主观性条目,多由评价性条目组成。

(3) 按形式分:按条目的形式可以分为线性条目、Likert 等距等级条目、不等距等级条目、两分类条目、Guttman 累积型条目、描述性条目六种类型。

1) 线性条目:其选择项为整个线段,条目回答在有一定刻度(如 0~10)的线段上画记选择。也可采取较为形象的像尺子一样的标尺在上面选择标记,常称为可视化量尺 VAS。

如:你感到疼痛吗?

0：表示根本没有疼痛，10：表示非常疼痛。

2）Likert 等距等级条目：提供给被试的选择项是等距离的。如：很差，差，中等，好，很好。该方法是由 Likert 于 1932 年所创立，故常称为 Likert 法，形式有 3 点法，5 点法和 7 点法，5 点法最为常用。

如：你怎么评价自己的记忆力？

很差，差，中等，好，很好。

3）不等距等级条目：选择项是不等距离的，分级的词语间不完全等距。

如：对慢性病疗效的评价：优、良、中、差。

4）两分类条目：回答仅在两项中选择，如是，否。

5）Guttman 累积型条目：一个条目反映的内容按难度或数量的连续体分成小项回答。由 Guttman 于 1940 年提出并用于心理评价中（Guttman，1940），后来也用于生命质量评价。例如：您的健康影响了您的行动了吗：

是　　　　　否

a：步行约 1500 米的路程

b：步行约 800 米的路程

c：步行约 100 米的路程

这种条目的回答存在明显的逻辑关系，而且可用于分析同质性。如在 c 上回答"是"的，则在 b，a 上也应回答"是"，否则其回答就有问题。

6）描述性条目：每个条目的各种答案均作较详细的描述，以便被测者选择。如反映活动能力及范围的条目，回答选项可为：

0：整天卧床，不能走动

1：只能在室内做些轻微活动

2：能在住宅周围活动

3：可任意自由活动

以哪种条目为好呢？这很难进行统一的评价，各种条目都有优缺点。一般说来，线性者比较精确，较易分析，但文化程度低者不易理解；等级条目较易理解和回答，但在程度语词的设置及结果的分析上都有诸多不便，需采取一定的办法处理；两分类条目较简单，但包含的信息少。因此，很多量表常兼有多种条目，起到取长补短之效，如生活质量评价量表（MOS SF-36），但这样的量表在分析处理上较麻烦。目前的发展趋势是整个量表只用一种条目形式，如世界卫生组织生命质量量表（WHOQOL）、欧洲癌症研究与治疗组织癌症生命质量量表（EORTC QLQ-C30）、美国转归研究与教育中心的癌症治疗功能评价系统中的共性模块（FACT-G）等均是如此。

2. 领域（domain）　国内多称为方面，指生命质量中一个较大的功能部分，由若干相关的相对密切的侧面构成，如生理功能领域、心理功能领域、社会功能领域等。

3. 侧面（facet）　侧面也可称为小方面，亚领域（sub-domain），是领域下面的一个层次，由若干反映同一特征的条目构成。如反映负性情感的一些条目（抑郁、焦虑、绝望等）构成负性情感侧面。

4. 总量表（overall scale）　由若干领域构成的一个完整的量表。以往的分析,常在总量表的层次上进行,即计算量表总分,但现在趋于分析各领域得分,甚至分析侧面及条目得分。有的量表根本不计算和分析总分。

最后要说明的是,量表的构成与分析中经常会采用"维度（dimension）"一词,这是从数学或统计学引用过来的,指构成与分析的基本部分有多少,可以是领域层面（5 个领域就是 5 个维度）,也可以是侧面层面（10 个侧面就是 10 个维度）,甚至可以到单一条目。

二、量表的分类

目前,已经涌现出大量的健康相关测定量表,根据使用目的、对象、排列方式等可对量表进行不同的归类。

1. 按使用对象分类

(1) 普适性量表（generic scale）:用于一般人群生命质量测定。如 SF-36,WHOQOL-100。

(2) 疾病特异性量表（disease-specific scale）:用于特定疾病患者,如肺癌量表 FACT-L、QLQ-LC13、QLICP-LU、高血压量表 QLICD-HY 等。

(3) 领域特异性量表（domain-specific scale）:侧重于测定生命质量的某一领域的量表。如 RCSL 侧重于疾病症状和治疗不良反应的评价,KPS 侧重于行为表现功能的评价。

2. 按应用目的分类

(1) 判别量表（discriminative scale）:主要用于判别的量表,即用于区分不同的受试者。如说明治疗组与非治疗组、男性与女性间生命质量有无不同等,往往重视个体的差别。

(2) 评价量表（evaluative scale）:主要用于评价的量表,反映某个（或某些）时点的健康状况。可以是某个时点的横断面评价,反映当时的健康状况;也可以是纵向的多个时点的评价,说明健康状况在时间上变化。量表的主要目的是评价不同群体健康状况上的差异或者个体在群体中的相对位置,不是区别不同的个体,因而不同个体间的差异并不太重要,而敏感性则更重要。

(3) 预测量表（predictive scale）:主要用于根据生命质量预测某些现象（如疾病复发,治疗反应）发生的量表。量表的使用价值主要取决于预测效度和校标效度。

(4) 诊断量表（diagnosis scale）:用于诊断的量表,如诊断抑郁的自评量表 SDS 可以根据分值高低进行诊断。按照标准分,分界值为 53 分,分数低于 53 分,不抑郁;分数高于 53 分,视分数不同,诊断抑郁的严重程度。

3. 按条目形式分类

(1) 线性评价量表（linear analog scale）:条目为线性者,如 LASA、QOL-LC 等。

(2) 等级描述评价量表（ordinal rating scale）:条目为等级分类者,如 SF-36、WHOQOL、QLQ-C30 等。常见的是 Likert 等距等级的评价量表。

此外,还有瑟斯顿量表（Thurstone scale）、加特曼量表（Guttman scale）以及在 Osgood 等的语义心理学研究成果（Osgood,1957）的基础上提出的语义区分（semantic differential）量表。

4. 按评价者分类

(1) 自评量表（self-administered scale）:量表由被测者自己完成。

(2) 他评量表（rater-administered scale）:量表由他人完成。可由评价者完成,也可由代理者(家属,朋友)完成。

三、量表测验的程序

测验的实施过程是量表测验功效实现的必要环节。当前,由于量表测验在我国刚刚起步,人们过多地重视测验的编制和应用这两个环节,而对联系这两个环节的实施过程重视不够,使得量表测验在使用过程中走入许多误区。量表测验涉及三个要素:首先,要有测定的工具,即测定量表;其次,这个工具要有相应的操作规程,也就是量表的使用方法和计分规则等;最后,要有一个测定的数值,用测定得到的数值去确定测定对象的属性水平。

1. 测验前的准备　测验前的准备工作是保证测试顺利进行和测验实施标准化的必要环节。准备工作主要包括以下几个方面:

(1) 预告测验:事先应当通知被试者,保证被试者确切知道测验的时间、地点、内容范围、试题的类型等,使被试对测验有所准备,及时调整自己的情绪和生理状态。量表测验一般不搞突然袭击。当然,根据需要有时可以不告知真实目的。

(2) 主试自身的准备:首先,主试要熟悉测验指导语并能流利地用口语说出来,这是确保测验实施的最基本的要求。熟悉指导语会使测验进行得顺利,否则,测验的效果会受到一些影响。

其次,主试还必须熟悉测试的具体程序。测验的实施并不仅仅是分发、收集量表,对于某些个别测验和团体测验来说,测验的实施必须由受过专门训练的人来完成。例如,韦氏智力量表包括言语、操作两大部分,操作部分的测试涉及物体如何摆放、如何示范等具体程序,而针对聋哑儿童使用的希内学习能力测验更为复杂,甚至包括手势语的应用;某些团体施测还涉及幻灯显示等问题。主试的训练,通常包括讲解或阅读测验手册、观察演示和操作练习等。这种训练根据测验的种类及主试的条件,时间长短可以不同。

最后,主试必须做好应付突发事件及被试提问的心理准备。例如,智力测验过程中,学生由于过分紧张而晕倒或夏季中暑;测查病态人格时患者突然发作;有人作弊或突然停电等等。这些都需要主试有良好的心理准备,并有一些应急措施。

2. 测验的程序　量表测验的程序可以归纳为下面步骤:

(1) 根据研究目的确定目标人群,从目标人群中随机抽取一定量人群作为样本,测量人群的样本量与测量目的相关。

(2) 根据欲测定的属性和研究目的选择适宜的测定量表。

(3) 将测定量表分别发给测定样本人群,让他们独立自行填写。比如生命质量是主观感受,因此,多采用自评式量表进行测定,在医生或调查者进行简单解释后,由被测定对象独立自行填写完成。

(4) 填写完毕,根据量表的计分规则和计分方法给出每个被测定对象的得分,进而根据得分来评价其特性好坏。

整个流程如图 10-1 所示:

3. 测验中的注意事项

(1) 根据测定目的确定测定方式:所谓测定方式就是指测定的次数以及测定次数的间隔,需要根据测定目的来进行。若测定目的是评价及比较一般及特殊人群的综合健康状况只需一次横切面测定即可;若测定目的是评价治疗方案或药物疗效或者是评价预防性干预

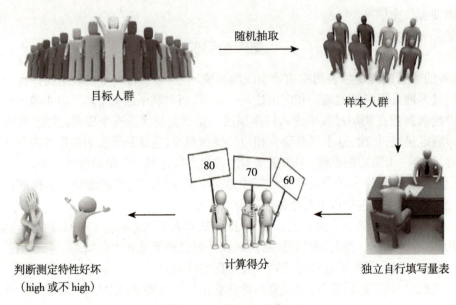

目标人群

随机抽取

样本人群

判断测定特性好坏
(high 或不 high)

计算得分

独立自行填写量表

图 10-1 量表测验流程示意图

及保健措施的效果都必须进行干预前后的生命质量对比才能进行评价,因此,需进行至少两次的纵向测定,两次间隔时间的长短与测定的对象和干预措施有关。

(2) 明确三个标准:诊断标准、纳入标准及排除标准,清楚界定测定对象。

例如,若研究者的目的是测定老年人的生命质量,测定对象是老年人,而测定场所就应该在社区,在纳入标准中就必须明确老年人的定义(多大年龄算老年人),同时必须根据是他评还是自评来明确对测定对象的文化程度的要求,而在排除标准中必须明确哪些年龄达到标准但是不能达到测定目的的人将被排除。

(3) 涉及医学伦理的测验要遵循医学伦理学原则,包括知情同意原则、尊重原则、有利原则、公正原则、保密原则等。因此,要报备医学伦理委员会进行伦理学的审核,通过了医学伦理委员会的审核后,要与测定对象签到知情同意书,获得测定对象同意后方可进行测定。

(4) 测定前必须培训调查员,培训他们与人沟通与交流能力,统一调查口径。若是他评式量表,通过培训使得调查员的调查口径一致是非常重要的,若是自评式量表,通过培训可以提高调查员与人沟通交流能力,提高知情同意率和应答率。

(5) 测定过程中把握好调查方式尽可能获得测定对象足够的信任。在社区调查时,调查员配备工作证,通过社区卫生服务人员或社区管理人员的协助取得被测定对象的信任,在医院调查时,通过主治医生的协助或者直接作为医生出现来取得被测定对象的信任。

(6) 测定完成后,立刻收回并仔细对量表进行核查,查看有无漏项,如有漏项,提醒被试者及时补齐,若仍拒绝填写则作为缺失值并问清和记录原因。

四、量表测验的应用

近几年来,量表测验的应用日益广泛。其应用领域有心理测验、教育测验、社会测验、管理人力资源测评以及医学领域的相关测评。在实际工作中的应用有如下几个方面:

1. 选材与安置 在教育、人力资源、军事等领域,人们经常面临着选材与安置的问题,即辨认出那些具有最大成功可能性的人,及如何发挥每个人的能力做到人与事的最佳匹配。长期以来,人们主要是依靠经验来观察、识别人才,往往会漏选好人才,误选庸才,给实际工作带来损失。通过职务分析找出各种活动要求的最佳心理模式,然后根据这些特征设计出各种能力、人格及学绩测验,预测个体活动的适应性,从而提高人才选拔和职业训练的效率。在学校把学生分到不同班级以便因材施教;在企业中,根据兴趣、能力特长将个人分配到适合的工作岗位上。借助量表测验把选拔和安置结合起来,日益发挥其巨大的作用,节约了许多人力、物力资源。教育领域是应用测验最多的一个领域,包括教师自编的学绩测验、升学考试、语言能力考试等都属于测验。还有用于对一个人或某一团体的某种能力做出评价的能力测验,较常用的有智力测验和特殊能力测验。在现代企业管理中,"斯特朗职业兴趣量表",提供被试在工作类型、职业兴趣、培训专业等各个方面感兴趣的程度,对职业转换和职业发展提供参考意见。有用于员工招聘录用的测评量表,可在短时间内准确地了解一个人的性格特征、个人能力和其他个人心理特征,为员工招聘提供一个客观的度量标准。

2. 评价与诊断 在医学、教育与经济领域经常需要对人和事进行评价分析,量表测验可为其提供途径与方法。在医学领域的测量主要有生命质量的测验、精神病与神经症患者的诊断测验(如明尼苏达多相人格问卷、90项症状清单),神经心理方面的测验,如韦克斯勒记忆量表(供临床使用的较简单的记忆测验量表)、霍尔斯特德-赖坦神经心理学成套测验(综合性的神经心理测验,中文版由湖南医科大学龚耀先修订),多动症量表有康纳斯行为评定量表,是筛查儿童多动症用得最广泛的量表。测验的诊断功能不仅限于临床,在教育工作中还可用于发现学生适应不良的原因和学习困难之所在,搞清是缺乏某种特殊能力,还是某方面的知识没有掌握,或是性格不良,以便采取适当的帮助及补救措施。在经济领域的测量主要有消费者行为测评分析等应用,包括市场需求调查、消费者行为与态度调查等。收集用户的使用目的、使用行为习惯、态度和观点、人口学信息等数据,采用大数据技术分析消费者的行为达到精准营销的目的。

3. 咨询与发展 量表测验还有助于人们的自我了解、自我评价与自我发展。各种学业、能力、兴趣、性格测验可以服务于升学、就业咨询,还可了解个体的情绪状态和人格障碍,为健康咨询和行为矫正提供帮助。常用的人格测量的工具有卡特尔16种人格因素问卷、明尼苏达多相人格问卷、艾森克人格问卷和气质问卷等。健康咨询测量有生活事件评定量表、抑郁测评量表、焦虑测评量表等。兴趣测量主要有霍兰德职业兴趣量表,满意度测量主要有生活满意度量表、主观幸福感评定量表、婚姻满意度量表等。

需要注意的是,量表测验所提供的分析结果只是作决策时要考虑的一个因素,而不是充分条件,因为量表测验只是一个辅助工具。在实际工作中,作决策还应结合现实中的其他信息做出符合环境的判断。

第二节 量表的研制方法

量表的研制是一个复杂的系统工程,广义上讲,研制方法包括从测定概念的确立及操作化定义,条目的形成,条目的分析筛选,直到量表的考评及修订等一系列过程中涉及的各种方法。

总的说来,量表研制主要有两种策略或途径,一是利用已有量表研制中文版本的量表。

即根据已有的语言版本,按照一套严格的量表翻译程序形成新的所需语言版本(如中文版本),包括翻译及回译、文化调适和等价性考察。由于历史的原因,已经出现了大量的英文量表,有些还非常著名,应用较广,因此利用西方量表来制定相应中国版本的量表不失为一捷径。目前国内应用的大量量表就是采取这种方式开发的,如 SF-36 中文版,WHOQoL-100 中文版等。

另一个途径就是直接独立地开发量表,即根据量表开发的一套程序和方法,独立地研制自己国家或文化的量表。从具体的实施过程来说,可以采取文献法、头脑风暴法、访谈法、专家咨询法、核心小组讨论等多种方法来提出和精简条目。最好采用结构化的决策方法(programmed decision)来制定量表,即通过议题小组(nominal group)和核心小组(focus group)的交互工作方式及多种方法并用来完成。

一、自行研制量表

这里以生命质量测定量表研制为例,介绍直接独立地开发量表的步骤,利用西方量表研制中文版见后。

1. 明确研究对象及目的　确定所测的人群,从而决定制定普适性量表还是针对某一特殊人群(如老年人,肺癌患者等)的量表以及量表今后的应用是侧重于判别还是评价等。

2. 设立研究工作组　在医学领域,一般是测定某些疾病患者(如癌症患者)及一些特殊人群(如老年人)的生命质量,因此,需由医学专家、医生、护士、患者及其他正常人等各种层次人员组成议题小组和核心工作组负责量表的制定与考核。其中,议题小组的成员应广泛一些,主要负责条目的提出,核心小组则专业化和精干化一些,负责具体的研究工作。

3. 测定概念的定义及分解　由核心小组完成,给出所测 QoL 概念的可操作化定义及构成,形成理论框架。如所测 QoL 指什么,包含哪些领域和侧面。

4. 提出量表条目形成条目池　由核心小组将第 3 点的内容向议题小组详细介绍和说明(召集会议),然后由议题小组成员分别独立地写出各领域和侧面下有关的条目(可采用头脑风暴法等)。然后由议题小组成员分别独立地根据专业知识,个人经验等写出与上述概念有关的条目。将各人提出的条目收回并进行整理分析,对含义相同但表达不同者进行统一描述形成一个条目,所有不同的条目即构成条目池。

条目的形成方法从理论上讲,主要有下面四种方法:

(1) 推理法:由评价者确定欲测定的内容及理论依据,然后推论出能测评这些内容的条目。如测定心理功能,从专业上可推知"是否忧郁"应为其一个问题。该法重视理论根据,但条目出自编制者的个人经验和知识。

(2) 实证法:根据某些外部依据(效标)来提出条目。如欲测定癌症患者的生命质量,能区别出癌症患者(效标组)与正常人(对照组)的一些特征陈述(如有无某症状等)即可选为条目。

(3) 同质法:测量同一概念的条目应具有较高的相关(同质),因此对每一特质(如领域)一一考察,提出能够测出相同特质的具有较高相关的不同条目。各种特质的条目结合起来就形成整个量表的条目池。

(4) 综合法:通常用推理法提出大批条目,用实证法和同质法进行筛选归类。

5. 访谈精简条目并形成初步量表 对条目池的各条目进行专家分析和核心小组讨论（定性分析）精简后，进一步访谈医护人员和患者，通过修改并确定条目形式及回答选项后形成初步量表。其中，条目形式多半采用线性和等级方式，对于前者，只要给出一定长度（通常0~10cm）的线段，并定出两个端点的选项即可；对于等级形式，通常采用5级Likert等级方式，如很差、差、中等、好、很好，各回答选项通过文献得到，必要时通过反应尺度（response scale）分析来确定（WHO,1993）。

6. 预调查及条目筛选 初步量表制成两份问卷分别对专家/医务人员和患者进行预调查（pilot test）。其中专家/医务人员（采用Delphi法和小组讨论）主要调查条目的重要性、合理性及遗漏等，患者除评价条目的重要性、是否理解外还要回答具体选项。一般每个量表调查15~50例（如欧洲EORTC QLQ量表系列明确规定调查15例），据此对条目进行筛选。除了用传统的筛选方法（如专家/患者重要性评分法、变异系数法、相关系数法、聚类分析法和主成分分析法等）外，例数多的量表还可借助IRT对条目的深入刻画（条目特征函数和参数估计）和各种信息函数来进行分析及筛选，选择的模型主要是Samejima的等级反应模型（graded response model）和Masters的分部评分模型（partial credit model）。

7. 量表现场测试与评价 初步量表进行预调查后，根据数据的分析和条目筛选形成正式量表（测试版），在更大范围内进行测定（一般每个量表至少100例，至少治疗前后2次纵向测定），并对量表的信度、效度、反应度等特性进行评价。

8. 修改完善及其进一步评价 在上述基础上，通过对测定数据的分析来确认或者修改完善形成正式的测定量表。如有必要，此过程尚可以进行个别条目的精简（删除不太好的条目）。如果条目有改动，还需要进一步测定及评价测量学特性。只有达到测量学特性要求的量表才能正式确立和应用。

二、西方量表的中文版研制

由于历史的原因，已经出现了大量的西文（主要是英文）量表，而且有些还非常著名，应用较广。因此利用西方量表来制定中国版本量表不失为一捷径。但由于文化差异，不能直接翻译过来就使用，而必须进行适当的处理和修订（Francis et al,1993），必须严格按照不同语言版本量表的研制程序进行。

用西方量表来制定中国版的量表，其方法步骤基本与前面相同，这里仅讨论几点不同之处。

1. 翻译及回译（translation and back-translation） 一旦确定了一个量表在西方行之有效，而且其目的和对象与中国的研究类似，则有必要研制其中文版本，首当其冲的就是翻译和回译。量表的翻译是一个很重要的问题（Guyatt,1993），原则上应形成一个翻译小组来负责翻译及回译工作。小组中有熟练掌握中西两种语言的中国人和西方人。

如果研究的主要目的是比较中西方同类人群的生命质量，应使量表译本与原本之间尽量一致，这可通过翻译及回译来实现。步骤是：翻译组将量表翻译成中文，然后让回译组（未看过原版量表）将中文翻译为西文。研究者与原版进行比较，找出差距较大的地方，然后对中译本进行适当修改，再进行回译并与原本比较，如此反复直到回译本尽可能接近原本。

2. 文化调适（culture adaptation） 如果研究目的是制定能在中国使用的生命质量测定量表，翻译时就应尽量按中文的习惯用法，对某些条目也要进行适当的修订使之适合中国文化的特殊性,这称为文化调适(Francis,et al,1993)。该过程通常采用小范围(15例)的访谈和(或)预调查来完成。

比如,中国人对于性生活的一些条目不像西方人那样看重,而且还常不愿回答,这就必须进行修改(如委婉的问法),甚至去除。又比如宗教信仰也存在同样的问题。完全不受文化制约的量表是不存在的。正因如此,文化调适后的量表必须进行新的信、效度评价才能使用,有的还要进行多次修订。

3. 量表考察 中文版的量表除进行一般的信度、效度和反应度等的考察外,还要进行等价性(equivalence)的考察。关于等价性,不同的研究者提出了很多概念和类型,如Herdman(1997)等归纳总结了19种等价性类型。究竟评价哪些方面的等价性尚有争议,一般认为考察关键的4~6种等价性即可。通常对以下四个等价性(Hendricson,et al,1989)进行考察:

(1) 概念等价性(conceptual equivalence):指所测概念在不同文化背景下等同。可采取访谈法和多维相似结构分析(multi-dimensional similarity structure analysis)来考察。

(2) 语义等价性(semantic equivalence):指评价的具体条目反应的内容在内涵和外延上的等价。特别注意有些词语在不同的文化背景中可能意义不同,比如西方语境中蓝色代表不愉快、黑色代表压抑,而中文中蓝色代表平和、黑色代表庄重;又如白色在中国用于葬礼和悲哀,而西方则代表纯洁。Startorius和Kuyken提出了一系列检查语义等价性的过程及方法。

(3) 技术等价性(technical equivalence):指测量的方式(自评-他评、纸笔测试、电子版测试等)、具体实施过程及语言的等价。由于文化背景的不同,对同一个问题可能要采取不同的测定方式,如在美国可以很公开地谈论性的问题,在中国就不一定适合直接面谈。反之,在中国可以随便谈论的宗教信仰问题,在欧美国家就不能这样谈了。如何保证内容相同而形式不一就颇值得考虑。语言上的等价性指测定量表在语法和句法上的等价,即具体的语言表达上可能不同,但本质上必须是同一个问题。

(4) 标量等价性(scalar/metric equivalence):指修订的量表与原量表具有可比的测量学特性(信度、效度、反应度等),也称为测量等价性(measurement equivalence)。

总之,与独立研制的自己语言量表一致,中文版量表的考察与评价也是一个长期的过程,一般通过预调查、正式调查、应用等多个阶段来进行不断的评价。

三、量表体系研制

目前,癌症患者、慢性病患者的生命质量研究已成为医学领域生命质量研究的主流。要对癌症患者、慢性病患者的生命质量进行测定,首先要研制针对不同癌症、慢性病患者的生命质量测定量表。由于癌症与慢性病种类众多,若每种疾病均开发专一的生命质量测定量表,势必研制大量的测定量表,给研究及应用均带来较大麻烦,既不现实也无必要。为此,目前的一个研究趋势就是对具有共同属性的一大类人群或疾病开发一个共性量表或共性模块,再针对具体的人群或病种制定一个较短的特异性模块。这样,只需制定一个共性模块,外加不同疾病的简短模块即可构成针对性较强的特异性量表,具有事半功倍之效。现以癌症患者生命质量量表为例进行说明。

癌症治疗功能评价系统(Functional Assessment of Cancer Therapy,FACT)是美国研制的癌症患者生命质量测定量表体系,是由一个测定癌症患者生命质量共性部分的共性模块

（FACT-G）和一些特定癌症的子量表（特异模块）构成的量表群。第四版的 FACT-G 由 27 个条目构成，包括躯体状况、社会/家庭状况、情感状况和功能状况四个部分。特定癌症的量表由共性模块加各自的特意模块（称为附加关注）构成，如乳腺癌患者的生命质量测定量表 FACT-B 就是由 FACT-G 和 9 个针对乳腺癌的特异条目构成。目前已经开发的特异量表有肺癌、乳腺癌、膀胱癌、脑瘤、宫颈癌、结肠癌、头颈癌、卵巢癌、前列腺癌等。

欧洲癌症研究与治疗组织（European Organization for Research and Treatment）研制的患者生命质量测定量表 QLQ 系列也是针对所有癌症患者的核心量表（共性模块）QLQ-C30 和针对不同癌症的特异性条目（特异模块）构成的量表群。第三版的 QLQ-C30 包含 5 个功能子量表（躯体、角色、认知、情绪和社会功能）、3 个症状子量表（疲劳、疼痛、恶心呕吐）、一个总体健康状况子量表和一些单一条目构成。目前已开发出肺癌、乳腺癌、头颈癌、直肠癌等多个特异性模块。

QLICP（quality of life instruments for cancer patients）是广东医科大学万崇华等从 1997 年开始研制的具有中国文化特色的癌症患者生命质量测定量表体系。该体系是按共性模块与特异模块结合方式来系统开发的，包括可用于各种癌症患者的共性模块 QLICP-GM（general module）以及我国常见癌症的特异模块，两者结合形成相应的特异量表。到 2011 年底已经研制出相对全面的第一版测定量表体系 QLICP（V1.0），包括一个共性模块量表 QLICP-GM（V1.0）和 9 种癌症的特异量表，如乳腺癌 QLICP-BR（V1.0）、肺癌 QLICP-LU（V1.0）、头颈癌 QLICP-HN（V1.0）等。鉴于应用中发现的一些问题，从 2010 年起开始了第二版的 QLICP（V2.0）研制，拟采用现代测量理论中的项目反应理论和概化理论并结合经典测量理论来系统地研制 20 种严重或常见癌症的生命质量测定量表。第二版的 QLICP-GM（V2.0）由 4 个领域 10 个侧面 32 个条目构成，其中躯体功能 8 个条目、心理功能 9 个条目、社会功能 8 个条目、共性症状及副作用 7 个条目。目前，已经研制出大肠癌、宫颈癌等 8 种癌症特异量表，还有 12 种癌症的量表在研制中。量表具有结构明确、层次清晰（条目→小方面→领域→总量表），可在不同层面分析的优点，既可以做粗放的分析（领域和总量表层面），也可以做深入精细的分析（小方面层面），以便进一步发现变化和差异在哪里。

QLICD（quality of life instruments for chronic disease，QLICD）是由广东医科大学的万崇华和昆明医科大学李晓梅等研制的慢性病患者生命质量测定量表体系。该体系由一个测量慢性病患者生命质量共性部分的一般量表，也称共性模块（generic module）QLICD-GM 和一些特定慢性疾病的特异条目（特异模块 Specific Module）构成的量表群。最新的第二版本共性模块 QLICD-GM（V2.0）含 3 个领域、10 个侧面、28 个条目。同时研制出了高血压、冠心病、慢性胃炎、消化性溃疡、慢性阻塞性肺病、肺心病、支气管哮喘、糖尿病等 20 种慢性病特异量表，另有 6 种疾病量表在测试中，5 种疾病量表在研制中。

第三节 量表的评价与选择

测量值与真实值之间的差异称为误差，测量不可能无限精确。测量值与客观存在的真实值之间总会存在着一定的差异，这种差异就是测量误差。由于测量误差的存在，物理测量和心理测量的结果不一定就是可靠的，也不一定就是有效的。因此，需要对测量结果的可靠性和有效性进行分析与评价。同样，量表的好坏也需要进行评价，一般称为心理测量学特性

（psychometrics properties）评价，包括信度、效度、反应度等。

一、信度及其评价方法

信度（Reliability）指的是测量结果的稳定程度，即测验结果是否反映了被测者的稳定的、一贯性的真实特征。可从不同角度来理解：可理解为同一测量工具（量表）反复测量某人的同一特质，多次测量结果间的可靠性、稳定性和一致性；也可理解为量表的条目间相关程度和一致性程度，同一个领域是否在测量同一个特质；还可理解为一次测量与它的任意一个"经典平行测量"的相关性和一致性。一般来说，一个好的测量必须具有较高的信度，也即一个好的测量工具，只要遵循操作规则，其结果就不应随工具的使用者或使用时间等方面的变化而发生变化。信度是反映测量中随机误差大小的指标，在测量过程中任何能引起测量的随机误差的因素——被试、主试、测试内容、施测情境等都会影响测量的信度，提高测量信度就显得尤为重要。提高测量信度的常用方法有以下方法：适当增加测验的长度；使测验中所有试题的难度接近正态分布，并控制在中等水平；努力提高测验的试题的区分度；选取恰当的被试团体，提高测验在各同质性较强的亚团体上的信度；主试者严格执行实测规程，评分者严格按标准给分，实测场地按测验手册的要求进行布置，减少无关因素的干扰。

大部分情况下，信度是以信度系数为指标来衡量，它是一种相关系数。常常是同一被试样本所得到的两组资料的相关性，理论上说就是真分数方差与实得分数方差的比值，信度系数越高即表示该测验的结果越一致、越稳定与可靠。由于真实分数的方差无法得到，因此，一般采用两平行测验上观察分数间的相关来作为信度系数，采用不同的方式来得到平行测验即得到不同的信度系数，以下将分别介绍。

1. 重测信度法　重测信度（test-retest reliability）是指用同样的量表，对同一组被测者在尽可量相同的情况下，在不同的时间进行两次测量（两次测量相距一般在 2~4 周）。用两次测量结果间的相关分析或差异的显著性检验方法，来评价量表信度的高低。结果越是相关，则差异越不显著信度越高。

重测信度高，说明前、后两次测量的结果比较一致，测量工具比较稳定，被试的测量属性受被试状态和环境变化的影响较小。用这种测量结果来预测人在短期内的情况是比较好的，因为该结果具有较好的跨时间上的稳定性。重测信度的优点是能够提供有关测验结果是否随时间而变异的资料，可以作为预测受测者将来行为表现的依据。

2. 复本信度法　如果一种测验有两个以上的复本，根据同一群受试者接受两个复本测验所得结果的一致性程度就是复本信度（alternate-form reliability），其大小等于同一批被试在两个复本测验上所得分数的相关系数，它主要反映测验的跨形式的一致性。

具体做法是让同一组被调查者一次填答两份量表复本，计算两个复本的相关系数。复本信度法要求两个复本除表述方式不同外，在内容、格式、难度和对应题项的提问方向等方面要完全一致，而在实际调查中，很难得到两份等价的量表，因此采用这种方法者较少。

复本信度的主要优点在于：①能够避免重测信度的一些问题，如记忆效果、练习效应等；②适用于进行长期追踪研究或调查某些干扰变量对测验成绩影响；③减少了辅导或作弊的可能性；④能避免被试因为做相同题目而引起的厌倦情绪。

复本信度的局限性在于：①如果测量的行为易受练习的影响，则复本信度只能减少而不能消除这种影响；②有些测验的性质会由于重复而发生改变；③有些测验很难找到合适的复本。

3. 内部一致性信度法　内部一致性信度（internal consistency）是目前比较流行的信度评价方法，是分半信度的推广。它无须将条目分为两个部分，而是从量表的构思层次入手，以内部结构的一致性程度对信度做出估计。内部一致性信度主要反映测验内部题目之间的关系，即考察测验的各个题目是否测量了相同的内容或特质。它受到两种误差的影响：内容取样和所取样的行为变量的同质性。针对这两种误差，内部一致性信度可分为分半信度和同质性信度。

重测信度和复本信度都是建立在信度的基本概念的基础上，具有逻辑清晰、易于理解的特点。但由于操作成本高，干扰因素多，因此在使用的范围上受到限制。内部一致性信度就能较好地解决以上问题。它既体现了相关系数的概念，又考虑到实际的操作。它的逻辑推理是这样的，如果试卷出得很好，稳定性很高，则它内部的题目的得分前后应该高度一致，它应该是一个稳定的整体，被测者做的每套题目得分应该高度相关。试卷信度低，各套题目表现出来的稳定性就差，各套题目的出入性就大。所以，只要算出一份试卷的试题间的相关系数，就可以估计出试卷的信度。

4. 分半信度法　分半信度（split-half reliability）是对内部一致性信度的粗略估计。做法是将测验施测于某被试群体，然后将测验题目分成对等的两半，再求被试在每一半题目上的分数的相关程度。具体方法是将奇数题组成一个部分，偶数题构成奇数题的复本。计算两半考试得分的皮尔逊相关系数（Pearson's product moment correlation），再采用 Spearman-brown 公式矫正。

分半信度的主要优点在于：①在测验没有复本且只能施测一次的情况下，通常采用分半法估计信度；②由于分半法基本上相当于最短时距施测的两个平行型，所以它能够避免重测信度的练习效应、遗忘效应，以及施测环境变化的影响。分半信度的主要局限在于：有些测验难以分成等值的两半。其主要的缺点在于：①重测信度实际上只是半个测验的信度。例如，整个测验由 120 个项目组成，计算两组分数之间的相关，而每组分数只是根据 60 个项目，而不像再测信度和复本信度中，每个系数都是根据测验的全部项目。因此，重测信度依赖于全套测验的长度，在其他条件相等的情况下，测验越长，测验就越可靠；②迄今没有一种理论推导严格证明分半信度的有效性；③对于同一组问题，可能会存在多种组合方式，从而导致折半信度的计算带有一定的随机性。

5. 信度的评价标准　信度的考评大多是计算各种相关系数，因此，其取值越接近 1 越好，越接近 0 越差，但还没有公认的判断标准。一般说来，0.9 以上可以认为很好，0.7 以上为好，低于 0.4 算差。此外，不同的考评方法也有不同的要求，一般认为 α 至少 0.70，重测信度 r 应该在 0.80 以上（van der Steeg，2004）。但有些测验变异较大，如生命质量测定中的症状与不良反应功能领域，信度系数低一些也可以接受。社会功能领域内部一致性也相对较低，原因是该领域包括的内容较多，比如社会支持、社会参与、社会角色、家庭亲情等，因此全部合在一起就显得"不那么一致"了。

二、效度及其评价方法

效度（validity）即有效性，它是指测量工具或手段能够准确测出所需测量的事物的程度。在心理测量中，它所要回答的基本问题是：一个测验测量什么特性？它对所要测量的特性测得有多准？效度是科学测量工具最重要的必备条件。测量结果与要考察的内容越吻合，则效度越高；反之，则效度越低。在生命质量测量中量表的效度就是指量表测定了它所要测定的特质或功能以及测定的程度。

关于效度，要侧重理解以下三点。

(1) 效度是一个相对概念。这种相对性表现在两个方面：①效度是相对于一定的测量目的而言的。因为效度是指实测结果与所要测查的特质之间的吻合一致性程度，因此，一个测验或量表是否有效主要看它是否达到了测量的目的。测量某一特质有效的量表，若用它来测量另一种特质，则可能是无效或效度极低。②心理特质是较隐蔽的特性，只能通过个体的行为表现来进行推测，因此，心理测量不可能达到百分之百的准确，而只能达到某种程度上的准确。不过由于任何一个量表的编制都有其目的，所以在正常情况下，一个量表的效度也不会为零。

(2) 效度是测量的随机误差和系统误差的综合反映。当一个测验的随机误差较大时，实测结果当然会偏离真值，造成结果的不准确。如果测量中还存在系统误差，则系统误差也会加大测量误差。无论出现哪种情况，只要出现测量误差，测量的效度必受影响。

(3) 判断一个测量是否有效要从多方面搜集证据。心理特性是我们要测的东西，是未知的，通常也是比较抽象和隐蔽的，必须先从多种角度把这种特性描述清楚。因此，获取测量效度的途径也是多样的。

要判断一个测量是否有效要从多方搜集证据，一般称为效度验证(validating)。由于描述心理特质的角度的多样性导致了获取测量效度的途径也是多样的。效度主要分为三种类型：内容效度、准则关联效度和结构效度。

1. 内容效度　内容效度(content validity)是指量表在多大程度上表示了所测特质的范畴，就是要检查测验内容的适切性。换言之，量表是否包含足够的条目来反映所测内容。内容效度的评价主要通过经验判断进行，如量表的条目包含了所测概念的各具体方面而且有一定的比例，则可认为有好的内容效度。

一个测验要具备较好的内容效度必须满足两个条件：①要确定好内容范围，并使测验的全部项目均在此范围内。所谓内容范围可以是具体知识或技能，也可以是复杂行为。成就测验的主要目的在于测量学生的学习效果，因此，特别重视内容效度。②测验项目应是已界定的内容范围的代表性样本。换句话说，就是选出的项目能包含所测的内容范围的主要方面，并且使各部分项目所占比例适当。具体做法是对内容范围进行系统分析，将该范围划分为具体纲目，并对每个纲目作适当加权，然后根据权重，从每个纲目中随机取样。

2. 准则关联效度　准则关联效度(criterion-related validity)，也称效标效度(criterion validity)、经验效度(empirical validity)或统计效度(statistical validity)。是说明量表得分与某种外部准则(效标)间的关联程度，是以测验分数和效标之间的相关系数来表示测验效度的高低。外部准则指不通过该量表，而是通过一些客观指标或某些总体评价性项目来间接反映测定属性。

所谓效标，即衡量测验有效性的参照标准，指的是可以直接而且独立测量的我们感兴趣的行为。效标可以分为两个层次，其一是理论水平的观念效标，其二是操作定义水平的效标测量。由于这种效度是看测验对效标预测如何，所以称效标效度。这种效度需在实践中检验，所以又称为实证效标；根据效标资料是否与测验分数同时获得，可分为同时效度和预测效度。前者指效标资料在与测验分数大致相同的时间获得,后者指效标资料在与测验相隔一定的时间之后获得。同时效度和预测效度意义上的差异,不仅来源于时间,而更重要是来自测验的目的。前者与用来诊断现状的测验有关,如教师的评定或学生成绩同测验分数的相关;后者与预测将来结果的测验有关,如就业后的工作成绩同测验分数的相关。

3. 结构效度　结构效度(construct validity),也称构思效度或特征效度(trait validity),即测验能够测量到理论上的构想或特质的程度,或者说测验的结果是否能证实或解释某一理论的假设、术语或构想,解释的程度如何;是指实验与理论之间的一致性,即实验是否真正测量到假设(构造)的理论。因而结构效度是最重要的效度指标之一。知结构效度具有如下一些特点:

(1)结构效度的大小首先取决于事先假定的理论框架。要使得关于某一特质测验的结构效度的研究结果可以进行比较,则对于该特质的假设和定义就应该相同。否则,不能进行比较。

(2)由于有可能出现理论假设不成立,或该试验设计不能对该假设做出适当的检验等情况,因此,当实际测量的资料无法证实我们的理论假设时,并不一定就表明该测验结构效度不高。

(3)结构效度是通过测量什么和不测量什么的证据累加起来给以确定的,因而不可能有单一的数量指标来描述结构效度。

结构效度的评价较复杂,可用相关分析和因子分析方法来反映。相关分析就是计算各条目与各领域(或侧面)的相关系数,根据相关系数的大小及其检验结果来判断。

综上所述,效度的评价是较复杂的,应该从多个方面搜集效度证据。除了我们已经介绍的外,还可以进行临床效度(clinical validity)、交叉效度(cross-validation)、表面效度(face validity)、增量效度(incremental validity)等方面的验证。实际应用时可结合各情况进行判断。

三、反应度及其评价方法

1. 反应度概述　反应度(responsiveness)是临床测定工具(量表)的重要特性,其概念、定义以及相应的测定方法还有很多争议。一般认为反应度是指测定工具能够反映所测定的特质在时间上纵向的变化的能力,是指量表能测出所测定特质的微小改变的能力。反应度反映的是在变化状况下该测量手段的应变性。信度和效度反映的是在不变状况下测量手段的准确性和精确性。一份量表经评价后有一定的信度和效度,但没有检测出细微的、有实际意义的、随时间改变的能力,也就是如果被测对象变化了,而测量结果却不能随之变化,则这项测量手段是没有任何应用价值的。就生命质量测定而言,反应度指量表能测出生命质量在时间上变化的能力和程度。一份生命质量量表如果经评价后有一定的信度和效度,但如果没有检测出细微的、有实际意义的、随时间改变的能力,则这个测量工具是没有任何应用价值的。

在统计学上,根据是否采用一个具体的外部评价标准,可以将反应度分为内部反应度和外部反应度。前者没有采用外部标准,而是根据专业知识、经验等(内隐地)认为在一定措施和时间后(如治疗后)已经有了一定的效果,好的量表应该能反映这种变化。后者采用了一种具体的(外部的)评定方法(如肿瘤大小的变化、生理指标的改变)作为比较的标准。

目前,对反应度的评价方法需亟待解决。一般采用与某种外部标准(客观指标或专业经验)相比较的方法。比如,从专业上判断某病在治疗前后各功能状态均会发生较大变化,如果量表没有反映出这种变化(可采用配对 t 检验进行前后比较),说明缺乏反应度。

两种反应度的评价方法不完全一致,内部反应度的评价习惯上采用配对 t 检验(或秩和检验等),治疗前后有统计学意义($P<0.05$ 或 $P<0.01$)就认为有好的反应度。外部反应度除了可以用本文的一些指标和方法外,更重要的还要反映与外部标准的关联和比较,因此,可用相关、回归等方法来分析。下面介绍几种具体评价方法:

2. 配对 t 检验法　该法即采取配对 t 检验来说明采取某种措施(估计能改变生命质量)前后两次测定得分差值均数的显著性(Guyatt,1987)。这是一种较直观的方法,用得较多。但严格来讲,这是不太好的,因为配对 t 检验是对治疗前后差异为 0(完全相等)的检验,随着样本含量的增加总是能得出阳性结果。当样本含量较大时一点点差异就能得出统计学显著性,但这并不能说明量表灵敏。更不能用 t 值和 P 值的大小来说明反应度的好坏。

为了克服此问题,除了用传统的假设检验外,还应该给出具体的反应度衡量指标。可采用下面一些指标(统计量)来衡量反应度:

(1) 变化率(change ratio,CR):即得分变化的百分比,为治疗前后差值(治疗前－治疗后)均数占治疗前均数的比例,反映治疗后生命质量升高(负值)或降低(正值)的程度。

$$CR = \frac{\bar{d}}{\bar{X}_1} \times \%$$ (式 10-1)

(2) 效应大小(effect size,ES):为治疗前后差值(治疗前－治疗后)均数与治疗前标准差的比值。

$$ES = \frac{\bar{d}}{S_1}$$ (式 10-2)

(3) 标准化反应均数(standardized response mean,SRM):为治疗前后差值(治疗前－治疗后)均数与差值的标准差的比值。

$$SRM = \frac{\bar{d}}{S_d}$$ (式 10-3)

本文给出了 3 种指标,结合其计算公式不难理解其含义,但还没有公认的判断标准。一般认为,ES、SRM 的绝对值在 0.2 左右则反应度较低,0.5 左右反应度适中,0.8 及以上反应度较好(Husted,2000)。CR 可以取 5%、10%、15%、20% 等。至于 RE 只能用于不同量表或子量表(领域)的相互比较。一般说来,各指标判断的结果并不完全一致。从公式(10-1)~(10-3)看,区别主要在分母上,SRM 的分母考虑了治疗前后差异,因此推荐以 SRM 为主并参考其他指标下结论。

3. 差异相关法　Meenan 等(1984)建议用某措施前后生命质量得分的变化(差异)与某种生理指标(显然可推广)的变化的相关系数作为反应度的评价指标。比如,他们用风湿性关节炎功能量表的得分变化与关节柔韧性和抓握强度的变化的相关分析来评价量表的反应度。

四、其他特性评价

1. 可接受性　可接受性(acceptability)是指患者或被测定者对测定量表的接受程度

(Donovan,1989)。再好的量表如果患者不愿意接受,也难于实行。

量表的可接受性主要取决于以下几个因素:

(1) 量表具有简单性(simplicity)　条目少且容易理解。

(2) 量表内容为被测者所熟悉或认为有意义(与其生活及健康相关)。

(3) 量表容易填写,看完简短的"填表说明"后即知如何完成。

(4) 完成量表所需的时间较少。一般认为 7~20 分钟较适宜。临床使用的量表最好在 17 分钟内,一般人群评价的量表可稍长,但也不宜超过 30 分钟,否则被测者会感到厌烦而不愿完成,或随意乱填。

具体考察时可通过接受率(量表回收率)、量表完成率(事先确定完成的标准,比如所有条目均有回答者)和填表所需平均时间等来评价。

2. 可操作性　可操作性是指事情或项目在具体实施前及过程中的组织管理程序、方法在运用起来是否好用,是否流畅,以至于最后行动实施得下去,更侧重于组织管理,与可实施性也是有差别的,可实施性应在事情或项目可以操作的条件下,结合技术、环境、资源条件,事情或项目的具体行动操作,并且具体操作的成功度应该较高。

3. 可行性　可行性一般是从技术、经济、社会和环保等角度判断我们所指向的事情或项目是可以做的,可以完成的,但并不一定就是可操作的,在事情或项目可行性研究初步结论可行的基础上,还需要结合事情或项目的资源状况、环境条件去进一步分析是否可以去具体实施(组织管理、行动操作)。例如,工作是否容易组织实施,花费的代价是否大等。

五、量表的选择

量表测验是进行科学研究和解决实际问题的一个工具,测验的选择首先必须符合我们进行测验的目的。由于每一个量表测验都有其特殊的用途和使用范围,所以测验者首先就应当对各种测验的功用及特长、优缺点有一个了解。不但不同的目的要选用不同的测验,而且不能只是根据测验名称盲目选择测验,必须了解该测验的真正适用范围和功效,否则就会造成测验使用不得当。在生命质量测评中,无论是普适性还是特异性量表均已开发出很多,量表研究者往往各自为政,导致同一病种出现多个量表,如报道的关节炎生命质量测定量表有 10 多个,用于糖尿病的测定量表 20 多个,用于肺癌测定的量表 50 多个,使得应用量表的学者在众多的量表面前不知怎样评价和选择。这里给出一些量表选择原则:

1. 按测定对象和目的来选择与其相应的量表。如果目的是反映健康状况,并且进行不同特征人群(如性别、城乡、疾病)的比较,应选择普适性量表,其中 SF-36 和 WHOQOL-BREF 是最适宜的量表。如果要较全面的测定可用 WHOQOL-100,如果要简便快速测定(比如用于患者)可用 EQ-5D、SF-12。如果目的是用于临床(如治疗效果的评价),则应首选特异性量表,如肺癌可用 FACT-L 或 QLICP-LU;其次,没有特异性量表者可用相应的共性量表,如稀有癌症可用癌症的共性量表如 EORTC QLQ-C30、FACT-G 或 QLICP-GM 等;最后,实在没有合适的可用较短的一般普适性量表,如 SF-36、EQ-5D。

2. 应尽量选择 1980 年代及以后开发的量表。其中,尤以 FACT 系列(FACT-G 等)、EORTC QLQ 系列(QLQ-C30 等)、QLICP 和 QLICD 系列、SF-36、WHOQOL-BREF 等量表较好。

因为这些量表体现了现代生命质量的内涵,按严格的开发程序研制,进行了信度、效度等指标的评价,而且条目数也不太长,易被患者接受。尤其是癌症与慢性病的量表体系还采取了核心模块与特异模块的结合方式,符合现代量表研制的发展趋势。

3. 结合各量表的特性来选择。在同一测定对象有多个量表的时候,结合各量表的特性(如信度、效度、反应度、条目多少、计分是否简便等)来选择,好的量表应具有较好的测量学特性。其中,效度强调内容效度(包括各个必需的领域和侧面)、结构效度(因子分析和(或)结构方程模型支持)和效标关联效度(与效标的相关较大,一般要大于 0.70);信度必须考虑内部一致性(克朗巴赫系数 α 至少为 0.70),也可辅以重测信度(重测相关系数 r 大于 0.80);反应度要求量表能够反映出治疗 / 干预前后的变化($P<0.05$),且标准化反应均数 SRM 大于 0.5。具有较强的可接受性(acceptability),包括接受率(量表回收率)和量表完成率高,填表所需平均时间短(条目少且容易理解),一般 20 分钟内完成。具有较高的可行性(feasibility),操作性强,容易组织实施,花费的代价不大。

六、一个应用实例

SF-36 量表是美国波士顿健康研究所在医疗结果研究调查表(MOS)的基础上开发出来的普适性健康调查问卷,该量表包括 36 个条目,被广泛用于健康结局和生命质量测量并有多种语言版本。

本研究利用该量表中文版 CSF-36 对高血压、冠心病、慢性胃炎和胃溃疡四种患者生命质量进行测定,探讨其用于慢性患者生命质量评价的效果。

1. 测定对象 调查期间在选定的调查医院内确诊、具备一定读写能力并自愿参加测评的高血压、冠心病、慢性胃炎和胃溃疡患者。文盲、入院时病情危重或神志不清的患者不纳入调查。

2. 测定方法 利用 CSF-36 量表对上述四种疾病共 534 例患者进行了测试,测试者以医生身份出现,对调查目的作简单的解释说明、征得患者的同意后,由患者根据自己的实际情况选答。每例调查对象分别在入院第一天进行测定。为了计算重测信度抽取部分患者在入院后的第 1~2 天再次调查;为了计算反应度,每例调查对象于治疗后出院时再填一次量表。研究对象同时填写万崇华等研制的慢性病生命质量测定量表体系共性模块 QLICD-GM 量表,以此作为效标分析。

3. 资料处理 SF-36 中文版包括 36 个条目,分为 8 个领域,对患者进行测试后计算各条目及领域原始分,为便于比较和应用,采用极差变换法将各领域的原始分(raw score, RS)变换为在 0-100 内取值的标准化分,即 SS=(RS−Min)×100/R。其中 SS 为标准化分,RS 为原始分,Min 为该领域得分的最小值,R 为该领域得分的极差。信度、效度和反应度按前面方法进行分析评价。见表 10-1。

表 10-1 SF-36 量表各领域及其计分方法

维度		条目数	计分(相应条目相加)	最小分	最大分	得分极差
躯体功能 PF	Physical Functioning	10	3a+3b+3c+⋯+3j	10	30	20
躯体角色 RP	Role-Physical	4	4a+4b+4c+4d	4	8	4

续表

维度		条目数	计分(相应条目相加)	最小分	最大分	得分极差
肌体疼痛 BP	Bodily Pain	2	7+8	2	12	10
总健康状况 GH	General Health	5	1+11a+11b+11c+11d	5	25	20
生命力 VT	Vitality	4	9a+9e+9g+9i	4	24	20
社会功能 SF	Social Functioning	2	6+10	2	10	8
情绪角色 RE	Role-Emotional	3	5a+5b+5c	3	6	3
心理健康 MH	Mental Health	5	9b+9c+9d+9f+9h	5	30	25

4. 结果　完成测评的 534 例慢性病患者中,男性 331 例(62.0%),女性 203 例(38.0%);平均年龄为(54.7 ± 15.8)岁。量表的考评结果如下:

(1) 重测信度:CSF-36 各领域两次测定间重测相关系数和组内相关系数 ICC 均在 0.83~0.96。

(2) 内部一致性信度:CSF-36 量表各领域的克朗巴赫 α 系数除躯体疼痛领域(BP)为 0.54,社会功能领域(SF)为 0.62 外,其余领域均在 0.7 以上。

(3) 内容效度:CSF-36 量表包括 36 个条目 8 个领域,覆盖了生命质量内涵中的多个方面,并且经过多年的考证与应用,具有较好的内容效度。但就某个具体的疾病来说,量表未包括四种疾病的特异条目。

(4) 效标效度:因为无"金标准"存在,我们以 QLICD-GM 量表作为效标,总的说来,两个量表相应领域间的相关性大丁其他领域间的相关性。

(5) 结构效度:经因子分析提取了 8 个主成分,累计贡献率达 65.91%。经方差最大旋转并适当归并后 8 个主成分基本代表了量表的 8 个领域。说明测定结果符合量表的构想。

(6) 反应度:对研究对象治疗前后的得分进行分析,除社会功能(SF)和情绪角色(RE)两个领域外,其余领域治疗前后得分差异均有统计学意义;各领域标准化反应均数(SRM)在 0.18~0.28。

第四节　全科医学中的常用测定量表介绍

全科医学中常用的健康相关生命质量量表可用于癌症及慢性病临床治疗方法筛选、预防性干预措施效果评价以及卫生资源分配决策等方面。目前已报道的健康相关评定量表有数百种,其适用的对象、范围和特点各异。这里按时间先后简介一些较有代表性的全科医学中普适性量表。

一、生命质量 / 健康状况常用量表

反映生命质量 / 健康状况普适性量表很多,常见的一些归纳于表 10-2。

表 10-2 常用的生命质量 / 健康状况测定普适性量表

量表名(英文缩写)	开发年代	结构(考察的领域或侧面)	条目数
总体健康量表(GHQ-30)	1966	焦虑 / 紧张、自信 / 愉快、抑郁、精力、社会功能、失眠	30
诺丁汉健康调查表(NHP)	1970	个人体验5个方面(疼痛、躯体活动、精力、睡眠、情绪反应、社会孤独感) 日常生活6个方面(工作、家务、社会生活、家庭生活、性活动、爱好、休假)	45
疾病影响量表(SIP)	1975	躯体运动、灵活性、行走移动、情感行为、社会关系、警觉行为、交流、睡眠与休息、工作、家务管理、娱乐与消遣、饮食等12个方面	136
生命质量指数(QWB)	1976	计算权重的健康要素(移动、躯体活动 、社会活动)22个加权的症状 / 复合的健康问题	50
McMaster 健康指数问卷(MHIQ)	1987	躯体、社会、心理3个方面	59
简明健康状况调查问卷(SF-36)	1988	生理功能、生理职能、心理健康 、心理职能、社会功能、精力、疼痛、总体健康8个方面	36
欧洲五维度生存质量量表(EuroQoL EQ-5D)	1990	移动性、自我照顾、日常活动(工作、学习、家务、休闲)、疼痛或不适、焦虑或压抑	5
世界卫生组织生命质量量表(WHOQoL-100)	1993	躯体功能、心理功能、独立性、社会关系、环境、总健康6个方面	100
世界卫生组织生命质量简化量表(WHOQoL-BREF)	1996	躯体功能、心理功能、社会关系、环境、总健康5个方面	26

1. 总体健康问卷(the general health questionnaire,GHQ) Berwick 等(1966)开发的总体健康状况量表(GHQ)。该量表于 1960 和 1970 年代在英国开发出来,原来主要用于精神心理评价,后来推广于一般的医学评价,主要以问卷或图表形式来描述被测对象的焦虑、压抑等非精神性心理异常特征,也可用于有心理异常倾向的患者。最初从 140 个条目中选出 60个条目构成量表。随后开发出 30、28、20 和 12 个条目的不同简化版。目前使用的主要有5种:GHQ-60,GHQ-30,GHQ-28H、GHQ-20 和 GHQ-12。

2. 诺丁汉健康量表(the Nottingham health profile,NHP) 诺丁汉健康量表 NHP 在 20 世纪 70 年代末发展的,1980 年由 Hun.SM 发表。最初用于流行病学研究,比较人群的健康状态,调查个人、社会及环境因素与健康的关系,以确定未得到满足的保健区域,后被广泛应用于泛美国家及其他国家。NHP 为患者自评量表,共 45 个问题,6 个方面(38 条目)的个人体验(包括睡眠、身体活动、精力、疾病、情绪反应和社会孤独感)和 7 个方面(7 条目)的日常生活活动(包括职业、家务、社会生活、家庭生活、性活动、嗜好和休假)。

3. 疾病影响程度量表(sickness impact profile,SIP) 该量表由 Marilyn 和 Bergner 等学者于 1975 年于美国发表,1981 年华盛顿大学卫生服务中心发表了对 SIP 的验证结果及其修订。SIP 包括 12 个方面 136 个问题,测定躯体、心理、社会健康状况、健康受损程度、健康的自我意识等。虽然量表较长,但每个问题均只回答"是"、"否"两项,也不需要太多时间,一般 20~30 分钟可完成。每个问题都经过专家讨论,给予权重,据此可计算各方面得分和总量表得分。

4. 生命质量指数(the quality of well-being index,QWB) 生命质量指数是由 Kaplan 等于 1976 年发表,调查患者的日常生活的各个方面。量表由两部分组成,第一部分 22 个症状及相关健康问题,让观察对象识别出前六天内发生的症状或问题。第二部分为运动、身体活动、社会活动等一系列问题,采用标准方法探索活动受限是否与健康有关。评分从 0(死亡)到 1.0 分(最佳功能)逐渐递增。优点在于将受试者与其功能和症状紧密联系在一起,从而可应用在数量评估和消耗 - 效益分析中。

QWB 是一个结合患者特定健康状态效用的量表,不仅描述患者目前健康状况,还权衡期望的健康状态,其权重系数来源于总人口调查。由于它缺乏心理压力方面的内容,部分限制了它的评价领域。

5. 医学结局调查(the medical outcomes study 36-item form health survey,SF-36) 该量表是美国医学结局研究(medical outcomes study,MOS)组开发的一个普适性测定量表。该工作开始于 20 世纪 80 年代初期,形成了不同条目不同语言背景的多种版本。含有 36 个条目的健康调查问卷简化版 SF-36(V1.0)由 Ware,Stewart 等于 1988 年提出。1996 年 SF-36(V2.0)国际版研制完成,包含躯体功能、躯体角色、肌体疼痛、总的健康状况、活力、社会功能、情感角色和心理卫生 8 个领域以及 1 个自我评价健康变化条目。它可用于临床实践和研究、评价健康政策、总体人口调查,是目前应用最为广泛的健康状态测量方法。美国医学结局研究中心先后又将 SF-36 简化为 SF-12 及 SF-8 版本。

6. 欧洲五维度生存质量量表(EuroQoL EQ-5D) 该量表是由欧洲生存质量学会(EuroQoL Group)设计的,既可以用于健康人群以评价特定人群的健康状况,又可以用于患者群以评价某种疾病导致的健康状况的下降。EQ 5D 由问卷和效用值换算表两部分组成。问卷调查结果可以用来描述人群的健康状况和获得 EQ-VAS 得分,使用效用值换算表则可进一步获得 EQ-5D 指数得分。问卷又可分为 EQ-5D 健康描述系统和 EQVAS 两个部分。EQ-5D 健康描述系统包括五个维度:行动能力(mobility)、自己照顾自己能力(self-care)、日常活动能力(usual activities)、疼痛或不舒服(pain/discomfort)、焦虑或抑郁(anxiety/depression)。每个维度又包含三个水平:没有任何困难、有些困难、有极度困难。EQVAS 是一个长 20cm 的垂直的视觉刻度尺。顶端为 100 分代表"心目中最好的健康状况",底端为 0 分代表"心目中最差的健康状况"。

7. 世界卫生组织健康相关生命质量测定量表(WHOQoL-100,WHOQoL-BREF) 该量表是 WHO 组织 20 余个国家和地区共同研制的跨国家、跨文化并适用于一般人群的普适性量表(WHO,1993)。1991 年开始研制,经几年的探索形成含 100 个条目的标准版量表 WHOQoL-100,该量表覆盖了生命质量的 6 个领域和 24 个方面,包括生理领域(疼痛与不适,精力与疲倦,睡眠与休息)、心理领域(积极感受,思想、学习、记忆和注意力,自尊,身材与相貌,消极感受)、独立性领域(行动能力,日常生活能力,对药物及医疗手段的依赖性,工作能力)、社会关系领域(个人关系,所需社会支持的满足程度,性生活)、环境领域(社会安全保障,住房环境,经济来源,医疗服务与社会保障;获取途径与质量,获取新信息、知识、技能的机会,休闲娱乐活动的参与机会与参与程度,环境条件,交通条件)、精神支柱 / 宗教 / 个人信仰领域,每个方面有 4 个条目,加上 4 个有关总体健康和总体生命质量的问题,共计 100 个条目。

为了方便实际应用,1996 年 WHOQoL-100 被进一步简化为含 26 个条目的简化版(WHOQoL-BREF)。简化版覆盖其 6 个领域中的 4 个领域外加两个反映总的生命质量和健康状况的条目(G1、G4)。

二、心理与社会功能评价常用量表

由于对心理健康内涵理解的不同,心理健康量表测评的内容也不同。心理健康指个体能够适应发展着的环境,具有完善的个性特征,且其认知、情绪反应、意志行为处于积极状态,并能保持正常的调控能力。心理健康量表是专门用来测评心理健康的工具。测量量表分为两大类:一类为综合性心理健康量表,如症状自评量表 SCL-90、康奈尔医学指数(CMI)和中国心身健康量表(CPSHS)、明尼苏达多相人格问卷(MMPI),等;另一类为单一症状问卷,如抑郁、强迫、焦虑量表等。这里仅介绍综合性心理健康量表。

1. 症状自评量表(symptom checklist 90, SCL-90) 症状自评量表(self-reporting inventory),又称 90 项症状清单(SCL-90),是世界上最著名的心理健康测试量表之一,是目前使用最为广泛的精神障碍和心理疾病门诊检查量表,适用于 16 岁以上的人,它从感觉、情感、思维、意识、行为直到生活习惯、人际关系、饮食睡眠等多种角度,评定一个人是否有某种心理症状及其严重程度如何。该量表共有 90 个项目。归纳为 9 个因子,分别为:躯体化、强迫症状、人际关系敏感、抑郁、焦虑、敌对、恐怖、偏执及精神病性。本测验不仅可以自我测查,也可以对他人(如其行为异常,有患精神或心理疾病的可能)进行核查,假如发现得分较高,则应进一步筛查。

2. 康奈尔医学指数 康奈尔医学指数(Cornell medical index, CMI)是美国康奈尔大学 Wolff HG. BrodmanR. 等编制的适用于 14 岁及以上的成人自填式健康问卷,是在康奈尔筛查指数(Cornell selected index 1949)和康奈尔服役指数(Cornell selected index 1944)的基础上发展而来的。CMI 全问卷分成 18 个部分,每部分按英文字母排序,共有 195 个问题。问卷涉及四方面内容:①躯体症状;②家族史和既往史;③一般健康和习惯;④精神症状。CMI 的用途可为医院门诊提供了标准化的采集病史方法及筛查精神障碍的工具;在正常人群中,早期发现心身障碍者,为开展社区、团体的保健工作提供依据;了解正常人群心身健康水平,为特殊专业选择人员提供基础数据;用于指导心理干预措施的实施;用于心身疾病、神经症和躯体疾病的临床研究。

3. 中国心身健康量表(CPSHS) 中国心身健康量表(Chinese psychosomatic health scale, CPSHS)是 1996 年张理义主持研制的心身健康测验工具。该量表共包括 134 个条目,包含眼和耳、呼吸系、心血管系、消化系、骨骼肌肉、皮肤、生殖及内分泌系、神经系、焦虑、抑郁、精神病性、家族史及效度(L)量表等 13 个分量表。CPSHS 可广泛应用于一般人群的心身健康研究,也可用于综合性医院、精神病院门诊及招工、入学、新兵入伍前心身障碍及精神障碍的筛查和职业的心理选拔等,还可用于药物或心理治疗的疗效评定。

4. 中国人心理健康量表 该量表是由中国科学院心理研究所王极盛于 2006 年编制的中国成人心理健康测评量表。该量表由 80 个项目组成:分为人际关系敏感与紧张、心理承受力差、适应性差、心理不平衡、情绪失调、焦虑、抑郁、敌对、偏执、躯体 10 个分量表,每个分量表都由 8 个项目组成。测试结果总均分和平均分都分为 5 个等级:1~1.99 分;2~2.99 分;3~3.99 分;4~4.99 分;5 分。受试者的总体心理或某方面的心理健康程度依据分数的增加而严重,1~1.99 分之间表明受试者的总体心理或某方面的心理健康正常,而 5 分则表示受试者在总体心理或某方面存在非常严重的心理健康问题。

5. 心理健康诊断测验(MHT)　华东师范大学周步成教授于 1991 年翻译并修订出版了《心理健康诊断测验(MHT)手册》,量表共 100 道题。适用于对中小学生心理健康的整体测查。它由一个效度量表与八个内容分量表和一个效度量表构成。八个内容量分别是学习焦虑、对人焦虑、孤独倾向、自责倾向、过敏倾向、身体症状、恐怖倾向和冲动倾向。

6. 明尼苏达多相人格问卷　明尼苏达多相人格调查表(Minnesota multiphasic personality inventory,MMPI)由明尼苏达大学教授哈瑟韦(S.R.Hathaway)和精神科医生麦金利(J.C.Mckinley)于 20 世纪 40 年代制定,该量表最常使用于鉴别精神疾病,也广泛应用于其他医学各科以及人类行为的研究、司法审判、犯罪调查、教育和职业选择等领域,是目前实际上使用范围最广、也最为权威的人格测验之一。我国对 MMPI 进行了研究和修订,从 20 世纪 70 年代末开始,已形成了一个中国版本和常模。

MMPI 测验一共有 566 个条目,包括 14 个分量表,其中 10 个为临床量表,4 个为效度量表。临床量表有:疑病量表(Hs)、抑郁量表(D)、癔症量表(Hy)、精神病态量表(Pd)、性度量表(Mf)、妄想量表(Pa)、精神衰弱量表(Pt)、精神分裂症量表(Sc)、轻躁狂量表(Ma)、社会内向量表(Si)。效度量表有:疑问量表(Q)、谎言量表(L)、伪装坏量表(F)、修正量表(K)。

7. 社会功能量表　社会功能量表(social function rating scale,SFRS)是与 CCMD 系统配套诊断的七轴诊断系统"精神障碍诊断量表(DSMD)"七轴诊断系统的一部分。社会功能量表(SFRS)是日常生活能力量表(ADL)与社会功能缺陷筛选量表(SDSS)经修订后,与新编的患者住院期间社会功能评定及总评等四部分共同构成。

8. 社会交往问诊量表(ISSI)　社会交往问诊量表(the interview schedule for social interaction,ISSI)用以评估社交关系的有效性与支持性程度,主要是测量与神经精神疾病患者发展相关的社会因素,也可用于精神疾病患者的结局评估研究。该量表由 Scott Henderson 于 1980 年编制。

三、神经康复评价常用量表

1. H-R 成套神经心理测验　H-R 成套神经心理测验(Halstead-Reitan neuropsychological battery,HR),是 1947 年由美国心理学家 W.C.Halstead 以脑行为研究为基础制定的一套综合性能力测验,后经 R.M.Reitan 修订。HR 由以下分测验组成:言语和非言语的智力测验、概念形成测验、表达和接受性言语测验、听知觉测验、时间知觉测验、记忆测验、知觉运动速度测验、触觉操作测验、空间关系测验、手指测验、成对的同时刺激等项测验。它包括用于不同年龄组的成人式(15 岁以上)、儿童式(9~14 岁)和幼儿式(5~8 岁)。通过测量患者在脑病损时所引起心理变化的特点,来了解不同性质、不同部位的病损,以及不同病程时的心理变化和仍保留的心理功能的情况。这些信息可为临床神经病学家在临床诊断、制定干预计划和康复计划方面提供有益依据。

2. LN 神经心理成套测验　LN 神经心理成套测验(Luria-Nebraska neuropsychological battery,LNNB)由 Charales J. Golden 于 1980 年编制的神经心理测验。LNNB 包含 269 个项目,分属于 11 个分测验内其中包括神经系统检查、失语检查、记忆、智力测验等内容,另外派生出三个附加量表,即疾病特有的病征量表,左半球和右半球定测量表。各分测验的原始积分换算成 T 分,画出全测验的剖析图,根据临界水平和剖析图判别有无脑病损并定侧。我国由徐云和龚耀先于 1986 年进行了一次修订,已制定了一套地方性常模。

3. Bristol 最新神经心理成套量表　Bristol 最新神经心理成套量表(the new psychometric test battery used in the Bristol memory disorders Clinic-Chinese revision,BMDC-NPTB-CR)是由英国布里斯托尔大学记忆障碍研究中心编制的神经心理测验,主要功能用于老年及老年前期认知评价,共包括六部分:简易精神状态检查;韦氏智力测验(数字广度、相似性、完成图画);记忆(即刻和延迟回忆故事、词语学习测试、视觉认知);视空间能力(立方分析);语言和中枢功能(接受力、阅读、表达、Weigl 颜色形状分类测验);速度(数字抄写转换)。

4. 威斯康星卡片分类测验　威斯康星卡片分类测验(Wisconsin card sorting test,WCST)是 Berg 于 1948 年编制的神经功能检查测验,用于检查根据以往的经验进行分类、概括、工作记忆和认知转移的能力,用于检测抽象思维能力。由四张模板和 128 张根据不同形状、不同颜色和不同的数量的卡片构成。是目前广泛使用的一种检测额叶执行功能的测验。

5. 工具性日常生活功能量表　工具性日常生活功能量表(instrumental activities of daily living scale,IADL)是由 Lawton 和 Brody 于 1969 年编制的生活功能评定量表。用于评估较复杂、需要执行比基本日常生活更高能力的生活料理事项。量表内容包括居家杂务(做饭、做家务、洗衣)、必需行动能力(购物、户外交通),以及认知活动(使用电话、服药、理财)等八个评估项目,此量表不仅能测量身体活动功能,也能反映社交功能。

(万崇华)

第十一章 社区常见公共卫生与临床研究

社区是开展公共卫生与临床研究的最佳场所之一,因为社区有大量的健康人群、各种疾病的高危人群以及各种患者,因此,对于全科医生,更容易依托社区和社区卫生服务中心,获得大量第一手的研究资料,并开展各种公共卫生及临床相关的研究。本章主要介绍社区常见的公共卫生及临床研究,包括实验性研究来评价干预措施或治疗方法的效果,病因的研究来提出、检验和验证疾病或健康相关的因素,筛检的研究在社区人群中开展疾病的早发现和早诊断以及开展疾病的预后及相关因素的研究等。

第一节 实验性研究

社区科研中,除了常见的调查性研究外,还有实验性研究内容。实验性研究属于流行病学实验(epidemiological experiment),发展于 20 世纪,且早期主要应用于基础实验、动物实验模拟传染病的流行特点。随着医学研究的不断进展,实验性研究开始以人群为对象在医院、社区、工厂和学校等研究现场作为"实验室"开展研究,被称为流行病学实验。

一、实验性研究概述

实验性研究是将研究人群随机分为实验组和对照组(或者不同水平实验组),对实验组施加人为控制的干预措施,然后追踪观察,并比较两组人群的结局,从而判定干预措施的效果。实验性研究属于前瞻性研究,需严格控制实验条件,施加人为的干预措施,设立对照组并通过随机化分组消除混杂因素的效应。

近年来,实验性研究领域不断扩展,除了用于临床药物或新疗法的治疗效果评价外,还广泛应用于慢性非传染性疾病的防治、预防保健措施的效果评价以及病因研究等。根据研究目的和研究对象,常见的实验性研究可分为现场试验、社区干预试验和临床试验。

二、现 场 试 验

现场试验(field trial)是以未患病的自然人群或者高危人群为研究对象,评价在特定环境下开展的通常以个体为单位的疾病防制措施(如预防或治疗的药物、疫苗接种、健康行为干预、环境改变、媒介生物控制等)的效果。

(一)现场试验原理

现场试验通常将研究对象随机分为干预组和对照组,干预组采取特定的疾病预防的干预措施,对照组不采取任何干预措施或给予安慰措施,随访观察一段时间后,比较两组人群结局(认知和行为改变、健康状况变化或疾病发病率等)的差异来判定特定干预措施的效果,见图 11-1。

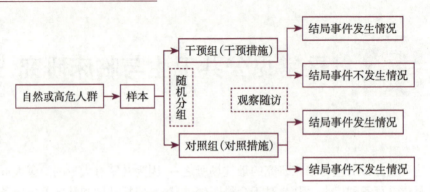

图 11-1 现场试验原理示意图

(二) 现场试验设计类型

1. 随机对照设计现场试验 在评价干预措施效果时,通过随机化分组,将研究对象分为干预组和对照组的方法称随机对照设计。优点是通过设立对照排除非研究因素的效应,通过随机分组提高组间的均衡可比性。缺点是耗费人力、物力较大,实施难度大,且存在一定的伦理问题。本节将主要介绍随机对照设计的现场试验。

2. 类实验设计现场试验 有时因为实际情况无法随机分组或无法设置对照组的时候,通常可以采用类实验的设计方法。如观察流感疫苗对学生预防流感的效果评价,通常难以随机分组,而是以某学校所有学生为实验组,而另选一个学校学生为对照组;再如评价 HIV 母婴传播抗病毒药物阻断的效果,通常不设对照组而是用实验组的结果与 HIV 母婴自然传播率 33% 左右进行比较。类试验设计的优点是提高人群中开展研究的可行性,但缺点是干预效果的评估可信性低于随机对照设计。

(三) 现场试验研究目的、研究对象和现场选择

1. 研究目的现场试验选题或者研究目的的明确 可以通过 PICO 的原则,即从人群(population)、干预措施(intervention),对照(control)和结局(outcome)四个方面阐明。如骨质疏松预防的个体行为干预现场试验,研究的选题或目的就可以概括为以社区中老年骨质疏松易感人群为研究对象,随机分为行为干预组和对照组,随访评价骨质疏松相关健康行为的改变或骨质疏松发病率在两组间的差异。

2. 研究对象的选择现场试验 往往是以自然人群或高危人群为研究对象,根据研究目的和现场确定入选对象,同时要制定严格的入选和排除的标准,考虑科学性和可行性。现场试验研究对象选择的主要原则包括:

(1) 干预措施不可危害研究对象的健康:即干预措施不能对入选试验的研究对象产生有害或潜在有害效应,如在疫苗或药物的预防效果评估中往往会排除老年人、孕妇等,因为这些人群容易对这些干预措施产生不良或潜在不良反应。

(2) 选择预期发病率较高的目标人群:如评价艾滋病高危行为干预或者抗病毒预防性用药的效果,可以选择艾滋病感染高危人群,如静脉吸毒者、男性性行为者等艾滋病相对高发的人群。

(3) 选择干预措施预期有效的人群:干预措施能在入选的研究对象中出现预期效应,如在评价乙肝疫苗接种的预防乙肝的效果时,应选乙型肝炎的易感者为研究对象,而不能将乙肝患者或者乙肝抗体阳性的非易感者选入作为干预对象。

（4）选择依从性高的人群：实验性研究特别强调研究对象的依从性，在现场试验中如果很多研究对象中途退出或不遵守实验规则，则会严重影响研究结果，如用钙剂和维生素D联合预防社区老年人骨质疏松的研究中，患有严重肝肾疾病、恶性肿瘤者往往需要被排除，因为这些人可能在研究中对干预措施不耐受或者因脏器病情严重或死亡而被迫退出试验，最终无法完成研究评价。

3. 现场选择现场试验　选择自然或高危人群中的个体为研究对象，需要确定研究实施的现场。个体往往来自于医院、社区、工厂和学校等，选择现场一般应该考虑以下要求。

（1）现场的人口相对稳定，流动性小，研究对象的人口学特征与研究总体一致且有足够的数量开展研究。

（2）所研究的疾病结局在试验现场有较高、且稳定的发生率，以保证在干预试验结束时，出现足够的研究结局数量来保证在组间进行分析比较。

（3）现场试验评价某病疫苗的效果时，所选择的现场不应该在近期发生过该疾病的流行。

（4）现场应该有较高的医疗卫生水平和健全的疾病治疗、预防和保健机构，有完善的登记报告制度和信息系统保证数据采集的准确性。

（5）现场的干预实施应该得到政府相关部门的支持，人民群众乐于接受并有较好的协作条件等。

(四) 现场试验的样本量

1. 样本量大小及影响因素　现场试验设计中，样本量不能太小也不能太大，应该根据实际需要对样本量大小进行预先的界定。样本量过小会降低统计检验中的把握度，更容易低估干预措施的效果而出现假阴性的结果；样本量过大则在现场实施中会浪费人力、物力、财力和时间，并大大增加质量控制的难度。影响样本量大小的主要因素包括：

（1）干预措施导致组间所研究疾病的结局指标大小的预期差异（通常应该获得两组各自预期结局的发生率后计算之间的差值），一般组间的预期差异越小，所需样本量就越大。

（2）假设检验中第Ⅰ类错误概率 α 和第Ⅱ类错误概率 β，通常 α 和 β 越小，所需样本量越大。在研究假设中 α 一般多取 0.05 或 0.01，β 一般定在 0.20、0.10 或 0.05。

（3）单/双侧检验方法的选择也会影响样本量大小，双侧检验所需样本量大比单侧检验大。

2. 样本量计算方法　样本量大小计算根据结局指标类型，其计算公式也不同。

（1）结局为分类变量，如结局事件的发生率，例如：某现场试验研究个体化健康行为指导对社区糖尿病患者血糖控制的效果评价，已知干预组血糖控制率预期可达到60%，而对照组血糖控制率为40%，α 取 0.05 而 β 取 0.10，所需样本量的计算公式如下：

$$N=\frac{\left[Z_{\alpha}\sqrt{2P(1-P)}+Z_{\beta}\sqrt{P_{c}(1-P_{c})+P_{e}(1-P_{e})}\right]^2}{(P_{c}-P_{e})^2} \qquad (式11-1)$$

该式中，P_c 为对照组血糖控制率40%，P_e 为干预组血糖控制率60%，P 为两组血糖平均控制率（$P=\frac{P_c+P_e}{2}=0.5$），通过查统计学标准正态分布表（略）可得 $Z_{\alpha}=1.96$，$Z_{\beta}=1.282$，代入公式计算可得样本量 $N=130$，即每组样本量至少各需要 130 例。一般为了降低由于研究对象退出或不依从带来的偏倚，可适当增加 10% 的样本含量，即在每组计算样本量基础上增加 13~143 例作为研究最低样本量。建议样本量计算可使用常见的样本量计算软件如 PASS11.0,根据以上指标大小录入软件即可。

(2) 结局为数值变量,如两组均数比较,例如:某现场试验研究个体化健康行为指导对社区糖尿病患者空腹血糖控制的效果评价,通过预实验已知干预组预期平均空腹血糖为比对照组预期多下降 0.5mmol/L,标准差为 1mmol/L,α 取 0.05 而 β 取 0.10,所需样本量的计算公式如下:

$$N=\frac{2(Z_\alpha+Z_\beta)^2\sigma^2}{d^2}$$
(式 11-2)

该式中,σ 为估计的标准差即本例中的 1mmol/L,d 为两均数差值的估计值 0.5mmol/L,$Z_\alpha=1.96$,$Z_\beta=1,282$,代入公式计算可得到样本量 $N=84$,与结局为分类变量一样,可适当增加 10% 的样本含量,即每组样本量至少各需要 92 例。

(五) 现场试验的实施原则

现场试验一般应该遵循实验性研究中的设立严格对照、随机分组和应用盲法的原则。

1. 设立严格的对照 设置对照是现场试验中控制偏倚,正确评价干预措施效应的重要条件之一。

(1) 设置对照的原因:①现场试验中除了干预措施外,还存在其他影响研究效应的潜在因素,如研究对象的性别、年龄、种族、经济状况、文化水平、居住环境、健康状况等,只有设置严格可比的对照,保证组间可比性,排除非干预措施对研究结局的影响,才能科学地评价干预措施的效果。②疾病和健康状况往往存在缓解、复发的自然过程,如高血压患者血压水平的波动,若不设置对照往往难以判定血压缓解是否是真正干预措施的效应还是仅仅是自然病程的变化。③现场试验中也存在霍桑效应(Hawthorne effect),即研究对象在干预中由于受到关注较多而更容易夸大报告干预效果,如在社区中建立糖尿病健康管理小组开展健康行为干预活动,患者由于接受行为管理及对管理方法充满希望更倾向报告积极的健康行为,若没有设置对照就会夸大干预措施的效应。④设置对照也有利于消除安慰剂效应(placebo effect)或者克服向均数回归的效应来真正体现干预措施的特异性作用。⑤设置对照也有利于确定干预措施中的不良反应,如通过补充雌激素缓解更年期综合征的试验中,部分研究对象出现血栓性疾病,只有设置对照才能确定血栓性疾病的出现是否是补充雌激素带来的不良反应还是随年龄增长的自然疾病现象。

(2) 常见的对照形式包括:①标准对照(standard control)又称阳性对照(positive control),是用现行有效或最常用的干预措施为对照,用于判断新的干预方法是否优于现行的干预措施,如现场试验中评价某新的疫苗对流感的预防作用,可以用目前最常用的流感疫苗为对照。②安慰剂对照(placebo control)也称为阴性对照(negative control),是用没有任何药理或机制作用的干预药物或措施作为对照,但要注意安慰措施应对人体无害,如社区老年人补充钙剂与骨质疏松预防的现场试验,对照组可以使用淀粉或其他物质作为安慰剂来模拟钙剂。③交叉对照(cross over design),是一种特殊的对照方式,即先将研究对象随机分为 A 和 B 两组,A 组先用干预措施,B 组用对照措施,一个干预程序完成后间隔一段时间消除干预滞留影响,然后 A 组用对照措施而 B 组用干预措施,最后进行组间和自身前后比较,分析干预效果。④自身对照(self control),是指不分干预和对照组,对所有研究对象比较干预前后结局指标的变化来判断干预效果。⑤互相对照(mutual control):是指在同时研究几种干预方案时,不另设对照,而是各个干预组之间互为对照,以获取最佳的干预方案。

2. 随机分组　在确定了研究对象和对照方式后,为保证研究对象在组间可比性,应该将研究对象通过随机化方法分配到干预组和对照组,原则是保证每位研究对象有均等的机会被分到两组中去,不能受到研究人员和研究对象主观意愿或其他因素的影响。常见的随机分组的方法包括:

(1) 简单随机化:简单随机化(simple randomization)的方法是通过随机数字表、抽签或者计算机产生随机数字等方法将研究对象进行随机化分组。该方法简单易行,但是在现场试验中如果样本量较小的情况下,由于随机误差较大容易导致分组不均衡,组间的例数分布相差较悬殊。另外,如果试验中入组时间过长,不同时间段中入组的对象在组间容易产生不均衡,如果随时间推移研究对象的特征有明显差异,则可能导致组间可比性较差。例如,在研究特异性运动疗法对慢性阻塞性肺疾病的缓解效应,若在现场入组研究对象时间较长,跨越不同季节,使用单纯随机化分组有可能出现夏季较多研究对象入组到干预组,而冬季较多研究对象入组到对照组的现象,因为慢性阻塞性肺疾病在冬春季较为严重而夏秋季较易缓解,导致两组研究对象疾病严重程度不同,在评价干预措施的效果时缺乏可比性。

简单随机化方法最常用的是随机数字表法结合随机数余数分组,能更好保证组间的均衡性。例如:要将社区中 10 例女性骨质疏松患者随机分到钙剂组(对照组)和钙剂维生素 D 联合组(干预组),具体操作方法是先将 10 例研究对象编为 1~10 号,在"随机数字表"里面任选某一行和某一列的随机数字为起点,连续获得 10 个随机数字,分别与 10 例研究对象的顺序进行匹配,例如,以随机数字表第 34 行第 1 列的数字 97 为起点,连续获得 97,86,21,78,73,10,65,81,92,59 这 10 个随机数字分别与 10 例研究对象的顺序匹配(表 11-1),假设按照事先确定的奇数进干预组(6 个),偶数进对照组的原则(4 个),两组的研究对象不等。可以调整一例干预组的研究对象进入对照组。但是不可以随意选择干预组某位研究对象进入对照组,应该仍旧要应用随机化方法,可以查原随机数字表中的第 11 号顺序的数字为 58,用奇数组的 6 去除,余数为 4,这时可以将奇数组(干预组)的第四号研究对象即随机数字 65 对应的研究对象调整到偶数组(对照组),调整结果见表 11-1。

表 11-1　简单随机化—随机数字表法结合随机数余数分组

研究对象编号	1	2	3	4	5	6	7	8	9	10
随机数	97	86	21	78	73	10	65	81	92	59
初步归组	干预	对照	干预	对照	干预	对照	干预	干预	对照	干预
调整后归组	干预	对照	干预	对照	干预	对照	对照	干预	对照	干预

(2) 区组随机化:当以上的单纯随机化仍然不能保证组间有良好可比性的时候,可以采取区组随机化(block randomization)的方法。区组随机化是先将控制因素(如病情严重程度等)相同或相似的受试对象安排在同一区组,每一区组的受试对象数相等,然后对每个区组的个体进行随机分配。一般区组的研究对象以 4 人为宜,因为区组例数太多会导致过多的排列组合,易出差错。这种方法能保证区组间和区组内样本量相等,在研究任何时候停止,不会因两组例数相差过大而产生的偏倚,较适用于研究对象分散入组,入组时间过长的研究。如

评价特异运动疗法对预防高血压并发症的现场试验,由于入组时间过长且不同季节患者血压严重程度有差异,用简单随机分组可能导致组间均衡性较差,故可以用区组随机化分组减少偏倚。

区组随机化先要确定区组人数,假设以4例研究对象为一个区组,且在一个区组各将两例研究对象分别分配到A组和B组中,则可能的排列组合方式有 AABB、ABAB、ABBA、BBAA、BABA 和 BAAB 六种组合方式,分别编码为0,1,2,3,4,5这六个区组方案。假设研究中A组和B组各需24例,总共48例研究对象,应用区组随机化的方法一共需要12个区组,每个区组4人,那么随机化分组方法为:首先在"随机数字表"任选某一行和某一列的随机数字为起点,连续获得12个随机数字,如在24行第6列的31为起点,连续获得31,51,10,96,46,92,06,88,07,77,56,11一共12个随机数字,将这12个随机数字分别除以6得到余数分别为1,3,4,0,4,2,0,4,1,5,2,5。将余数与六中排列组合的编码所对应,获得每个区组的随机化排列方式后,将12个区组的每4例研究对象进行随机分组后获得区组随机化分组结果,见表11-2。

表11-2　区组随机化—48例研究对象12个区组的分组方案

编号	1	2	3	4	5	6	7	8	9	10	11	12
随机数	31	51	10	96	46	92	06	88	07	77	56	11
余数	1	3	4	0	4	2	0	4	1	5	2	5
区组	ABAB	ABBA	BBAA	AABB	BBAA	ABAB	AABB	BBAA	ABAB	BAAB	ABAB	BAAB

(3) 分层随机化　分层随机化(stratified randomization):按照研究对象的不同特征,如年龄组、性别、有无并发症等将其分为不同的层次,再将每一层的研究对象随机分到干预组和对照组。合理的分层随机化分组能更好地保证组间的可比性和均衡性,提高研究效率。如现场试验中开展对高血压患者的运动疗法预防脑卒中的研究,由于高血压患者中有较多伴有糖尿病,而糖尿病对脑卒中也会产生影响。因此,在研究对象入组过程中,先按照有无糖尿病进行分层,然后在有糖尿病和无糖尿病的高血压患者中分别进行随机化分组,可采用分层简单随机化或者分层区组随机化。

3. 盲法　盲法(blind method)在现场试验研究工作中,在设计、收集和分析资料时容易受到研究者和研究对象的主观影响而出现信息偏倚,根据实际情况采用盲法来减少偏倚。盲法是不让研究者、研究对象及资料收集分析人员知晓干预措施的分配及实施内容,以使研究中收集的资料和分析的结果尽可能减少主观意愿的影响,保障研究的真实性。

不过并不是所有的现场试验都适合用盲法,能否应用盲法及使用何种盲法,要视研究工作的具体情况而定。如在外来务工人员聚集的工厂开展预防艾滋病的健康行为干预研究中,干预组采取针对性的宣传教育和行为干预,对照组不做任何干预,此时是没有办法对研究对象进行盲法的设置。现场试验中常见的盲法包括单盲、双盲和三盲。单盲是指仅研究者了解分组情况,而研究对象不知道,可以减少来自研究对象的主观偏倚;双盲指研究者和研究对象都不知道具体分组情况,由实验的设计者控制研究实施,能减少研究者和研究对象两方面的主观偏倚。三盲是除了双盲外,要求资料分析及评价也要"盲",即独立于研究组的专门的统计分析专家也不知道何为干预组,何为对照组,一般只有等所有研究结果分析完成后才能"揭盲",三盲法一般委托第三方机构控制实施。

(六) 现场试验的评价指标

现场试验多用于评价疾病的预防效果,通常是以定性指标为主,如疫苗接种效果评价中的保护率、效果指数和抗体阳转率等,也可用客观的定量指标如抗体的几何均数等。另外,在慢性非传染性疾病的预防干预现场试验中,通常使用的指标除了疾病发病率、死亡率外,一些中间结局指标如认知变化、态度改变、健康行为(如戒烟控酒、合理膳食、体育运动等)变化以及心理健康指标(焦虑、抑郁等)也较常用。

1. 保护率　保护率(protection rate,PR)的计算如下:

$$保护率 = \frac{对照组发病(或死亡)率 - 干预组发病(或死亡)率}{对照组发病(或死亡)率} \times 100\% \quad (式 11-3)$$

2. 效果指数　效果指数(index of effectiveness,IF)的计算如下:

$$效果指数 = \frac{对照组发病(或死亡)率}{干预组发病(或死亡)率} \quad (式 11-4)$$

例如,某新生产的麻疹疫苗接种效果评价的现场试验中,试验组(干预组)共接种学龄儿童2000人,随访1年发生麻疹18例,发病率为0.9%,对照组(某种标准疫苗)也接种2000人,随访一年发生麻疹50例,发病率为2.5%。则:

$$保护率 = \frac{2.5-0.9}{2.5} \times 100\% = 64\%$$

$$效果指数 = \frac{2.5}{0.9} = 2.8$$

3. 抗体阳转率　抗体阳转率(antibody positive conversion rate)的计算如下:

$$抗体阳转率 = \frac{抗体阳性人数}{疫苗接种人数} \times 100\% \quad (式 11-5)$$

(七) 现场试验的伦理问题

现场试验以人为研究对象开展干预研究,涉及个人的知情同意,干预措施的科学性,干预对象选择的公平性等伦理问题,具体可参见本书的相关章节。

(八) 现场试验研究实例

【案例 11-1】 绝经后妇女补充钙与维生素 D 复合制剂预防骨质疏松研究

1. 研究目的　为探讨社区绝经后妇女补充钙与维生素 D 复合制剂预防骨质疏松的效果。

2. 现场和研究对象选择　在上海市 20 个社区开展了一项为期三年的随机化三盲的预防性试验。研究共纳入 2000 例研究对象,入选标准为:①女性,绝经 1 年及以上;②骨密度检查未出现骨质疏松现象;③愿意参加研究并接受随访。剔除标准为:①患有严重疾病或精神障碍;②过去一年补充过钙与维生素 D 复合制剂。

3. 方法

(1) 随机分组:以社区为单位采用分层简单随机化进行随机分组,用随机数字表法在每个社区选择 100 例研究对象,按照随机数字表中数字的奇偶性,分组结果奇数为对照组共 1008 人,偶数为干预组共 992 人。随机化分配过程由独立第三方实施,并使用盲码信封保证随机分配隐匿。

(2) 对照方法:采用安慰剂对照的方法,即干预组使用某厂家生产同一批次的钙与维生素 D 复合制剂,对照组制剂同样来自该厂家生产,制剂中不含维生素 D 和钙,仅为辅剂,外观形状完全与干预制剂相同。

(3) 盲法:采用三盲设计,研究对象、研究人员及资料分析者均不知道分组情况,由第三方组织实施,资料统计分析后揭盲。

(4) 制剂服用方法和次数:入选的社区妇女有 1 周时间考虑是否参加研究,进入研究的妇女在签署知情同意书之后,每天服用制剂一次,干预组制剂每份含钙 400mg,维生素 D200U 和其他辅剂包括淀粉类、糖类、纤维素类,对照组仅为辅剂。所服用制剂每 3 个月厂方检查一次,保证其效力。研究过程中,饮食的种类不受限制。

(5) 随访及疾病监测:参加研究者在研究开始后统一接受骨密度检查、血清总钙和无机磷浓度测定。参加者每间隔 3 个月到指定的社区卫生服务中心进行一次随访,以了解身体状况和记录制剂服用情况。随访过程中主要通过双能 X 光线结合血清学检查进行骨质疏松情况的诊断,规定正常健康成年人的 BMD 值加减 1 个标准差(SD)为正常值,较正常值降低(1~2.5)SD 为骨质减少;降低 2.5SD 以上为骨质疏松症。

4. 结果

(1) 均衡性:两组入组观察共 2000 人,其中对照组 1008 人,干预组 992 人,干预组和对照组在年龄、文化水平、经济状况、绝经年龄、绝经时间长度等方面均衡性良好($P>0.05$)。

(2) 随访情况:对照组共有 913 人完成了 3 年的随访,脱落 95 人,脱落率为 9.4%,干预组共有 905 人完成三年随访,脱落 87 人,脱落率为 8.8%,两组脱落率无统计学差异($P>0.05$)。

(3) 累计发病情况:对照组 3 年出现骨质疏松症的患者为 209 人,累计发病率约为 21.8%,干预组 3 年出现骨质疏松症患者为 102 人,累计发病率为 10.6%。经统计学检验,两组的累计发病率之间存在统计学差异($P<0.05$)。

5. 结论　钙和维生素 D 制剂的服用,对降低社区绝经后妇女骨质疏松发病率有较好的效果。

三、社区干预试验

现场试验是以个体为单位开展实验性研究,但是有一类的研究只能以群体为单位进行随机分组研究,如在社区人群中食盐统一加碘预防地方性甲状腺肿或者在水中统一加氟预防龋齿等,并非以个体为单位来添加干预,这种研究对象以社区未患疾病的人群为单位开展,称作社区干预试验(community intervention trial),也称社区试验(community trial)。

社区试验常用于评价不容易落实到个体的干预措施效果,另外,当某种疾病的危险因子分布广泛难以区分高危人群时,也适合开展用社区试验。如大城市中社区老年人群中血清胆固醇升高、血糖升高现象比较普遍,都是心脑血管疾病的危险因子,若此时要开展高危人群的脑卒中干预,必须通过血清学检查对人群进行筛查,由于成本很高且需要被筛检对象的人群的大力配合,实施很困难,还不如直接针对整个社区老年人群进行脑卒中干预,设法降低危险因子的暴露,就有可能可降低该人群中脑卒中的发病率。

(一) 社区干预试验原理

社区试验接受干预的基本单位是整个社区,有时也可以是某一人群的各个亚群。一般社区试验是将两个或多个可比性较好的社区或群体,随机分为干预社区和对照社区,在干预社区人群中有针对性地采取干预措施,对照组社区不给予该措施,进行随访调查,监测和比较干预措施的效果。

(二) 社区干预试验的设计与实施

1. 研究目的社区试验　研究目的确定类似于现场试验,区别在于研究对象是整个社区人群而不是个体。

2. 社区的选择　社区干预试验中社区范围需要事先界定,同时应该取得社区对试验的支持,目的是保证研究者能对干预效果进行有效评价。以社区为单位的干预实施难度较大且花费较高,所以一般研究中不会纳入太多社区,但是在对照社区选择的过程中,需要考虑与干预社区的相似性,尤其是人口数量、经济水平、医疗卫生条件,居民健康素养等对研究结果的影响。

3. 社区基线资料监测　在选定了干预和对照社区后,对社区的相关基线信息包括人口学基本信息、疾病发病信息等进行采集。

4. 随机化和对照选择社区干预试验　一般采用单纯随机化的方法,把社区随机分为干预社区和对照社区。对照选择有平行对照和非平行对照两种方式,平行对照是指干预社区采取预定的干预方案,对照社区不采用该干预方案,两种社区同时进行基线调查、措施实施和结果调查工作。但有些社区干预试验可能存在伦理问题或接受度有差异,对照社区往往难以设立和坚持,这时可采用非平行对照,即用后一个社区的基线调查作为前一个社区的对照,在前一个社区干预实施后进行比较(表11-3)。如开展社区干预试验评价缺碘地区社区加用碘盐的效果,A社区作为干预社区进行基线调查即碘缺乏相关疾病的基线调查,然后给予碘盐干预后进行随访,随访结束时获得干预后碘缺乏疾病的发病情况。该研究中对照社区如果不添加碘盐进行平行对照,则在碘盐能改善碘缺乏疾病的预期情况下,存在一定的伦理问题,故在设置对照社区时,在A社区随访结束采集资料的同时,找到B社区进行基线调查,以B社区的基线调查结果与A社区随访结果进行比较判定添加碘盐的效果,而B社区基线调查结束也给予同样的碘盐添加措施,进行随访获得的随访结局,而此时又可以找到C社区进行基线调查,将B社区随访结局与C社区的基线调查进行比较判定碘盐添加预防碘缺乏病的效果。

表 11-3　三个社区非平行对照比较设计

时间	1	2	3	4	5	6	7
A 社区	调查	干预落实	结果调查	–	–	–	–
–	–	–	–	比较	–	–	–
–	–	B 社区	基线调查	干预落实	结果调查	–	–
–	–	–	–	–	比较	–	–
–	–	–	–	C 社区	基线调查	干预落实	结果调查

5. 干预措施　社区干预试验的干预措施实施应该更多从公共卫生的角度出发,将有限的卫生资源尽可能用于更大的人群,在干预中也要密切监测是否有不良反应发生。在落实干预措施的过程中应记录试验社区拒绝接受干预者和对照社区中主动采取干预措施的情况。

(三) 社区干预研究中的医学伦理问题

社区干预研究涉及人群,必须获得社区的知情同意,干预措施也必须要有科学依据,要考虑到研究对象选择的公平性及对照社区选择的伦理问题等,关于具体伦理问题请参见本书的相关章节。

四、临 床 试 验

临床试验(clinical trial)是以患者为研究对象,一般通过随机对照的方法来评价临床治疗、护理和预防等措施的有效性研究。临场试验最常见的目的是进行新药的临床试验证实其有效性和安全性,另外,就是对目前临床上应用的药物和治疗方案的效果进行评估,从中寻找更有效的治疗方法。新药的临床试验一般可分为I期临床试验、II期临床试验、III期临床试验和IV期临床试验。社区全科医生开展临床试验的机会相对较少,本章节对临床试验仅进行简要介绍。

(一) 临床试验原理及特点

临床试验属于前瞻性研究,是将符合研究入选标准的患者随机分为治疗组和对照组,治疗组给予需要研究的药物、外科手术或其他治疗措施,对照组其他措施或仅给予安慰剂,随访观察两组结局的差异或不良反应来评价干预措施的效果。临床试验的特点包括:

1. 研究对象的特殊性　临床试验一般以患者为研究对象,患者的生理、心理、患病严重程度及社会环境等因素对治疗结果可产生明显的影响,因此,为保证研究的真实性,必须要考虑组间的均衡性、可比性以及患者的依从性。

2. 研究手段的特性　临床试验要遵循实验性研究的原则,包括设立可比对照、随机化分组、恰当使用盲法以及重复试验的原则,尽可能去除非研究因素的干扰,以保证研究结果的可靠性。

3. 干预措施的特殊性　临床试验的干预措施大多是药物或其他治疗方法,是一种外在的人为施加的手段,因此,必须考虑其对患者的安全性和预期有效性。该干预措施必须有充分的依据并经过基础研究证实后才能应用于人体。

(二)临床试验的设计与实施

临床试验,尤其是随机对照试验(randomized controlled trail,RCT),研究设计应该考虑科学和严谨性,才能保证评价结果时的真实性。

1. 确定研究目的临床试验　研究目的可以参考现场试验中 PICO 的原则,明确研究要解决的问题。

2. 研究对象选择临床试验　确定研究对象应该有统一的入选和排除标准并严格执行,要注意研究对象选择的代表性,并确保研究对象能从试验中获益。研究对象应该有良好的依从性;如无特殊要求,尽量避免使用孕妇和儿童作为研究对象。

3. 样本含量计算　临床试验样本量大小取决于预期治疗效果差异、检验水准、检验功效和单双侧检验等因素,具体计算方法可参照现场试验或其他参考书。

4. 对照的选择　临床试验对照组选择的严密性与合理性,决定了偏倚的控制和研究结论真实性。选择对照的目的是避免除研究因素以外的因素如疾病自然史、安慰剂效应、霍桑效应等其他潜在的混杂因素等导致的偏倚,具体对照组的选择方法可参考本节的现场试验。

5. 随机分组临床试验　随机分组的目的是保证试验组和对照组的可比性,即除研究因素以外,其他因素尽可能组间均衡分布。常用的随机分组方法包括简单随机、区组随机和分层随机等,具体随机分组方法的实施可参考现场试验相关内容。

6. 盲法　应用临床试验的参与对象都是人(包括研究对象、研究人员及统计分析人员),难免会产生主观因素对研究结果的干扰。除了无法进行盲法的开放性试验,在结果观察时能采用盲法可尽可能避免主观因素的影响。常见的盲法包括单盲、双盲和三盲。

7. 资料收集和整理　临床试验资料采集有专用的病例报告表,该表是根据研究目的事先设计并在试验中详细记录调查数据、体检或实验室数据的专用表格。资料收集的过程中应该尽可能提高质量,防止主观偏倚的影响,保证资料收集的真实性与可靠性。资料整理是根据研究目的在资料收集完成后进一步将资料整理归纳和系统化的过程,在临床试验中不可避免出现研究对象失访和退出研究的情况,根据研究对象依从性进行资料整理,通常可分为:

(1)意向治疗分析:意向治疗分析[intention-to-treat(ITT)analysis]指一旦通过随机分配进入研究的患者无论是否完成研究,在最后的资料分析中都应被纳入。ITT 分析可防止预后较差及对治疗不依从的患者从最后的分析中排除,可以保证随机化的特点,若干预措施有效则其结果相对比较保守,容易低估干预效应。

(2)遵循研究方案分析:遵循研究方案分析[per protocol(PP)analysis]指研究中只有按方案完成研究的患者,才能被纳入最后的结果分析,剔除不依从者。PP 分析能反映治疗措施的生物效应,尽可能避免了干扰或沾染造成的影响,但可能会高估干预措施的效果。通常研究中 ITT 与 PP 结果越一致,失访比例越少,研究的质量就越高,结果就越可信。

8. 资料分析　临床试验结果分析是用统计学方法,计算相关指标来评价干预措施的效果。临床试验评价药物或治疗方法效果时,常用的指标包括有效率、治愈率、病死率、生存率、不良事件发生率等,还包括相对危险降低率、绝对危险降低率和需治疗人数等。具体可参考其他临床试验相关参考书籍。

(三)临床试验中的医学伦理问题

临床试验的目的是希望发现未知或检验某一新的治疗药物或方法对患者的临床疗效,

存在着一定的不确定性和不良反应,需要遵循医学伦理的要求,具体可参见本书相关章节。

第二节　病　因　研　究

疾病的发生是具有原因的,研究病因(causation of disease)有利于疾病的有效预防和治疗。在临床上通过病因研究能获得疾病的发病机制及疾病转归,从而有利于采取针对性的治疗方法。在社区人群中获得疾病的危险因素有利于采取针对性的防控措施,对暴露于危险因素的人群开展干预,预防疾病的发生。例如,在社区人群开展骨质疏松症的病因研究,发现绝经后女性如果出现钙摄入不足、缺乏体力活动、大量吸烟及饮酒等行为更容易导致骨质疏松而发生骨折,那么通过该人群营养干预、适当运动和戒除不良生活习惯,可显著降低骨质疏松发病率。因此,在社区中,全科医生应该具备病因和危险因素的研究和识别能力。

一、病因的概念

(一)病因与病因学研究

在人类历史中对疾病发生原因的认识是一个漫长而复杂的过程,并随着科学的发展不断进步。近代流行病学研究对病因的认识也从最初的特异性单病因论逐渐发展为复杂的多病因论。狭义而言,病因是指生物、物理、化学或社会学的有害因素或自身遗传或心理缺陷导致人体在一定条件下可引发致病效应。这些有害因素或遗传、心理缺陷也被称为致病因素。目前广义的流行病学病因是与疾病发生发展相关的因素,这些因素的存在能使人群发病概率增加,若消除这些因素,人群的疾病发生频率就会下降。广义的病因体现出了疾病的多因素、群体性和可预防的特性,在疾病防控上更具有实际意义。

医学科研工作者在临床上多开展发病机制的研究,如研究骨质疏松的发病机制主要是骨组织的微结构破坏引起骨质脆性增加导致骨折风险,但是从广义的病因角度,机制研究固然重要,但是从病因学的角度不能更深入揭示疾病发生的始动因素,需要从研究导致骨质疏松患者骨微结构紊乱的多因素角度,才能更有助于疾病防治措施的制定和实施。因此,人们通常不仅需要从患者的角度,同时应该从健康人群角度进行对比来揭示疾病发生的因素,这种研究称为病因学研究。

(二)病因的分类

大多数疾病,包括传染病和慢性非传染性疾病,病因主要来自于宿主自身和环境两个方面。大多数疾病的发生、发展是由这两方面共同决定的。

1. 宿主自身因素　主要是指宿主的先天和后天两种因素,先天因素包括个体的基因、染色体、性别、种族等,后天因素包括免疫、年龄、营养、行为、心理等。如先天因素中常染色体显性遗传的成骨不全症或高半胱氨酸尿症都会导致骨基质和成骨细胞减少引起骨质疏松症,而后天因素中导致骨质疏松症的因素更多,包括年龄增加骨量丢失,钙和维生素 D 等营养素摄入不足、大量饮用咖啡及吸烟酗酒等不良行为等。

2. 环境因素　主要是指环境中存在的病因,包括生物、物理、化学和社会环境因素。生物因素有各种微生物(细菌、病毒、真菌、支原体、螺旋体等)、寄生虫、媒介昆虫和有毒有害的动植物等,大多数感染性疾病和中毒性疾病与生物因素密切相关。物理因素包括气象条件、空气、水质、电离辐射和噪声等因素的异常可引起疾病,如中暑、日光性皮炎、核泄漏导致白血病等恶性肿瘤。化学因素包括无机和有机化学物质污染物,如铅、汞、苯和有机磷农药等可引起人体急性或慢性中毒,甚至诱发恶性肿瘤。社会因素是指社会文化、政治、经济、风俗习惯、人口流动、医疗卫生水平等因素,一定条件下可成为引起或加重疾病的流行因素,如人口的流动引发艾滋病、性病传播的风险增加。

(三)病因模型

宿主和环境因素对疾病的发生发展起到的作用是错综复杂的,大多数疾病离不开这两种因素的综合作用。在病因的理论发展过程中,流行病学家提出了多种病因模型,提供了病因研究的理论框架,推动了疾病防治工作的进展。

1. 三角模型　疾病的三角模型又称流行病学三角,该模型认为疾病发生的三个要素包括宿主、致病因子和环境,这三个要素形成一个等边三角形并分别占据三个角的位置,形成了一种平衡状态。当三角形稳定的时候,机体就处于健康状态,而一旦某个因素的变化导致三角失去平衡,则疾病就会发生(图11-2)。该模型的建立让人们对疾病发生的条件有了较深入的认识,明显优于单病因论,但是该模型的缺陷主要是将宿主、致病因子和环境三个因素等量齐观,强调三者同样重要,但在实际疾病发生过程中,尤其是慢性非传染性疾病,三个要素作用重要性很可能是不同的。

2. 轮状模型　如图11-3所示,轮状模型(wheel model)更强调环境与机体的密切关系,用外环代表生物、理化和社会环境,内环为宿主,内部还存在着一个遗传核心。轮状模型各环和构成具有伸缩性,可以调整。如遗传核在宿主内环内部可大可小,若遗传因素效应大的疾病其遗传核相应也可变大,宿主内环也随着宿主因素与疾病的关联强度大小而变大变小,环境外环也可伸缩,若疾病与环境关系更密切则外环可增大,若与社会环境关系更大可增加环境中社会环境的构成。轮状模型相对于三角模型更接近实际,也提示了多病因论的概念,更有利于探讨疾病的病因。

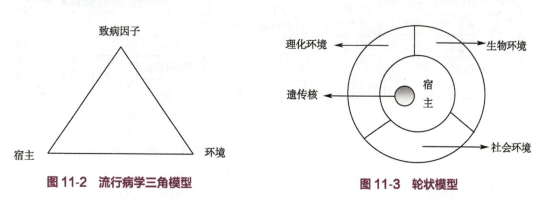

图 11-2　流行病学三角模型　　　　图 11-3　轮状模型

3. 病因链　病因链(chain causation)强调在疾病发生过程中多种病因互为因果而导致疾病发生的连续性过程。多条病因链的交错、连接可形成病因关系路径,有助于分析错综复杂的因果关系。例如,常见的人群中心脑血管疾病的一条因果链可以是首先经济发展和城市化导致人们相对更多高蛋白高脂肪饮食和更少的体力活动,人群中超重肥胖率上升,也出现了更多的高血压、高血脂和高血糖患者,最终人群中心脑血管疾病显著增加。在这条病因链上,经济发展和城市化是远端病因,不合理膳食和体力活动减少是中间病因,肥胖和"三高"是近端病因,如图11-4所示。对于心脑血管疾病而言,近端和中间病因距离结局更近,

图11-4　心脑血管疾病的某一条病因链

更具有病因学意义,但是越靠近结局的病因在预防效果方面的机会就越小,而远端病因与疾病结局的关系可能并不很紧密,但预防的机会和取得的效果可能更大。

4. 病因网　病因网(web of causation)是由两条及以上的病因链交错联结在一起,形成纵横交错的关系网,提供因果关系的完整路径,对病因进行系统探索,从而指导疾病的有效防控。如图11-5所示,艾滋病病毒传播的病因学研究中,社会经济文化因素、个体的行为问题、医疗安全问题等并存且交织在一起并形成网状,成为艾滋病传播的主要路径。如个体行为因素中,静脉吸毒中由于共用注射器导致血液交换,无保护性行为导致体液交换和多性伴增加感染 HIV 的风险,而社会经济文化因素中社会规范的放松和低下可能加大对人群中吸毒、多性伴、无保护性行为的容忍,从而导致 HIV 感染风险加大,社会经济文化因素中贫困也会导致商业性行为加大多性伴现象,或者会导致非法采供血现象出现从而增加 HIV 传播的风险等。而目前在缺乏 HIV 疫苗的情况下,最有效的控制疾病传播方法是改变高危行为,减少人群中血液和体液的交换,根据图11-5所示,如果针对病因网中的某些关键和薄弱环节开展干预措施,阻断路径,就有可能降低疾病发生的风险。

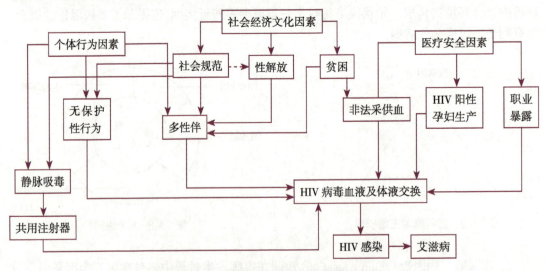

图11-5　艾滋病病毒传播的病因网示意图

二、病因研究的步骤

(一) 提出假设

病因研究中提出假设是起点,往往可以通过基础研究探索、临床案例分析及流行病学描述性研究结果,再结合逻辑推理的方式来提出病因假设。在提出假设的方法中,Mill 准则是最常用的思维方式,包括求同法、求异法、同异并用法、共变法和剩余法。

1. 求同法 求同法(method of agreement)是指在患有相同疾病或存在相同健康状况的不同人群中,都有共同的因素或特点,则该因素或特点就有可能是病因。例如,1960—1961年间,在欧洲许多国家出现了大量"短肢畸形"的新生儿,他们的母亲年龄、孕周、饮食习惯等大不相同,但是这些母亲共同的特征是都有在孕早期服用过同一种用于治疗早期妊娠呕吐的药物—沙利度胺(反应停)的历史,因此,该药物被怀疑为导致新生儿"短肢畸形"的病因,最终被证实而禁止使用。

2. 求异法 求异法(method of difference)是指疾病或健康状况不同人群或个体之间,有不同的因素或特点,那么该因素或特点就有可能是病因。例如,在 1940—1950 年间新疆察布查尔县发生的肉毒素中毒事件,调查发现当地锡伯族人群发病率显著高于其他民族人群,而锡伯族人群喜好食用晒干的发酵馒头"米送乎乎",这是其他民族人群不具备的,提示该食品是导致肉毒素中毒的可能原因。

3. 同异并用法 同异并用法(joint method of agreement and difference)是指疾病或健康状况与某因素之间的关联既符合求同法又符合求异法,是比较性研究(设对照组)设计的逻辑学基础。例如,1960—1961 年间"短肢畸形"的新生儿事件中,生下畸形儿的母亲在孕早期几乎都服用过沙利度胺,而生下健康婴儿的对照组母亲在孕早期几乎没有人服用过沙利度胺,因此,怀疑是由该药物导致的新生儿"短肢畸形"。

4. 共变法 共变法(method of concomitant variation)是指某因素或特征出现的频率或强度发生变化的同时,某疾病或某健康状况的频率或强度也发生相应变化,该因素或特征就有可能是病因。如烟草生产和消费量的增加,肺癌患者也随之增加,则烟草使用可能是导致肺癌的病因。

5. 剩余法 剩余法(method of residues)是指当某疾病或健康状况的发生与多种因素或特征有关,排除掉已知的关联因素或特征后,剩下的因素或特征是病因的可能性就很大。例如,导致肺癌的因素有很多,既往研究发现吸烟、职业暴露、空气污染等与其有关,但还是有一部分病例无法用这些危险因素解释,可推理还有其他"剩余"因素可能是病因,如长期接触厨房油烟。

(二)检验假设

描述性研究结合逻辑推理的方法是提出病因假设的基础,但是病因假设是否成立,以及是否可能存在因果联系,需要进一步开展假设的检验工作。检验假设的常用方法是流行病学分析性研究中的病例对照研究和队列研究。病例对照研究的设计是由"果"及"因",即通过回顾病例组和对照组在暴露水平方面的差异,来检验暴露与疾病的关联,由于缺乏因在前、果在后的原则导致存在较大的偏倚,在病因假设的检验中效果较差。队列研究的设计是由"因"及"果",即暴露组与非暴露组在随访结局时观察疾病在组间发生的差异,计算相对危险度等指标来检验暴露与疾病的关联,对因果关联的判断相对较好。两种检验假设的具体方法设计和应用请参考本书的其他相关章节。

(三)验证假设

检验假设在因果关系的初步检验中起到一定的作用,但是如果要确认病因假说,需要进一步来验证假设。验证假设的方法通常是通过实验性研究对个体或群体进行干预,以减少或降低病因水平,观察疾病的发病或死亡下降是否明显低于对照组或干预前,最终来证明病因假说。实验性研究的设计和应用具体方法可参考其他相关章节。

三、因果关联的评价原则

通过基础、临床和流行病学研究提出病因假设、检验和验证假设的过程是病因研究建立可能的因果关联假设的基础,同时需要进一步的科学分析,需要排除虚假关联和间接关联,并结合因果关联的评价原则来确定真实的病因。因果关联的评价原则包括:

(一)关联的时序性

关联的时序性(temporality of association)因果关联确定的唯一必备条件就是关联的时序性,即因在前,果在后的时间顺序,表明暴露因素一定是在发生疾病之前。流行病学的队列研究和实验性研究的设计都是暴露因素在前,疾病或结局在后,因此,对因果关系的判定要优于病例对照研究和描述性研究,因为在病例对照研究和描述性研究中非常难确定暴露因素与疾病发生的时间顺序。例如,在十二指肠溃疡与幽门螺旋杆菌感染之间横断面研究中,发现溃疡患者的幽门螺旋杆菌感染率明显高于非溃疡患者,但是该结果无法说明是先有螺旋杆菌感染后引发十二指肠溃疡,还是十二指肠溃疡带来后续的螺旋杆菌感染。因此,采用非十二指肠溃疡人群为研究对象,按照是否感染幽门螺旋杆菌这个暴露因素分组,长期随访后比较暴露组与非暴露组之间的溃疡发病的差异,判断因果关系的论证强度就会较高。

(二)关联的强度

关联的强度(strength of association)指暴露因素与疾病结局之间的关联程度大小,使用RR值或者OR值来描述。在排除了偏倚和随机误差的影响后,关联强度可作为因果关联判定的依据之一。关联强度越大说明因果关联的可能性也越大,而关联强度小则有可能是虚假关联或者间接关联的作用。例如,在丹麦一项前瞻性研究中,有幽门螺旋杆菌感染的人患十二指肠溃疡的风险是未感染者的约2.76倍(RR=2.76),一项美国的研究也发现幽门螺旋杆菌感染者患十二指肠溃疡的风险是非感染者4倍左右。一般而言,当关联强度超过2时,表明存在因果关联的可能性就较大。

(三)关联的可重复性

关联的可重复性(consistency of association)指在暴露因素和疾病结局的关联研究结果的一致性,即在不同背景,不同研究者用不同方法得到的结果是可重复的,如吸烟与肺癌的关联研究,在全世界大型研究就有40项左右,且得到的结果基本都是一致的,因而强化了吸烟与肺癌的因果关联。同时多项研究的可重复性及综合定量分析技术随着meta分析方法的深入开展,越来越多成为因果关联论证和临床治疗方案指南的依据。

(四)剂量-反应关系

剂量-反应关系(dose-response relationship)指暴露因素的水平程度、剂量或者暴露时间长短等与疾病或结局之间存在一种阶梯曲线关系,即暴露越强或越弱,疾病发生概率越高。一旦存在剂量-反应关系,则因果关联存在的可能性就会增加,如饮食中钙和维生素D摄入水平越低,发生骨质疏松的风险也会越大。但是,在病因研究中应该注意,有些暴露因素的生物学效应表现出剂量-反应关系,但有些暴露因素对疾病则表现为"有"或"无"的形式,因此,当不存在剂量-反应关系时,也不能轻易排除因果关联。

(五)关联的特异性

关联的特异性(specificity of association)指某暴露因素能引起某特定的疾病,即疾病的发生必须有某种特定因素的作用。这在早期的传染病研究中,病原微生物与疾病之间关联的特异性是非常明显的,如人类免疫缺陷病毒引起获得性免疫缺陷综合征。但是,随着疾病谱的改变,慢性非传染性疾病的病因往往比较复杂而多变,大多数情况难以确定暴露因素与疾病之间的特异性关联,需要进一步扩展研究,如吸烟可能导致肺癌,但吸烟还与心血管疾病和口腔癌等有关联,另外,导致肺癌的因素除了吸烟外,还有职业暴露和放射线污染等。因此,在研究某因素与疾病的关联有特异性时可增强病因推断的说服力,但是关联未表现出特异性也不能排除因果关联的可能性。

(六) 关联的生物学合理性

关联的生物学合理性(biologic plausibility of association)指暴露因素对疾病的作用机理存在生物学证据,关联能被合理解释。通常存在生物学合理性的证据,因果关联的可能性就较大,如在我国新疆地区的察布查尔病,发现食用一种特制的发酵面制品与该病存在关联,从生物学证据的角度看,这种特质的发酵面制品中存在被肉毒杆菌污染的巨大风险,且检出了肉毒毒素,而肉毒毒素作为一种神经毒素的作用机制对机体的毒性是有生物学合理性的,因此,因果关联的可能性就非常大。但是,由于医学科学的发展是存在阶段性的,可能目前无法找到的生物学证据在将来可能是有存在的合理性,因此,不能因为目前没有生物学合理性证据就轻易否定因果关系存在的可能性。

(七) 关联的一致性

关联的一致性(coherence of association)指某暴露因素如果是病因,则在人群中出现疾病的现象应该可以用该因素解释。一致性包括疾病与暴露因素分布的一致性以及在基础、临床、流行病学研究结果的一致性,如黄热病是由蚊虫作为传播媒介的病毒导致的,在中、南美洲和非洲热带地区呈地方性流行,这些地区疾病的流行强度跟蚊虫的分布密度是一致的。基础研究证实了黄热病病毒导致疾病的机制,临床研究观察到了黄热病的病理变化为病毒聚集于各器官组织带来的临床表现,流行病学证实了蚊虫携带并传播黄热病病毒的中介作用,这些一致性也证实了黄热病是病毒感染的病因假设。

(八) 实验证据

实验证据(experimental evidence)指通过实验性研究去除了可疑的暴露因素后,人群中疾病的发生率就降低,证实该暴露因素是病因,这种情况也被称为"终止效应"。实验证据的获得即可以是来自于个体的临床或基础实验研究,也可以来自于人群的现场或社区研究,如十二指肠溃疡患者用根除幽门螺旋杆菌的治疗方案,能显著促进溃疡愈合,明显优于仅仅用抑酸治疗的对照组。欧洲国家禁止销售沙利度胺(反应停)后,人群中孕妇产出短肢畸形的婴儿的情况明显下降,最后流行终止强有力证明了反应停导致短肢畸形的因果关系。

正确判断因果关联是非常困难和复杂的,上述的八条因果关联的判定标准是在医学研究中不断积累的经验,除了关联的时序性是必要满足条件外,其他的判定标准符合的越多,则判定因果关联的可能性也越大,但是并非所有的因果关联判定需要全部满足以上八条标准。同时在因果关联确定的过程中,更重要的是研究设计的科学性,减少偏倚的影响,尽可能用更多的科学证据以及多学科交叉的方法,综合判定因果关联的可能性。

第三节　筛　检

在医学科学研究中,对患者和可疑患者的识别及确认是许多研究的基础。在临床确诊疾病的过程中,也会遇到如何选择真实可靠的方法来尽可能区分患者和非患者。在社区人群中,也经常遇到如何用真实可靠的方法将可疑患者(筛查阳性)与可能无病者(筛查阴性)区分开来,以便进一步确诊和治疗。区分患者和非患者的方法通常为诊断试验,区分可疑患者和可能无病者的方法通常为筛检,本节主要介绍筛检。

一、概　述

(一) 筛检的概念

1. 筛检的定义　筛检(screening)是指用快速简便的试验、检查或其他方法,在人群中将可能有病而表面健康的人与那些实际无病的人区分开来。筛检试验不是诊断性的,而只是一个初步检查,筛检试验结果是阳性或可疑阳性者,必须用临床诊断方法进一步确诊,以便采取必要的治疗措施。筛检最主要的目的是早发现、早诊断和早治疗疾病,属于二级预防的范畴,如糖尿病、乳腺癌、大肠癌和宫颈癌等的筛检。其次,筛检也用于发现患某病的高危人群,属于一级预防(病因学预防),如社区中开展高血压筛检找到脑血管疾病高危人群从而预防脑卒中的发生,高危人群的确定也是筛检工作的重点。筛检试验应简单、廉价、快速、安全,易被群众接受,有良好的可靠性和精确性。

2. 筛检的类型　按研究对象范围,筛检可分为整群筛检和选择性筛检,前者是指人群中某疾病患病率较高时,可对目标人群的全体对象进行普遍筛检,经常也被称作为普查,如对 50 岁以上绝经后妇女进行骨质疏松症筛检;后者是指根据流行病学证据选择高危人群进行筛检,如对石棉作业工人进行肺癌筛检。按筛检的具体方法可分为单项筛检和多项筛检,前者指一种筛检试验只筛检一种疾病,后者指同时使用多种筛检试验筛检一种疾病。另外,按照筛检目的不同,筛检试验可分为治疗性筛检和预防性筛检,前者是为了达到早发现、早诊断和早治疗的目的,后者是为了筛检高危人群开展预防性干预。

3. 筛检的实施原则　从表面健康但可能有病的人群开展筛检需要耗费一定的人力、物力和财力,在实施筛检前,需要注意是否满足以下原则:

(1) 该疾病或缺陷是影响当地居民健康的主要公共卫生问题。

(2) 有简便、快速、经济、有效,而且易被群众所接受的筛检技术。

(3) 对筛检阳性的人群,有进一步可行的诊断、治疗措施或预防措施。

(4) 该疾病或缺陷有较高流行率且自然史明确。

(5) 该疾病或缺陷有足够长的潜伏期及可识别的早期临床表现。

(6) 疾病或缺陷的筛检是一项连续而定期工作,且具有较高的成本 - 效益比。

(二) 筛检试验评价的基本步骤

筛检试验评价的基本步骤一般包括确定金标准、选择研究对象、样本量估计和盲法比较。

1. 确定"金标准"　"金标准(gold standard)"是指当前在临床诊断或筛检领域被公认为最真实可靠的诊断方法,作为参考标准能准确区分患者与非患者。一般而言,病理组织活检、外科手术所见、尸检报告、微生物学培养、特殊的影像学诊断、生物学标志检测及长期随访的结果是比较常用的"金标准",但是随着医学科学的发展,疾病诊断和筛检的金标准也会不断更新。

2. 选择研究对象　筛检试验研究对象可以来自社区或者临床医院。评价某筛检试验时,研究对象一般包括两组,一组是通过"金标准"被明确证实为真正的患者,另一组是用"金标准"明确证实为非患者。非患者是指明确不患有所研究疾病的人,但并非一定是健康人,可以是患有其他疾病的人。

3. 样本量估计 在样本量充足的情况开展是筛检试验的评价才是准确的,决定样本量大小的因素主要有:①灵敏度;②特异度;③检验水平 α;④允许误差 δ。当预期待评价筛检试验的灵敏度和特异度都在 50% 左右时,可用近似样本量计算公式 11-6:

$$n=\left(\frac{Z_\alpha}{\delta}\right)^2 p(1-p) \qquad\qquad (式 11-6)$$

式中,P 为灵敏度或者特异度,估计病例组样本量时通常 P 是指灵敏度,估计非病例样本量时 P 为特异度。δ 是允许误差,一般取值范围为 0.05~0.1。Z_α 为检验水平 α 对应的 Z 值,可以通过查统计学标准正态分布表获得(略),当 α=0.05 时,Z_α=1.96,而 α=0.01 时,Z_α=2.58。例如,假设某待评价的筛检试验的预期灵敏度为 60%,特异度为 65%,设定 α=0.05,允许误差为 0.1,则分别计算病例组和非病例组的样本量大小。

病例组样本量:$n=\left(\frac{Z_\alpha}{\delta}\right)^2 p(1-p)=\left(\frac{1.96}{0.1}\right)^2 \times 0.6(1-0.6)=92$

非病例组样本量:$n=\left(\frac{Z_\alpha}{\delta}\right)^2 p(1-p)=\left(\frac{1.96}{0.1}\right)^2 \times 0.65(1-0.65)=87$

即病例组至少需要入组 92 人,非病例组至少需要 87 人。

当预期待评价的筛检试验灵敏度或特异度过大过小时,如超过 80% 或低于 20% 时,可根据式 11-7 来计算样本含量:

$$n=\left[\frac{57.3 \times Z_\alpha}{\sin^{-1}(\delta/\sqrt{p(1-p)})}\right]^2 \qquad\qquad (式 11-7)$$

本式中,$\sin^{-1}$ 为平方根反正弦转换公式,其余指标同式 11-6。具体计算举例略。

4. 盲法 比较筛检试验的评价需要用"金标准"和待评价的筛检方法同时对同一批研究对象进行检测,并分析待评价筛检方法与金标准之间存在的差别。为了防止主观因素对判断结果的影响,通常需要采用盲法收集和分析资料,最常用的是双盲法,即观察者和研究对象都预先无法得知在"金标准"情况下,哪些研究对象被判为"患者",哪些研究对象被判为"非患者"。采用盲法可以避免如果观察者知道研究对象金标准判断结果,会影响其通过筛检试验判定阳性或阴性的真实性,从而容易夸大筛检试验的筛检效果。

待评价筛检方法和金标准比较,会出现四种情况,即真阳性(金标准判断为患者,待评价方法也判断为有病)、真阴性("金标准"判断为非患者,待评价方法也判定为无病)、假阳性("金标准"判定为非患者,而待评价方法误判为有病)以及假阴性("金标准"判定为患者,而待评价方法误判为无病)。筛检试验盲法评价的资料整理格式通常如下表所示(表 11-4)。

表 11-4 筛检试验评价的资料整理表

筛检试验	金标准		合计
	患者	非患者	
阳性	a(真阳性)	b(假阳性)	a+b(N$_1$)
阴性	c(假阴性)	d(真阴性)	c+d(N$_2$)
合计	a+c(M$_1$)	b+d(M$_2$)	n(a+b+c+d)

二、筛检试验的评价方法

(一) 筛检试验的评价指标

筛检试验的评价方法包括真实性、可靠性及预测值三个方面。

1. 真实性 真实性(validity)是指测量值与实际值的符合程度,又称准确性。测量真实性的指标包括灵敏度、特异度、假阴性率、假阳性率、约登指数和似然比。

(1) 灵敏度:灵敏度(sensitivity)是指在金标准确定的患者中,被筛检试验判断为阳性的比例,也称真阳性率,表示筛检试验发现患者的能力。以表 11-4 为例,灵敏度计算公式为:

$$\text{灵敏度} = \frac{a}{a+c} \times 100\% \qquad \text{(式 11-8)}$$

(2) 特异度:特异度(specificity)是指在"金标准"确定的非患者中,被筛检试验判定为阴性的比例,也称真阴性率,表示筛检试验确定非患者的能力。

$$\text{特异度} = \frac{d}{b+d} \times 100\% \qquad \text{(式 11-9)}$$

(3) 假阴性率:假阴性率(false negative rate)指"金标准"确定的患者中被筛检试验判断为阴性的百分比,也称漏诊率。

$$\text{假阴性率} = \frac{c}{a+c} \times 100\% \qquad \text{(式 11-10)}$$

(4) 假阳性率:假阳性率(false positive rate)指"金标准"确定的非患者中被筛检试验判断为阳性的百分比,也称误诊率。

$$\text{假阳性率} = \frac{b}{b+d} \times 100\% \qquad \text{(式 11-11)}$$

(5) 约登指数:约登指数(Youden index)是指将灵敏度和特异度之和再减去 1,又称正确指数,反映筛检试验识别患者和非患者的总能力,约登指数越高,试验真实性也越高。

$$\textit{Youden index} = \text{灵敏度} + \text{特异度} - 1 = 1 - (\text{假阴性率} + \text{假阳性率}) \qquad \text{(式 11-12)}$$

(6) 似然比:似然比(likelihood ratio, LR)是指筛检试验的某种结果在患者中出现的概率与在非患者中出现的概率比值,可同时反映灵敏度和特异度。因筛检试验的结果有阳性和阴性之分,故似然比也分为阳性似然比和阴性似然比。

阳性似然比是筛检试验的真阳性率与假阳性率之比,反映试验正确判断阳性可能性是错误判断阳性可能性的倍数,也说明筛检试验是阳性结果时患病与不患病的比值,该指标越大筛检试验为阳性结果的研究对象是患者的概率越高,筛检的价值也越高。如果阳性似然比为 1,患者和非患者出现阳性结果的概率相同,意味着该试验在区分患者时毫无意义,当阳性似然比大于 1,患者比非患者更有可能出现阳性结果。

$$+\text{LR} = \frac{a}{a+c} \div \frac{b}{b+d} = \frac{\text{灵敏度}}{1 - \text{特异度}} \qquad \text{(式 11-13)}$$

阴性似然比是筛检试验的假阴性率与真阴性率之比,反映筛检试验错误判断阴性可能性是正确判断阴性可能性的倍数,也说明试验为阴性结果时患病与不患病的比值,该指标越小筛检试验为阴性结果的研究对象是非患者的概率越高,筛检的价值也越高。阴性似然比为 1,患者和非患者出现阴性结果的概率相等,意味着试验区分非患者时毫无意义,当阴性似然比小于 1,表明非患者比患者更有可能出现阴性结果。

$$-LR = \frac{c}{a+c} \div \frac{d}{b+d} = \frac{1-\text{灵敏度}}{\text{特异度}} \qquad \text{(式 11-14)}$$

（7）筛检试验真实性案例分析：骨质疏松确诊的"金标准"是双能 X 线骨密度检查，但由于操作复杂仪器价格较贵，某医院拟使用临床骨转化指标—血清学骨特异性碱性磷酸酶（B-ALP）作为骨质疏松人群开展筛检指标，与"金标准"进行盲法比较来评价该筛检试验的真实性，具体见表 11-5。

表 11-5　骨质疏松血清学筛检试验评价

筛检试验 （B-ALP）	金标准（双能 X 线）		合计
	患者	非患者	
阳性	420（a）	80（b）	500（a+b）
阴性	80（c）	220（d）	300（c+d）
合计	500（a+c）	300（b+d）	800（n）

$$\text{灵敏度} = \frac{a}{a+c} \times 100\% = \frac{420}{500} \times 100\% = 84.0\%$$

$$\text{特异度} = \frac{d}{b+d} \times 100\% = \frac{220}{300} \times 100\% = 73.3\%$$

$$\text{假阴性率} = \frac{c}{a+c} \times 100\% = \frac{80}{500} \times 100\% = 16.0\%$$

$$\text{假阳性率} = \frac{b}{b+d} \times 100\% = \frac{80}{300} \times 100\% = 26.7\%$$

$$Youden\ index = \text{灵敏度} + \text{特异度} - 1 = 84.0\% + 73.3\% - 1 = 57.3\%$$

$$+LR = \frac{a}{a+c} \div \frac{b}{b+d} = \frac{\text{灵敏度}}{1-\text{特异度}} = \frac{84.0\%}{26.7\%} = 3.15$$

$$-LR = \frac{c}{a+c} \div \frac{d}{b+d} = \frac{1-\text{灵敏度}}{\text{特异度}} = \frac{16.0\%}{73.3\%} = 0.22$$

2. 可靠性（reliability）　可靠性是指在相同试验设备和条件下，用某试验对同一批研究对象进行重复测试后得到相同结果的稳定程度，又称可重复性或者精确度。可靠性越高说明试验的稳定性越好，随机误差影响就越小。评价可靠性的指标有标准差或变异系数、符合率和 Kappa 值等。影响可靠性的因素主要包括受试者自身的生物学变异、观察者变异和试验条件及方法的变异。

（1）标准差（standard deviation）或变异系数（coefficient variance，CV）：当观察指标为数值变量定量测定时，可用这两个变异大小的指标表示可靠性大小。标准差或变异系数越大，可靠性越差，反之则可靠性越好。这两个指标的计算可参考本教材其他章节。

（2）符合率（agreement/consistency rate）：适用于观察变量为分类计数指标，一般是指筛检试验中真阳性与真阴性例数之和占所有研究对象例数的比例，表示筛检试验与"金标准"的一致性，又称一致率。符合率也可以用于两位研究者对同一批受试者或同一个研究者重复筛检同一批受试者的结果，根据表 11-5，计算方法为：

$$符合率 = \frac{a+d}{a+b+c+d} \times 100\% \qquad (式 11-15)$$

以表 11-5 为例,按式 11-15 可计算符合率为 80%。

(3) Kappa 值:简称为 K 值,可以用于两种筛检方法或同一种筛检方法两次筛检结果的一致性比较,计算方法是实际符合率与非机遇符合率之比,以表 11-5 为例计算公式为:

$$Kappa = \frac{n(a+d)-(N_1M_1+N_2M_2)}{n^2-(N_1M_1+N_2M_2)} \times 100\% \qquad (式 11-16)$$

同样以表 11-5 为例,可计算得到 Kappa 值为 57.3%。一般认为 Kappa 值处在 0.4~0.75 之间为中、高度一致。Kappa 值超过 0.75 为一致性极好而低于 0.4 为一致性差。

3. 预测值 预测值(predictive value)是指筛检试验结果中,患病和不患病的可能性大小,表示试验结果的临床意义。由于筛检试验结果分为阳性和阴性,相对应就有阳性预测值和阴性预测值之分。

(1) 阳性预测值:阳性预测值(positive predictive value)是指在筛检试验结果为阳性的研究对象中,属于真正是患者的概率,根据表 11-5,计算方法为:

$$阳性预测值 = \frac{a}{a+b} \times 100\% \qquad (式 11-17)$$

根据表 11-5 的数据,筛检试验的阳性预测值为 420/500 × 100%=84%,表明被筛检为阳性的研究对象中,有 84% 的人是真正的患者。

(2) 阴性预测值:阴性预测值(negative predictive value)是指在筛检试验结果为阴性的研究对象中,属于真正是非患者的概率,根据表 11-5,计算方法为:

$$阳性预测值 = \frac{d}{c+d} \times 100\% \qquad (式 11-18)$$

根据表 11-5 的数据,筛检试验的阴性预测值为 220/300 × 100%=73.3%,表明被筛检为阴性的研究对象中,有 73.3% 的人是真正的非患者。

预测值的大小与筛检试验的灵敏度和特异度有关,当灵敏度高时,漏诊的对象较少,被筛检为阴性的研究对象是非患者的可能性就较大,因此,阴性预测值会较高。当特异度高时,误诊的对象较少,试验为阳性的研究对象更有可能是真正的患者,因此,阳性预测值就会较高。当灵敏度和特异度不变的时候,若待筛检疾病的患病率越高,则阳性预测值就越大,反之患病率低则阴性预测值高。全科医生在应该综合考虑待评价筛检试验的灵敏度和特异度以及患病率高低,尽量减少漏诊和误诊的比例。

(二) 筛检试验的阳性截断值

1. 阳性截断值 阳性截断值(cut off value)筛检试验的目的将人群中表面健康无症状的可疑患者找出来以便进一步诊治,这就需要对筛检指标有个界定,即确定一个临界点或截断值作为标准来区分正常与异常。在工作实践中,很少有筛检指标的分布在患者和非患者中是完全重合或完全离断的,大多数筛检试验所使用的指标在患者和非患者中呈现出连续分布,且有部分重叠,此时阳性截断值的选择就至关重要。

例如,用眼压测量来筛检青光眼时,首先眼压高低在青光眼患者和非患者中是有区分度的,不会完全重合,具有筛检的价值。其次在患者和非患者中,眼压的分布不是离断式的,而是连续的,存在重叠,即有的青光眼患者眼压测量并不一定很高,而非患者也有可能眼压生理性增高现象。此时选择不同的眼压阳性截断值,筛检试验的灵敏度和特异度也会不同。若将眼压阳性截断值定在很低,则可筛检出更多的无症状青光眼患者,试验的灵敏度很高,但是会将很多非青光眼的人误判为患者,特异度就会很低。若将眼压阳性截断值定在很高,则可大量排除非患者,试验的特异度会很高,但是会漏诊很多青光眼患者,试验的灵敏度就会很低。所以在确定阳性截断值时,需要从多方面进行考虑:

(1)若疾病预后很差但是有可靠治疗方法,漏筛会带来严重后果,可以考虑降低阳性截断值,提高灵敏度,尽可能发现更多患者。

(2)若疾病预后不太严重且治疗方法并不理想,误判会带来严重的心理、生理压力,可以考虑提高阳性截断值,提高特异度,尽可能排除更多的非患者。

(3)若灵敏度和特异度同等重要,尽可能将漏诊和误诊的总数控制在最小,此时应该将阳性分界点定在患者和非患者连续分布指标的重合点。

2. ROC 曲线　受试者工作曲线(receiver operator characteristic curve,ROC curve)一般可用来确定筛检试验的最佳阳性截断值,也可以根据曲线下面积大小来比较不同筛检试验之间的效果。

(1)ROC 曲线的制作:以假阳性率(1- 特异度)为横坐标,灵敏度以纵坐标作图。对于同一个筛检方法,选择不同的阳性截断值,就能得到不同的灵敏度和特异度,如上述眼压筛检青光眼的例子中,取多个不同眼压的阳性临界点,就能得到多组不同的灵敏度和特异度。然后按照灵敏度和对应的假阳性率(1- 特异度),在坐标纸上标出这些点,将这些点用光滑的曲线连接起来,就成为了 ROC 曲线。

(2)ROC 曲线最佳临界点及曲线下面积:ROC 曲线从左下方走向右上方,随着灵敏度上升,特异度下降,假阳性率上升。通常把 ROC 曲线坐标图左上角最近的那一点确定为最佳临界点(图 11-6)。ROC 曲线下面积的大小可以评估试验的筛检价值,也可以帮助我们比较两种或两种以上筛检试验的真实性(图 11-7)。

ROC 曲线的绘制及曲线下面积计算都可以应用统计学分析的专业软件实现,如 SPSS、SAS、STATA 等。一般要求至少需要 5 组及以上数据来绘制曲线。

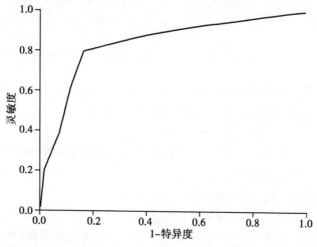

图 11-6　碱性磷酸酶(B-ALP)筛检骨质疏松症的 ROC 曲线

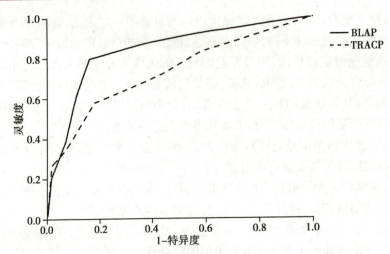

图 11-7　B-ALP 与 TRACP 筛检骨质疏松症的 ROC 曲线比较

【案例 11-2】

　　某社区服务中心在社区老年人中用血清学骨特异性碱性磷酸酶（B-ALP）筛检骨质疏松症，"金标准"为双能 X 线骨密度检查，以不同碱性磷酸酶水平临界值筛检骨质疏松获得一系列灵敏度和特异度指标，以获取最佳阳性截断值，具体数据见表 11-6。

表 11-6　碱性磷酸酶（B-ALP）测定及其灵敏度和特异度

B-ALP(U/L)	灵敏度(%)	特异度(%)	1-特异度(%)
150	100.0	0.0	100.0
160	93.8	34.5	65.5
170	87.5	61.8	38.2
180	79.7	83.6	16.4
190	59.4	89.1	10.9
200	39.1	92.7	7.3
210	20.3	98.2	1.8

　　根据以上资料作图可得 ROC 曲线（图 11-6），在距离坐标图左上角最近的一点（即灵敏度和特异度之和最大者），其 B-ALP 的测定值为 180U/L，该点可以作为筛检最佳阳性截断值点。

　　同时该研究还测定了研究对象血清中抗酒石酸酸性磷酸酶（TRACP）浓度（U/L），也根据该指标的临界值筛检值获得一系列灵敏度和特异度指标，同样制作了 ROC 曲线，与图 11-6 合并在一起，制成图 11-7，可根据 ROC 曲线分布及曲线下面积分析该指标的筛检价值及与 B-ALP 指标的筛检价值差异。结果显示，B-ALP 的 ROC 曲线位于 TRACP 曲线的上方，且曲线下面积明显大于 TRACP 曲线下面积（经统计软件计算两者 ROC 曲线下面积分别为 0.838 和 0.728)。ROC 曲线下面积越小越接近 0.5,筛检价值越低,面积越大越接近 1,筛检价值越高。一般当曲线面积在 0.7~0.9 时,筛检试验准确性较高,图 11-7 的结果说明两种方法筛检骨质疏松症准确性都较高,但是单独应用时,B-ALP 的筛检价值高于 TRACP(图 11-7)。

(三)筛检试验效果的评价

筛检试验是为了用更接近于金标准的方法来区分可能患病和可能无病的人,实施时应该尽可能多发现一些潜在的患者、高危人群或者真正的患者,使之受益。另外,在筛检过程中,尤其是要用到实验室试剂、操作和方法的时候,花费较高,需要提高筛检试验的效率。因此,对于筛检试验的效果评价一般可以从收益、生物学效果和卫生经济学效益等方面进行。

1. 收益 收益(yield)也称收获量,是指经过筛检后能使多少原来未发现的患者(或临床前期患者、高危人群)得到进一步确诊和临床治疗。

(1) 选择患病率高的人群:尽可能选择高危人群开展筛检试验,在患病率高的研究对象中开展筛检可以发现更多的患者,提高阳性预测值。

(2) 选用灵敏度高的试验:筛检试验应该能找到一定数量的患者,若灵敏度低,很有可能无法找到足够的患者,因此,需要选择灵敏度相对较高的试验方法。

(3) 联合试验:指用两种及以上的筛检试验检查同一个研究对象,可提高灵敏度或者特异度,可分为并联试验和串联试验。

并联试验(parallel test)又称平行试验,是指同时应用多个目的相同的筛检试验,只要有一个阳性结果即定义为患者。该方法可提高灵敏度,却会降低特异度,如用碱性磷酸酶(B-ALP)和酒石酸酸性磷酸酶(TRACP)同时筛检骨质疏松症,只要一个指标阳性即判为骨质疏松症,此种联合能显著降低漏诊,但是会增加误诊风险。

串联试验(serial test)也称系列实验,即多个目的相同的筛检试验,只有全部试验都为阳性结果才能定义为患者。该方法可提高特异度,但是会降低灵敏度,如用碱性磷酸酶(B-ALP)和酒石酸酸性磷酸酶(TRACP)同时筛检骨质疏松症,只有两个同时阳性才判定为骨质疏松症。该方法能显著减少假阳性,减少误诊为阳性,但是有可能增加的假阴性,即漏诊患者。

例如:某研究用碱性磷酸酶(B-ALP)和酒石酸酸性磷酸酶(TRACP)进行联合筛检骨质疏松症,结果见表 11-7:

表 11-7 B-ALP 和 TRACP 联合筛检骨质疏松症结果

筛检试验结果		骨质疏松症患者	非患者
B-ALP	TRACP		
+	−	24	10
−	+	17	18
+	+	56	5
−	−	3	67
合计		100	100

单独试验结果分析：

碱性磷酸酶（B-ALP）：

$$灵敏度 = \frac{a}{a+c} \times 100\% = \frac{24+56}{100} \times 100\% = 80.0\%$$

$$特异度 = \frac{d}{b+d} \times 100\% = \frac{18+67}{100} \times 100\% = 85.0\%$$

酒石酸酸性磷酸酶（TRACP）：

$$灵敏度 = \frac{a}{a+c} \times 100\% = \frac{17+56}{100} \times 100\% = 73.0\%$$

$$特异度 = \frac{d}{b+d} \times 100\% = \frac{10+67}{100} \times 100\% = 77.0\%$$

联合试验分析结果：

并联试验：只要一个试验阳性即为阳性，灵敏度增加到 97%，特异度下降为 67%。

$$灵敏度 = \frac{a}{a+c} \times 100\% = \frac{24+56+17}{100} \times 100\% = 97.0\%$$

$$特异度 = \frac{d}{b+d} \times 100\% = \frac{67}{100} \times 100\% = 67.0\%$$

串联试验：两个试验同时阳性才为阳性，特异度增加为 95%，但灵敏度下降为 56.0%。

$$灵敏度 = \frac{a}{a+c} \times 100\% = \frac{56}{100} \times 100\% = 56.0\%$$

$$特异度 = \frac{d}{b+d} \times 100\% = \frac{10+18+67}{100} \times 100\% = 95.0\%$$

2. 筛检的生物学效果评价

（1）检出新病例的数量：通过筛检，可在表面健康的人群中识别可疑患者，经诊断后获得一定数量的新病例，检出的新病例越多，筛检的效果越好。

（2）对预后效果的影响：筛检出的早期病例比自发就医的病例预后有不同程度的改善，可用治愈率、转阴率、生存率的提高以及病死率和死亡率的下降来反映和评价筛检的效果，但要注意偏倚的影响。

（3）高危人群的疾病防制效果：如果筛检目的是病因学预防，可比较筛检前后某病危险因素的暴露情况。

3. 筛检的经济效益评价

（1）成本效果分析：成本效果分析（cost-effectiveness analysis）指实施筛检计划投入的费用及其获得的生物学效果的分析。成本包括筛检试验的全部花费（直接和间接成本），效果指在健康方面的改善（如临床指标的改善和生存期的延长等）。

（2）成本效益分析：成本效益分析（cost-benefit analysis）计算筛检花费与所获经济效益的比值，成本和效益均用货币单位进行衡量。

（3）成本效用分析：成本效用分析（cost-utility analysis）指筛检成本与取得的效用值（如生命质量、失能调整生命年等）的改善情况之间的评价方法。

第四节 疾病预后及影响因素研究

在临床工作中,疾病预后是医护人员、患者及家属最关心的问题之一。对疾病在临床发展的各种结局及其影响因素开展研究,有利于了解疾病的发展趋势并调整治疗方案,使疾病有较好的结局。

一、疾病预后概述

(一) 疾病预后概念及其研究意义

1. 疾病预后的概念　疾病预后(prognosis)是指某种疾病发生后,将会发展为各种不同结局(死亡、恶化、并发症、伤残、复发或者痊愈等)的可能性大小。在疾病确诊以后,医生、患者和家属等都需要了解和估计疾病的预后情况。

2. 疾病预后的研究意义　开展疾病预后研究,有利于医生评价病情进展和做出治疗决策;有利于医生发现影响疾病预后的因素,向有利方向改变疾病的结局;有利于医生正确评价目前治疗方案的效果,告知患者及家属疾病进展的各种风险,有助于加强医患沟通。

(二) 疾病自然史

疾病自然史(natural history of disease)是指在无任何干预的情况下,疾病发生、发展到最后结局的整个过程。疾病自然史一般包括以下4个时期。

1. 生物学发病期　生物学发病期(biologic onset)是指病原体或致病因子作用于人体后引起了脏器的生物学变化,导致了复杂的生理学或病理学的改变,此阶段用一般的临床或实验室检查很难发现,如艾滋病病毒感染初期,病毒进入机体后感染CD4淋巴细胞,导致机体发生了病理学变化,但在早期临床和实验室很难察觉。

2. 亚临床期　亚临床期(subclinical stage)也称临床症状前期,是指发生病变的脏器损害逐步加重,处在病理学改变到发生临床症状之间,患者无明显症状且自觉"健康无病",但此时使用灵敏度高的实验室诊断方法能早期发现疾病的存在,有利于开展早治疗,如此阶段艾滋病病毒感染者往往体内的病毒出现大量复制的过程,杀伤了一部分的免疫细胞,也出现了相应的抗体,此时用实验室手段能检测出病毒抗体或病毒核酸以确证感染。

3. 临床期　临床期(clinical stage)是指患者出现了较明显的临床症状和体征,一般此时患者机体出现较多的脏器损伤或功能障碍,此阶段非常容易完成临床诊断并及时开展治疗,如艾滋病病毒感染后7~10年,患者免疫功能严重下降,出现机会性感染和肿瘤如卡氏肺囊虫肺炎、卡波西肉瘤等免疫缺陷综合征,此时可以被诊断为艾滋病。

4. 疾病结局　疾病结局(outcome of disease)此阶段是疾病经历了上述阶段后,发展到最终的结局,如死亡、伤残或痊愈等,如艾滋病患者若不开展抗病毒和支持治疗,绝大多数患者在临床期1年左右会出现死亡,主要的死亡原因通常是免疫力低下引起严重的腹泻、机会性感染或肿瘤导致脏器严重损伤、恶病质等。

(三) 临床病程

临床病程(clinical course)是指从首次出现疾病症状和体征一直到最后结局的全过程,不同于自然病程的无干预治疗,临床病程中患者是接受各种医疗干预及治疗措施的。因此,通过临床医生采取医疗干预措施和治疗手段,临床病程会发生改变,若能越早治疗往往疾病的预后也越好。

(四) 预后因素

预后因素(prognostic factors)特指能影响疾病预后的即改变疾病结局概率的因素。研究预后因素有利于医生有针对性地开展医学干预措施,包括及时明确诊断、积极治疗可改变对预后不良的行为因素,从而尽可能改善疾病的预后。预后因素不同于危险因素,预后因素是指在已患病的对象中可能影响到疾病结局的因素,而危险因素通常是指在健康人或高危人群中能增加疾病发病风险的因素。对于某些疾病,有些因素既是危险因素,也是预后因素,但多数是有区别的,如急性心肌梗死中吸烟和年龄既是引起心梗的危险因素,也是心梗治疗的预后因素;高血压对于急性心梗是危险因素,但是发生心梗的患者如果治疗中出现低血压则预后不良。

疾病的预后因素范围广而复杂多样,主要包括以下几个方面:

1. 疾病自身特质　不同疾病本身的性质、病程、病变程度、自然史的不同,常是影响疾病预后的重要因素,如普通上呼吸道感染等自限性疾病,即使不经治疗,只要注意休息和营养一般很快自愈,且预后良好,少有并发症。但有些疾病如运动神经元疾病中的肌萎缩侧索硬化由于疾病不断进展导致呼吸麻痹,预后很差。另外,疾病的病理学类型、病灶大小,是否转移等都会影响疾病预后,如肺癌中的小细胞癌(未分化癌)的恶性度高,生长快,而且较早地出现淋巴和血行广泛转移,导致预后很差,而同属于肺癌中的结节型肺细胞癌生长较慢,淋巴和血行转移发生较晚,手术切除预后较好。

2. 病情严重程度　病情的严重程度与预后密切相关,通常疾病能早期发现及时治疗,预后较好,倘若疾病发现较晚,病情严重则预后差,如肝硬化的预后与有无肝性脑病及严重程度、有无腹腔积液及严重程度、白蛋白水平、凝血酶原时间等指标综合评价获得的Child-Pugh分级有关。

3. 患者身体素质　患者身体素质不同,可能同一种疾病的预后也会有差别。身体素质较好的患者、年轻、营养状况好往往治疗方法选择更多样,对治疗的反应更佳,如肿瘤中的急性淋巴性白血病,身体素质好能耐受大剂量正规化疗的患者,生存期长,甚至有可能痊愈。

4. 医疗条件　医疗条件和医疗水平往往会影响疾病的预后,如急性心肌梗死患者,往往由于医疗条件和急救技术水平有限,导致死亡风险增加;如果能及时送达条件好的医院,早期诊断和溶栓治疗、冠状动脉支架术治疗、搭桥手术等能显著降低心肌梗死的病死率。

5. 社会和家庭因素　社会经济文化发展水平、保险制度、医疗保障制度、家庭成员支持、家庭经济状况、患者文化水平以及个体心理社会因素等都有可能影响疾病的预后,如糖尿病患者的血糖控制,通过日常饮食和运动管理个人血糖的时候,家庭成员尤其是关系密切的成员的大力支持显得尤为重要,为血糖控制和预防并发症起到重要作用。

二、疾病预后的评价指标

疾病预后的评价指标复杂多样且与疾病的性质密切相关,病程较短的疾病常用治愈率或病死率反映疾病的结局,而病程长的疾病通常需要长期随访,使用生存率、复发率,缓解率、致残率等指标来明确疾病的结局。根据疾病预后的结局好坏,也可将预后指标分为负性和正性预后指标两类。

(一) 负性指标

1. 病死率　病死率(fatality rate)是指在患有某病的人群中,死于该疾病的患者所占的比例。病死率作为疾病的预后指标,常用于病程较短且容易导致死亡的疾病,如严重的急性传染病(肺鼠疫、人高致病性禽流感等)、食源性中毒、急性心肌梗死、脑梗或脑出血、晚期癌症等。

$$病死率 = \frac{因该病死亡的患者人数}{患某病的患者总人数} \times 100\% \qquad (式\ 11\text{-}19)$$

2. 复发率　复发率(recurrence rate)是指疾病缓解或痊愈后的一段时间内,又出现重新发作的患者占观察患者总数的百分比。该指标常用于病程较长,病死率低但是容易复发的疾病,如结核病、腰椎间盘疾病等。

$$复发率 = \frac{疾病复发的患者人数}{接受观察的某病患者总人数} \times 100\% \qquad (式\ 11\text{-}20)$$

3. 致残率　致残率(disability rate)是指在患有某病的观察总人数中,出现肢体或器官功能丧失者所占的比例。该指标常用于病程较长的疾病,且该病通常能导致肢体、器官后遗症或残疾,如糖尿病引起糖尿病足截肢、视网膜病变失明等。

$$致残率 = \frac{致残的患者人数}{接受观察的某病患者总人数} \times 100\% \qquad (式\ 11\text{-}21)$$

(二) 正性指标

1. 治愈率　治愈率(cure rate)是指患某病后经治疗被治愈的患者人数占该病接受治疗总人数的比例。与病死率相对应,该指标也常用于病程较短而不容易因病死亡的疾病,如普通肺炎、呼吸道传染病等疾病等,此类疾病如果及早治疗,合理应用抗生素,治愈的概率通常很高。

$$治愈率 = \frac{患某病被治愈的人数}{接受治疗的某病患者总人数} \times 100\% \qquad (式\ 11\text{-}22)$$

2. 缓解率　缓解率(remission rate)是指接受临床治疗的某病患者中,出现临床症状消失的病例数占总治疗人数的比例。根据疾病性质和缓解程度不同,可分为完全缓解率、部分缓解率和自发缓解率等不同情况。如抑郁症患者通过规范的临床抗抑郁药物治疗和后续心理治疗,部分患者可以出现完全缓解,但如果伴有其他精神障碍的较严重患者可能部分缓解。

$$缓解率 = \frac{患某病治疗后临床症状消失的人数}{接受治疗的某病患者总人数} \times 100\% \qquad (式\ 11\text{-}23)$$

3. 生存分析及其相关指标　随着疾病谱的改变,慢性非传染性疾病包括肿瘤已成为很多研究的重点,这些疾病往往需要长时间的跟踪随访才能获得疾病转归的结果,需要结合终点时间和随访时间共同评价疾病的预后。在医学统计学领域,这种跟生存相关的统计分析方法称生存分析,涉及多个相关指标的计算。

(1) 生存概率:生存概率(survival probability)是指从病后某一时间点开始,经历了一段时间后存活的个体所占的概率大小,一般记作 p。与生存概率对应的是死亡概率,是指在某段时间开始存活的个体在某时段内死亡的概率大小,记作 q。某时段内的死亡概率和生存概率之和为 100%。

$$死亡概率 = \frac{某时间段内死亡人数}{某时段开始时观察人数} \times 100\% \qquad (式\ 11\text{-}24)$$

$$生存概率 = 1 - 死亡概率 = \frac{某时间段内存活人数}{某时段开始时观察人数} \times 100\% \qquad (式\ 11\text{-}25)$$

在实际生存随访研究中,由于会出现研究对象退出、失访等截尾效应,计算生存概率或死亡概率时分母应该使用校正人数。

(2) 直接法计算生存率:生存率是指从开始随访到在经历了 n 年后,仍然存活的个体占总观察人数的比例。直接法计算 n 年生存率简单方便,结论较可靠;但是当研究样本量不足、失访较多时抽样误差大,结论偏差较大,容易出现后一年生存率高于前一年的不合理现象。

$$n\ 年生存率 = \frac{活满\ n\ 年的病例人数}{n\ 年内观察的总病例人数 - 失访人数} \times 100\% \qquad (式\ 11\text{-}26)$$

在生存分析研究中,失访的原因主要是患者拒绝访问、搬迁失去联系、不再就诊、患者死于非研究疾病(自杀、车祸等)以及研究结束终点事件尚未发生。失访数据对随访研究的意义同样重要,一旦在研究中轻易剔除,将导致样本信息损失,结果可信性下降。

(3) 间接法计算生存率:为了克服直接法不研究失访,损失样本信息的缺陷,应该建立随访队列,将每一例研究对象从观察起点到观察终点所经历的时间记录下来,同时对最终是否出现事先定义的终点事件进行记录,然后利用大样本寿命表法(life table)或者小样本 Kaplan-Meier 方法分析一个时间段内或者每个时间点上的生存概率及累计生存概率。

三、生存分析在评价疾病预后中应用

疾病预后的研究是以疾病各种预后结局发生的概率作为研究目标的方法,需要长期对患者进行随访,追踪病情的变化,并经统计分析来评价预后差异。在选择疾病预后分析方法时,如果单纯用病死率、复发率、生存概率等来反映预后会损失较多的样本信息,难以真正揭示治疗方案与疾病结局的关系。例如,很多慢性病、恶性肿瘤往往需要长时间的跟踪随访,此时既要考虑事件的问题,即是否出现终点,还要考虑观察对象出现结局所经历的时间长短,因为如肿瘤患者死亡早还是晚是有实际意义的,这种将时间 - 时间综合考虑的变量最早也是常见于研究以死亡为结局的生存分析。目前疾病的预后研究通常会采用生存分析的方法进行。

1. 生存时间 生存时间(survival time)泛指从观察起点到特定终点经历的时间跨度。根据研究目的不同,临床研究中观察的起点可以是入组时间、确诊时间或者实施治疗开始,终点可以设为某种疾病发生、出现因病死亡或者疾病复发等,如糖尿病患者从入组开始,到出现某并发症的结局所经历的时间,急性白血病从治疗开始到出现疾病控制不良复发所经历的时间,肺癌患者从手术切除肿瘤开始到出现死亡的时间跨度。

2. 生存分析资料的特点

(1) 从每一个观察对象获取的资料包括了生存时间和疾病预后两个方面的信息。

(2) 观察的疾病预后结局通常是两分类的互斥事件,如生存和死亡、缓解与复发等。

(3) 失访是生存分析中常见的情况,会导致生存时间信息的不完整性,需要用专用的方法来进行统计分析。

3. 生存数据的类别

(1) 完全数据:完全数据(complete data)在疾病随访的过程中,研究者不仅关心终点事件还关心该结局出现的时间。当在规定的观察期间,观察到预先设定的终点事件的研究对象,其经历的时间属于完全数据,能提供准确的生存时间。

(2) 不完全数据:不完全数据(uncomplete data)在实际研究中,随访期间研究对象并不一定都会出现研究者关心的终点事件,这种在规定观察期间内未能观察到终点事件和确切生存时间的数据称不完全数据。产生不完全数据的原因主要是患者失访(拒绝访问、搬迁失去联系、不再就诊等)、患者死于非研究疾病(自杀、车祸等)以及研究结束终点事件尚未发生。不完全数据对随访研究的意义同样重要,不可在研究中轻易剔除。

4. 生存分析方法的使用范围

(1) 临床疗效的远期评价:如器官移植、肿瘤切除治疗后的生存时间、慢性病(如心脑血管疾病、糖尿病等)干预后的缓解时间等。

(2) 人群健康干预效果分析:在人群中开展健康教育、健康促进,针对疾病危险因素改变不良生活习惯和不健康的行为,用人群期望寿命的改变观察干预的效果。

5. 生存分析方法选择

(1) 描述生存过程:可通过研究生存时间,估计生存率,绘制生存曲线来描述生存过程。生存时间通常难以服从正态分布且难以获得所有研究对象的确切生存时间的完全数据,因此,生存率的估计主要使用非参数方法,包括寿命表法和乘积极限法(Kaplan-Meier 法)。前者适用于按生存时间区间分组,如每年或每个月一组的大样本资料,后者适用于仅有个体生存时间的样本或者小样本资料。利用概率论乘法定理,生存曲线是以时间为横轴,生存率为纵轴,连接各个时间点所对应的生存率所得到的曲线图。一般在生存曲线上可以估算中位生存期,表示恰好一半个体尚存活的时间,中位生存期越长表示疾病的预后越好。当研究结束还未出现一半研究对象死亡或者失访、删失的数据超过一半,则无法计算中位生存期。

(2) 比较生存情况差异的单因素分析:在医学随访研究中,通常不局限于生存曲线的描述,而是需要在不同人群中如不同治疗组别,疾病严重程度不同的患者组之间比较生存曲线的差别,从统计学的角度判定差异的意义,此时需要通过统计学的检验来回答,如肝癌治疗中,使用同样治疗手段的患者由于肿瘤大小不同,其临床生存状况之间可能存在差异,若将肿瘤直径大于或等于 3cm 的患者生存情况与肿瘤直径小于 3cm 的患者进行比较,可以采集两组不同肿瘤大小患者随访的生存时间和是否出现因肿瘤死亡的终点时间,描述各自的生存曲线,再应用专用的统计推断方法来检验生存曲线之间的差异。最常用的单因素检验方法称 log-rank 检验(时序检验),可以充分利用生存时间(包括失访、删失数据)进行两条或多条生存曲线的比较。由于时序检验的计算方法比较复杂,通常都是应用统计学软件包来实现。

(3) 生存情况的多因素分析:时序检验法仅能实现单因素的分析,但如果对生存曲线有影响的因素在两个及两个以上,则无法进行统计分析。前面章节提到过数值变量的多元线性回归和分类变量的 logistic 回归,都是属于多因素研究的范畴。但是在生存随访研究中,既要分析众多因素对生存结局(分类变量)的影响又要同时分析对生存时间(数值变量)的影响,传统的多因素分析就显得无能为力,因为 logistic 回归仅考虑随访结局为因变量,不考虑出现结局的时间是早期还是晚期,多元线性回归虽然考虑了结局时间(生存时间)的长短,但是不能充分利用是否发生终点事件以及失访、删失的数据,都会造成较大的偏差。因此,在生存随访的研究中,若需要开展多因素分析来控制混杂因素,就要用专用的 Cox 比例风险模型,简称 Cox 模型来实现。该模型以生存结局和生存时间为因变量,分析众多的自变量对生存曲线的影响,对资料的正态性要求不高,因此,在医学随访研究中得到了广泛应用。

6. 疾病预后分析案例

【案例 11-3】

2012 年 6 月至 2016 年 5 月,多家社区卫生服务中心联合对 272 例骨质疏松患者进行为期 5 年的随访研究,272 例患者被随机分到对照组(仅开展常规宣传教育)和干预组(骨质疏松综合管理组),随访五年中发生骨折(包括症状轻微的椎体压缩性骨折)情况及其相关因素(包括年龄、性别、既往骨折史、吸烟状况、钙剂补充史、健骨运动情况),研究疾病的无骨折缓解情况在干预组和对照组的差异。患者入选研究时用双能 X 光进行明确诊断,进入研究时的时间点与退出研究的时间点都有明确的记录,退出原因也给予明确界定。患者出现骨折为终点事件,患者出现失访或者拒访、死于其他原因无法续访以及满 5 年未发生骨折的为失访、删失数据。

(1) 寿命表法分析五年随访情况:由于本研究中样本量较大,可以用寿命表法分析五年的总的随访情况。首先是按一年一个区间分组记录区间内期初人数、发生骨折、失访人数等信息,然后按照寿命表计算方法获得相关生存指标,见表 11-8:

表 11-8　272 例社区骨质疏松症患者 5 年随访情况表

随访时间(月)	期初人数 L_i	骨折人数 D_i	失访人数 W_i	校正人数 N_i	骨折概率 Q_i	无骨折概率 P_i	无骨折缓解率 $S(t_i)$	标准误 $s_{\bar{x}_i}$
0~	272	16	10	267	0.0599	0.9401	0.9401	0.0145
12~	246	19	28	232	0.0819	0.9181	0.8631	0.0215
24~	199	19	51	173.5	0.1095	0.8905	0.7686	0.0247
36~	129	19	60	99	0.1919	0.8081	0.6211	0.0379
48~60	50	2	48	26	0.0769	0.9231	0.5733	0.0477

寿命表法可以用统计软件中的 life table 模块来直接完成计算,也可以用手工计算,方法如下:

期初人数:L_1 通常是为进入随访的总人数,也是研究的样本量大小,此例中 $L_1=272$,下一组的期初人数等于上一组期初人数减去该组的失访人数和骨折发生人数,如 $L_2=272-10-16=246$,$L_3=246-28-19=232$,依次类推计算。

校正人数:寿命表计算终点事件发生率需要考虑期间失访人数的影响,以每组的校正人数作为分母计算期间死亡概率。校正人数的计算方法是用期初人数减去二分之一的失访人数。如:

$$N_1=272-\frac{10}{2}=267 \quad N_2=246-\frac{28}{2}=232 \quad N_3=199-\frac{51}{2}=173.5$$

终点事件概率:用该期间发生终点事件的人数比上该期间的校正人数计算所得,如:

$$Q_1=\frac{16}{267}=0.0599 \quad Q_2=\frac{19}{232}=0.0819 \quad Q_3=\frac{19}{173.5}=0.1095$$

无骨折概率:期间的无骨折概率的计算方法是用1减去期间骨折概率,即$P=1-Q$。如:

$$P_1=1-Q_1=0.9401 \quad P_2=1-Q_2=0.9181 \quad P_3=1-Q_3=0.8905$$

无骨折缓解率:缓解率通常是指累计缓解率,即到该期间结束时的累计缓解情况,在本研究中指不出现骨折的缓解,是用小于等于该期间的各期间的生存概率P的乘积,根据乘积极限法获得,如:

$$S_1=P_0\times P_1=1\times 0.9401=0.9401$$
$$S_2=P_0\times P_1\times P_2=1\times 0.94013\times 0.9189=0.8631$$

每一年的无骨折缓解率均可以通过以上方法计算,如表11-8所示,三年累计缓解率为76.86%,而五年累计缓解率为57.33%。

生存率(缓解率)的标准误:标准误计算公式较为复杂,建议使用统计软件直接计算。

寿命表资料可以制作生存(缓解)曲线,更直观反映生存率(缓解率)变化趋势。如图11-8:

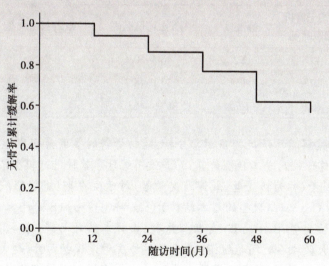

图 11-8　寿命表法计算 5 年随访的无骨折累计缓解曲线

(2) 比较无骨折缓解情况差异的单因素分析:病例随访资料生存率的单因素分析,通常是比较不同组别生存曲线的统计学差异。本案例中,可比较不同性别组,有无骨折既往史等对预后的影响,也可比较干预组和对照组预后的差异。一般生存分析中单因素分析推荐使用时序（Log Rank）检验，大样本资料由于计算比较复杂，一般不建议手工计算，而使用统计学软件实施（可参考其他统计学相关书目）。现以比较干预组与对照组发生无骨折缓解率的差异为例开展预后研究，检验结果显示（图 11-9），干预组的平均无骨折缓解时间为 48.6 个月，显著高于有对照组的 40.1 个月，且有统计学差异（Log Rank 值 =17.51，$P<0.001$）。具体见表 11-9。

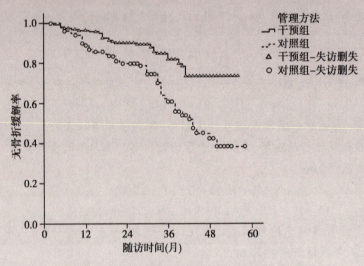

图 11-9　干预组与对照组无骨折缓解曲线比较

表 11-9　干预组与对照组无骨折缓解随访情况比较

随访骨折发生	平均无骨折缓解时间	标准误	95% 可信区间	Log Rank 值	P 值
有	48.6	1.2	46.3~50.1	17.51	<0.001
无	40.1	1.9	37.1~44.7		
合计	46.6	1.54	36.99~46.01		

(3) 无骨折缓解随访情况的多因素分析：随访资料的多因素研究通常使用 Cox 回归，方法复杂不建议使用手工模型计算，而多使用统计学软件进行模型拟合。Cox 回归用于研究各种因素（称为协变量，或伴随变量等）对于生存期（缓解期）长短的关系，进行多因素分析。Cox 回归模型的基本结构 $h(t,x)=h0(t) \exp(\beta_1x_1+\beta_2x_2+\cdots+\beta_mx_m)$，式中 $x_1,x_2\cdots x_m$ 是协变量，$\beta_1,\beta_2\cdots\beta_m$ 是回归系数，由样本估计而得。$\beta i>0$ 表示该协变量是危险因素，越大使生存时间越短；$\beta i<0$ 表示该协变量是保护因素，越大使生存时间越长。$h0(t)$ 为基础风险函数，它是全部协变量 $x_1,x_2\cdots x_m$ 都为 0 或标准状态下的风险函数，一般是未知的。$h(t,x)$ 表示当各协变量值 X 固定时的风险函数，它和 $h0(t)$ 成比例，所以该模型又称为比例风险模型，Cox 回归不用于估计生存率（缓解率），主要用于预后影响因素分析。Cox 回归能较准确地分析影响生存（缓解）的预后因素，并能有效地控制混杂因素。

本案例中,干预组和对照组无骨折缓解情况的多因素可以通过 Cox 模型来进行估计,和 logistic 回归模型有点类似,不同之处在于 Cox 回归要同时考虑缓解时间长短和终点事件是否出现。一般在做 Cox 回归分析以前,同样要求对自变量进行专业的考虑和筛选,通常也可以利用 Log Rank 法对单因素进行分析,将有统计学意义的变量纳入回归模型。本研究与缓解相关的变量赋值情况见表 11-10。

表 11-10 骨质疏松症无骨折缓解情况的相关变量赋值情况

变量	变量赋值		变量名
1. 患者编码			NUMBER
2. 年龄(周岁)			AGE
3. 性别	0= 女性	1= 男性	GENDER
4. 既往骨折史	0= 无	1= 有	BROKE
5. 吸烟史	0= 无	1= 有	SMOKE
6. 钙剂补充史	0= 有	1= 无	CA
7. 健骨运动史	0= 有	1= 无	SPORT
8. 管理组别	0= 干预组	1= 对照组	GROUP
9. 随访时间(月)			MONTH
10. 随访结局	0= 失访、删失	1= 发生骨折	STATUE

在本案例中,假设通过及医学背景知识结合 Log Rank 单因素分析初筛,发现年龄、性别、既往骨折史、吸烟史、钙剂补充史、健骨运动史和管理组别七个因素可能对无骨折缓解存在影响。对上述 7 个因素进行 Cox 回归分析,结果显示:对无骨折缓解时间有显著意义的因素有 3 个,分别是钙剂补充史 CA,健骨运动史 SPORT 和管理组别 GROUP,这些 P 值均小于 0.05(表 11-10)。

Cox 回归方程可以写作:

$$h(t) = h0(t) \cdot \exp(0.692GROUP + 0.694SPORT + 0.877CA$$

每个因素的 HR 骨折相对危险度分别为:GROUP 的 HR=1.998,95% 可信区间为 1.254~3.182,说明对照组骨质疏松患者发生骨折的风险是对照组患者的 1.988 倍。SPORT 的 HR=2.003,95% 可信区间为 1.263~3.174,说明没有健骨运动史患者发生骨折风险是有健骨运动史患者的 2.003 倍。CA 的 HR=2.403,95% 的可信区间为 1.478~3.904,说明不服用钙剂的患者发生骨折风险是服用钙剂者的 2.403 倍。具体见表 11-11。

表 11-11 骨质疏松患者预后的多因素 Cox 回归分析结果

入选变量	参数估计值 b_i	估计值标准误 Sb_i	Wald x^2	P 值	HR	HR 的 95% 可信区间	
						下限	上限
GROUP	0.692	0.237	8.496	0.004	1.998	1.254	3.182
SPORT	0.694	0.235	8.733	0.003	2.003	1.263	3.174
CA	0.877	0.248	12.517	<0.001	2.403	1.478	3.904

(蔡　泳)

第十二章　初级卫生保健服务评价研究

　　初级卫生保健(primary health care)是卫生服务体系中的第一道防线,通过普及适宜有效、社会和个人能够负担的技术,确保全体居民公平地享有基本医疗服务和基本公共卫生服务。人们往往错误地认为初级卫生保健代表低水平、低成本的服务,而忽略了初级卫生保健在公平合理地分配和利用卫生资源,提高成本投入的效率和效果方面的巨大作用。近年来,世界卫生组织(WHO)和世界家庭医生组织(WONCA)不断强调初级卫生保健的重要性。经验表明,良好的初级卫生保健体系是科学高效的卫生系统最显著的特点之一,对人群健康结局的改善有重要的促进作用。

　　全科医生是初级卫生保健服务的主要提供者,在社区承担预防保健、常见病多发病诊疗和转诊、患者康复和慢性病管理、健康管理等一体化服务的提供。大力发展初级卫生保健是国际趋势,在英国、加拿大、澳大利亚等初级卫生保健体系发达国家,全科医生不仅是居民健康的"守门人",在初级卫生保健服务研究中同样也扮演着重要角色。我国医疗卫生体系改革的重点方向之一,是通过大力发展社区卫生服务,逐步建立和完善初级卫生保健体系。开展初级卫生保健研究有助于了解医改工作取得的成绩和经验教训,为进一步促进初级卫生保健质量的提升提供决策支撑。本章将基于目前国内外运用较为广泛的卫生服务评价研究框架模型,根据研究的对象,从结构(投入)、过程(活动)、结果(产出)三个部分,为全科医生开展初级卫生保健服务评价研究提供科研思路。

第一节　结构评价研究

　　结构评价主要指对投入的分析研究。投入是基层医疗卫生机构开展初级卫生保健服务的第一个环节,决定着服务的利用与产出。在当前新医改的重要时期,投入主要反映了政府对初级卫生保健的重视程度。在全科医生日常工作中,可以通过对政策背景、人力、物力和财力等卫生资源投入的分析,开展结构评价研究。

一、政策背景分析

　　政策背景主要指与初级卫生保健相关的社区卫生服务发展政策、改革方向、社会环境等。

　　社区卫生服务的发展,是党和国家在推进"健康中国"建设,落实预防为主、优化服务,提高基本公共卫生和基本医疗服务质量和水平的重要任务。社区卫生服务政策是指政府用以规范、引导基层医疗卫生机构、个人及社会与健康有关的行动准则和指南。

　　初级卫生保健政策分析,是指为实现既定的社区卫生服务发展政策目标,以系统分析和卫生管理理论为基础,对社区卫生服务发展政策进行理论分析和实施评价,从而为政策的制定、调整、修改和完善提供科学依据。

全科医生可以对政府颁布的与社区卫生服务发展有关的法规和政策,比如社区卫生服务纳入政府工作目标和社会发展总体规划、社区卫生服务纳入基本医疗保险、鼓励社会力量举办社区卫生服务、吸引人才到社区卫生服务机构工作、社区首诊与双向转诊制度的建立等,结合社区卫生服务发展的指导思想、社区卫生服务战略重点、社区卫生服务工作指导方针等,进行综合分析。

(一) 初级卫生保健政策特点

1. 部门性与社会性　我国大量的社区卫生服务发展政策主要由政府授权委托卫生行政部门研究制定,由卫生行政部门与基层医疗卫生机构组织贯彻,财政部、国家发展和改革委员会、人力资源和社会保障部、民政部等给予协调配合。因此,社区卫生服务发展政策具有特定的部门性。随着现代医学模式的转变,医学发展同时呈现社会化趋势,即从个人分散的医疗活动转变为社会分工协作进行的系统医学活动。因此,社区卫生服务发展政策也具有较强的社会性。

2. 强制性与教育性　社区卫生服务发展政策具有相应的强制性,比如对城市社区卫生服务机构的设置原则、城市社区卫生服务中心的设置指导标准、加快社区卫生人才队伍建设和人才培养要求等,具有严格的强制性。另一方面,大量的社区卫生服务发展政策需要加强教育宣传及引导,让社区居民理解和接受后才有可能产生预期效果。

3. 时效性与稳定性　社区卫生服务发展政策需要以一定的现实条件作为实施前提,并受时间和空间的双重制约,因此,需要以开放的态度和观点,根据环境的新变化,不断研究和修订政策内容,以适应社会和发展需要。与此同时,由于大多数初级卫生保健服务工作无法在短期内完成,往往需要多年努力甚至多代人的努力,因此,需要保证相关的政策具有持续性和稳定性。

(二) 社区卫生服务发展政策类型

1. 指导型政策　指导型政策是政府的领导决策系统所制定的社区卫生服务发展政策。它规定了一定时期内社区卫生服务工作的发展方向和指导原则。例如 2002 年卫生部妇幼保健与社区卫生司第 186 号文《关于印发〈关于加快发展城市社区卫生服务的意见〉的通知》、2006 年国务院发第 10 号文《国务院关于发展城市社区卫生服务的指导意见》、中央编办发第 96 号文《关于印发〈城市社区卫生服务机构设置和编制标准指导意见〉的通知》等文件,对我国发展社区卫生服务工作具有重要的指导意义。

2. 法制型政策　法制型政策是人民代表大会权力决策系统制定的社区卫生服务发展政策,通过法律的形式在一个相对稳定的时期内固定下来。

3. 实施型政策　实施型政策是政府授权的卫生计生部门的行政决策系统制定的社区卫生服务发展政策。这种类型的社区卫生服务政策数量大,操作性强,具有较大的选择性、灵活性和时效性。多数社区卫生服务发展政策都属于这种类型,它为医疗卫生单位、全科医生及社区居民提供了具体可行的行动措施的指引。

(三) 初级卫生保健政策周期构成

1. 制定　制定阶段是整个社区卫生服务发展政策的核心部分,包括确定政策的指导思想,明确政策的基本目标。

2. 执行　执行阶段是一个完整的行动过程,包括执行的准备阶段、实际执行阶段和执行的结束阶段。它是初级卫生保健政策周期中最活跃、最关键的阶段。

3. 反馈 反馈阶段是指及时地把社区卫生服务发展政策的实际执行与原定的政策目标相背离情况的信息反馈到政策制定的主体部门,从而对社区卫生服务发展政策做出必要的修改或补充的过程。

4. 终止 初级卫生保健政策在一定的时间和空间内发挥作用后,即完成该周期。

二、卫生资源分析

我国的基层医疗卫生机构,包括城市的社区卫生服务中心(站)和农村的乡镇卫生院及村卫生室等,为居民提供包括基本医疗和公共卫生服务在内的初级卫生保健服务。服务的提供离不开由国家、社会或个人在人力、财力及设备设施(包括房屋)等方面的卫生资源投入。一方面,基层医疗卫生机构只有借助可支配的卫生资源,才能有效地开展初级卫生保健工作;另一方面,由于资源的紧缺性,基层医疗卫生机构必须减少不必要的浪费,提高资源的利用效率。全科医生可以根据政府统计年鉴、季度报表等资料,全面分析卫生人员、卫生设施、卫生经费等资源投入情况,为地区卫生改革与发展决策提供科学依据。

(一)卫生人员分析

基层医疗卫生机构的卫生人员包括卫生技术人员、乡村医生和卫生员、其他技术人员、管理人员和工勤人员等。其中卫生技术人员包括执业医师、执业助理医师、注册护士、药师(士)、检验技师(士)、影像技师(士)、卫生监督员和见习医(药、护、技)师(士)、乡村医生和卫生员等卫生专业人员。

卫生人员分析的目的,是评价卫生人力资源要素内部搭配是否合理,是否能满足社区居民的健康保健需求。

1. 结构分析 分析基层医疗卫生机构的卫生人员结构配备是否合理,常用的指标包括:

(1)性别。

(2)年龄:如按照 25 岁以下、25~34 岁、35~44 岁、45~54 岁、55~59 岁、60 岁及以上等进行年龄段划分。

(3)工作年限:如按照 5 年以下、5~9 年、10~19 年、20~29 年、30 年及以上等进行工作年限划分。

(4)学历水平:如研究生、大学本科、大专、中专、高中及以下。

(5)专业技术资格:如正高、副高、中级、师级/助理、士级。

(6)培训:如全科医生岗位培训或全科医学培训比例、社区卫生服务中心主任培训比例等。

2. 数量分析 分析基层医疗卫生机构的卫生人员数(如医生数、护士数、农村人口村级卫生人员数)与社区人口数比例是否合适,常用的指标包括:

(1)每千人口执业(助理)医师数:(执业医师数 + 执业助理医师数)÷ 年末常住人口数 × 1000。

(2)每千人口卫生技术人员数:卫生技术人员数 ÷ 年末常住人口数 × 1000。

(3)每万居民全科医生数量。

3. 效率分析

(1)诊疗量与卫生人员比:本年度到基层医疗卫生机构就诊人次 ÷ 本年度基层医疗卫生机构卫生人员总数。诊疗量与卫生人员比反映了社区卫生人力资源利用情况的整体水平。

该比例越高,说明社区卫生服务人力资源利用效率也就越高。

(2) 诊疗量与卫生技术人员比:本年度到基层医疗卫生机构就诊人次 ÷ 本年度基层医疗卫生机构卫生技术人员总数。由于卫生技术人员在整个社区卫生服务过程中处于核心地位,卫生技术大员占全体卫生人员比重越高,在一定程度上说明人力资源在社区卫生服务系统中的利用效率越高;反之,如果管理人员、工勤人员比重高,则表明基层医疗卫生机构可能存在臃肿、人浮于事的情况。

(二) 卫生设施分析

1. **业务用房** 基层医疗卫生机构在医疗、预防保健、行政后勤保障等方面投入的用房,包括临床科室用房、预防保健科室用房、医技科室用房及管理保障用房等。社区卫生服务中心按服务人口数量计算的业务用房面积参考标准为:①服务人口 3 万 ~5 万人(含 5 万人),建筑面积为 1400m²;②服务人口 5 万 ~7 万人(含 7 万人),建筑面积为 1700m²;③服务人口 7 万 ~10 万人(含 10 万人),建筑面积为 2000m²。社区卫生服务站按服务人口 0.8 万 ~1 万人计算的建筑面积参考标准为 150~220m²。

2. **科室设置** ①临床科室设置包括全科诊室、中医诊室、康复治疗室、抢救室、预检分诊室、治疗室、处置室、观察室等;②预防保健科室设置包括预防接种室、儿童保健室、妇女保健与计划生育指导室、健康教育室等;③医技科室设置包括检验室、B 超室、心电图室、药房、消毒间等。社区卫生服务中心除办公室等管理保障用房外,临床科室、预防保健科室、医技科室占总建筑面积的比例的参考标准分别为 53%、28%、13%。

3. **仪器设备配置** ①诊疗设备:如配置诊断床、听诊器、血压计、体温计、观片灯、体重身高计、出诊箱、治疗推车、供氧设备、电动吸引器、简易手术设备、可调式输液椅、手推式抢救车及抢救设备、脉枕、针灸器具、火罐的情况。②辅助检查设备:如配置心电图机、B 超、显微镜、离心机、血球计数仪、尿常规分析仪、生化分析仪、血糖仪、电冰箱、恒温箱、药品柜、中药饮片调剂设备、高压蒸汽消毒器等必要的消毒灭菌设施情况。③预防保健设备:如配置妇科检查床、妇科常规检查设备、身长(高)和体重测查设备、听(视)力测查工具、电冰箱、疫苗标牌、紫外线灯、冷藏包、运动治疗和功能测评类等基本康复训练和理疗设备的情况。④健康教育及其他设备:如配置健康教育影像设备、计算机及打印设备、电话等通讯设备,健康档案、医疗保险信息管理与费用结算有关设备等的情况。

4. **护理康复床位数** 社区卫生服务中心可设置一定数量以护理康复为主要功能的病床,根据服务人口数量、当地经济发展水平、服务半径、交通条件等因素合理确定,每千服务人口的床位数量参考值为 0.3~0.6 张。

(三) 卫生经费分析

卫生经费包括国家、社会及个人用于社区卫生服务所消耗的总费用。在政策层面,指医疗卫生服务、医疗保障补助、卫生和医疗保障行政管理、人口与计划生育事务性支出等各项事业的经费。在社会层面,指除政府支出外的社会各界对卫生事业的资金投入,包括社会医疗保障支出、商业健康保险费、社会办医支出、社会捐赠援助、行政事业性收费收入等。

基层医疗卫生机构卫生经费投入分析既可包括社区卫生服务资金投入的总情况、与历年社区卫生服务投入的比较、与政府财政支出增长的比较等,也可包括对社区公共卫生投入、基本医疗投入、医疗救助投入等经费流向的比较,比如:①社区卫生服务的专项经费;

②人均社区卫生服务经费;③社区卫生服务纳入职工基本医疗保险和居民基本医疗保险的比例等。

【案例 12-1】

对我国城市社区卫生服务发展的研究

在该研究中,某全科医生通过开展系统文献回顾(systematic literature review),分析和归纳了我国过去十年间发展城市社区卫生服务的政策演变过程,并在新医改背景下,对初级卫生保健体系的发展进行了展望:

(1)查阅国务院、卫生计生委等相关政府部门网站,对我国在 2002 年至 2013 年期间颁布的与社区卫生服务发展相关的政策法规和文件进行汇总,回顾我国社区卫生服务体系与政策框架的发展过程,并结合社会医疗保险体系的改革,对社区卫生服务政策支持的背景环境进行客观描述。

(2)查阅中国学术文献网络出版总库、万方数据知识服务平台及国外 NCBI PubMed 平台,以"初级卫生保健"、"社区卫生服务"等词作为关键词,进行国内外研究文献的系统检索,获取 2002 年至 2013 年跨度范围内发表的相关研究文献,并对发表年份、文献类别进行分析。总结在这十年期间,我国城市社区卫生服务发展的体系构建、发展模式、遇到的挑战、存在的问题及其影响因素等,并提炼了近五年我国初级卫生保健研究的前沿成果。

(3)查阅我国历年卫生统计年鉴,对 2002 年至 2013 年期间我国各类医疗卫生机构的数量,以及在基层医疗卫生机构工作的卫生人员、执业(助理)医师、注册护士、药师(士)、检验技师(士)人数及其教育水平进行统计及对比分析。在研究中,重点对比了这段时期基层医疗卫生机构与医院的数量的增长趋势,以及基层医疗卫生机构与其他医疗卫生机构的诊疗人次差异趋势,并基于统计数据展现的基层医疗卫生机构服务利用效率不高的现状,对我国初级卫生保健体系的未来发展提出了具有针对性的政策建议。

该案例简要介绍了基于相关政府部门网站、学术文献资源库及卫生统计年鉴获取的数据,对初级卫生保健政策以及卫生资源进行的分析研究。

第二节　过程评价研究

过程评价主要指对基层医疗卫生机构的服务内容、服务模式、工作活动完成的分析研究,既直接反映了初级卫生保健服务提供的状况,也同时从侧面反映了社区居民对服务的利用情况。通过过程评价,可以了解初级卫生保健系统的运转过程是否完善,以及社区卫生服务是否健康有序的发展。

一、服务内容分析

基层医疗卫生机构承担辖区基本公共卫生和基本医疗服务,为社区居民提供"六位一体"的社区卫生服务,主要包括预防、保健、健康教育、计划生育等基本公共卫生服务和常见病、多发病的诊疗服务以及部分疾病的康复、护理服务,向医院转诊超出自身服务能力的常见病、多发病及危急和疑难重症患者等服务。

(一) 医疗

社区医疗服务主要负责常见病、多发病、慢性病的诊治;术后、失能、残疾人康复医疗;衰老和肿瘤晚期患者的社区临终关怀;社区家庭病床、为行动不便者提供上门出诊等工作。

(二) 预防

基层医疗卫生机构针对疾病提供三级预防。

1. 一级预防(病因预防) 针对致病因子(或危险因素),通过加强防护措施如免疫接种、健康宣教等消除危险因素,增进人群健康,达到防治发病的目的。

2. 二级预防(发病预防) 通过开展定期健康体检、对疾病高风险人群开展定期随访等,早期发现、明确诊断及在发病期早期治疗,达到防止或减缓疾病发展的目的。

3. 三级预防(病残预防) 对症治疗防止病情恶化,减少疾病的不良作用,通过预防疾病并发症与后遗症,如开展慢病监护、康复治疗、终末期照顾等,达到最大限度改善患者生活质量的目的。

(三) 保健

1. 儿童保健 以促进健康、预防为主、防治结合的原则,对儿童群体或个体采取有效的干预措施,保护和促进儿童身心健康,降低发病率和死亡率。

2. 妇女保健 以维护和促进妇女健康为目的,开展以生殖健康为核心的妇女保健,如孕期访视、产后访视、母乳喂养指导等。

3. 老年保健 掌握辖区内 65 岁及以上常住居民的主要健康问题,并对社区老年人群进行定期健康检查。

(四) 康复

以社区为范围,为老年人、慢病居民和残疾人提供就近、就便的康复服务,对其服务内容的评价可包括以下三类。

1. 躯体功能康复 如日常生活活动训练、协调与平衡功能训练等。

2. 精神功能康复 如心理疏导、认知功能训练等。

3. 社会功能康复 如社会适应能力训练、生活质量评定等。

(五) 健康教育

通过有目的、有计划、有系统地传播卫生保健知识和技术,帮助社区居民树立正确的健康观念,自愿采纳健康的行为和生活方式,消除或减轻影响健康的危险因素,提高生命质量。

1. 健康教育活动种类 通常包括提供健康教育资料、健康教育宣传栏更新、公众健康咨询活动、举办健康知识讲座、中医药特色健康教育等。

2. 健康教育活动内容 通常包括宣传普及《中国公民健康素养——基本知识与技能(试行)》、健康生活方式和危险因素干预健康教育、公共卫生问题健康教育、突发事件健康教育、医疗卫生法律法规及相关政策宣传普及、中医药养生知识与技能等。

(六) 计划生育技术指导

包括生殖健康科普宣传、教育、咨询,提供避孕药具及相关的咨询、随访,以及出生缺陷防治管理等。

二、服务提供与利用指标分析

对基层医疗卫生机构提供的基本医疗及公共卫生服务的数量及覆盖程度,以及社区居民对服务的实际利用及客观体验开展分析,是初级卫生保健服务评价研究的重要内容。

服务利用是根据社区居民的卫生服务需要,由卫生机构使用卫生资源,为社区居民提供各种卫生服务的数量和质量的统称。在选取服务提供与利用的研究指标时,应把握代表性、可操作性、导向性、动态性及定量与定性相结合的原则。第一,应尽量避免将若干个指标进行简单堆砌,而应选择能够全面说明初级卫生保健工作活动的具有代表性的指标。第二,根据数据资料获得的难易程度,确保选择的指标在科研中具有实际操作性、可检验性和可比性。第三,在选取指标时应尽量促使基层医疗卫生机构的工作规范化,从而对基层医疗卫生机构的工作起到导向和监控作用。

(一) 基本医疗服务

1. 总诊疗人次数 指所有诊疗工作的总人次数,包括门诊、急诊、出诊、预约诊疗、单项健康检查、健康咨询指导(不含健康讲座)人次。患者一次就诊多次挂号,按实际诊疗次数统计,不包括根据医嘱进行的各项检查、治疗、处置工作量以及免疫接种、健康管理服务人次数。

2. 居民平均就诊次数 总诊疗人次数 ÷ 常住人口数。

3. 医生人均每日担负诊疗人次 (诊疗人次数 ÷ 平均医师人数)÷251。

4. 医疗服务利用 主要通过居民两周就诊率及未就诊率表示。①居民两周就诊率指调查前两周内居民因病或身体不适到基层医疗卫生机构就诊的人次数与调查人口数之比;②居民两周未就诊率指调查前两周内居民患病而未就诊的人次数与两周患者次数之比。分析医疗服务利用的正性指标可以了解社区卫生服务的利用程度;而分析医疗服务利用的负性指标可以了解社区卫生服务不能满足的程度,通过进一步分析其原因,对改进服务的普及性具有重要意义。

5. 合理用药 根据疾病种类、患者状况和药理学理论选择最佳的药物及其制剂,制定或调整给药方案,从而有效、安全、经济地防治和治愈疾病。相应的研究指标包括药品通用名使用比例、处方平均用药数、基本药物处方比例、抗生素处方比例、激素处方使用比例、静脉点滴处方比例等。

6. 服务费用 常见的研究指标包括药费占总费用的百分比、患者次均诊疗费用、平均单次处方费用等。

(二) 保健服务

1. 孕产妇建卡率 年内孕产妇中由保健人员建立的保健卡(册)人数与活产数之比(%)。

2. 孕产妇系统管理率 年内孕产妇系统管理人数与活产数之比。孕产妇系统管理人数指按系统管理程序要求,妊娠至产后 28 天内接受过早孕检查、至少 5 次产前检查、新法接生和产后访视的产妇人数。

3. 产前检查率 年内产前接受过一次及以上产前检查的产妇人数与活产数之比(%)。

4. 产后访视率 年内产后接受过一次及以上产后访视的产妇人数与活产数之比(%)。

5. 新生儿访视率 接受 1 次及以上访视的新生儿人数与活产数之比(%)。

6. 三岁以下儿童系统管理率 年内三岁以下儿童系统管理人数与当地三岁儿童数之

比(%)。三岁以下儿童系统管理是指三岁以下儿童按年龄接受生长监测或 4∶2∶1(城市)或 3∶2∶1(农村)体检检查(身高和体重)的人数,不包括新生儿访视时的体检次数。

7. 七岁以下儿童保健管理率 七岁以下儿童保健覆盖人数与七岁以下儿童数之比(%)。七岁以下儿童保健覆盖人数指七岁以下儿童中当年实际接受一次及以上体格检查(身高和体重)的人数。

8. 妇女病应查人数 年内常住人口中 20~64 岁妇女数。

9. 妇女病检查率 年内实际进行妇女病普查人数与 20~64 岁妇女数之比(%)。

(三) 基本公共卫生服务

1. 城乡居民健康档案管理 包括城乡居民健康档案建档率、城乡居民健康档案合格率。规范化的健康档案应包括居民个人、家庭基本信息,个人专项档案,长期健康问题、近期主要健康问题等。

2. 健康教育 包括健康教育印刷材料发放率、健康教育音像材料播放率、公众健康咨询活动完成率、健康讲座举办频率及次数等。

3. 预防接种 主要指免疫接种率、计划免疫可预防疾病报告率。

4. 传染病报告与处理 主要指传染病报告的报告率、及时率、填写准确率、完整率、一致率等。

5. 儿童保健 见(二)保健服务。

6. 孕产妇保健 见(二)保健服务。

7. 老年人保健 包括 65 岁及以上老年居民健康管理率、体检率等。

8. 慢性病管理 目前主要包括高血压患者(规范)管理率和 2 型糖尿病患者(规范)管理率。

(1) 高血压病管理:对高血压患者进行登记管理,每年对原发性高血压患者进行面对面随访至少 4 次,每次随访要询问病情、进行体格检查及用药、饮食、运动、心理等健康指导。

高血压规范管理:每年至少进行一次较全面的健康检查,包括血压、体重、空腹血糖,一般体格检查和视力、听力、活动能力的一般检查。

(2) 糖尿病管理:对 2 型糖尿病患者进行登记管理,每年对确诊的 2 型糖尿病患者进行面对面随访至少 4 次,每次随访要询问病情、进行体格检查及用药、饮食、运动、心理等健康指导。

糖尿病规范管理:每年至少进行一次较全面的健康检查,包括血压、体重、空腹血糖,一般体格检查(含足背动脉搏动检查)和视力、听力、活动能力的一般检查。

9. 严重精神障碍管理 指严重精神障碍患者(规范)管理率。

严重精神障碍管理:在专业机构指导下对在家居住的恢复期严重精神障碍患者进行治疗随访和康复指导,每年随访不少于 4 次。

严重精神障碍规范管理:严重精神障碍患者每年至少进行一次健康检查,包括血压、体重、空腹血糖,一般体格检查和视力、听力、活动能力的一般检查。

(四) 家庭医生签约服务

1. 签约数量

(1) 重点人群签约率:签约重点人群数量占该区域重点人群总人数的比重。

(2) 全人群签约率:签约人数占该区域总人数的比重。

2. 有效履约　在签约数量评价的基础上,有效履约评价指标进一步反映了社区人群对家庭医生签约服务的实际利用情况,在签约服务的绩效评价方面尤为重要。

(1) 签约居民定点机构就诊率:签约患者在签约机构就诊的人次数 ÷ 签约患者在不同医疗机构就诊的总人次数 × 100%。

(2) 签约居民预约门诊率:签约居民预约门诊人次数 ÷ 签约居民就诊人次数 × 100%。

(3) 签约居民预约履约率:签约居民预约门诊到诊人次数 ÷ 预约门诊总人次数 × 100%。

(4) 签约医生就诊率:签约居民至签约医生就诊人次数 ÷ 同时期签约居民总就诊次数(或签约居民总人数)× 100%。

(5) 签约居民复诊率:签约人群复诊 2 次及以上的人数 ÷ 签约居民总数 × 100%。

(6) 签约居民下转回访率:下转回访的签约居民 ÷ 下转的签约居民总数 × 100%。

(五) 初级卫生保健特征

初级卫生保健特征(attributes of primary care)反映了基层医疗卫生机构作为社区居民的首个医护接触点,以方便获得形式提供的初级卫生保健服务的过程质量特点,主要包括社区卫生服务的首诊性、持续性、统筹协调、综合性四大主要方面,以及以患者及家庭为中心、以社区健康需要为导向、与文化相匹配服务三大衍生方面。以美国约翰霍普金斯大学研究者近年来开发的初级卫生保健评价工具(primary care assessment tool,PCAT)为典型代表,通过问卷条目询问,可对初级卫生保健服务在首诊性、持续性、协调性、全面性、以患者及家庭为中心等核心方面的实现程度进行量化分析。结合我国医疗卫生体系特点,全科医生可以参考以下初级卫生保健核心特征,对基层医疗卫生机构的服务提供与利用进行研究。

1. 社区卫生服务的首诊利用及可及性　当居民患病需要就诊或有健康需求时(除急诊外),是否首先前往社区卫生服务机构接受全科医生诊疗;居民个人及家庭是否拥有自己的首诊家庭医生,并能通过家庭医生方便转诊。社区卫生服务机构是否可根据居民需求适当延长服务时间,开展错时服务;是否提供节假日门诊服务、非工作时间电话咨询服务等。

2. 社区卫生服务的持续性　居民是否能在社区卫生服务机构获得持续提供的医疗卫生服务资源,并与社区医务人员建立长期关系以更好地满足双方的期望和需要。

3. 社区卫生服务的统筹协调　主要围绕统筹和协调各类医疗卫生服务开展的能力进行评价,如社区卫生服务机构是否与区域内医院通过签订协议等方式建立双向转诊关系,可为居民与上级医院联系预约专家;是否主动接收上级医院下转的患者;居民能否通过双向转诊绿色通道的开通,预约在上级医院的检查;居民是否能得到远程视频会诊服务等。

4. 社区卫生服务的综合性卫生服务提供种类的多样性与全面性,包括且不限于疾病防治、健康咨询、急性及慢性病治疗、常见多发病、常见心理健康问题等。

5. 以患者及家庭为中心　居民在社区就诊过程中,其个人及其家庭成员的健康状况和疾病史是否得到充分重视,以及家庭成员是否参与医疗方案的制定。

6. 以社区健康需要为导向关注社区内医疗卫生服务需求未得到满足的居民群体,并努力优化社区卫生资源配置以促进社区内居民的卫生服务需要得到满足,如符合相关条件的人群是否能获得家庭病床或出诊上门等服务。

7. 与文化相匹配服务 评价主要关注居民的健康信仰、态度、行为及人际风格的差异化是否得到了充分尊重。

【案例 12-2】

对某省开展家庭医生签约服务的现况分析

某全科医生抽取该省在初级卫生保健服务发展过程中具有代表性地区的 10 个地区,采用多阶段分层整群随机抽样,在每个地区分别选取 2 个基层医疗卫生机构,对基层医疗卫生机构组建的家庭医生式服务团队,从服务提供者角度出发,多维度了解机构的签约服务提供情况。同时,以社区常住居民为目标人群,以个人为基本调查单位,采用流行病学现场调查的随机抽样方法,对抽中的居民针对家庭医生式签约服务的使用进行不记名问卷调查。

在服务提供的研究分析中,调研对象包括基层医疗卫生机构的行政管理人员,以及家庭医生式服务团队中的全科医生、公卫医生骨干等。采用问卷调查及小组访谈相结合的方式,了解家庭医生式服务团队运行情况,以及团队所在的基层医疗卫生机构在推进家庭医生签约服务过程中存在的问题等现状。从服务提供者角度了解机构的签约服务的提供情况,包括健康档案建立、家庭病床管理、服务模式及内容、重点目标人群管理、常见慢病管理等多个方面。

研究发现,大部分开展家庭医生签约服务的团队通过提供健康指导及功能评估等服务,为签约居民建立了较为规范和详细的健康档案,建档率基本在 90% 以上,人群涵盖 65 岁以上老年人、高血压、糖尿病、严重精神障碍患者等。此外,根据签约者实际健康情况,大部分团队所在的基层医疗卫生机构均可提供上门出诊和转诊服务,部分机构以家庭病床服务作为签约服务的特色。

在服务使用的研究分析中,选取与家庭医生式服务团队签约的服务人群作为研究对象,以了解其对服务的知晓与利用情况。

研究发现,近四成(38.8%)被调查者以步行方式前往附近社区卫生服务中心(站)花费的时间通常不超过 15 分钟,对签约服务的了解主要来自基层医护人员(58.4%)、电视(33.1%)以及网络(8.6%)。在过去一年有接受家庭医生式团队服务的被调查者占14.3%;有接受社区医护人员至少一次上门服务(随访、家庭病床等)者占 37.7%;在社区医疗机构做过至少一次健康体检的占 39.3%;超过三成(34.1%)居民知道自己在社区医疗机构有健康档案,超过六成(65.4%)居民认为健康档案起到一定效果。研究还显示,76.2% 的居民表示签约后会到家庭医生首诊,并能接受一定价格范围内的个性化服务包。

该案例简要介绍了从初级卫生保健服务的提供状况、社区居民对服务的利用情况两个角度,对基层医疗卫生机构的服务内容、服务模式、工作活动等进行的分析研究。

【案例 12-3】

对某省不同举办模式下的社区卫生服务进行比较分析

某全科医生在日常工作中发现该省的社区卫生服务机构包括"政府办政府管"、"医院办医院管",以及"民营社会资本举办"等多种模式。为了解不同举办及管理模式下,社区卫生服务提供的过程质量是否有所不同,该全科医生开展了横断面研究。

研究选取了该省三个具有代表性的地级市作为调查点,通过分阶段抽样,在每个地级市各抽取 4 间社区卫生服务中心,在每个机构现场各邀请 120 例 18 岁及以上社区卫生服务使用者。研究从患者对社区卫生服务提供过程的客观体验角度出发,围绕初级卫生保健特征,对不同社区卫生服务中心模式(models of community health centers)下的服务提供过程,从社区卫生服务的首诊性及可及性、持续性、统筹协调、综合性、以患者及家庭为中心、以社区健康需要为导向、与文化相匹配共七个方面,进行了基于"患者体验(patients' experiences)"的量化比较分析。

该项研究为期六个月,共计调查了一千余名社区卫生服务使用者,各中心现场调查对象的问卷应答率平均为 86%。利用 PASW/SPSS 18.0 统计分析软件对初级卫生保健特征评价总分调整混杂因素后,进行组间的协方差分析。结果表明,不同举办模式与初级卫生保健特征的实现程度存在关联,且其显著性水平具有统计学意义。在"政府办政府管"模式下,社区卫生服务在首诊利用及服务协调统筹维度达到更高的水平,在"民营社会资本举办"模式下则具有更好的服务可及性及持续性,而在"医院办医院管"模式下,患者在服务的综合性方面有较好的体验。多元线性回归分析表明,患有慢病者在社区卫生服务的持续性、综合性、以患者及家庭为中心等三个方面,具有更好的患者体验。与此同时,在社区首诊及服务可及性、服务的统筹协调、面向社区等方面,需要进一步提高社区卫生服务的过程质量,以更好地满足慢病管理的服务需求。

该案例简要介绍了基于初级卫生保健核心特征,从首诊性、持续性、协调性、全面性、以患者及家庭为中心等方面,开展的初级卫生保健过程评价的分析研究。

第三节 结果评价研究

结果评价主要通过运用流行病学的研究方法,分析初级卫生保健工作的结果、影响,以及引起的社会卫生状况变化,包括初级卫生保健服务工作的认知与态度,以及服务提供对社区人群健康状况的改善情况等。通常采用横断面研究获取基线资料,采用前瞻性或实验性研究获取随访及结局资料。在横断面研究中,对研究对象不施加任何的条件限制与干预措施,客观地收集特定时间与范围内社区人群的某种疾病或健康状况及相关因素信息。在实验性研究中,通过控制一定的实验条件或对研究对象施加某种干预,并前瞻性追踪观察一定期限。开展认知与态度评价及健康质量评价是较为常见的结果评价研究。

一、认知与态度评价

态度认知评价是一种主观评价,主要研究人们对基层医疗卫生机构工作的态度认知及其影响因素,其中关于认知度和满意度的研究较为常见。

(一)认知度评价

认知度是提供初级卫生保健服务的机构(如社区卫生服务中心或社区卫生服务站)在服务对象(如社区居民)的主观意识上被认知的广度与深度。

1. 机构名称 包括基层医疗卫生机构的全称及规范化的简称等。

2. 所处位置 包括具体的市区、街道乃至门牌号码等。

3. 结构规模 大约有多少工作人员、多少科室、多少业务用房面积等。

4. 家庭医生 社区居民能够准确地掌握家庭医生的一些简单情况,如毕业院校、专业特长、服务特点等。

(二)满意度评价

满意度(satisfaction)反映了评价者对社区卫生服务的情感体验,是体现以人为中心的初级卫生保健服务的社会效益的重要质量指标之一。医务人员和居民对社区卫生服务的满意度,可受政治、经济、文化、行为、心理因素、卫生教育等多种因素影响。研究人们对基层医疗卫生机构服务满意度的有关影响因素,从卫生服务提供者和接受者两个方面了解对待社区卫生服务的态度和支持程度,是改善服务质量的一个方面。通常采用询问随访和追踪观察两类方法进行评估。

1. 医务人员满意度 包括医务人员对个人收入的满意度、对工作内容的满意度、对业务支撑的满意度、对业务能力的满意度、社会地位的满意度等。

2. 服务对象满意度 社区居民对基层医疗卫生机构提供的初级卫生保健服务的满意度,是服务对象按照自己对健康概念的理解和对医疗保健的要求,对所接受的社区卫生服务的可及性、费用、诊疗结果及医护人员的技术水平、医患关系等进行主观的综合评价。服务对象满意度的评价可参考以下指标,通常可用 -5 到 5 共 11 个级别来进行量化,其中 -5 表示对服务最不满意,5 表示最满意。

(1)服务内容

(2)全科服务团队的医生服务态度

(3)护士服务态度

(4)医疗设备

(5)候诊环境

(6)候诊时间

(7)与医生的沟通交流

(8)医疗费用合理性

(9)全科医生的技能

(10)疾病治疗效果

二、健康质量评价

健康质量评价基于及时、准确、可靠的资料信息,研究社区人群健康状况及其效益。数据资料的收集可借助两种方法。一是根据国家规定的登记报告制度、基层医疗卫生机构的工作报表、日常工作记录等现有资料,获取评价资料。二是通过开展专题调查,对所研究的问题进行深入细致的调查研究,取得常规登记和报告等现有资料中未包含的信息,这是开展结果评价研究不可缺少的手段。

(一) 研究对象及常用调查方法

1. 研究对象

(1) 健康人群:初级卫生保健服务以健康为中心,其服务人群不仅仅是患者,更包括在开展健康促进和疾病预防服务下的健康人群。

(2) 高风险人群:高风险人群是存在明显的对健康有危害因素的人群,这类人群发生疾病的概率明显高于其他人群,包括高风险家庭的成员和具有明显的危险因素的人群。凡具有以下一个或多个特征的家庭即为高风险家庭:①单亲家庭;②吸毒或酗酒者家庭;③精神病患者、残疾者、长期重病者家庭;④功能失调濒于崩溃的家庭;⑤受社会歧视的家庭。具有明显的危险因素的人群通常在机体内外环境中存在一个或多个与疾病发生发展有关的诱发因素,如肥胖、吸烟、酗酒、吸毒、运动不足、睡眠缺乏规律性等。

(3) 重点保健人群:由于各种原因需要在社区得到系统保健的人群,如儿童、妇女、老年人、疾病康复期人群、残疾人等需要特殊保健的人群。

(4) 病患人群:患有各类疾病的人群,包括社区常见病患者、慢性病患者、严重精神障碍患者,这类人群通常需要家庭照顾、急救、或临终关怀等服务。

2. 常用调查方法

(1) 询问调查:根据研究目的拟定结构化或半结构化调查表,由经过训练的调查员面对面直接向被调查的居民及其亲属询问,进行资料收集。询问调查一般采用抽样的方法,选取有代表性的样本。通过询问调查既可以收集常规登记报告不能得到的资料,又能核对资料的正确性和完整性,是初级卫生保健服务评价研究中最常用的方法。

(2) 座谈调查:通常采用的方式是一小组人聚在一起,在一个主持人的引导下围绕某一主题进行讨论,通常适用于深入了解目标群体的态度、行为以及产生这种行为或态度的原因。

(3) 信件调查:调查表可采用邮寄通信的方式发给被调查者,根据调查表的填写说明进行填写。这种方法的应答率通常较低,如能取得 70% 的应答率已是非常理想的结果。如条件可能的话也可采取网上填写的方式。

(4) 健康检查法:采用健康检查或实验室辅助检查,获取生物医学指标信息。

(二) 人群健康指标

1. 人口动态　由于人口的出生、死亡引起的人口自然增减情况,包括人口数量、构成和在地域分布上的变化状态。

(1) 期望寿命:又称出生期望寿命,或人均预期寿命,指某年某地区新出生的婴儿预期存活的平均年数,一般用"岁"表示。

(2) 死亡分析:包括粗死亡率、性别和年龄别死亡率、死因别死亡率、新生儿死亡率、孕产妇死亡率、婴儿死亡率、5 岁以下儿童死亡率、前 10 位分病种死亡谱构成等。

2. 儿童、青少年生长发育　包括身高、体重、胸围、低出生体重儿(<2500g)比例、儿童身高体重合格率、儿童营养不良率、母乳喂养率等。

3. 疾病与伤残 包括疾病谱构成、主要疾病的发病率、患病率及某项服务或干预措施后的疾病结局或预后评定指标等。

（1）慢性病患病率：按人数计算时，慢性病患病率指调查前半年内慢性病患患者数与调查人数之比；按例数计算时，慢性病患病率指调查前半年内慢性病患病例数（含一人多次得病）与调查人数之比。慢性病患病包括下列两种情况：①调查前半年内经过医生诊断明确有慢性病（既包括慢性感染性疾病如结核等，也包括慢性非感染性疾病如冠心病和高血压等）；或者②半年以前经医生诊断有慢性病，在调查前半年内时有发作，并采取了治疗措施如服药、理疗等。

（2）每千人患病天数：调查前两周内患者患病天数之和 ÷ 调查人数 × 1000。

（3）治愈率：治愈的患者人数 ÷ 患该病接受治疗的患者人数 × 100%。

（4）缓解率：病情缓解至不再检出该病的患者数 ÷ 接受观察的患者总数 × 100%。

（5）复发率：疾病经过一定的缓解或痊愈后又重新发作的患者例数 ÷ 观察的总患者例数 × 100%。

（6）功能丧失率：发生肢体或器官功能丧失的患者数 ÷ 接受观察的患者总数 × 100%。

（7）生存率：从病程某时点诊疗开始，随访 n 年后尚存活的病例数 ÷ 随访 n 年的病例总数 × 100%。

4. 体格检查 包括体温、脉搏、呼吸、血压、身高、体重、腰围、心脏、肺部、腹部等常规体格检查指标。

5. 辅助检查 包括血常规、尿常规、肝功能、肾功能、空腹血糖、血脂和心电图监测等结果指标。

（三）社会效益指标

1. 健康促进指标 包括健康教育普及率、居民健康知识知晓率等。

2. 健康行为指标 居民基本健康行为形成率，包括吸烟、过量饮酒、滥用药物、盐摄入量、健康信念模式、参加体育锻炼人口比例等。

3. 疾病负担指标 包括质量调整生命年、失能调整寿命年、伤残调整期望寿命、健康相关生存质量等效用指标。

（1）质量调整生命年（quality-adjusted life year, QALY）：指由于实施某项初级卫生保健服务或干预，延长了人的寿命。在计算时，根据不同的健康状况赋予不同的效用值权重。如果健康生活了一年则记为 1，如果死亡则记为 0，如果伤残则根据适当的标准记为 0~1 之间的数字。例如，某患者经诊断，可以以现在伴有疾病的状态生存 15 年，若假设该患者选择完全健康的生活则其生存时间将会相应减少为 10 年，即今后的 15 年相当于 10 个质量调整生命年。

（2）失能调整寿命年（disability-adjusted life year, DALY）：指从发病到死亡所损失的全部健康寿命年，包括因早逝所致的寿命损失年，以及疾病所致伤残（失能）引起的健康寿命损失年两部分，即将伤残所致的生命年损失转换成相当于死亡所致的生命年损失，再与真实死亡所致的生命年损失相加，计算出某一疾病所造成的综合生命年损失。

（3）伤残调整期望寿命（disability-adjusted life expectancy, DALE）：以寿命表为基础，将在非完全健康状态下生活的年数，经过伤残严重性权重转化成相当于在完全健康（或等价完全健康）状态下生活的年数，从而进行人群健康状况的量化评价。

（4）健康相关生存质量（health-related quality of life，HRQoL）：反映了个体对其身体（生理）功能、心理功能、社会适应能力等与健康相关的自我感受的综合，在研究中通常分为生理功能、生理问题对功能的限制、心理问题对功能的限制、心理健康、精力疲惫或乏力、疼痛、社会功能、健康总体评价等八个维度，采用 SF-36 健康调查简表等工具进行研究。

【案例 12-4】 对社区高血压患者膳食咨询指导干预的服务质量评价

　　某全科医生在落实公共卫生服务包项目开展高血压管理时，对日常管理的社区 1 级高血压患者（收缩压 140~159mmHg/ 舒张压 90~99mmHg），结合专科营养师干预指导，开展了为期 12 个月的高血压膳食咨询指导（dietary counselling）干预工作，并以心血管危险因素（cardiovascular risk factors）为切入点，对服务质量进行了评价研究。

　　该全科医生采用平行分组的随机对照试验设计，按照国际最新高血压诊疗规范标准，在基层医疗卫生机构共纳入近六百例年龄在 40~70 岁，且首次被诊断为 1 级高血压的社区居民，随机分为常规对照组与干预组。对照组入选者给予标准化的全科医生常规宣教管理；干预组在标准化的全科医生常规宣教管理基础上，再经转介由专科营养师提供一对一的膳食咨询指导。

　　入组的高血压患者在第 6 个月及第 12 个月随访时，由护士安排前往基层医疗卫生机构进行血压、血脂和体重指数的测量。与基线相比，干预组在第 6 和第 12 个月随访时的收缩压分别下降 8.9mmHg 和 9.0mmHg，舒张压分别下降 2.7mmHg 和 2.9mmHg；收缩压和舒张压的降幅均明显超过同期对照组的降幅，有统计学差异。在第 12 个月随访时，两组研究对象中收缩压和舒张压未有改善者所占比例也有统计学差异。此外，干预组与常规对照组中均观察到血脂和体重指数存在具有统计学意义的显著改善。

　　该评价结果证实了在初级卫生保健背景下，全科医生主导的社区高风险人群血压防治的良好效果及其效益优势。

　　该案例运用前瞻实验性研究设计，以社区高血压患者为研究对象，对高血压患者采取膳食咨询指导干预等初级卫生保健措施，并对干预效果和服务质量进行评价，结果显示膳食咨询指导对患者有明显效果。

（王皓翔）

第十三章　健康教育与健康促进

全科医生作为工作在基层的临床医生,需对个人、家庭和社区提供优质方便、经济有效、一体化的基层医疗保健服务,进行生命、健康与疾病的全过程、全方位负责式管理。随着"健康中国"战略的推进,加强社区健康教育与健康促进成为全科医生的重要工作。

全科医生应能够熟练地对社区人群进行健康教育,设计科学合理的健康教育与健康促进项目;在项目实施时,能熟练运用定量或定性调查方法,确定社区存在的主要健康问题及其危险因素,并对健康教育实施方案及其效果进行科学的测量与评价,从而提高健康教育与健康促进的效果和人群的健康水平。

第一节　健康教育与健康促进概述

健康是人类生命存在的正常状态,是一个动态的概念,具有相对性和发展性。2016 全国卫生与健康大会上提出了全方位健康服务,不仅包括生理健康,还包括心理健康、道德健康、社会健康和环境健康等,这些共同构成了我国的完整健康观。

一、健康教育与健康促进

(一)健康教育与健康促进概述

1. 健康教育的概念　健康教育(health education)是通过信息传播和行为干预等干预措施,帮助个人和群体掌握卫生保健知识,树立健康观念,自愿采纳有利于健康行为和生活方式的教育活动与过程。目的是帮助人们掌握健康知识,树立健康意识,采纳有利于健康的生活方式,养成良好的生活习惯,从而消除或减轻影响健康的危险因素,达到预防疾病,促进健康和提高生活质量的目的。

2. 健康教育与卫生宣教　健康教育与卫生宣教既有联系又有区别。两者的联系在于:当前的健康教育是在过去的卫生宣教的基础上发展起来的;区别在于:健康教育的核心是促使人们的行为发生改变,而卫生宣教侧重于知识的传播,两者的对象和目标等有较大区别(表 13-1)。

表 13-1　健康教育与卫生宣教的区别

区别要点	健康教育	卫生宣教
对象	特定	宽泛
目标	改变不良生活方式	宣传健康知识
信息流向	双向	单向
传播途径	多途径	大众传播
行为改变特征	自愿、主动	跟随、被动

3. 健康促进概述

(1) 健康促进的概念：1986 年 WHO 第一届世界健康促进大会发表的《渥太华宪章》将健康促进(health promotion)定义为："促使人们维护和提高他们自身健康的过程，是协调人类与他们环境之间的战略，规定个人与社会对健康各自所负的责任"。著名健康教育学家 Green 和 Kreuter 等学者认为："健康促进指一切能促使行为和生活条件向有益于健康改变的教育和环境支持的综合体"，即"健康教育 + 环境支持"。

(2) 健康促进的策略《渥太华宪章》提出了健康促进的三个基本策略和一个核心策略(表 13-2)。

表 13-2　健康促进的三个基本策略和一个核心策略

类别	策略	内涵
基本策略	倡导	倡导政府及组织支持，倡导法规、制度与政策保障，倡导社区参与，倡导增强个体维护自身健康的能力
	促成	促成人人平等享有基本医疗保健服务的权利，促成健康状况差距的缩小
	协调	协调相关部门参与健康促进，实现健康目标
核心策略	社会动员	广泛动员政府、组织、社区、家庭和个人参与

(3) 健康促进行动领域《渥太华宪章》提出健康促进的 5 个行动领域(表 13-3)。

表 13-3　健康促进的五个主要领域

领域	举例
制定健康的公共政策	制定与颁布《公共场所卫生管理条例实施细则》
创造支持性环境	创建"卫生城市"、"健康城市"、"安全社区"
强化社区行动	社区环境整治行动，社区兴建体育锻炼或活动场所
发展个人技能	通过提供健康信息和教育来帮助人们提高做出健康选择的能力，并支持个人和社会的发展。如学校、家庭和工作场所对发展个人技能方面提供的帮助
调整卫生服务方向	推进医疗卫生体制改革，发展社区卫生服务

4. 健康教育与健康促进的区别　健康教育与健康促进关系密切，但仍有区别(表 13-4)。

表 13-4　健康教育与健康促进的区别

区别要点	健康教育	健康促进
内容	教育 - 改变行为	环境支持 - 教育 - 改变行为
方法	传播与教育	传播、教育与健康环境营造
效果	个体与群体健康改善，不一定持久	个体与群体健康改善，效果持久
特点	强调行为改变	强调全社会参与环境改变

(二) 健康教育与健康促进的目的和任务

1. 健康教育和健康促进的目的　实现全球性健康与公平，使人人都享有最高而且能获得的健康水平，不因种族、宗教、政治信仰、经济和社会状况不同而分等级。

2. 健康教育和健康促进的任务　使人们在任何地方,任何时候都能做到更早、更方便、更愉快地做出有益于健康的选择,具体体现在:

(1) 主动争取和有效促进领导和决策层转变观念,从政策上对健康需求和有利于健康的活动给予支持,并制定各项促进健康的政策。

(2) 促进个人、家庭和社区对预防疾病、促进健康、提高生活质量的责任感。

(3) 创造有益于健康的外部环境。以广泛的联盟和支持系统为基础,与相关部门协作,共同努力逐步创造良好的生活环境和工作环境。

(4) 教育和鼓励每一个公民进行明智的健康实践。

二、健康相关行为

人类的行为表现千差万别,健康教育的核心是行为改变,所以为了帮助人们的行为向有利于健康的方向变化,就需要与行为科学相结合,了解人类行为的规律及影响因素。

(一) 行为概述

1. 行为的概念　行为(behavior),是有机体在外界环境刺激下所引起的反应,包括内在的生理和心理变化,这种反应可能是外显的,能被他人直接观察到的,也可能是内隐的,不能被直接观察到的。据此,美国心理学家伍德沃斯(Woodworth)提出了著名的"S"模式来体现行为的基本含义(图 13-1)。

$$S \longrightarrow O \longrightarrow R$$

刺激　　有机体　　行为反应

(stimulus) (organism) (reaction)

图 13-1　"S"模式示意图

S:内外环境中的刺激源;O:有机体,即行为主体;R:人的行为反应

2. 人类行为的复杂性　人类的行为表现错综复杂,体现为同一个体在不同环境条件下行为表现不同,不同个体在相同环境条件下行为表现有所差异,即使同一个体在同样的环境条件下,由于其生理、心理等因素的影响,行为表现也不尽相同。但基本规律是一致的,即它是人类为了维持自身的生存和种族的延续,在适应复杂的、不断变化的环境时所做出的反应。

(二) 行为改变的基本理论

1. 知信行模式(KABP)　"知信行"(knowledge,attitude,belief,practice)模式,是有关行为改变的较成熟模式,可用 13-2 图表示:

图 13-2 中,知(知识和学习)是基础,信(信念和态度)是动力,行(包括产生促进健康行为、消除危害健康行为等行为改变过程)是目标。以预防艾滋病为例,健康教育者通过多种方法和途径将艾滋病的全球蔓延趋势、严重性、传播途径和预防方法等知识传授给群众。群众接受知识,通过思考,加强了对保护自己和他人健康的责任感,形成信念。在强烈的信念支配下,绝大多数群众能摒弃各种不良性行为,并确信只要杜绝传播艾滋病的途径,人类就一定能战胜艾滋病。预防艾滋病的健康行为模式就此逐步建立。

信息 → 知 → 信 → 行 → 增进健康

图 13-2　健康教育知、信、行模式

然而,要使群众从接受知识转化到改变行为是一个非常复杂的过程,其中有两大关键步骤:信念的确立和态度及行为的改变(图 13-3)。

知识、信念与态度、行为三者之间只存在因果联系,并不存在必然性。行为改变是目标,为达到行为转变,必须以知识为基础,以信念为动力,态度是转变行为的前奏,要转变行为,必先转变态度。

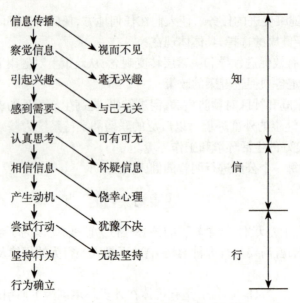

图 13-3 接受信息与改变行为的过程

2. 健康信念模式 信念是人们在一定认识基础上形成的,对某种观点、理论或事物坚信不疑并身体力行的心理状态。健康信念模式(health belief model,HBM)是最早用来解释健康相关行为的理论,它基于信念可以改变行为的逻辑推理,如你相信某药有害于你的健康,你就不会去服用它。该理论认为,健康信念是人们采纳健康行为的基础和动因,一个人如果有正确的健康信念,就会采纳并坚持健康行为,摒弃危害健康的行为。Becker 等提出的健康信念模式已经被广泛地接受(图 13-4)。

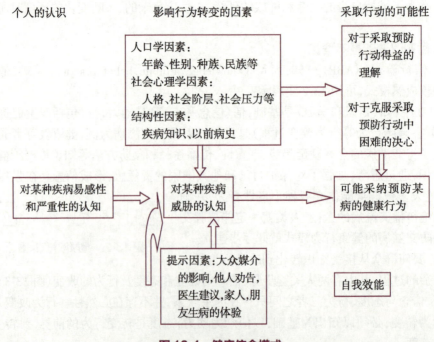

图 13-4 健康信念模式

遵照认知理论原则,首先强调个体的主观心理过程,即:期望、思维、推理、信念等对行为的主导作用。因此,健康信念是人们接受劝导、改变不良行为、采纳健康促进行为的关键。

健康信念的形成主要涉及以下几方面因素:

(1) 感知到易感性:感知到易感性(perceived susceptibility)指人们对自己易患某些疾病的主观判断及形成的信念,其尺度取决于个人对健康和疾病的主观知觉。如某些疾病发病率高,流行范围广,就越容易感知到这种疾病的易感性。如有高血压家族史者,知道自己患高血压可能性大,且发病与高盐饮食有关,就容易采取低盐饮食等预防措施。

(2) 感知到严重性:感知到严重性(perceived severity)指人们感知到疾病产生危害的严重性。如疾病引起的临床后果(死亡、伤残、疼痛)、社会后果(工作烦恼、家庭生活、失业、社会关系等)及由此产生的害怕情绪等。一般情况下,危害越严重,越容易引起人们积极采取预防行动。

(3) 感知到益处:感知到益处(perceived benefits)指人们感知到采取行动后降低患病危险性及患病的后果。如果一个人相信改变行为后,会降低患某种疾病的可能性或减轻疾病的不良后果,他就有可能采取相应预防措施。例如:如果一个人相信减肥后糖尿病、高血压、冠心病的危险性会显著降低,健康状况会得到改善,他就会采取节食和运动去减肥,去预防糖尿病和心血管病的发生。

(4) 感知到障碍:感知到障碍(perceived barriers)指人们感知到环境或自身存在的妨碍行为改善的因素。一般情况下,感知到不利于健康行为的因素越充分,健康行为习惯就越容易形成。

(5) 自我效能:自我效能(self-efficacy)指人们对采取健康行为及获得期望结果的信心。自我效能在改变不健康行为和习惯方面具有重要作用。自我效能越高,自信心越强,就越容易采取健康行为。

综上所述,健康信念模式在产生促进健康行为、摒弃危害健康行为的实践中遵循以下步骤:首先,充分让人们对他们目前的不良行为方式感到害怕(知觉到威胁和严重性);其次,让人们坚信一旦他们改变不良行为会得到非常有价值的后果(知觉到效益),同时清醒地认识到行为改变中可能出现的困难(知觉到障碍);最后,使人们感到有信心、有能力通过长期努力改变不良行为(自我效能)。

3. 计划行为理论 计划行为理论(theory of planned behavior,TPB)认为,人的行为是经过深思熟虑计划的结果,行为意向是决定人的行为的直接因素。行为意向是采取行动前的思想倾向和行为动机,受行为态度、主观规范、感知行为控制的影响(表 13-5)。

表 13-5 影响行为意向的因素

影响因素	含义
行为态度	行为主体对健康相关行为的态度
主观规范	重要人或机构对行为主体的行为期望
感知行为控制	行为主体感觉到可能促进和阻碍健康行为的因素

计划行为理论的动作是一系列因素连环作用形成的(图 13-5)。

4. 行为阶段变化模式 阶段变化模式(transtheoretical model,TTM)认为,人的行为变化

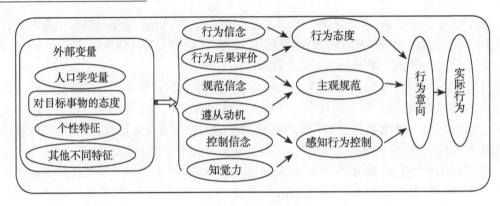

图 13-5　计划行为理论

是一个连续的、动态的、逐步推进的过程。在不同的行为阶段,行为改变者有不同的需要和动机,促使行为改变的干预措施应根据不同阶段的特点,采取合适的干预策略和方法。行为变化阶段可分为 6 个阶段(表 13-6)。

表 13-6　行为变化的 6 个阶段

阶段	概念	特点	干预策略
无打算阶段	不打算在 6 个月内改变行为	对问题不了解	提供信息,提高认识
打算阶段	打算在 6 个月内改变行为	意识到问题,但犹豫不决	提高认识,激发动机
准备阶段	打算在 1 个月内采取行动	形成态度,做出承诺	提供方法,鼓励尝试,环境支持
行动阶段	在过去的半年内已做出明显有针对性的行为改变	已采取新的行为	支持鼓励,环境支持
维持阶段	保持已改变的行为状态 6 个月以上,并达到预期目标	已经巩固新行为	继续支持,不断强化,预防复发
终止阶段	行为改变后,不再回到过去不健康的习惯上去	成瘾行为终止后不再因诱惑复发	进一步强化家族与社会支持

(三) 健康相关行为

1. 健康行为和健康相关行为　健康行为(health behavior)是指人体在身体、心理、社会各方面都处于良好状态时的行为表现。

健康相关行为(health-related behavior)是指个体或团体的与健康和疾病有关的行为,一般可分为两大类:促进健康的行为和危害健康的行为。

2. 促进健康行为　促进健康行为(health-promoted behavior)是个人或群体表现出的、客观上有利于自身和他人健康的一组行为。对日常生活中的各种促进健康行为,有一定的判断标准,主要依据以下五大基本特征(表 13-7)。

表 13-7　促进健康行为的五个基本特征

特征	内涵	举例
有利性	有利于自身、他人及社会的健康	避免过度紧张,不吸烟
规律性	行为时间、强度等较稳定,不是偶然行为	定时、定量进餐,按时睡觉起床
和谐性	行为与所处自然与社会环境相协调	按季节调整饮食,与他人和睦相处
一致性	个体的外显行为与内在心理相一致	主动学习
适宜性	行为强度能理性控制,自身能承受	适量运动,劳逸结合

根据上述标准,可将促进健康行为细分为 5 种类型(表 13-8)。

表 13-8　促进健康行为的类型

行为类型	内涵	举例
基本健康行为	日常生活中有利于健康的各种行为	合理营养、平衡膳食、适量睡眠、劳作适度,饭前便后洗手等
预警行为	防止事故发生或减轻事故发生后对健康危害的行为	遵守安全生产规章制度,不闯红灯,驾车系安全带,溺水、车祸、火灾等的预防,以及意外事故发生后的自救和他救行为
保健行为	合理利用卫生服务维护自身健康的行为	预防接种,定期体检,及时就诊,遵从医嘱
避开环境危害	以积极或消极方式避开有害健康的自然环境以及心理与社会环境	采取措施减轻环境污染,暂时离开严重污染的环境,减轻工作压力,积极应对那些引起人们心理应激的紧张生活事件等
戒除不良嗜好	戒除日常生活中危害健康的嗜好	戒烟、戒毒、戒酒与戒除药品滥用等

3. 危害健康行为　危害健康行为(health-risky behavior)是对自己、他人或社会的健康有直接或间接、外在或潜在危害的行为,是人们在后天生活中形成的。通常可归纳为 4 类(表 13-9)。

表 13-9　危害健康的行为

类型名称	内涵	举例
不良生活方式与习惯	是一组习以为常的、对健康有害的行为习惯	吸烟、酗酒、高盐饮食、营养过度、缺乏运动锻炼
致病行为模式	导致某种疾病发生的行为模式	A 型行为模式,C 型行为模式
不良疾病行为	个体从感知有病到康复过程中的不利于疾病治愈的行为	疑病,恐病,讳疾忌医,不遵从医嘱,迷信偏方,自暴自弃
违规行为	违反法律法规及道德规范并危害健康的行为	药物滥用,性乱

(四) 健康相关行为的干预与矫正

对个体和群体的不利于健康的行为实施干预与矫正,是健康行为学的重要目的之一,也是健康教育与健康促进中的重要手段。

1. 健康相关行为转变的步骤 要使人的行为向着有利于健康的方向转变,需要通过教育者和受教育者两方面的共同努力。行为转变成功的步骤包括:

(1) 教育者和受教育者对促进健康行为、危害健康行为有明确的认识,即明确意识到哪些行为有益于健康,哪些行为对健康有害。

(2) 教育者和受教育者了解健康行为对健康有哪些好处,益处有多大;危险行为对健康有哪些害处,危害程度如何。

(3) 教育者提倡、鼓励人们采纳健康行为、改变危险行为;受教育者有采纳健康行为、改变危险行为的愿望,并决心采取行动。

(4) 教育者帮助受教育者掌握行为改变的方法;受教育者明确目标,按照行为改变的方法去做。

(5) 教育者加强对健康行为的强化和督促;受教育者巩固和发展有益于健康的行为。

2. 群体行为干预 在促使某一特定人群形成健康行为、改变危险行为的过程中,群体行为的综合干预是通常使用的手段,干预机制包括:

(1) 政策倡导:政策、法规、制度等是群体行为的根本原则与依据,因此,对于群体行为的改变有着重要的影响。为此,需要利用文件报告、数据分析、典型案例、媒体呼吁等策略和活动积极影响决策者,以制定有益于健康的公共政策,并使群体行为干预得到组织、资源、舆论等方面的支持。

(2) 目标人群行为干预:改变群体行为需要从群体中的每个个体和整个群体两方面入手,尤其应充分利用群体具有的群体目标、组织、规范等的独特优势。通常采用的人群干预方法有:

1) 信息传播:利用大众媒体、培训与讲座、分发宣传材料等方法,向目标人群传播有关疾病与健康、如何改变行为等信息,为行为转变奠定基础。

2) 心理支持与压力:群体成员之间往往具有亲密的关系,每个成员有群体归属感和集体荣誉感。在这样的群体环境下,率先改变行为的个体可能成为群体中的骨干,起到示范与带动他人共同行动的作用;另一方面,由于归属感和集体荣誉感的存在,群体成员会受到群体规范的制约,形成群体压力。这种支持与压力的联合作用,能有效地促使群体中的个体形成健康行为,改变危险行为。

3) 竞争与评价:在群体间引入竞争与评价机制,利用群体凝聚力,激发群体的强大力量,促使群体成员健康行为的形成与巩固。评价可以总结成功的经验,发现存在的问题,激励行为干预取得良好效果的群体,督促还存在差距的群体,最终达到增进健康的目的。

(3) 环境改善:这里所说的环境既包括物质环境条件,又包括社会环境。

1) 改善环境条件:环境条件的改善是行为干预中必须考虑的因素之一,如果没有环境条件的支持,即使人们已经做出了改变行为的决定,也会由于环境条件的制约而无法实施。例如,我国已经制定了对职业健康危害进行防护的相关法规,在职业人群了解到工作性质并愿意采取行动保护自身健康时,如果缺乏相应的防护设施,人群的健康行为就无法实现。

2) 社会支持与制约:通过社会舆论的倡导,形成关注健康,支持促进健康行为的社会氛围和群体氛围,约束既不利于自身健康,又对他人健康造成损害的行为。

3. 个体行为矫正

（1）行为矫正：行为矫正（behavior modification）指的是按照一定的期望，在一定条件下采取特定的措施，促使矫正对象改变自身的特定行为的行为改变过程。很多情况下，行为矫正的重点不是通过劝服帮助人们认识到自身的行为需要改变，而是在人们已经意识到有行为改变的需要后，帮助人们有效地管理自己的行为。

行为矫正由三方面要素构成：行为矫正对象、行为矫正环境和行为矫正过程。根据矫正对象对行为指导的态度，行为矫正对象分为 3 类：需要型、冷漠型和无需要型。行为矫正环境包括行为指导者、矫正场所和矫正时机，其中行为指导者可以是健康教育者、医生、护士、教师、矫正对象的亲友等；矫正场所可以不固定，但大多数行为矫正的场所是固定的，便于对行为矫正效果进行观察、记录和评价；选择行为矫正的时机也很重要，在易诱发行为表现的特定时机进行行为矫正，容易取得最佳的行为矫正效果。行为矫正过程就是行为矫正技术的选择和实施过程，其核心是针对矫正对象的具体行为来选择矫正技术。

（2）行为矫正技术和方法

1）脱敏疗法：脱敏疗法又可分为系统脱敏疗法、接触脱敏疗法和自身脱敏疗法等，主要用于消除个体因对某种因素过于敏感而产生的不良行为表现，如恐怖症、焦虑症和紧张症等。该方法以认知原理为基础，在矫正中有目的、循序渐进地主动提供这一刺激因素，适时修正个体对刺激因素的错误认知，再通过反复的操作、强化，就可以达到消除这种过于敏感行为的目的。

2）厌恶疗法：厌恶疗法的基本做法是每当矫正对象出现目标行为或出现该行为的欲望冲动时，就给予矫正对象一个能引起负性心理效应的恶性刺激。反复作用后，在矫正对象的内心就会建立起该行为与恶性刺激间的条件反射，引起内心的由衷厌恶，直至消除该目标行为。厌恶疗法常用于矫正各种成瘾行为、强迫症、恐怖症和异常癖好等，如吸毒、酗酒、吸烟。

3）示范疗法：示范疗法在应用时，将所要形成的健康行为或所要改变的危险行为分解成不同阶段或不同表现，设计相应的模拟场景，让行为矫正对象扮演其中角色或观察角色行为，身临其境模仿角色的示范，从而形成自己的行为。

4）强化疗法：强化疗法是一种在行为发生后通过正强化或负强化来矫正行为的方法。通常的做法是当矫正对象表现出有益于健康的行为时，对矫正对象施以正强化，去肯定和巩固健康行为。正强化的形式有口头表扬、代币奖励、物质 / 货币奖励等。反之，当矫正对象表现出对健康有危害的行为时，对其施以负强化，使矫正对象由于逃避负强化而放弃不利于健康的行为，但负强化的使用应慎重。本方法是迄今为止在帮助个体矫正危险行为、建立健康行为方面最有前途的行为矫正手段之一。

三、健康传播方法与传播技巧

传播是社会性传递信息的行为，是人类生存与发展的一种基本方式。健康信息的传播是健康教育与健康促进的重要手段和策略，对个体或人群的行为干预，必须借助合适的健康传播方法。通过有效的沟通和传递健康信息，帮助人们掌握科学的健康知识，培养健康观念，养成健康的生活方式，提高基本的健康素养，从而促进和维护人类的健康，提高生活质量。

（一）健康传播

健康传播（health communication）是为维护和促进人类健康，运用各种传播媒介和方法，制作、传递、分享健康信息的过程。健康传播是健康教育与健康促进的基本手段，贯穿于健康教育与健康促进的各项任务之中。从收集信息、开发领导,到社会动员、行为干预等,都离不开健康传播。健康传播是促进公众健康的手段之一,是促进个体、群体、社区、社会健康的重要方式。

(二)人际传播

人际传播是信息在个人与个人之间的传播,在不借助任何外在媒介情况下,交流双方面对面的直接信息交流,可以是个体与个体、个体与群体,或群体与群体的面对面交流。其特点是:全身心传播、全息传播、以个体化信息为主、交流充分、反馈及时。人际传播是通过语言和非语言交流来影响或改变教育对象的知识、态度和行为的双向交流过程。

1. 语言传播 为保证健康知识能有效传播,保证传播取得良好的效果,传播者应注重语言技巧,包括说话、提问、倾听和反馈等各方面(表13-10)。

表 13-10 语言传播技巧

技巧	含义
说话	尊重对方;说话注意语调平稳,语速适中;内容明确,重点突出;适当重复重要的概念;把握谈话内容的深度;注意观察听者的反应,及时取得反馈;适当停顿,给听者以提问和思考的机会;使用辅助材料;善于表扬或鼓励
提问	有技巧的发问,包括:封闭式提问、开放式提问、探索式提问、偏向式提问、复合式提问,提问态度诚恳,询问敏感问题注意表达方式
倾听	要专心听对方讲话,听出画外音,不轻易打断对方,恰当引导,尊重对方观点,在倾听过程中做出恰当反应
反馈	根据听到的内容,选择积极性、消极性、模糊性、鞭策性、情感性反馈

2. 非语言传播 非语言传播技巧指以动作、姿态等非语言形式传递信息的过程。非语言传播方式有5种,即肢体语言、服饰语言、声调语言、物体语言和时空语言。非语言传播常常是人的心理活动的自然反应,因此,表情、眼神、语音语调等都有着丰富而真实的信息内涵。对语言传播具有辅助作用,可增强说话的感染力,非语言传播形式融会贯通在说话、倾听、反馈、提问等技巧之中。

(三)大众传播

所谓大众传播,是职业性传播机构和人员通过电视、互联网、广播、报刊、书籍等大众传播媒介,向社会大众传播信息的过程。大众传播媒介的选择需要遵循4项基本原则(表13-11)。

表 13-11 大众传播媒介选择原则

原则	含义	举例
针对性原则	选择与受传者接受能力相适应的媒介	对高危人群宣传安全性行为,选择宣传画、漫画折页等生动形象和通俗的媒介资料
速度快原则	选择受传者获得信息最快的媒介:电视、广播、互联网等	对于偏远落后山区的村民,如果电视未普及,则选择有线广播或村民大会
可及性原则	根据媒介在当地的覆盖情况,受众对媒介的拥有情况和使用习惯来选择受传者最容易获得的媒介	对高危人群宣传安全性行为知识,可将宣传标语张贴在娱乐场所,将折页资料放在宾馆客房等
经济性原则	一般情况下选择成本较低的媒介	在公共场所宣传卫生知识,选择成本较低的普通打字纸或有光纸

第二节　健康教育与健康促进项目的设计、实施与效果评价

【案例 13-1】

国内某城市某社区有常住人口 3.5 万人,冠心病、脑卒中已成为该社区老年人的多发疾病。该街道社区卫生服务中心针对这些心脑血管病的共同危险因素——高血压,开展社区健康教育与健康促进干预(本节简称"社区高血压干预")。

问题:

1. 方案设计问题　如何制定该社区的高血压干预方案? 干预目标是什么? 目标人群有哪些? 干预内容有哪些? 用什么方法干预? 在什么地方干预? 怎样安排干预进度? 哪些人员参与干预活动? 如何预算干预活动所需要的经费?

2. 实施问题　该社区高血压干预如何实施? 如何制定实施进度表? 如何组建实施机构? 如何培训实施人员? 如何对目标人群实施干预? 如何监管实施过程?

3. 评价问题　为什么要开展社区高血压干预的评价? 可用什么评价方法? 如何避免干扰,保证评价结果的真实性?

健康教育与健康促进是一项复杂的系统工程,涉及目标人群的生命准备、生命保护和晚年生活质量的各个阶段,其内容涵盖促进健康、预防疾病、控制影响健康的各种危险因素,以及政策和组织机构等众多领域。活动涉及人员广,有社区领导、目标人群、医务人员及其他相关单位或机构的人员;涵盖专业宽,包括临床、预防、康复、保健、行为医学等;干预形式多样,有讲座、咨询、家访、健康教育专栏、展板、活页宣传单及其他大众传播媒介和人际传播方式;实施过程复杂,难度较大,需要努力探索,大胆创新。因此开展健康教育与健康促进的活动,无论周期长短,都应制订科学周密的计划或方案,按设计的方案认真组织实施,并对实施过程与结果进行科学的评价。

一、健康教育与健康促进项目的设计

(一) 健康教育与健康促进项目设计的原则

1. 计划设计概念　计划设计(planning)是一个组织机构根据实际情况,通过科学的预测和决策,提出在未来一定时期内所要达到的目标及实现这一目标的方法、途径等所有活动的过程。一个完整的健康教育/健康促进项目,也称健康教育/健康促进计划,包括计划设计、实施及评价 3 个阶段。计划阶段形成目标并指导干预,实施干预阶段产生效应,评价阶段产生活动的结果并指导计划的进一步修订。这一系统周而复始循环运转,不断推进健康教育与健康促进的进程。

计划是科学管理的体现,它有利于选择优先项目,提高资源的利用效率,明确目标和作用方向,指导和协调各有关部门和有关人员共同行动。同时,计划是质量控制的标尺和效果评价的依据。如何以健康教育与健康促进的理论和方法为指导,使计划工作更有科学性、预

见性,更适合于我国国情,既是健康教育工作者的基本功,也是摆在我们面前的一项任务。

2. 计划设计原则　计划设计应遵循 7 项基本原则(表 13-12)。

表 13-12　健康教育与健康促进项目设计的 7 项基本原则

基本原则	含义
目标原则	要有明确的总体目标和切实可行的具体目标(或称近期目标)
整体性原则	目标要与卫生工作整体保持一致,立足于社会大卫生的理念
前瞻性原则	要体现先进性,符合医疗卫生事业的长远发展,一切规划都是面向未来的
弹性原则	方案能包容实施过程中合理的弹性变化
从实际出发原则	借鉴历史的经验与教训,做周密细致的调查研究,提出真正符合实际需要的活动规划
社区参与原则	广泛动员社区相关组织和人员参与
成功的原则	为保证项目规划的成功而设计具体方案

(二) 健康教育与健康促进项目设计的常用模式

健康教育与健康促进项目设计的模式很多,有格林模式、联合国儿童基金会健康规划模式、苏塔哈加模式、归元 - 增权 - 控制模式、评估 - 分析 - 行动模式等,各种设计模式具有各自的特点,研究者可根据社区实际情况和项目的内容与特点选用,并可根据需要对已选择的模式进行调整,以取得最佳实施效果。不管模式有多少,但其设计程序基本上是一致的。通常都包括以下 7 个阶段:①评估靶人群的需求(为什么要做);②确定优先要解决的问题(做什么);③制定总目标与具体目标(达到什么目的);④提出干预措施(用什么方法干预);⑤执行干预措施(如何组织干预?);⑥评价规划效果(预期达到什么效果);⑦做出评估报告(总结)。

格林模式是目前应用最广泛、最具有权威性的健康教育与健康促进设计模式。故本章节以格林模式为例来说明健康教育与健康促进设计过程。

1. 格林模式概述　格林模式(PRECEDE-PROCEED model)是美国健康教育学家劳伦斯·格林(Lawrence W. Green)提出的。该模式的特点是从"结果入手"的程序,用演绎的方式进行思考,即从最终的结果追溯到最初的起因,综合运用多种行为改变理论来制定健康教育与健康促进研究计划。

2. 格林模式的组成　格林模式由两个阶段组成(图 13-6)。上半部分为诊断阶段,或称需求评估,指在教育、环境诊断和评价中应用倾向、促成及强化因素(predisposing, reinforcing and enabling constructs in educational/environmental diagnoses and evaluation, PRECEDE)。下半部分为实施与评价阶段指在执行教育、环境干预中应用政策、法规和组织的手段(policy, regulatory and organizational constructs in educational and environmental development, PROCEED)。该模式的特点有二:一是从结果入手,追溯到起因,避免以主观猜测代替需求诊断;二是考虑了影响健康的多重因素,显示健康教育与健康促进必须是多层次的和多元的,应当从个体、人际和社区三个层面设计与实施干预。

3. 格林模式的程序　根据格林模式的程序,将规划设计分成 9 个基本步骤,即从最终的结果追溯到最初的起因,用演绎的方式逐步推进。

(1) 社会诊断(第一阶段):社会学诊断(social diagnosis)是通过估测目标人群的生活质量入手,评估特定人群的生活质量或社会问题以及需求的过程。社会学诊断的目的包括:

PRECEDE(诊断或需求评估阶段)

5 管理与政策诊断　4 教育与生态诊断　3 行为与环境诊断　2 流行病学诊断　1 社会学诊断

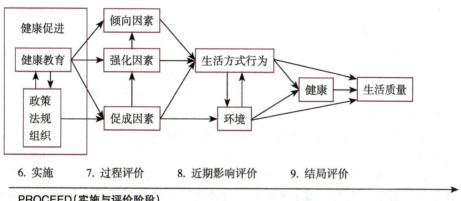

6. 实施　　　7. 过程评价　　　8. 近期影响评价　　　9. 结局评价

PROCEED(实施与评价阶段)

图 13-6　PRECEDE-PROCEED 模式的框架

①促使社区作为一个积极的合作者参与社会诊断全过程;②鉴定出目标人群生活质量或生活条件方面的问题以及需求;③通过已有的或新获得的数据,来验证和澄清目标人群关注的上述问题;④评估社区的资源和能力;⑤确定需要优先解决的问题。

社会诊断的方法是多种多样的,特别是定性调查,如社会相关领导访谈、社区成员小组讨论、社区观察、专题调查等。社会学诊断过程中,特别强调让社区作为一个积极的合作伙伴,因为调查或访谈离不开社区的积极参与及合作,确定社区的能力和可供利用的资源也需要社区的参与。可通过知情人座谈会、现况调查、深入访谈法、专题小组法、德尔菲专家咨询法(Delphi technique),也可搜集现成资料等方法对人口学资料、生活行为与习惯、健康意识与求医行为、卫生服务供需情况、健康问题、自然环境、社会环境等进行调查,从而了解社区的特点,确定社区人民对自己健康需求和生活质量的判断,从而确定所调查的社区需要我们解决什么问题? 哪些问题能通过健康促进干预得到解决? 目前应优先解决的健康问题是什么?

(2) 流行病学诊断(第二阶段):流行病学诊断(epidemiological diagnosis)的主要任务是要客观地确定目标人群的主要健康问题以及引起健康问题的行为因素与环境因素。流行病学诊断是确定健康问题在目标人群中的重要性的一种方法学,主要描述人群的躯体健康问题、心理健康问题、社会健康问题以及相对应的各种危险因素的发生率、分布、频率、强度等,即"5D"指标:死亡率(death)、发病率(disease)、伤残率(disability)、不适(discomfort)和不满意(dissatisfaction),用来确定健康问题的相对重要性,进一步揭示健康问题随年龄、性别、种族、生活方式、住房条件和其他环境因素变化而变化的规律。

总之,流行病学诊断最终应回答以下问题:

① 威胁社区人群生命与健康的疾病或健康问题是什么?

② 对该疾病或健康问题有影响的是哪些危险因素? 其中最重要的危险因素是什么?

③ 哪一些人群是这些疾病或健康问题的受累者? 他们的性别、年龄、种族、职业有什么特征?

④ 这些疾病或健康问题在地区、季节、持续时间上有什么规律可循?

⑤ 对哪些(或哪个)问题进行干预可能最敏感? 预期效果和效益可能最好?

通过社区诊断和流行病学诊断,明确社区存在的主要健康问题,然后对健康问题的行为因素和非行为因素做出诊断,综合健康问题和行为问题并确定优先项目。

(3) 行为和环境诊断(第三阶段):行为和环境诊断(behavioral and environmental diagnosis)的目的是鉴定出社区健康问题或社会问题的行为和环境决定(危险)因素。行为和环境诊断由行为诊断(行为评价)和环境诊断(环境评价)两部分组成。

行为诊断包括5个步骤:①描述健康问题的行为和非行为因素;②建立一个行为的分类系统(如预防性行为和治疗性行为);③评判行为发生的频率及其与健康问题关系;④评判行为的可改变性;⑤确定行为改变的目标,每个目标都应该回答:谁(who)、什么(what)、多少(how much)、何时(when)。

环境评价也包括5个步骤:①鉴定出可以改变的健康问题的环境决定因素。②根据相对重要性标准来评判各环境因素;环境因素与健康或生活质量拟达到目标之间的联系强度;受环境因素影响的疾病发病率、患病率等。③评判重要环境因素的可改变性。④选择环境改变对象。⑤描述环境改变目标,例如,"到2017年,我们社区二氧化碳排放量将减少30%"。

在个体与行为诊断阶段,常常综合应用人际水平的行为改变理论、组织与社区的健康促进理论等。

(4) 教育和生态诊断(第四阶段):教育和生态诊断(educational and ecological diagnosis)是鉴定引起和维持行为或环境改变的因素,包括倾向因素(predisposing factors)、促成因素(enabling factors)和强化因素(reinforcing factors)3类。

教育和生态诊断应包括以下步骤:①尽可能全面地鉴定出引起行为或环境改变的各种因素,可应用文献综述、头脑风暴、选题小组讨论(nominal group process)等方法;②在非同类因素之间,确定首先干预的因素和各类因素的优先顺序;③根据重要性、可改变性,在同类因素中确定优先项。

全部3个水平的行为改变理论——个体、人与人之间、社区,都有助于教育和生态诊断。一般而言,个体水平的行为改变理论最适合确定倾向因素,这些理论可以帮助确定交流时需谈论的重点内容。人与人之间水平的行为改变理论可以提示交流的渠道(如社会网络)和方法(如鼓励和社会支持),最适合确定强化因素。社区水平的理论提示环境改变(如组织和服务提供、产品的可及性、政策、法律)和策略(如倡导、产品的重新设计),最适合确定促成因素。

由于生活方式相关的健康问题的复杂性,设计健康促进项目来解决该健康问题时,一般需要针对多个因素,采取多种策略。最有效的健康促进干预的特点之一是整合多种理论的观点,形成综合性干预项目。

(5) 管理和政策诊断(第五阶段):通过前面的评价,可鉴定出项目拟解决的优先问题、干预对象和目标。在项目实施前,还需要进行管理和政策诊断(administrative and policy diagnosis)。项目实施的成功与否,很大程度上取决于是否清楚地了解项目实施的可能障碍及组织、政策的支持情况。管理和政策诊断是分析组织机构内可能促进或干扰健康促进项目发展的政策、资源等情景,其目的是帮助了解并关注可能影响项目实施的关键性的管理和政策因素,特别是:①发起和维持项目所需要的、可利用的资源;②项目实施的组织阻碍因素和促进因素;③可用来支持项目的政策和必须改变的政策。

管理诊断一般有3个步骤:①评估项目所需的资源(时间、人力、经费);②评估可利用的资源;③评估影响实施的有关因素(员工的承诺和态度、项目目标、改变的速度、熟悉程度、复杂性、社区外围环境等)。

政策诊断一般有2个步骤:①评估组织机构的使命、政策、规章制度;②评估政治力量。

管理和政策诊断阶段可以应用的理论主要为社区水平的理论,如社区组织理论和组织改变理论。社区组织理论可帮助计划制定者让关键性的社区成员参与其工作。组织改变理论可以让公共卫生工作者知道有关的过程和策略来改变和维持有利于健康促进项目获得成功的卫生政策。

(6)实施与评估(第六阶段至第九阶段):完成了以上5个阶段任务,健康促进项目的第六阶段是实施(implementation)。实施需要被监测与评价。接下来是第七阶段评价项目过程评价(process evaluation)是否按照计划执行,第八阶段评价项目的效应评价(impact evaluation),即评价干预措施导致的倾向因素、促成因素、强化因素以及行为、环境因素的变化。最后,第九阶段是评价项目的结局评价(outcome evaluation),即评价项目对健康和生活质量方面的作用。

格林模式是一个综合性计划制定体系,它从分析评价目标人群和目标社区的需要开始,倒推出满足这些需要的步骤和措施,从而形成一个完整的健康教育与健康促进方案。当然在实际工作中,格林模式可以应灵活运用,不一定都要从第一阶段开始到第九阶段结束,可以根据项目的实际需要,从任何一个阶段开始,在任何一个阶段结束,这样才能提高格林模式的使用价值。

(三) 确定优先解决的健康问题

通过社会诊断及流行病学诊断,确定优先解决的健康问题,即社会需求评估,也是项目设计的重要环节。根据社区卫生诊断的调查结果,对社区居民的健康问题及卫生服务需求进行梳理,再根据健康问题的普遍性、严重性、紧迫性、可干预性、干预的效益等,确定需要优先解决的健康问题,以缩短路线,决定哪些是最重要最有效的,所用的人力和资金最小却能达到最高效率的项目。

在安排优先项目时有两个标准可供选择,即重要性和可改变性,基于问题的相对重要性和可改变性来考虑(图 13-7)。

(四) 健康教育与健康促进项目设计目标的确定

目标既要体现项目的远期方向,又要显示近期应当完成的工作指标,因而可以将目标分为总体目标和具体目标。

1. 总体目标 是预期的在完成项目任务后可获得的总体效果,具有宏观性和远期性。有时总体目标可能永远不能实现。

2. 具体目标 是为了实现总体目标而需要取得

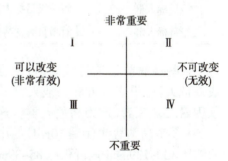

图 13-7 根据问题的重要性和可变性评估优先项目

Ⅰ:问题非常重要,经干预后效果非常好,如某些呼吸道传染病——白喉、麻疹等,发病率高、传染性大,后果严重,通过免疫接种效果非常好,因此,可列为优先项目;Ⅱ:问题非常重要,但干预后无法改变或效果不佳,如病毒性感冒流行性极广,发病频度高,但目前尚无有效的免疫方法;Ⅲ:问题重要性不高,但效果很好,如预防儿童吸入异物;Ⅳ:问题重要性低(病例很少),效果也成问题,如预防婴儿猝死。用上述方法选择或确定优先项目是一种有用的工具。

的各阶段、各方面、各层次的结果。对具体目标设计的要求是"4W2H"（表13-13）。

表 13-13 具体目标设计的要求

设计要求		含义
4W	Who	干预对象是谁？
	What	实现什么变化（知识、信念、行为、发病率等）？
	When	在多长时间内实现该变化？
	Where	在什么范围内实现该变化？
2H	How much	变化程度有多大？
	How to measure it	怎样测量该变化？

3. 具体目标的分类制定　健康教育的具体目标一般应该分教育目标（为实现行为改变所必须具备的知识、态度、信念、价值观及个人技巧等）、行为目标和健康目标3个方面。

(五) 确定目标人群

目标人群是健康教育与健康促进所干预的对象，可分为三类（表13-14）。

表 13-14 健康教育与健康促进的目标人群及其特点

类别	概念
一级目标人群	项目直接干预的存在问题的人群，是项目的直接受益者
二级目标人群	对一级目标人群的健康知识、态度和行为可产生重要影响的人群
三级目标人群	对项目有支持作用或重大影响的人群

某些疾病防治项目计划，可根据人群的生理指标、遗传倾向及行为危险因素等分成高危人群、重点人群和一般人群。如原发性高血压的社区综合防治研究，把有以下5项因素之一项者，定为高危人群。这5项因素是：①有高血压阳性家族史；②体重指数≥25；③嗜高钠盐饮食（≥10g/d）；④饮高度白酒每次≥100g，每周≥4次；⑤正常血压高限，收缩压130~139mmHg，舒张压85~89mmHg。把35~40岁以上的人口定为重点人群，其余为一般人群。

(六) 制定干预策略

1. 干预策略　健康教育与健康促进的目标是促使目标人群自愿改变健康相关行为和生活与工作环境。要实现行为与环境的改变，干预策略应把影响健康或导致疾病的因素作为干预的主要内容。影响行为的因素可概括为3类（表13-15）。

表 13-15 影响健康相关行为的因素

类型	概念	举例
倾向因素	为行为改变提供理由或动机的先行因素	个体或群体知识、态度、信念、技能、自我效能
促成因素	允许行为动机得以实现的先行因素	卫生资源可得性，政府、社区的法规、制度与政策
强化因素	是为行为的长期坚持或重复提供奖赏或激励的因素	亲属、医务人员、同事等的支持、赞扬、奖励

任何特点的健康行为都受这3类因素共同作用,由于行为具有多面性,所以教育策略宜采用综合手段,干预策略的最终目标是使倾向因素、促成因素和强化因素有利于纠正不健康行为,同时形成健康行为。

2. 干预措施　①健康教育:从社区卫生服务工作的角度看,干预的主要措施是健康教育。健康教育应根据行为改变理论,例如健康信念模式、计划行为理论、阶段变化理论等,结合项目的目标、目标人群等,确定健康教育的内容、方法,选择合适的传播媒介,并做好计划与安排。②其他干预措施:各级政府在干预活动中应当发挥作用,如制定相关法规与政策;改造社区自然环境,如绿化植树,兴建体育场地;控制水或空气污染,如监督污染物排放,搬走污染企业等;改变不良社会风俗,如酗酒、吸烟等;制定社区卫生制度,如社区居民卫生守则等。

3. 干预场所　根据健康教育与健康促进活动的内容、形式和涉及的对象,确定干预场所。可选择的场所包括居民社区、医疗卫生机构、学校、工作场所、公共场所、居民家中等。

4. 计划进度　计划进度是工作进程的总体安排。计划进度制定应遵循合理原则。进度过快,无法完成任务;进度太慢,无法达到预期目标。计划进度由"时间段"+"工作内容"构成。计划进度应当有一定弹性,以免执行中无法按时完成。

5. 监测与质量控制　为确保健康教育与健康促进的实施质量,在制订方案时,应同时制定实施过程中的监测与质量控制计划,包括监测与评价的内容,如具体目标完成情况、干预内容是否符合计划安排、进度执行是否符合计划;监测方法,如现场考察、资料查阅、访谈等;监测频率,如每半年或每年测评一次,或按单项活动进行监测与评价。

(七) 经费预算

健康教育与健康促进活动过程中,必然会涉及经费使用。经费支出应在方案中做好预算,并得到有关部门批准。经费主要用于:制作健康宣传资料,如标语、宣传栏、展板、活页资料等,支付专家咨询、授课等劳务报酬,租用活动场所,租赁交通车辆,购买办公用品,以及举办活动相关的其他费用等。

【案例 13-2】 **某社区高血压健康教育及干预实施方案**

国内某城市某社区健康调查2534户,调查人数近8000人,其中60岁以上老年人占总人数的11.8%,0~15岁儿童占19.5%。调查出患有高血压的患者占调查人数的14.9%,该街道社区卫生服务中心通过流行病学诊断,明确冠心病、脑卒中已成为该社区老年人的多发疾病。通过进一步调查研究发现心脑血管病的共同危险因素为高血压。所以将高血压的预防及控制作为干预目标,开展社区健康教育与健康促进干预(本节简称"社区高血压干预")。在此基础上建立居民健康档案,与社区家庭签订医疗保健服务合同,提供综合、全程卫生服务。

一、总体目标

高血压既是独立的心血管疾病,在各种心血管病中患病率最高,又是脑卒中和冠心病等多种慢性病的最主要的危险因素,而脑卒中、冠心病是发病率、死亡率和致残率很高的疾病,也是造成心脑血管疾病死亡的主要原因之一。为了降低该社区高血压的发病率,减少脑卒中、冠心病的发生率,从而进一步减少人群伤残及死亡率,建立适应本社区人群需要的健康教育服务体系,使本社区人群人人享有健康服务,不断提高人群的生活质量和健康水平,提高社区健康文明素质,更好地为人群的健康服务。

二、具体目标

根据 4W2H 设计要求设计具体目标。

1. 干预对象　本社区原发性高血压患者及高危人群。

2. 实现什么变化(知识、信念、行为、发病率等)　提高防治高血压的自我保健意识和能力,建立高血压可以控制的信念,确定自我保健的内容和措施,提高高血压患者遵医用药的依从性,提高高血压患者的管理率、控制率。

3. 在多长时间内实现该变化　1 年内、3 年内、5 年内、10 年内、20 年内……

4. 在什么范围内实现该变化　本社区原发性高血压患者及高危人群。

5. 变化程度有多大　执行该计划 1 年后达到以下目标:

(1) 教育目标:知识方面:90% 的干预对象能说出 3 项及以上高血压的危险因素;80% 的干预对象能说出高血压的主要危害。

信念方面:50% 的干预对象相信自己能合理控制饮食;70% 的高血压患者相信自己能规范服药并且得到家属的支持。

态度方面:70% 的干预对象表示非但现在需要合理控制饮食,积极参加运动锻炼,戒烟限酒,以后也需要一直坚持这样的合理生活习惯;80% 的干预对象更喜欢与有健康生活习惯的朋友交往并互相督促。

价值观方面:70% 的干预对象认为健康最为重要,为了健康应合理饮食,戒烟限酒,加强锻炼,60% 的高血压患者认为,即使戒烟、戒酒要失去要好的朋友亦在所不惜。

技巧方面:50% 的高血压高危人群学会戒烟、限酒的技巧。

(2) 行为目标:60% 的吸烟的高血压患者戒了烟;70% 的酗酒的高血压患者戒了酒。

(3) 健康目标:在 1 年内将本社区内高血压患者的管理率提高到 85%,使高血压知晓率、规范服药率、控制率分别达到 90%、70%、50%。

6. 怎样测量该变化　通过问卷调查、体格检查、血压测量等方式。

三、干预措施

1. 确定目标人群　本案例社区高血压干预项目中,一级目标人群是已确诊的高血压患者、高血压的高危人群;二级目标人群是社区医务人员、高血压患者的家庭成员、朋友等;三级目标人群是卫生行政部门领导、社区领导、资金提供者等。本项目将本社区全体高血压患者及高位人群作为干预对象。

2. 制定干预方案

(1) 根据高血压的高危因素(有明确证据支持的危险因素有高脂饮食、超重肥胖、钠盐摄入、饮酒、紧张度、遗传,其他如性别、年龄、职业史等;高血压发生的可能影响因素有微量元素、吸烟、气象因素、口服避孕药、社会心理因素等)制定健康教育内容。通过专栏、展板、标语、活页、咨询、讲座等形式,在社区服务中心作为主要场地,宣传高血压的防控知识与技能,使目标人群能够很容易接受到相关知识和教育。

具体健康教育内容见表 13-16。

表 13-16　高血压的健康教育内容与非药物治疗

健康教育干预内容和方法	目标
减肥	减少摄入的热卡,增加运动量使体重指数保持在 20~24
膳食限盐	先降至 8g/d,再降至 6g/d
不饮或少饮酒	提倡不酗酒。每日饮酒量应≤1 两白酒(酒精 30g 的量)
减少膳食脂肪	每日所吃脂肪的热量 <30% 总热量,饱和脂肪 <10%(高血压患者 <7%),增加新鲜蔬菜和水果
开展戒烟教育	不吸烟,已吸烟者劝其戒烟
增加或保持适量体力活动	保持理想体重
松弛与应激处理训练	通过气功、太极拳、瑜伽、听音乐、练书法以及绘画等活动降低交感系统活动,提高副交感系统的应激水平
定期测量血压	学会家庭内定期自测血压或到社区服务中心测量血压

(2) 争取政府相关部门提供高血压普查与社区干预的资金支持,制定优惠的高血压医药费用报销政策,以及对基层医疗卫生机构高血压防控工作进行督导与考核。

(3) 组织专家编写、印制了以高血压病的饮食保健、生活行为指导、药物治疗为内容的《高血压病系统化管理手册》,发放到高血压患者及其家庭手中。

3. 干预场所　社区卫生服务中心的健康教育室作为主要干预场所,也可选择在广场、公园、社区活动场所等休闲人员聚集的地方进行宣传。

4. 计划进度　本案例的社区高血压干预第一年的计划进度:

2016 年 4~5 月:组建项目组织机构与执行机构,培训项目执行骨干;

2016 年 6~9 月:社区卫生需求评估,确定优先解决的健康问题及相关危险因素,目标人群建档;

2016 年 10 月到 2017 年 3 月:社区高血压知识宣传(标语、专栏、展板、活页等)及健康教育与健康促进(讲座、咨询、家访、目标人群高血压知识竞赛、兴建活动场地),全科医生社区团队与高血压患者建立契约式服务关系。

5. 监测与质量控制　每半年或每年对具体目标完成情况、干预内容是否符合计划安排、进度执行是否符合计划等进行监测与质量控制。

6. 经费预算(略)。

二、健康教育与健康促进项目的实施

实施过程包括制订计划进度表、建立实施领导与执行机构、培养技术骨干、干预活动、监测与质量控制等环节。

(一) 制定实施进度表

实施进度表是根据健康教育与健康促进方案的计划进度,对各项具体工作的时间、地点、内容、负责人及其他事项作出具体安排。如果项目计划时间较短,如半年或 1 年,可将实施工作编制在一个进度表内;如果项目计划时间长,如 2 年、3 年或更长,可按年度或半年度编制整个项目计划的实施进度表。

(二)建立组织机构

强有力的领导机构和高效率的执行机构对健康教育与健康促进项目的顺利实施非常重要。

1. 领导机构对项目实施的作用　领导机构对项目实施的作用是多方面的(表 13-17),应当充分利用。

表 13-17　领导机构对项目实施的作用

作用	内涵
政策支持	制定发布相关制度、办法、条例、意见等政策性文件
部门协调	协调相关部门的关系,发挥各部门在项目中的作用
社区开发	参与社区动员与开发,提高项目可信度,促进居民积极参与

2. 领导机构人员组成　凡是健康教育与健康促进涉及的重要部门,都可以选择相关领导或有代表性的人员参与。领导机构的建立过程,也是开发与动员领导的过程。卫生行政主管部门领导、社区政府分管领导、社区卫生服务中心领导、社区重点企事业单位分管领导、社区重点人群代表、健康教育与健康促进项目负责人等,都可以根据项目的需要,纳入到领导机构中来。领导机构人数可不作严格限制,以满足项目实施的实际需要为准。

3. 建立执行机构　执行机构是在项目负责人领导下承担项目日常管理工作的组织。执行机构一般设在项目负责人所在单位。执行机构人员的数量和专业结构,应根据项目内容确定,应与设计方案保持一致。原则上,既要满足需要,又要避免过于庞杂。

(三)技术队伍的建立和人员培训

项目正式实施前,应开展对项目实施人员的技术培训,使参与人员明确项目的目的、意义、内容、方法及要求等,统一认识,统一技术,统一步调。通过培训,建立一支能胜任本项目实施任务的专业技术队伍。

开展培训应有充分的准备,包括确定培训内容与方法,预订培训场所,编印培训资料,落实培训师资,编制培训课表,安排后勤服务等。

培训时间不宜过长,可根据项目实施的技术难度确定,一般培训 1~2 次或 3~6 个学时。培训方法应灵活多样,一般以讲授为主,咨询答疑及小组讨论为辅;还可根据需要,通过技术观摩、操作或演练等开展培训。培训结束时应当对培训进行评价,包括教师授课质量、学员出勤、学员考试成绩等。开展培训评价,能督促教师认真备课与授课,还可促使学员认真学习。

(四)以社区为基础的健康干预

实施面向社区人群的健康干预,应以社区人群的卫生需求为导向,广泛动员社区人员参与,调动社区各方面的积极性。

社区健康教育与健康促进的每一次干预活动,都应该有精心的策划、组织、安排和实施。社区人群的健康干预,应以与慢性病及其相关行为的干预为主要内容。干预对象应突出重点,紧盯患者、高危人群。干预的形式应灵活多样,可根据目标人群的性别、年龄、职业、受教育程度和干预内容等,选择适宜形式。干预活动的场所包括居民生活区(特别是活动场所)、医院、学校、工作场所等。在不同的项目中,主要干预场所有所不同。

(五) 项目的监测与质量控制

监测是对项目实施过程的各个环节进行的监督、测量活动,是评估项目实施质量必不可少的工作。通过监测,发现项目实施中存在的问题,及时调整实施方法或方案,调整人员安排,以确保项目实施的质量。

监测的内容比较广泛,主要有进度、质量、人员能力、效果、经费等(表13-18)。监测的指标应根据所监测内容的特点去确定,要能反映监测的内容,并且容易准确地获取。

表13-18　项目监测的主要环节与内容

监测环节	内容
工作进度	按计划进度完成任务情况,分析未按进度完成任务原因
活动质量	活动按计划方案或标准执行情况,目标人群反应情况
人员能力	项目参与者接受培训情况,各实施小组或团队完成任务能力
阶段效果	各项工作的具体目标达标情况
经费使用	实际开支与预算符合程度

【案例 13-3】

本案例中社区高血压干预第一个半年度实施安排进度如表13-19所示。

表13-19　社区高血压干预实施进度表

2016年 4	5	6	7	8	9	工作项目	负责人	参与者	地点	材料设备	经费(元)	备注
√						组建领导与执行机构;第1次领导机构会议	××	××	卫生中心会议室	组织机构成立文件等	100	
	√					项目启动大会;骨干培训会	××	××	居委会大会议室	培训资料,会标、音响等	1000	
		√	√	√		社区诊断与确定优先解决健康问题	××	××	调查场所	体检设备、电脑等	3000	
					√	高血压患者建档	××	××	卫生中心相关科室	电脑及办公用品等	1000	

在社区高血压干预项目中,区政协文教卫生委员会副主任、区卫计委分管副局长、社区管委会副主任、区卫计委社区卫生科和主持项目的社区卫生服务中心负责人等分别被任命为项目顾问、总监和领导小组长等。项目办公室设在项目负责人所在社区卫生服务中心,负责项目管理工作。专职人员2人,1名全科医生和1名社区护士,在项目负责人的领导下处理日常事务;兼职人员8人,分别负责相关部门或专业的事务。

社区高血压干预项目实施的医务人员,共接受培训2次(6个学时),主要学习两方面的内容,一是高血压的基本理论、防治知识与技能、社区规范化管理办法等;二是本项目的目的、内容、方法、措施、安排等。参加培训的人员有:社区卫生服务中心高血压干预团队成员、健康教育人员,以及与项目实施相关的社区卫生服务中心的其他人员。培训评价结果显示,培训率达到92%,业务骨干均参加了培训;对教师授课质量总满意率为95%;培训结束的闭卷考试成绩全部合格,平均93分。该结果达到了预定培训目标。

社区高血压干预的主要目标人群包括高血压患者、有高血压家族史者、肥胖者、糖尿病患者、中老年人、患者家属及社区相关人员。根据社区居民文化程度差异较大的特点,采用多种方法开展高血压预防与控制知识与技能教育,如讲座、咨询、标语、折页、专栏、展板等。干预场所主要在社区休闲聚集处、主要道路、活动场所以及社区卫生服务中心与服务站等地点。

在社区高血压干预项目中,根据方案及计划进度,监测高血压防治领导小组的组成及合理性,项目及高血压防治知识培训任务完成情况,社区诊断的科学性、可靠性,基本健康需求的合理性,高血压作为优先解决健康问题的依据,高血压患者建档情况等。总之,社区高血压干预的每个重要环节与内容,都有应有监测与质量控制措施。

三、健康教育与健康促进项目的评价

评价是指对评价对象的各个方面,根据评价标准进行量化和非量化测量与分析,最后得出结论的过程。健康教育与健康促进项目的评价是对项目的目标、内容、方法、措施、过程和效果等进行评估的过程,可帮助确定项目的先进性与合理性,帮助督导项目的实施,确保项目质量并达到预期目标。评价工作不是规划结束后才开始,而是贯穿于规划设计执行的整个过程。

(一) 评价的目的

1. 确定健康教育与健康促进规划的先进性与合理性。

2. 明确健康教育与健康促进活动的数量与质量,以确定活动是否适合目标人群,各项活动是否按规划进行,以及资源的利用情况。

3. 确定健康教育与健康促进规划达到预期目标的程度及其影响因素。

4. 总结健康教育与健康促进项目的成功与不足之处,提出进一步的研究假设。

5. 向公众介绍项目结果,扩大健康促进项目的影响,改善公共关系,以取得目标人群、社区更多的支持与合作。

6. 向项目资金提供者说明项目结果,完成合同的要求。

(二) 评价的类型

1. 形成评价　形成评价(formative evaluation)是在方案执行前或执行早期,对方案内容进行的评价,包括为制定干预规划所做的需求评估及为规划设计和执行提供所需的基础资料。形成评价的总目的是通过需求评估以了解所制定的规划目标和干预措施是否合适;规划实施前对靶人群的了解,有助于进一步完善方案,使所选择的干预策略、方法和措施等更加科学合理。高质量的形成评价可降低项目失败的风险,提高成功的可能性。

(1) 形成评价的主要内容:包括目标是否合理,干预对象是否明确,干预内容与措施是否恰当,测量指标是否适宜,资源种类与数量是否充足,资料收集方法是否可行,经费预算是否符合规定等。

（2）形成评价常用方法：有专家咨询、问卷调查、深入访谈、专题小组讨论、文献资料回顾等。

2. 过程评价 过程评价（process evaluation）是对项目从开始到结束的整个过程的评价，包括对项目方案、实施过程的各个环节、管理措施、工作人员情况等的评价。过程评价中常包含对方案的评价，所以有学者把形成评价归入过程评价。在项目执行的过程中开展评价，对项目的实施具有督导作用，有助于项目目标的实现。

（1）过程评价的主要内容

1）计划方案执行情况：对计划方案的重要环节和主要活动应进行评价，包括各个环节的具体目标，目标人群接受干预情况，干预措施，按计划完成任务情况，取得的成绩及存在的问题等。

2）参与人员工作情况：参与人员的态度与责任心，对专业知识和项目的熟悉程度，上下协调、相互配合、内外联络等情况。

3）项目预实验：对教育材料（文字和音像教育资料）、传播媒介、资料收集表（调查表）等进行预实验，并及时地加以修改。

（2）过程评价的指标：根据项目内容及其特点选择评价指标，常用的指标有：项目活动执行率、干预活动覆盖率（受干预人数／目标人群总数 ×100%）、目标人群满意度、资金使用率等。

（3）过程评价的方法：过程评价主要通过查阅资料、现场考察和目标人员调查收集资料与数据，并对获得的数据进行定性、定量分析。

查阅资料的优点是能够在较短时间内熟悉项目执行的全貌；缺点是有的项目文件资料不齐或因某些资料缺而后补，查阅者不一定能完全掌握真实情况。

现场考察能够较客观地了解项目执行的实际环境及取得的成效，例如，考察健康教育教室、健康教育宣传栏或展板、居民生活自然环境、锻炼活动场所及器材等；缺点是对项目执行过程了解不深，甚至有可能是假象。

目标人员调查能在较短时间了解项目执行中的成效及目标人员对项目的评价，缺点是有可能受被调查人员代表性的影响，而不能完全反映客观真实。

以上三种方法综合使用，可在较大程度上克服各自的弱点，提高过程评价结果的可信度。

3. 效应评价 效应评价（impact evaluation）是评价项目实施之后目标人群健康相关行为及其影响因素的变化。

（1）效应评价内容

1）倾向因素：保健知识、健康价值观、对疾病或健康相关行为的态度、对自身易感性及疾病潜在威胁的信念等。

2）促成因素：医疗保健服务的可及性、医疗卫生法律法规、行政支持医疗保健系统等。

3）强化因素：一级目标人群采纳健康行为后可获得的社会支持、二级目标人群对健康相关行为与疾病的看法等。

4）健康相关行为：与干预相关的健康相关行为的变化情况。

（2）评价指标：常用评价指标有：卫生知识平均分、卫生知识合格率、卫生知识知晓率（知晓人数／总调查人数 ×100%）、卫生知识总知晓率（知晓题次／总调查题次 ×100%）、信念持有率、行为流行率、行为改变率等。

(3) 评价方法：对特定人群在干预前后的评价指标变化进行比较，通过显著性检验确定干预措施或方案的效果，从而初步肯定或否定设计干预方案的效应。

4. 结局评价 结局评价（outcome evaluation）是评价实施之后目标人群的健康状况乃至生活质量的变化。不同的健康促进项目，其导致结局变化及所需时间有很大的不同。

(1) 结局评价的指标：通常有两类：第一类是健康状况指标，包括身高、体重、血压、血红蛋白、人格、情绪等生理心理指标，以及发病率、患病率、死亡率、婴儿死亡率、孕产妇死亡率、平均期望寿命等疾病与死亡指标；第二类是生活质量指标，包括生活质量指数、生活满意度指数、社区行动情况、健康政策和医疗卫生环境条件等。

生活质量指数 =（婴儿死亡率指数 +1 岁平均寿命指数 + 识字率指数）/3。其中，婴儿死亡率指数 =（229– 婴儿死亡率）/2.22，1 岁平均寿命指数 =（1 岁平均寿命 –38)/0.39。

(2) 结局评价的方法：按照设计方案，经过全程的随访研究并获取干预后的"结局数据"，然后与干预前的数据进行比较分析，通过显著性检验确定设计方案的价值。

5. 总结评价 总结评价（summative evaluation）是形成评价、过程评价、效应评价和结局评价的总结，能全面反映项目活动取得的成绩和存在的不足，为今后继续深入开展健康教育与健康促进项目提供参考。

【案例 13-4】 控制高血压发病率的健康促进规划评价（表 13-20）

表 13-20 控制高血压健康促进规划评价模式

健康促进规划设计	健康促进规划执行	健康促进规划效果评价内容		
		近期	中期	远期
需求评估	各项干预活动的监测	倾向因素	行为改变	高血压
规划设计的审评	评价各项干预活动的策略	知识	依从性	发病率下降
		信念	合理饮食	死亡率下降
		态度	定期随诊	经济效益
		价值观	戒烟	社会效益
		促成因素	体育锻炼	
		组织建立	临床效应	
		经费到位	体重控制	
		技术支持	血脂控制	
		政策落实	血糖控制	
		卫生服务		
		强化因素		
		医师、患者家属对患者的支持		
形成评价	过程评价	远期效果评价	中期效果评价	结局效果评价

（三）效果评价的影响因素

1. 历史因素 历史因素又称为时间因素,是在项目执行或评价期间发生的可能对目标人群健康相关行为及其影响因素产生影响的事件,如健康相关的公共卫生政策颁布、居住地自然环境改善、自然灾害等。项目执行时间越长,受历史因素的影响越大。历史因素不属于干预活动,但可以对目标人群的健康及相关行为产生积极或消极影响,以致削弱或增强项目的效果。

2. 观察因素 评价过程中需进行观察与测量,其准确性取决于测量者、测量工具和测量对象三个方面。测量者的暗示效应、技术成熟度以及主观愿望等可影响测量或观察结果。测量工具包括问卷、仪器、试剂等,其有效性和准确性也会影响观察、测量结果。测量对象的态度、成熟性等对评价结果也会产生较大影响。在制订评价方案时,应设法减弱观察因素对评价结果的影响。

3. 回归因素 回归因素是指由于偶然原因,个别被测量对象在被测量过程中,某些指标表现出过高或过低,测量后又回复到实际水平的现象。重复测量可减弱回归因素对评价结果的影响。

4. 选择偏倚 在健康教育与健康促进的研究中,为了消除时间因素、测量因素和回归因素对评价效果的影响,需要设立对照组。如果研究组与对照组受试者基本特征不一致或差异太大,则会使研究结果发生偏倚。这种由于对照组选择不当所致的研究结果偏离真实的现象,称选择偏倚。采用随机方法分组可克服选择偏倚。

5. 失访偏倚 在项目的执行与评价中,目标人群有可能由于某种原因而未被干预或评价,称为失访。当失访比例过高(超过10%)或为非随机失访时,将导致评价结果偏离真实,称为失访偏倚。因此,在评价中,评价者应当对应答者与失访者进行比较,以确定其为随机失访还是非随机失访,从而估计产生失访偏倚的可能性与程度。如果存在失访偏倚的可能性,应采用意向处理分析(intention to treat analysis,ITT)予以消除。

【案例13-5】

在社区高血压干预方案的形成评价中,通过培训班学员的专题小组讨论和培训结束后的问卷调查,形成了对方案的评价意见,并根据建议对方案中的社区动员措施、健康教育资料制作、经费预算等进行了完善。

可通过查阅实施中产生的文件或记录资料和现场考察等方式,对实施过程中的重要环节进行评价,包括社区高血压干预领导小组及办公室的人员组成、功能及作用,项目参与人员的培训,社区诊断,高血压知识与控制讲座、高血压专栏等宣传材料,社区团队工作情况等。

在社区高血压干预后,应当对目标人群的高血压相关行为(摄盐、运动、吸烟、饮酒)变化、高血压知识、对高血压的态度、高血压医疗控制的条件等进行前后对比分析,初步确定社区高血压干预活动的效应。

本案例的结局评价将被安排在项目结束之前1个月内进行,主要对目标人群的体重、体重指数、腰围、血压、血脂、血糖、高血压患病率、脑卒中发病率、高血压医疗保险政策、社区行动、社区卫生环境等进行评价,与项目开展前的数据进行"自身前后比较"

分析,确定干预方案的最终结果。总结评价被安排在完成结局评价后进行,主要对项目从设计到实施,到最后的评价进行全面的总结,评价项目取得的成绩与经验,指出存在的问题或不足,为开展本社区下一周期的高血压干预奠定基础。

研究人员还考虑了影响评价的相关因素,如在社区高血压干预中,越来越激烈的生存压力和公关敬酒风气等将对高血压的控制产生不利影响;基层医疗条件的逐步改善,特别是高血压特殊病种报销政策,将对高血压的控制产生有利影响。在社区高血压干预正式实施前,项目负责人组织对参与者进行的高血压知识和防控技术培训,统一技术规范,有助于减少观察因素对测量及评价结果的影响。在社区高血压干预中,对结局血压的认定,以2次不同时间测得的血压平均值为准,并强调严格执行血压测定技术操作规范,这样可以减少回归因素的影响。

在对社区高血压干预进行效应及结局评价时,将对失访者与应答者进行基线比较。如果两组差异具有显著性,说明为非随机失访,则将按意向处理方法做进一步分析。

（贾丽芳）

第十四章 健康管理

随着我国医疗卫生体制改革的深入，基层医疗卫生机构在满足社区居民就医需求的同时，也需要通过以全科医生为主体开展的社区居民健康管理，使居民达到身体、心理和社会适应能力的完美状态。人们往往错误地认为疾病管理等同于健康管理。前者的目标人群是患有特定疾病的个体，重点在于对诊疗等疾病相关服务提出针对性的建议、策略来改善病情或预防病情加重；而后者更强调对个人或人群的健康危险因素进行监测、分析、评估和干预的全面管理。在我国大力发展社区卫生服务的背景下，健康管理以全科医生为核心，包括社区护士、心理咨询师、健康管理师、营养师等，以社区居民为管理对象，为居民提供建立个人健康档案和家庭健康档案等服务，跟踪居民健康状况，将疾病扼杀在萌芽之中。健康管理的核心技术是健康风险评估，在对一定时间内发生某种特定疾病或因某疾病导致死亡的可能性进行预测的基础上，根据相应的健康需求，提供有针对性的控制与干预，从而以最少的成本实现最大的健康效果。

全科医生可以充分利用社区内外各种资源，采取健康教育、膳食指导和运动锻炼等各种干预措施，为社区居民提供健康管理服务。结合我国国情，以社区卫生服务为平台，将具有慢病相关危险因素的群体作为管理对象是很好的切入点。健康管理不仅体现了一个概念，也体现了一种与社区层面日常工作相结合的科研方法，通过一套完善、周密、人性化的服务，让健康的居民更好地保持健康和预防疾病，让患病的居民尽快恢复健康，节约开支和有效合理利用医疗资源。本章为全科医生介绍健康管理的科研方法与思路，并以健康风险评估作为重点内容。

第一节　健康管理概述

健康管理是指运用预防医学、临床医学、社会医学等各种技术和知识，对社区内的居民提供个性化的健康监测、健康评估及健康风险预测。健康管理并不是只针对疾病，而是将人看待为一个整体，以健康为中心，提供长期连续的服务。健康管理以预防为主，摒弃传统的"生病就医"模式，并注重纠正不良生活方式、改善营养失衡，提高和改善社区居民的生活质量和生命质量，最终达到防患于未然的目的。

一、健康管理概念的发展

在20世纪20年代的美国，随着科学技术的迅猛发展和生活质量的提高，人口老化、慢性病与残疾、缺乏统一协调的医疗服务成为了三大难题。人们对健康的需求日益增加，导致个人医疗开支不断增长。1929年美国蓝十字和蓝盾保险公司对面向工人和教师提供的基本医疗服务进行了探索性的健康管理实践，其目的是为了更好地管理卫生资源，完善医疗服

311

务质量,确保每个参保家庭都能够享有高质量和可承受的医疗服务,这是早期健康管理的雏形。20世纪60年代,美国保险业经研究发现,大部分健康人仅用很少的医疗费用,而小部分人却不合比例地用掉了大部分医疗费用。对于保险业来说,找到可能导致高费用的群体并采取措施来减少他们的医疗费用尤为重要,即通过对医疗保险客户(包括患者以及高危人群)开展系统的健康管理来控制疾病的发生或发展,达到降低实际医疗支出,减少医疗保险赔付损失的目的。自20世纪90年代起,疾病预测模型开始成为健康管理研究的重要内容,并被越来越多地应用到了健康管理服务中。

通过开展健康管理研究,美国在疾病尤其是慢性疾病的预防控制方面取得了显著成效。在196—1975年,冠心病患病率下降了40%,脑血管疾病患病率下降了50%;在1978—1983年,高胆固醇人数下降了2%,高血压人数下降了4%,冠心病发病率下降了16%。在1970—2000年,仅在美国就有1400万人免于因心血管疾病而死亡。

在我国,传统医学的"上医治未病,中医治欲病,下医治已病"思想,新中国成立后的疾病三级防治网、爱国卫生运动,医疗卫生体制改革中推进的基本医疗保障制度建设、促进基本公共卫生服务均等化,以及"健康中国2030规划",均不同程度体现着健康管理的理念。我国人口老龄化虽然起步较晚,但速度快、数量大,加之人口老龄化超过经济发展承受力,患有慢性病的患者数急剧上升,慢性病相关危险因素日益严重,给社会和个人均造成了沉重的医疗和经济负担。2011年《国务院关于建立全科医生制度的指导意见》(国发[2011]23号)中明确提出,健康管理是全科医生的基本工作内容之一。随着社区卫生服务的大力发展以及家庭医生签约服务的推广,全科医生在社区健康管理基地和平台的建设中起着重要作用,担负着开展社区健康管理研究的重要使命。

二、健康管理的实施与特点

健康管理是以预防和控制疾病发生与发展,降低医疗费用,提高生命质量为目的,对社区居民进行健康教育,提高自我管理意识和水平,并对其生活方式相关的健康危险因素,通过健康信息采集、健康检测、健康风险评估、个性化监护管理方案、健康干预等手段持续加以改善的过程和方法。

(一)健康管理的基本流程

健康管理的实施通常分为三步,首先是收集社区居民的个人健康信息(发现健康问题);其次是进行健康风险评估(分析和认识健康问题);最后是健康风险干预(解决健康问题)。

1. 健康体检 是健康管理的常见形式,体检项目及内容通常根据年龄、性别、职业、健康需求等进行调整设计,体现"早发现、早诊断、早干预、早治疗"的原则。

2. 健康风险评估 通过分析社区居民个人健康史、家族史、生活方式、精神心理压力等资料,采用风险评估手段,对健康状态和健康风险进行综合分析。

3. 健康咨询 为社区居民解释健康信息、健康评估结果及危险因素对健康的影响。

4. 健康指导 根据社区居民对象的需求,提供个性化的健康改善、健康提示等服务,制订健康管理计划和跟踪随访计划等。

5. 专项管理 根据健康状态,为社区已患病的患者群提供针对特定疾病的服务,如糖尿病管理、心脑血管疾病及其危险因素管理等防止病情进展;为健康人群提供个人健康教育、生活方式改善、疾病高危人群教育及维护等服务,达到控制疾病危险因素、促进健康的目的。

(二) 健康管理的特点

1. 群体化　与传统的疾病管理不同,健康管理体现预防为主的思想,着眼于健康而不仅仅是疾病,通过在社区人群中开展一级预防,有效降低健康和亚健康人群的发病率,减轻患病群体的疾病负担和健康损害,缓解有限的医疗卫生资源与居民日益增长的健康需求之间的矛盾。

2. 全程化　健康向疾病的演变是一种连续性的过程,因此,健康管理包括对社区人群健康进行监测、分析、评估、咨询指导及对健康危险因素进行干预等一系列活动,在连续的全过程中做到预防为主,防治结合。

3. 标准化　在健康管理过程中,需要收集标准化的健康信息,建立标准化的健康档案,通过标准化的方法进行分析和健康风险评估,并借助循证医学证据、科学方法等标准规范进行健康指导和干预。

4. 个性化　根据社区居民不同个体,针对其疾病和健康状态、所暴露的健康危险因素、遗传背景等情况,提供有针对性的健康指导方案和干预措施。

(三) 健康管理的策略

1. 生活方式管理　主要关注社区居民的生活方式、行为可能带来什么健康风险,以及这些行为和风险将如何影响他们对社区医疗保健的需求。对于我国居民来说,膳食、体力活动、吸烟、饮酒、心理与精神压力是社区生活方式管理的重点。

2. 服务需求管理　包括自我保健服务和社区人群就诊分流服务,以帮助社区居民更好地使用医疗服务和管理自身的小疾患。如通过小病自助决策支持系统和行为支持,社区居民可以更恰当地利用医疗保健服务,在正确的时间和地点,利用正确的服务类型,在控制卫生成本和健康消费的支出的同时,改善人群的健康状况。

3. 疾病管理　着眼于社区常见的某种特定疾病,为患者提供相关的医疗保健服务。疾病管理并不以单个病例或单次就诊事件为中心,而是关注个体或群体连续性的健康状况与生活质量,其目标是建立一个协调医疗保健干预和与患者沟通的系统,强调患者自我保健的重要性,如慢性病管理(高血压、2 型糖尿病、慢性阻塞性肺病等)、传染病管理、伤害及精神疾病管理等。

4. 灾难性病伤管理　为社区罹患癌症等灾难性病伤的患者及家庭提供各种高度专业化的医疗服务,解决对健康危害十分严重的问题,或相对少见但造成的医疗卫生花费巨大的健康问题,如肿瘤、肾衰、严重外伤等情形,并最大程度帮助患者自我管理。

5. 康复管理　减少社区工作场所发生残疾事故的频率和费用代价,综合协调运用医学、社会、教育、职业等方面的措施,对残疾者进行训练和再训练,尽量减少因残疾造成的劳动力和生活能力下降,消除或减轻身心和社会功能障碍,使其得到整体恢复,从而重返社会。

6. 综合人群健康管理　通过协调运用上述多种健康管理策略,以人的健康需要为中心,为社区居民提供更为全面的健康管理。

第二节　健康风险评估

健康风险因素(health risk factor)又称健康危险因素,是指存在于人体内外的能导致疾病或死亡发生的可能性增加,或者能导致健康不良后果的概率增加的因素。一切不利于人体健康和生存的生物、心理及社会因素都属于健康危险因素的范畴,通常包括社会人口学特征、家庭遗传、既往病史、现患疾病和症状、异常生理参数、有害环境、不良行为与生活方式等。这些因素既可能是导致疾病和死亡的直接因素,也可能是间接性促进因素,或在统计学上相关联的预测因素。

健康风险评估(health risk appraisal,HRA)是建立在健康风险识别、健康风险聚类和健康风险量化的基础上,对社区居民个体或群体的健康状况及未来患病和(或)死亡的危险性做出量化评估的方法,是健康管理过程中最为关键的专业技术部分。全科医生开展健康风险评估研究,可以更好地帮助社区居民中的被评估对象了解自己的真实健康风险,并指导其改变或修正不健康的行为。

一、健康风险识别

对社区个体或群体的健康危险因素进行识别。在由健康向疾病的逐步演变过程中,正确判断哪些因素是引起疾病的主要因素和辅助因素。根据不同分类形式,健康风险因素可以归为不同的类别。

(一)按可控性划分

1. 不可控因素　包括年龄、性别、遗传等。

2. 可控因素　包括行为与生活方式(如吸烟、酗酒、不合理膳食、缺乏体力活动等)、医疗卫生服务、社会经济与文化环境等。在可控因素中,行为与生活方式因素约占六成,而社会经济与文化因素又可影响行为生活方式的选择。

(二)按疾病风险划分

1. 慢性非传染性疾病风险因素　包括血压、烟草、酒精、胆固醇、超重、水果蔬菜摄入不足、缺乏体力活动等。

2. 传染性疾病风险因素　主要指水源性及食源性疾病、虫媒及自然疫源性传播病、呼吸道和密切接触传播疾病等传染性疾病的传染源及其传播途径。

(三)按来源划分

1. 遗传危险因素　慢性非传染性疾病的发生与遗传因素有一定的关系。如高血压具有一定的遗传倾向,如果父母双方或单方患有高血压,则子女患有高血压的概率将会明显增加,因此,有高血压家族史的居民通常被认为是高血压的高危人群。

2. 环境危险因素　包括自然环境危险因素及社会环境危险因素。前者既包括如细菌、病毒、寄生虫、生物毒物等生物性危险因素,也包括电离辐射、电磁辐射、生产性毒物、粉尘、废气、农药、交通工具尾气等物理化学性危险因素。

3. 生活方式及行为危险因素　居民自身选择的行为生活方式而产生的健康危险因素。随着社会经济的发展和生产生活方式的转变,由不良行为生活方式导致的疾病对健康的危害程度日益加重。

4. 健康服务中的危险因素　在医疗卫生服务系统中存在的各种不利于健康的因素,比如过度医疗、药物滥用、误诊漏诊、交叉感染等。健康服务资源配置不合理、城乡卫生人力资源配置悬殊、重治疗轻预防的倾向及初级卫生保健制度不完善等,都可能危害社区人群的健康。

世界卫生组织提出的全球人口主要健康风险因素包括：①体重不足；②高血压；③吸烟；④酗酒；⑤饮用水污染；⑥缺少公共卫生条件；⑦缺铁；⑧室内污染；⑨高胆固醇；⑩肥胖。我国学者提出的中国居民健康十大危险因素包括：①高血压；②高血脂；③超重；④糖尿病；⑤疲劳状态；⑥缺乏锻炼；⑦吸烟；⑧哮喘；⑨忧郁症；⑩精神压力。在日常工作中，全科医生可以参考上述危险因素，开展健康风险评估的研究。

二、健康风险评估原理

健康风险评估通过收集到的大量社区居民个人健康信息，分析并建立生活方式、环境、遗传等危险因素与健康状态之间的量化关系，预测居民个体在一定时间内发生某种特定疾病或因为某种特定疾病导致死亡的可能性，并据此按人群的需求提供有针对性的控制与干预，用最少的成本达到最大的健康效果。健康风险评估需要根据社区居民不同性别、不同年龄段的健康危险因素、易患疾病和高死亡率原因等的差异，阶段性连续进行社区居民健康基础信息的积累。

(一) 健康信息收集

社区居民的健康信息收集是健康风险评估的基础。随着医学模式的转变和现代科技的发展，健康状况的内涵也扩展为躯体健康、心理健康及社会适应能力良好三个方面。健康状况不只包括患病、残疾、死亡等健康结果，还包括健康功能如完成日常生活活动能力等。数据的收集要求准确、翔实，以便评估个体存在危险因素的数量和危险因素严重程度，发现主要问题以及可能发生的主要疾病，进而对危险因素进行分层管理，如高血压危险度分层管理，血脂异常危险度分层管理等。健康信息收集的方法主要包括问卷调查、体格检查、实验室检查等。问卷的主要组成通常包括以下几个部分。

1. 一般情况数据　年龄、性别、文化程度、职业、经济收入、婚姻状况等。

2. 健康状况、既往史、家族史数据　家族成员是否患有冠心病、糖尿病、高血压及癌症等。

3. 生活习惯数据　主要包括吸烟状况、身体活动状况、膳食习惯及营养调查、饮酒情况等。

4. 环境危险因素数据如居住条件、精神压力、工作紧张程度、心理刺激、家庭关系等。

5. 体格及生理生化危险因素数据　包括身高、体重、腰围、血压、血脂、血糖等。

6. 健康态度和健康知识数据　对健康本身及生活方式等的认知水平。

(二) 健康风险量化

健康风险量化的基本思路是将健康危险度的计算结果，通过一定的统计方法转化为数值型的评分，实现风险的量化及对比。依据流行病学、循证医学、生物统计学等的原理和技术，在概率论的基础上，预测未来一定时期内具有一定特征人群的患病率或死亡率，是健康风险评估的核心。这类对未来患病和(或)死亡危险的测算，通常借助健康风险评估工具或量表，将人群按照健康危险水平进行分层及评分，以量化的形式表示。常用的指标包括患病危险性、健康年龄、健康分值等。

1. 患病危险性　采用患病的概率值作为结果。概率值为介于 0 至 1 之间的数字，如对死亡的危险性的描述，可用 0 表示患病因素几乎没有永生，1 表示已经诊断处于患病状态死亡。患病危险性也可用某一个体在其所在的人群中根据危险性的高低排序得到的序位来表示,如某居民在人群中的患病危险性是 20%,表示该个体的患病风险位于该人群的第 20 百分位。

2. 健康年龄 指具有相同评估总分值的男性或女性人群的平均年龄。将受评估者的评估危险度与其同年龄、同性别人群的平均危险度进行比较,如果其危险度与人群平均危险度相等,则该个体的健康年龄就是其自然年龄。如果受评估者的评估危险度高于人群平均危险度,则该个体的健康年龄大于其自然年龄;反之,则该个体的健康年龄小于其自然年龄(更健康)。

(三) 风险评估策略

健康风险评估通过健康信息收集、危险度计算、评估报告三个基本模块,对具有一定健康特征的社区居民进行评估,了解其在一定时间内发生某种疾病或不良健康结果甚至死亡的可能性。传统的健康风险评估基于健康危险因素评价,一般以死亡为结果,多用来估计死亡概率或死亡率。随着流行病学、循证医学和生物统计学的发展,基于大数据的积累,健康风险评估的研究主要转向对发病或患病可能性的预测。以疾病为基础的患病危险性评估逐渐成为主流,因为患病风险比死亡风险更有助于理解健康危险因素的作用,并有助于有效地实施控制措施。

三、健康风险评估方法

健康风险评估危险因素评价是研究致病危险因素与疾病发病率及死亡率之间数量依存关系及其规律性的一种技术方法。

(一) 评估思路

健康危险因素评价的基本思路是根据流行病学资料、人口发病率或死亡率资料以及运用数理统计学方法,对人们在生活、生产环境及医疗卫生服务中存在的与健康相关的危险因素进行测评,估计个体患病或死亡的危险性,预测个体降低危险因素的潜在可能性及可能延长寿命的程度,并将结果向个体进行反馈。比如,冠心病危险因素与死亡率之间的联系密切程度,可以通过危险分数进行量化描述。危险分数的设定基于病因学与流行病学研究结果,通常参照各种危险因素的相对危险度(relative risk)及其在人群中的暴露水平等数据,结合专家经验评估法,将不同水平的疾病存在的危险因素转换成各个危险分数的指标。

(二) 死亡危险评估

以冠心病为例,20 世纪 70 年代中期,生物统计学家 H. Geller 和健康保险学家 N. Gesner 采用多元回归分析等多种方法制成 Geller-Gesner 表,分性别及年龄段(以 5 岁为一个年龄组),将冠心病健康危险因素转换成危险分数,通过定量方法来分析定性资料。

1. 将危险因素转换成危险分数 危险因素与死亡率之间的数量依存关系,可以通过危险分数转换这个环节进行实现,危险分数越高,死亡率越大。

计分原则如下:

危险分数 =1,评价对象所具有的危险因素相当于当地人群平均水平;

危险分数 >1,评价对象发生某病死亡的概率高于当地人群平均水平;

危险分数 <1,评价对象发生某病死亡的概率低于当地人群平均水平。

【案例 14-1】

某地社区居民,男,48 岁,胆固醇水平 270mg/dl,根据表 14-1 冠心病危险因素转换表(Geller-Gesner 表),计算其冠心病危险分数。

表 14-1 冠心病危险因素转换表(男性 45~49 岁组)

危险指标	危险分数	危险指标	危险分数
收缩压 mmHg		吸烟情况	
200	3.9	每天 40 支香烟或以上	2.0
180	2.5	每天 20~39 支香烟	1.5
160	1.6	每天 10~19 支香烟	1.1
140	1.0	每天 1~9 支香烟	0.7
120	0.7	不吸烟者	0.4
舒张压 mmHg		曾经每天吸烟 1~19 支者	
105	1.7	已戒烟不到 1 年	0.8
100	1.4	已戒烟有 4 年	0.6
95	1.2	已戒烟 10 年以上	0.4
90	1.0	曾经每天吸烟 20 支或以上者	
85	0.9	已戒烟不到 1 年	0.9
80	0.8	已戒烟有 4 年	0.9
胆固醇 mg/dl		已戒烟 10 年以上	0.7
280	1.5	已戒烟 20 年以上	0.4
220	0.8	体重	
180	0.5	超重 60%	1.4
糖尿病史		超重 50%	1.2
有糖尿病	5.4	超重 20%	1.0
已控制	2.7	平均或标准体重	0.8
无糖尿病	1.0	低于标准体重达 10%	0.7
运动情况			
久坐,缺乏运动	1.3		
较少运动	1.1		
运动适中	0.9		
有较强度运动	0.8		
久坐,但有定期运动	1.0		
非久坐,且有定期运动	0.8		

该患者胆固醇为 270mg/dl,采用内插法计算危险分数,设危险分数为 X,通过公式:
$(270-220) \div (280-220) = (X-0.8) \div (1.5-0.8)$,得到危险分数为 1.38,见表 14-2 中胆固醇的危险分数。

2. 计算组合危险分数　将每一项危险因素对某病死亡率的影响进行综合。由于某一疾病的发生发展通常是多种危险因素协同作用的结果,因此在计算时需要分两种情况。

(1) 危险因素为一项时,组合危险分数等于该项危险分数。如某地社区居民,男,48岁,每天吸烟40支为唯一危险因素,则该男性的冠心病危险分数和组合危险分数均为2.0。

(2) 危险因素为多项时,组合危险分数计算见表14-2:

表 14-2　冠心病组合危险分数计算(男性 45~49 岁组)

基线危险指标	危险分数	X(基线)	Y(基线)
收缩压 160mmHg	1.6	1.0	0.6
舒张压 100mmHg	1.4	1.0	0.4
胆固醇 270mg/dl	1.38	1.0	0.38
无糖尿病	1.0	1.0	—
久坐,缺乏运动	1.3	1.0	0.3
每天 40 支香烟或以上	2.0	1.0	1.0
平均或标准体重	0.8	0.8	—
健康管理后的危险指标	**危险分数**	**X(干预)**	**Y(干预)**
收缩压 140mmHg	1.0	1.0	—
舒张压 95mmHg	1.2	1.0	0.2
胆固醇 250mg/dl	1.15	1.0	0.15
无糖尿病	1.0	1.0	—
运动适中	0.9	0.9	—
已戒烟不到 1 年	0.9	0.9	—
平均或标准体重	0.8	0.8	—

1) 在表 14-2 的 X 列,对于危险分数≤1.0 的各项,记录其实际危险分数;对于危险分数>1.0 的各项分数,均记录为 1.0。

2) 在表 14-2 的 Y 列,记录所有 >1.0 的各项减去 1.0 后的剩余值。例如,若某项危险分数为 2.7,则记录 1.7(2.7-1.0=1.7)。

3) 将 X 列中的各项分数相乘,得到相乘项之积。

4) 将 Y 列中的各项分数相加,得到相加项之和。

5) 将相乘项之积与相加项之和合并,相加结果即为组合危险分数。

【案例 14-2】

　　某地社区居民,男,48 岁,血压 160/100mmHg,胆固醇 270mg/dl,无糖尿病史,平时常久坐且缺乏运动,每天吸烟 40 支,体重正常,计算其冠心病组合危险分数。

　　(1) 在表 14-2 的 X 列(基线),危险分数≤1.0 共有 2 项(无糖尿病、体重为平均或标准水平),记录其实际危险分数(1.0、0.8);危险分数 >1.0 共有 5 项(收缩压 160mmHg、舒张压 100mmHg、胆固醇 270mg/dl、平时常久坐且缺乏运动、每天吸食 40 支香烟或以上),均记录为 1.0。

(2) 在表 14-2 的 Y 列(基线),记录 >1.0 的 5 项的危险分数减去 1.0 后的剩余值,分别为 0.6,0.4,0.38,0.3,1.0。

(3) 将 X 列(基线)中的各项分数相乘,得到相乘项之积,即 $1.0 \times 1.0 \times 1.0 \times 1.0 \times 1.0 \times 1.0 \times 0.8 = 0.8$。

(4) 将 Y 列(基线)中的各项分数相加,得到相加项之和,即 0.6+0.4+0.38+0.3+1.0=2.68。

(5) 相乘项之积与相加项之和合并,即 0.8+2.68=3.48,则该社区居民患有冠心病的组合危险分数为 3.48。

3. 计算存在死亡危险 存在死亡危险指在危险分数单独或联合作用下,未来 10 年因某种疾病死亡的可能危险程度。计算方法为某种疾病的平均死亡率乘以组合危险分数。平均死亡情况可通过死因登记报告、疾病监测、统计年鉴等途径获取。在本例中,某地平均每 10 万例 45~49 岁男性 10 年冠心病死亡人数约为 1355,该地某社区男性居民的冠心病组合危险分数为 3.48,则其未来 10 年冠心病存在死亡危险值为 1355×3.48=4715.4(/10 万人口)。

4. 计算评价年龄 依据年龄和死亡率之间的函数关系,从死亡率推算得出的年龄值称为评价年龄。在计算评价年龄时,先将各种存在死亡危险相加,得到总存在死亡危险;再根据总存在死亡危险值查健康评价年龄表,即可得到相应的评价年龄值。在健康评价年龄表中,左边一列是男性合计的存在死亡危险值,右边一列是女性合计的存在死亡危险值,根据存在死亡危险值及被评价者实际年龄最末一位数,可查相应的评价年龄。在本例中,由表 14-3 可知,某地社区男性居民的总存在死亡危险值为 9707.4(/10 万人口)。在表 14-4 健康评价年龄表中,该危险值为 9260~10 190,根据实际年龄最末一位数 8 得知,危险值为 9260 时对应的健康评价年龄为 48 岁,而危险值为 10 190 时对应的健康评价年龄为 49 岁,则该男性的评价年龄约为 48.5 岁。

表 14-3 总存在死亡危险(男性 45~49 岁组)

疾病或伤残	存在死亡危险
冠心病	4715.4
肺癌	686
肝硬化	398
自杀	252
脑血管病	398
肠癌	181
肺炎	401
意外	694
其他原因	1982
合计	9707.4

5. 计算增长年龄　社区全科医生基于评价对象已存在的危险因素的性质和程度,提出可能降低危险因素的措施,并实施干预;根据降低或改变了的危险因素的指标值得到的新危险分数、组合危险分数和存在死亡危险值,查询健康评价年龄表即可得到增长年龄。在本例中,社区全科医生为该48岁男性制订了健康管理计划,包括增加定期体育锻炼、戒烟、坚持服用降压药等。实施半年后,其重新计算的总存在死亡危险值为5461.3(/10万人口),查表14-4得知评价年龄由开展健康管理前的48.5岁降至42.5岁。

6. 计算危险因素降低程度　反映评价对象改变其现有危险因素的程度,用存在死亡危险降低的百分比表示。在本例中以冠心病为例,开展健康管理后的冠心病组合危险分数为 $(1.0 \times 1.0 \times 1.0 \times 1.0 \times 0.9 \times 0.9 \times 0.8) + (0.2+0.15) = 0.998$,即未来10年冠心病存在死亡危险值为 $1355 \times 0.998 = 1352.3$(/10万人口),则冠心病存在死亡危险降低量为 $4715.4-1352.3=3363.1$(/10万人口),危险因素降低程度为 $3363.1 \div 9707.4 \times 100\% = 34.6\%$。

表 14-4　健康评价年龄表

男性存在死亡危险	实际年龄最末一位数					女性存在死亡危险	男性存在死亡危险	实际年龄最末一位数					女性存在死亡危险
	0 5	1 6	2 7	3 8	4 9			0 5	1 6	2 7	3 8	4 9	
530	5	6	7	8	9	350	4510	38	39	40	41	42	2550
570	6	7	8	9	10	350	5010	39	40	41	42	43	2780
630	7	8	9	10	11	350	5560	40	41	42	43	44	3020
710	8	9	10	11	12	360	6160	41	42	43	44	45	3280
790	9	10	11	12	13	380	6830	42	43	44	45	46	3560
880	10	11	12	13	14	410	7570	43	44	45	46	47	3870
990	11	12	13	14	15	430	8380	44	45	46	47	48	4220
1110	12	13	14	15	16	460	9260	45	46	47	48	49	4600
1230	13	14	15	16	17	490	10 190	46	47	48	49	50	5000
1350	14	15	16	17	18	520	11 160	47	48	49	50	51	5420
1440	15	16	17	18	19	550	12 170	48	49	50	51	52	5860
1500	16	17	18	19	20	570	13 230	49	50	51	52	53	6330
1540	17	18	19	20	21	600	14 340	50	51	52	53	54	6850
1560	18	19	20	21	22	620	15 530	51	52	53	54	55	7440
1570	19	20	21	22	23	640	16 830	52	53	54	55	56	8110
1580	20	21	22	23	24	660	18 260	53	54	55	56	57	8870
1590	21	22	23	24	25	690	19 820	54	55	56	57	58	9730
1590	22	23	24	25	26	720	21 490	55	56	57	58	59	10 680
1590	23	24	25	26	27	750	23 260	56	57	58	59	60	11 720
1600	24	25	26	27	28	790	25 140	57	58	59	60	61	12 860
1620	25	26	27	28	29	840	27 120	58	59	60	61	62	14 100
1660	26	27	28	29	30	900	29 210	59	60	61	62	63	15 450
1730	27	28	29	30	31	970	31420	60	61	62	63	64	16 930
1830	28	29	30	31	32	1040	33 760	61	62	63	64	65	18 560

男性存在死亡危险	实际年龄最末一位数					女性存在死亡危险	男性存在死亡危险	实际年龄最末一位数					女性存在死亡危险
	0 5	1 6	2 7	3 8	4 9			0 5	1 6	2 7	3 8	4 9	
1960	29	30	31	32	33	1130	36 220	62	63	64	65	66	20 360
2120	30	31	32	33	34	1220	38 810	63	64	65	66	67	22 340
2310	31	32	33	34	35	1330	41 540	64	65	66	67	68	24 520
2520	32	33	34	35	36	1460	44 410	65	66	67	68	69	26 920
2760	33	34	35	36	37	1600	47 440	66	67	68	69	70	29 560
3030	34	35	36	37	38	1760	50 650	67	68	69	70	71	32 470
3330	35	36	37	38	39	1930	54 070	68	69	70	71	72	35 690
3670	36	37	38	39	40	2120	57 720	69	70	71	72	73	39 250
4060	37	38	39	40	41	2330	61 640	70	71	72	73	74	43 200

四、疾病风险预测

疾病风险预测主要是以疾病为基础开展的对特定疾病患病危险性的评估,其方法直接来源于前瞻性队列研究、对过往研究成果的综合分析及循证医学等流行病学研究成果。

(一)评估思路

疾病风险预测的主要目的包括:①筛查出患有某种疾病的居民个休,开展服务需求管理或疾病管理;②评价管理方案的依从性和有效性;③评价特定干预措施达到的健康结果。

评估时主要包括4个步骤:①选择要预测的疾病病种;②不断发现并确定与该疾病发生有关的危险因素;③应用适当的预测方法建立疾病风险预测模型;④验证评估模型的正确性和准确性。

1. 疾病病种的选择　在开展疾病风险预测研究中,选择的疾病病种一般为人群高发、危害严重、并且现代医学对其已有较好的干预或控制效果的疾病。

2. 流行病学的运用　流行病学的研究成果对于发现和确定与该疾病发生发展相关的危险因素起着至关重要的作用,随着医学研究的进展和新发现,在疾病预测模型的建立和运用中,需要根据流行病学的最新研究成果,考虑危险因素的组成及其相互关联。

3. 预测模型的优化　疾病风险预测模型应具有较好的正确性和准确性,预测的结果与实际观察结果应具有一致的方向和较好的相关性。

4. 评估结果的表示　在运用不同的评估工具对患病危险性进行评估时,通常通过未来若干年内患某种疾病的可能性与同年龄、同性别人群的平均水平进行比较,或体现为患病危险性的高低。

(二)评估方法

对疾病风险的预测主要通过单因素加权法和多因素模型法两种方法进行。

1. 单因素加权法　单因素加权法建立在单一危险因素与发病率基础上,即将这些单一因素与发病率的关系以相对危险性表示其强度,得出的各相关因素的加权分数即表示患病的危险性。这种方法是健康管理发展早期的主要危险性评价方法,典型代表为基于美国国家癌症研究所癌症监测、流行病学和最终结局项目(surveillance epidemiology and end results, SEER)研究成果提出的哈佛癌症风险指数(Harvard cancer risk index,HCRI)。该风险指数的评估研究方法包括以下 4 个步骤。

(1) 风险分数转换:首先根据癌症危险因素相对危险度的大小转换成风险分数(risk point);

(2) 人群平均风险计分:以某危险因素在人群中的暴露水平(prevalence)来估计该危险因素的人群平均风险点数(population average risk point);

(3) 个体累计风险计分:计算个体累积的风险分数,并将个体风险分数和人群平均风险点数进行比较,即将个体风险分数除以人群平均风险分数所得的结果分为 7 个等级;

(4) SEER 风险等级计分:将上一步得到的计分结果,乘以相应风险等级对应的 SEER 系数(multiplier),即可得到个体 10 年某癌症发病概率。

【案例 14-3】

某地某社区居民,女,50 岁,身高 156m,有大肠癌家族史。未做过结肠镜或粪潜血试验筛查,体重指数 30kg/m², 每日进食蔬菜水果约 300g,每日进食红肉类约 100g,平均每周饮酒 2 小杯,每周前往公园散步 1 个小时,无吸烟习惯。该地基层医疗卫生机构全科医生对其进行健康管理,并根据哈佛癌症风险指数,计算其大肠癌发病风险(表 14-5)。

表 14-5　大肠癌风险指数预测举例(50 岁女性)

风险因素	个体危险因素的相对危险度	风险分数	相对危险因素的人群暴露	人群平均风险点数
直系亲属患有大肠癌	1.8	10	0.05	0.5
体重指数≥27kg/m²	1.5	10	0.40	4.0
未做过大肠癌筛查	2.0	10	0.76	7.6
过量饮酒	1.4	5	0.02	0.1
红肉类摄入≥90g/d	1.5	10	0.25	2.5
蔬果摄入≥270g/d	0.7	−5	0.25	−1.25
身高≥170cm	1.3	5	0.10	0.5
每周≥3 个小时锻炼	0.6	−10	0.19	−1.9
使用避孕药≥5 年	0.7	−5	0.20	−1.0
绝经后激素治疗≥5 年	0.8	−5	0.07	−0.35
阿司匹林服用≥15 年	0.7	−5	0.13	−0.65
叶酸摄入不足	0.5	10	0.60	6.0
炎症性肠病史≥10 年	1.5	10	0.001	0.01

参照表 14-5 的风险分数列,计算得到该居民的个体累计风险分数为 10+10+10+10−5=35,人群平均风险点数之和为 16,两者相除约等于 2.2,亦即该女性居民未来 10 年患有大肠癌的风险为 2.2%。该居民个体累计风险分数除以人群平均风险点数所得结果为 2.2。进一步参照表 14-6 可得该水平介乎 2.0 与 5.0 之间,为较显著高于平均风险等级,该风险等级对应的 SEER 系数为 3.0。通过计算 2.2%×3.0 得到 6.6%,即在未来的 10 年每 100 个与该女性居民有相同风险因素者中,将有约 7 人为大肠癌患者。

表 14-6 哈佛癌症风险指数 SEER 风险等级计分

个体风险分数除以人群平均风险点数所得结果	风险等级	SEER 系数
分数 <0	显著低于平均风险	0.2
0 ≤分数 <0.5	较显著低于平均风险	0.4
0.5 ≤分数 <0.9	低于平均风险	0.7
0.9 ≤分数 <1.1	相当于平均风险	1.0
1.1 ≤分数 <2.0	高于平均风险	1.5
2.0 ≤分数 <5.0	较显著高于平均风险	3.0
分数 ≥5.0	显著高于平均风险	5.0

2. 多因素模型法　多因素模型法建立在多因素数理分析基础上,采用生物统计学概率理论的方法,如 Logistic 回归、Cox 比例风险回归、模糊数学神经网络方法等,得出患病危险性与危险因素之间的关系模型,进行疾病风险预测。目前已较为成熟的预测模型包括 Framingham 冠心病风险评估模型、缺血性心血管病 10 年发病危险预测模型、未来 10 年动脉粥样硬化性心血管疾病事件评估的汇集队列方程模型(Pooled Cohort Equations)、心房颤动患者缺血性卒中发生风险与抗凝出血风险评估量表等。本节主要对前两种模型进行简要介绍。

(1) Framingham 冠心病风险评估模型:根据 Framingham 心脏研究发展而来,在前瞻性队列研究的基础上建立的可预测年龄在 30~74 岁之间个体未来 10 年冠心病(包括心绞痛、冠心病死亡和心肌梗死)发病概率的模型。该评估工具的原始研究人群为欧洲裔美国人,纳入的危险因素包括年龄、性别、血压、吸烟史、糖尿病史、总胆固醇、低密度脂蛋白胆固醇、高密度脂蛋白胆固醇 8 大类。根据 Framingham 冠心病模型,将每类危险因素按水平划分为不同等级并赋予不同分数列成危险分数表,依照该分数表查出危险因素对应的分值,将分值相加即获得个体的发病概率大小。Framingham 冠心病模型是多因素模型法的典型代表,至今仍不断发展,目前的发展趋势是为模型加入置信区间及营养状况、运动、家族史等新的危险因素,进一步提高疾病风险预测的精准度。

(2) 缺血性心血管病(ischemic cardiovascular diseases,ICVD):10 年发病危险预测模型:以中美心肺血管疾病流行病学合作研究为基线资料,以缺血性心血管病为预测变量,采用 Cox 比例风险模型筛选出年龄、性别、血压、总胆固醇、体重指数、吸烟和糖尿病 7 种独立风险因素,并分性别建立了 ICVD 事件(心肌梗死、卒中和心血管病死亡)10 年发病危险预测模型。疾病风险预测步骤如下。

1）根据评价个体的危险因素水平，参照表 14-7（男性）或表 14-8（女性）进行评分；

2）将所有评分相加求和，得出总分；

3）在绝对危险栏中查对应的 10 年缺血性心血管病发病绝对危险；

4）参照表 14-9，将绝对危险与该个体所在年龄组的平均危险和最低危险比较从而得出发病相对危险。最低危险是根据收缩压 <120mmHg、体重指数 <24kg/m²、总胆固醇 <140mg/dl、不吸烟且无糖尿病的同龄群体所求得的危险。

为便于操作，可将表 14-7 分解二个表，即危险因素评分表和 10 年 ICVD 绝对危险表，根据某个体的实际情况算出危险因素评分，然后评价其 10 年 ICVD 绝对危险，并对结果评价，这样比较容易理解。

表 14-7　ICVD 事件 10 年发病风险预测模型（男性）

第一步：危险因素评分

年龄（岁）	得分	收缩压（mmHg）	得分
35~39	0	<120	−2
40~44	1	120~129	0
45~49	2	130~139	1
50~54	3	140~159	2
55~59	4	160~179	5
60 岁及以上者每增加 5 岁	加 1 分	≥180	8

体重指数（kg/m²）	得分	总胆固醇（mg/dl）	得分
<24	0	<200	0
24~27.9	1	≥200	1
≥28	2		

吸烟	得分	糖尿病	得分
否	0	否	0
是	2	是	1

第二步：以上得分求和相加

总分：

第三步：10 年 ICVD 绝对危险

总分	%	总分	%
≤−1	0.3	9	7.3
0	0.5	10	9.7
1	0.6	11	12.8
2	0.8	12	16.8
3	1.1	13	21.7
4	1.5	14	27.7
5	2.1	15	35.3
6	2.9	16	44.3
7	3.9	≥17	≥52.6
8	5.4		

表 14-8　ICVD 事件 10 年发病风险预测模型（女性）

第一步：危险因素评分

年龄（岁）	得分	收缩压（mmHg）	得分
35~39	0	<120	−2
40~44	1	120~129	0
45~49	2	130~139	1
50~54	3	140~159	2
55~59	4	160~179	3
60 岁及以上者每增加 5 岁	加 1 分	≥180	4

体重指数（kg/m²）	得分	总胆固醇（mg/dl）	得分
<24	0	<200	0
24~27.9	1	≥200	1
≥28	2		

吸烟	得分	糖尿病	得分
否	0	否	0
是	1	是	2

第二步：以上得分求和相加

总分：

第三步：10 年 ICVD 绝对危险

总分	%	总分	%
−2	0.1	6	2.9
−1	0.2	7	3.9
0	0.2	8	5.4
1	0.2	9	7.3
2	0.3	10	9.7
3	0.5	11	12.8
4	1.5	12	16.8
5	2.1	≥13	21.7

表 14-9　10 年 ICVD 绝对危险参考标准

男性

年龄（岁）	平均危险	最低危险
35~39	1.0	0.3
40~44	1.4	0.4
45~49	1.9	0.5
50~54	2.6	0.7
55~59	3.6	1.0

女性

年龄（岁）	平均危险	最低危险
35~39	0.3	0.1
40~44	0.4	0.1
45~49	0.6	0.2
50~54	0.9	0.3
55~59	1.4	0.5

第三节　健康管理研究实施

　　社区是我国居民初级卫生保健的堡垒,也是全科医生在提供社区卫生服务过程中开展健康管理的天然平台。长期以来,我国的医疗卫生资源主要集中在医院,而占人口绝大多数的非患病群体拥有的医疗卫生资源十分有限。在社区全科医生主导下开展的社区健康管理,针对不同人群和不同危险因素,可以降低疾病风险、控制疾病进展及减少医疗费用。对于慢性非传染性疾病、生活方式相关疾病以及代谢性疾病而言,一级预防能带来更为满意的效果。例如,心脑血管疾病是社区常见的一种慢性疾病,国内外研究证实其发生和发展与遗传背景、个体敏感性、性别、年龄、高血压、脂代谢异常、糖尿病、生活方式、神经行为等诸多因素有关。除年龄、性别、家族史之外,绝大多数危险因素均可通过健康管理进行干预。例如,对心脑血管疾病开展健康管理,可以有效推迟心脑血管疾病的发病时间和降低发病率。国外研究报道表明,通过有效改善生活方式,80% 的心脏病与糖尿病、70% 的脑卒中和 50% 的癌症都是可以避免的。

一、研究类型与组成

　　全科医生可遵循健康管理的基本流程,根据社区居民群体的不同健康状况及特点,如健康危险因素的多少、疾病风险的高低、医疗卫生服务利用水平等标准,进行分层和分类,以不同群体为研究对象,开展有针对性的健康管理研究。我国目前健康管理的研究工作较多集中在慢性疾病定向人群(如脑卒中、高血压、糖尿病等)的认知、态度和行为调查,以及社区干预的效果评价等方面。

(一) 健康管理研究类型

1. 药物干预下的健康管理　借助药物手段开展健康管理,达到防止病情进一步发展、降低不良事件发生风险的目的。药物干预下的健康管理既可以是针对患者群体的治疗管理,也可以是针对特殊群体的预防管理,例如,采用小剂量他汀类药物对社区心脑血管高危人群进行健康管理,对降低心血管疾病危险的效果进行研究。

2. 非药物健康管理　借助行为及心理手段开展健康管理,主要针对社区居民的不良生活方式的健康危险因素(如吸烟、酗酒、不合理膳食结构等),或针对可能影响社区居民个体或群体健康状况并引发身心疾病的健康危险因素。

(二) 健康管理研究组成

健康管理针对个体或群体的健康状况施行全程化和综合管理,通过健康管理可以监测个体及群体的健康状况,识别和控制健康危险因素,进行个性化的健康教育、健康指导和干预,有效衔接社区医疗卫生服务的各个环节。健康管理包括三个主要部分,即健康监测、健康风险评估及健康干预。

1. 健康监测　为社区居民建立标准化的健康档案,通过定期的健康体检、健康咨询、健康调查和跟踪随访等方式,对社区居民群体及个体的健康状态进行动态监测,从而收集与健康和疾病相关的信息。

2. 健康风险评估　是健康管理的核心,对健康监测收集到的健康和疾病相关信息进行整理,综合分析健康危险因素,利用风险评价模型等数理统计学方法,分析和判断社区居民的健康状态、患病危险程度及其危险因素,为健康干预提供科学依据。

3. 健康干预　在健康监测和健康风险评估的基础上,针对社区居民的健康和疾病风险状态,以及主要健康危险因素,制订个性化的健康指导方案。采取预防性干预和临床干预等手段,防止或延缓疾病的发生与发展,达到疾病控制和健康促进的目的。

二、研 究 方 法

(一) 健康管理常用评价工具

1. 生命质量评价量表　生命质量又称生存质量或生活质量,通过主观评价指标反映生命质量,描述居民个体目前所处的状态。生命质量通常包括5个基本内容。

(1) 躯体健康:即生理健康,指人体结构的完整和生理功能的正常。躯体健康的研究指标包括活动受限情况、体力活动适度性、卧床时间、自感体力状况等。

(2) 心理健康:指一种更高效而满意的、持续的心理状态。心理健康的研究指标包括个体对环境的适应性;认知、情绪反应、意志行为的积极性及调控能力;认识自我、自觉控制自我、对待外界影响、保持心理平衡协调的能力等。

(3) 社会功能:包括社会交往及社会支持两个概念,反映人的社会适应能力。

(4) 疾病状况:主要侧重自诉症状、感觉、疼痛等健康问题及自报疾病。

(5) 健康总体感受:指个体对自身健康状况的评价,包括对自身目前综合健康状态的自我评价、主观满意度和幸福感。

目前关于健康研究和实践使用较为广泛的量表包括简明健康测量量表(SF-36)、健康质量量表(quality of well-being scale,QWB)、欧洲生存质量测定量表(EQ-5D),以及在社区老年人群健康管理研究中使用较多的日常生活能力量表(activity of daily living scale,ADL)、虚弱性综合评估量表（comprehensive frailty assessment instrument，CFAI）等。

2. 体力活动评价　主要目的是评估机体适应外界环境的能力以及能量消耗情况。通常从强度、持续时间、频率三个侧面评价体力活动。体力活动评价常用的工具包括体力活动日记、体力活动回顾等自报工具，以及运动心率表、计步器等工具，结合基于体力活动数据库的软件对体力活动情况进行分析评价。

3. 膳食摄入评价　主要目的是评价居民个人及人群的营养状况。膳食回顾常用的工具包括 24 小时膳食回顾、膳食日记、食物频率调查表（food frequency questionnaire，FFQ），以及基于营养数据库的膳食评估软件等。

4. 精神压力评价　精神压力的评估通常基于自报，评价工具包括社会再适应评定量表（social readjustment rating scale，SRRS）、贝克抑郁量表（Beck depression inventory，BDI）、明尼苏达多相人格量表（Minnesota multiphasic personality inventory，MMPI）等。

（二）健康管理研究步骤

1. 需求评估　首先应根据研究目的，确定社区的靶人群，并考虑靶人群目前需要优先解决的健康问题是什么，其中哪些问题可以通过健康管理得到解决。通常可通过调研访谈、文献资料分析、流行病学调查等方法进行需求评估，为健康管理研究的开展提供必要的资料数据与研究依据。

2. 指标制订　指标即具体的目标，以及目标要达到的程度。通常从依从性、危险因素控制、经济效益等角度制订明确的、具体的、可测量的指标。

(1) 教育指标：研究健康管理的近期效果，即实现研究对象的行为改变，应具备的知识、态度、信念和技巧水平等指标。例如，某地社区全科医生开展糖尿病管理 3 个月后，在知识方面，预计有 98% 的管理对象能说出糖尿病的危害；在信念方面，预计有 95% 的管理对象相信通过调整行为生活方式能够控制糖尿病；在技能方面，预计有 90% 的管理对象能够掌握调整行为方式的技巧。

(2) 行为指标：研究健康管理的依从性及中期效果，即在健康管理实施后，管理对象的生活方式、行为和膳食变化的指标。例如，某地社区全科医生开展糖尿病管理 6 个月后，预计有 90% 的管理对象调整了生活行为方式。

(3) 健康指标：研究健康管理的中远期效果，即在健康管理实施后，管理对象的疾病状态、疾病进展、疾病预后等健康状况的变化。例如，某地社区全科医生开展糖尿病管理 12 个月后，社区内 45 岁以上居民的糖尿病患病率预计由健康管理实施前的 10% 下降到 8%。

(4) 效益指标：一级预防和早期管理是疾病控制最为有效和性价比最高的手段，通过科学的健康管理，可以减轻疾病负担，降低医疗费用，减少劳动生产力损失和健康损失。

3. 方案设计及实施　包括物资材料的准备、社区靶人群的抽取、管理对象的入选及排除标准的设定、评价工具的确定、测量方法及资料收集方式的选择、组织与培训、预实验以及质量控制。

4. 数据收集与分析　包括跟踪随访及终点时，管理对象的数据收集、数据录入与整理、资料统计分析、报告及论文撰写等。

【案例14-4】

高血压社区规范化健康管理研究

某全科医生联合该地多个社区卫生服务机构开展健康管理研究。采用机会性筛查、重点人群筛查和免费体检等方法,依据《中国高血压防治指南》诊断标准,对18至79岁的社区高血压患者建立健康档案,开展为期1年的健康管理及随访研究。研究对象的排除标准包括:继发性高血压患者;过去3个月患有急性冠脉综合征和脑卒中急性期的患者;智力、听力或肢体活动存在明显障碍者;合并其他严重疾病且预期寿命不到1年者;不愿参与研究随访者。研究共入选社区高血压患者3万余例。

该全科医生制作了高血压社区健康管理规范化手册与教学课件,对参与研究的多家社区卫生服务机构的全科医生和社区护士进行为期1周的集中培训。健康管理的内容包括建立高血压筛查与登记制度,制定治疗原则、危险度分层、病例随访、双向转诊及健康教育和信息化管理。根据血压情况、危险因素种类和数量、靶器官损害程度及并存相关疾病等因素进行临床综合评估,把患者划分为低危、中危、高危、非常高危4个层次,指导药物治疗和非药物干预(如健康教育和有氧运动等),随访频次分别为3个月1次、2个月1次、1个月1次,严重者为1周1次,并要求所有纳入病例随访时间至少为1年。随访包括电话随访、上门随访和高血压门诊服务等方式。各社区卫生服务机构由全科医生或社区护士对患者进行电话、短信等远程提醒;对行动不方便的患者,采取上门服务等形式以提高健康管理的依从性。

研究采用自身前后对照的形式,对高血压病例规范化健康管理前、管理后的血压情况及相关因素进行分析。在开展健康管理前,入选对象的平均收缩压为(142.9 ± 17.8) mmHg,舒张压为(84.1 ± 10.5)mmHg;在健康管理后,平均收缩压与舒张压水平分别为(136.2 ± 16.2)mmHg与(79.8 ± 7.4)mmHg,前后差异均有统计学意义($P<0.05$)。健康管理实施后,社区高血压患者的血压总体控制率为35%。多因素回归分析结果显示,社区高血压患者的血压控制率可受年龄、居住地、合并心血管病史、吸烟等多个健康风险因素的影响。

(王皓翔)

第十五章 医学科研论文的撰写

医学的进步离不开科研活动,而科研活动的展现形式则是科研论文。医学科研论文的写作是全科医生必备的技能之一。然而医学科研论文的种类繁多,在前面的章节已经分门别类地详细介绍了论文各个部分的相关内容,本章根据全科医生培训的特点,介绍医学论文、综述和病例报告的通篇写作方法及技巧。

科研论文写作的重要性是不言而喻的。首先,运用医学论文的形式将自己的研究成果展示出来,可以达到广泛交流、共同进步的目的,也可以供同行专家借鉴、参考;其次,医学综述的写作过程能帮助我们全面的了解本专业、本领域的历史和最新进展;另外,熟练掌握病例报告的写作有助于及时将临床上发现的新病例、新症状、新疗法介绍给大家,在分享经验的同时,或许会引发进一步思考,很多疾病的发现以及治疗方法的革新都是从病例报告开始的。

第一节 医学论文的撰写与技巧

一、医学论文的意义与特点

医学论文是对医学科学研究成果和临床工作经验进行总结的文字性报告,是医学某段时期某领域发展的文献记载,也是医学工作者阐述和表达医学研究成果的书面报告。它不仅是医学科研的重要组成部分,也是医学科技信息产生、存储、交流和推广的主要媒介形式。医学论文的重要作用在于将医学领域先进的科研成果及临床研究经验及时报道,供医务工作者交流借鉴,它极大地推动了人类医学科学发展和进步。

(一) 医学论文创作的意义

1. 贮存科研信息 医学论文既是科研过程的真实完整记录,又是科研结果的总结升华。它不仅仅是试验数据的记录,更是将试验过程中得到的各种数据分类整理,选用恰当的统计学方法加以分析,并用相应的文字图表进行描述,条理清楚地表达出所要论述问题的过程。

2. 交流科研成果 学术论文既是科研信息贮存的载体,又是学术理念传播的重要方法,通过学术期刊刊登、学术会议交流等方式,极大推动医学的进步和发展。

3. 启迪学术思想 临床和科研一线工作的人员经常会在实践中总结出各种经验和教训,医学论文的发表,可以使同行之间更便捷的相互交流经验,同时启迪学术思想,促进临床和科研工作的提升。

(二) 医学论文的特点

1. 思想性 一篇论文要有鲜明的主题思想,通常从题目即可反映出文章要解决的主要问题。

2. 创新性 创新性是论文的灵魂,是论文最大的价值所在。是前人没有做过或没有发表过的，非模仿抄袭他人研究成果的文章。要有自身的新发现、新见解，或者应用新技术、新材料得到的更好的研究结果。

3. 科学性　科学性是论文的生命线，它可以充分反映出一篇论文的科研设计是否合理、统计方法是否正确、试验结论是否严谨。

4. 严谨性　科学论文必须真实严谨，可以说论文无小事，无论是研究方法的恰当选择、数据资料的完整真实表述、统计方法的正确运用、文章中数字、标点、图注、引文等细节的展示，都充分体现出了科学论文所具备的严谨性的特点。

5. 实践性　一篇有价值的论文可以推动科学的发展，促进临床工作水平的提升，具有一定的经济和社会效益，甚至可以影响临床路径的制定，但必须具有可操作性。

6. 可重复性　涉及临床实践工作的科学研究，尤其是国际多中心、随机、双盲、对照的临床研究，研究成果很有可能影响本专业治疗指南的制定和修改，这样的研究结果必须是可重复的，否则数据可能有偏颇，结果准确性受到质疑。

二、医学论文的基本格式与规范

(一) 医学论文的基本格式

1. 题目(title)　题目要求简明、扼要，充分反映文章要研究的内容。通常中文题目不超过 20 个汉字，英文题目不超过 10 个词，或 100 个书写符号(包括间隔在内)。题目既可以抛砖引玉，提出要解决的问题，又可以将重要方法及初步结论简明列出。题目与内容必须充分吻合，避免文不对题或题不对文，同时切忌空泛、切忌拖沓冗长。举例：①肺癌细胞的凋亡机制研究(题目过于空泛，看不出初步结论)；②肺腺癌 A549 细胞系通过细胞色素 Caspase 激活的线粒体通路途径介导肿瘤凋亡进而抑制肿瘤生长的机制研究(题目过于拖沓冗长)；③适宜的题目修改如下：肺腺癌 A549 细胞通过线粒体通路介导肿瘤凋亡的机制研究。另外，题目通常不以数字作为开头，例如：《32 例冠心病介入治疗疗效分析》通常应写为《冠心病介入治疗 32 例疗效分析》。

2. 署名　署名作者必须是真正参与该项研究的全部成员名单。通常通讯作者对论文内容负责，第一作者是论文的主要执行者，其余作者按贡献大小依次排列顺序。署名要遵循实事求是的原则，必须是参加全部、部分工作或文章撰写的人员，但并非所有参加工作的人都要署名，有些人仅协助完成研究的小部分工作，可在文末的致谢中声明表示感谢。所有署名均应告知并取得本人同意，并亲笔签名。论文作者工作单位也应详细注明(通常以通讯作者单位作为论文的第一单位，不同作者的单位，按贡献大小依次列出)，并附作者的邮政编码、电子邮箱、电话号码，以便读者联系。有的期刊还刊出作者的职务(职称)和学位，对于约稿的综述文章还会给出作者的个人简历。工作单位应写全称，并核对中英文表达。作者在其他单位进修或学习(包括攻读硕士、博士学位、博士后研修)期间完成的研究，回到本单位或分配到另一单位后所投的稿件，除标注作者目前所在单位外，应同时注明其从事研究时所在的单位，以明确知识产权的从属关系，需注意先后顺序，不可按照晋级等需要把个人利益凌驾于知识产权之上。

3. 摘要(abstract)　中文论著需附中、英文摘要。摘要是文章内容的简短深刻概括，可以充分体现出文章的全部精髓。通常为"四段式"或"一段式"，传统的"四段式"摘要包括："目的(Objective)""方法(Methods)""结果(Results)""结论(Conclusion)"4 个部分。"一段式"摘要是将所有内容写在一个自然段，不必标明目的、方法、结果、结论，按照这个思路将全部内容逐一分层写出即可，"四段式"与"一段式"摘要的写作方法与思路基本一致，多采用第三人称撰写，语言精练、明确，内容具体、完整，避免使用过多修饰词语及模糊语言。一般杂志限制总字数在 200~500 字左右。目的常为一至两句话，概括文章要解决的问题及意义。方法与结果书写具体，写明关键数据及实验方法、统计方法。结论要客观准确，不可夸大其词及过度推演引申，可以表明作者今后的研究方向。对应的英文摘要应包括题名、作者姓名、单位名称、所在城市名、邮政编码及国家的英文准确表达。通常约为 250 个实词，与中文摘要内容相对应。下面的例子是摘要中目的部分的不恰当写法：

"目的：结直肠癌是我国发病率较高的肿瘤，与饮食密切相关，随着社会发展、人民生活水平的提高，结直肠癌的发病率呈现逐年升高的趋势，肠镜对于结直肠癌的诊断非常重要，但是 CT、MRI 同样也可以对结直肠癌的诊断具有辅助价值，本文即增强 CT 与三维增强 MRI 在结直肠癌辅助检查中的价值。"目的部分显得过于拖沓，主题不明确，需注意的是这里不必提及背景知识，不需用大量篇幅介绍诸如结直肠癌发病率、预后、治疗方法的相关背景知识，也不必介绍 CT、MRI 及其各自的工作原理、优势局限性、临床应用等知识，这部分内容可在文章中介绍，摘要只需用 1~2 句话简明扼要、高度概括文章目的即可。

比较恰当的写法为："目的：比较增强 CT 与三维增强 MRI 在结直肠癌术前分期诊断中的价值"。开门见山，直接点出文章要研究的内容。

下面的例子是摘要中方法部分的不恰当写法："方法：分析了 50 例患者，分别采用这两种方法进行术前检查。"显得过于简练，给人无话可说的感觉，没有写清楚需要说明的关键点，严重影响了文章的科学性。

恰当的表达方法为："方法：回顾性分析了 ×× 医院 ×× 科室 2013 年至 2016 年的 100 例结直肠癌手术的患者，患者术前均经肠镜取病理证实为结直肠癌，其中增强 CT 组 × 例，三维增强 MRI 组 × 例（进一步将患者的相关特征的总结分析结果进一步阐释，……，最好还要说明两组数据最后选择了哪种统计方法进行统计分析）。"

下面的例子是摘要中结果部分的不恰当写法："结果：增强 CT 在判断 T 分期中的准确的为 × 例；在判断 N 分期中准确的为 × 例；在判断总分期中准确的为 × 例。三维增强 MRI 在判断 T 分期中准确的为 × 例；在判断 N 分期中准确的为 × 例；在判断总分期中准确的为 × 例。"需注意每组的结果需选择准确率详细表述，算出百分数，不可仅仅列出阳性的例数。并需选择恰当的统计学方法，进行统计学分析。

恰当的表达方法为："结果：应用术后病理做参照，增强 CT 在判断 T 分期中的准确率为 ×%（×/200）；在判断 N 分期中的准确率为 ×%（×/200）；在判断总分期中的准确率为 ×%（×/200）。三维增强 MRI 在判断 T 分期中的准确率为 ×%（×/200）；在判断 N 分期中的准确率为 ×%（×/200）；在判断总分期中的准确率为 ×%（×/200）。两组比较是否具有统计学意义，P 值是否 >0.05，是否具有统计学意义。"

结论部分不恰当的写法举例如下："结论：增强 CT 及三维增强 MRI 在结直肠癌术前分期中均具有重要的价值，对于可手术患者是术前必须完成的检查，并且对于患者的五年生存率起到了最根本的决定作用，可以改写结直肠癌的治疗历史。"对于结果没有正确解读，并且对于辅助检查的意义过于夸大，不符合事实。

恰当的写法为："结论：增强 CT 及三维增强 MRI 在结直肠癌术前分期中均具有一定的意义，但三维增强 MRI 在判断局部 T、N 分期方面发挥了更加重要的价值，对于术前准确判断、术后实施、新辅助化疗人群的选择及预后具有重要的价值。"客观陈述结论,不夸大其词。

4. 关键词(keywords)　关键词是论文中最重要、最能反应主旨、出现次数最多的词或词组,通过关键词有助于了解全篇主题。此外,医学情报文献检索系统通常将关键词作为主题词索引(medical subject headings,MeSH)列入。关键词多为名词或名词词组,通常 3 至 6 个,最少 2 个。关键词通常可从文章题目和摘要中选出确定,列于摘要下方,须中英文对照。各关键词之间(依据不同杂志的要求)通常以分号、逗号、或者空格隔开,最末一个关键词后不必用句号。举例:①上一自然段摘要中恰当的中文关键词为:增强 CT、三维核磁、结直肠癌、术前分期;②一般不选择没有具体含义,或含义过大的名词词语,如辅助检查、意义、价值、诊断等词语;③一般不选择动词词语,如判断、做手术等;④一般不使用自创的缩略语,缩略语需选择正规并被广泛认可的词语,如可以使用"非小细胞肺癌""腺鳞癌""冠心病""高心病""肺心病",对于扩张型心肌病不能缩写成"扩心病",容易引起歧义。

5. 引言(introduction)　引言是论文的开场白,占全文总字数的 5%~7%,主要内容包括研究的意义、国内外研究现状、如何发现此问题和前期研究基础及本研究目的。在引言部分,可对文章所要解决问题的实际意义简明点出,从国内外研究的现状即可以充分了解到论文的先进性、原创性,但尽量避免使用"国内外首创""文献未见报道""前人未研究过"之类的语句。另外,前言可将文章的前期研究基础或方法、材料方面的独创性有所说明,对于预期研究成果的成功取得也可窥见一斑。具体书写思路如下:首先对要研究的问题进行总体说明,介绍定义,研究意义、前景,目前国内外研究现状(是否还有未研究的空白点及进一步研究的价值)。其次介绍如何想到进行该项研究:可以是课题组一直的研究方向,或者是在文献中得到的启发,也可以是日常工作中要思考解决的问题。有时候这两部分的内容可以有所交叉。最后可以直接介绍前期研究结果或条件技术优势,以及可能的预期成果。

6. 材料和方法(materials and methods)　材料方法部分是对整个实验过程及全部数据、方法、统计的全景展示。需注意三点:①真实性,所列数据是经过科学实验得出的真实数据,不可随意篡改,并且具有可重复性,不是随机偶然事件。②细节性,要说清楚所研究的对象(人或实验动物)、所用的材料(研究药物等)、仪器(注明厂家)、实验的操作步骤(具体的温度条件等)。引用他人试验方法时需标明文献出处,自己的实验方法在发表不同文章时也不可原文照搬,同样需标明引用,避免剽窃嫌疑。③科学性,实验的设计要符合科学原则。涉及人或动物的临床试验要符合伦理,分组时要符合随机分组原则。基础科学实验要设立合理的阴性对照和阳性对照组,选择的实验方法要准确和先进,可以应用不同的方法论证,这样才能保证结果的真实可信。例如:从事临床试验的过程中,有试验药物组、安慰剂对照组。如果不采取随机双盲的原则,医生有偏好性地将部分患者加入试验药物组,会导致试验结论严重偏倚,结果可信度受到极大影响。基础实验过程中,如没有合适的阴性对照和阳性对照,就无法区分实验系统带来的影响(例如,转染过程的影响或不同器官部位非特异性着色的影响),导致实验结论的准确性受到质疑。综上所述,严谨的科学性有助于文章发表在高水平的学术期刊,从而受到更多的关注,产生更广泛的影响力。

7. 结果(results)　结果部分是论文的核心部分,是将研究得出的所有数据整理、归纳并用恰当的统计学方法分析,然后把结论分层次清晰表达出来,即通过浓缩事实,归纳总结和分析结果,得出最后的科学结论。通常我们借助文字、图、表结合的方式表达,以文字为主,三者内容无重复。结果部分需注意的事项是:首先结果不是方法部分的简单重复和罗列,需对材料、数据进行详细、符合逻辑的归纳整理,列出图表,图表设计合理,表达层次清晰,标注正确,统计方法准确。其次,对阳性结果的解读要恰如其分,不可夸大其词;同时切记对阴性结果不能随意篡改,或者只报喜不报忧,或者对于不良反应、并发症等负面结果没有正确的评价,一味掩盖。因为论文是供同行学习参考的重要资料,必须保证其真实合理性和科学性。再者,统计过程中应严格选取国际公认的指标、方法,避免自行杜撰标准,造成数据无公认的可信性。

8. 讨论(discussion)　讨论部分是论文的总结升华,是论文的点睛之笔。可以说,一篇论文对读者的学术启发,与讨论部分的成功书写关系密切。这一部分文笔自由,可以包括的内容有深入阐述研究工作的原理和机制;材料和方法的特点及其得失;本研究方法、结果与他人发表文章的异同点,以及各自的优越性与局限性;详细阐述学术观点的价值和意义,未来前景,同时可以提出下一步的工作设想。需要注意的是,每篇论文并不是必须逐项列出上述全部内容,可根据自己的论文特点有所侧重,突出自身的优势,如方法上的先进优势或自建细胞系等独有知识产权优势,或是原研创新的优势,切忌夸大其谈,漫无边际。

可以说引言部分不同于讨论,它起到的是抛砖引玉的作用:写出为什么要选择这个题目;这个题目涉及的到底是什么内容;国内外已经研究到什么程度;如何才能得出预期成果,有哪些有利条件和不利条件,如何克服;如果得出预期结果,将有哪些意义? 而讨论部分是全文的总结升华:利用有利条件究竟取得了哪些成果;如何克服的不利条件;自身的成果与他人相比有哪些独到的优势;得到该成果究竟有什么价值;未来是否还可以继续延伸,取得更进一步的成果。两部分侧重的内容是不同的,个别地方可以有小的交叉,但具体侧重点还是有区别的。

9. 致谢(acknowledgement)　致谢部分主要是对本文有过贡献,但又不能列入作者名单的人员表示感谢,包括协助本研究的仪器测试工作人员、资料及技术(绘图)协作者、经费、物资、实验场地、器材提供者等。作者也需事先征得被致谢者的同意。

10. 参考文献(references)　对于文中所引用的他人的学术思想、理论、成果和数据,按引用的先后顺序依次标注列出,在文章中相应位置用方括弧、单纯数字等方式注明,引用文献通常建议以 5 年内的参考文献最有价值。一方面可以体现科学继承和尊重他人劳动的态度,另外,还有助于读者查证有关资料。通常引用参考文献的数量,论著在 10 条以内,综述在 25 条左右(此为中文文章标准,国际期刊通常列出更多参考文献),而且只限读者亲自阅读过的资料。未发表的资料和个人通讯报道、新闻报道、会议报道通常不列入参考文献。参考文献应按各杂志稿约规定格式书写。参考文献类型可用专门的代码标注:专著[M]、会议论文集[C]、报纸文章[N]、期刊文章[J]、学位论文[D]、报告[R]、标准[S]、专利[P]、论文集中的析出文献[A]。常见书写格式举例如下:①著作:[序号]主要作者. 书名[文献类型标识]. 出版地:出版社,出版年,起止页码。例:[1]施榕,郭爱民. 全科医生科研方法 . [M].北京:人民卫生出版社,2017. 45-68. ②期刊文章:[序号]作者. 文献题名[J]. 刊名,年,卷(期):起止页码。例:[1]张三. 心肌酶在冠心病诊断中的采血时间分析[J]. 中国心血管病杂志,2002,(1):5-7.[2]Si Li, San Zhang, Er Wang et al. The prognosis analysis of Lung Cancer. [J].Cancer,2006,15(6):1089-1095.(对于作者的写法,按不同期刊的要求,有的要求列出全部作者,有的要求列出前三位作者;另外期刊名字的书写位置不同期刊也有不同要求,请投稿前认真阅读投稿指南。)

(二) 医学论文的规范

医学论文的书写通常具有一定的规范,下面分几个方面详细介绍论文的书写中需要注意的规范。

1. 汉字使用及语法修辞 医学论文为正式的书面文体，在书写过程中要使用规范汉字，避免使用繁体字、生僻字，汉字使用通常以商务印书馆出版的《现代汉语词典》为准。另外，语法修辞也要符合规范，通常是以张志公主编的人民教育出版社的《现代汉语语法》作为语法修辞的标准规范。

2. 专业术语 医学论文中经常使用专业术语，应用最多、也是最为重要的是名词词语。对于经全国自然科学名词审定委员会（http://www.term.gov.cn）审定的科学出版社出版的近40种名词可以直接使用，对于目前尚无审定的名词，可使用现时通用的名词。使用名词术语时需注意如为人名构成的术语，如人名为单汉字，构成名词术语时加"氏"字，如布氏杆菌、骨科手术用的克氏针；如人名为多个汉字的，直接用人名表示，例如革兰染色、巴宾斯基征。涉及药物名称的名词均以《药典》为准，使用通用名，避免使用商品名。

3. 数字和计量单位的使用规范

(1) 数字用法：①阿拉伯数字常用于：公元世纪、年代、年、月、日、时刻表示，物理量量值表示，计数数字（小数、分数、百分数等），元件及仪器的编号，例如：公元21世纪、80年代、2007年8月5日，时刻用冒号隔开，如上午8点32分46秒，可以书写为08:32:46，重量280kg，61.47%，国际标准号ISBN-098-6741。②不使用阿拉伯数字而使用汉字的场合：某些定型的词组、缩略语，带几的表示概数的数字，表示事件的词语，例如：四氧化三铁，十二指肠，第十个五年计划，几十万分之一，正月初七，"九·一八事变"等。③数字书写规范：表示数值范围（包括百分数范围）的符号应用"~"连接，如4.7kg-9.6kg应写为4.7~9.6kg，79-83%应为79%~83%；带计量单位的应分别标注单位或统一标注一个单位，例如，5cm×7cm×2cm或5×7×2（cm）；分数式应排成单行，中间用斜线划开，如1/10。④有效数字的确定：一个有效数字中只有最末位数字是估计数字，其他数字均为准确数字。有效数字与测量仪器的灵敏度有关，如天平的敏感度为0.1mg，那么称重结果15.34mg中，15.3mg为准确数字。

(2) 计量单位：以《中华人民共和国法定计量单位使用方法》为准。论文中计量单位的使用需注意：法定单位与非法定单位不能混用，已废除的旧单位不要继续使用，例如：尺、寸、斤、两、公分等计量单位不要应用。表达组合单位时，通常只能有一条斜线，若分母中有两个以上单位时，整个分母应加圆括号。如mg/（kg·d）。避免中文符号与国际符号混用，如：米和m混用，小时和hr混用。

4. 统计学分析 统计分析时应根据数据的分布特点，选用合理的统计方法。一般正态分布的计量资料用均数±标准差表示，采用t检验和单因素方差分析进行检验；非正态分布的计量资料多采用秩和检验。详见"第三章 全科医生科研中的常用统计方法"，以及"第四章 全科医生科研中的流行病学设计"。

5. 图表设计 通常一篇文章的图表大多为4~6个，图表可进行适当的组合。

(1) 图：包括线条图或照片图，线条图一般是按照实验数据及统计结果绘制而成。线条图的制作要注意以下的要点：①高度与宽度之比在5：7左右；②一般纵、横坐标中应标明标目的量和单位符号，最大坐标范围以及坐标刻度根据数值特点选取；③记录图（如心电图、脑电图等）：要求用原图，图面整洁，图像清晰，如可充分说明问题，也可以截取部分阳性片段。照片图的制作要点：CT等图片可以只需显示必要的部位；颜面或全身照片应用线条遮盖保护隐私；病理、免疫荧光、电镜、共聚焦显微镜等显微照片应标明染色方法及放大倍数。另外，还需注意：每张图要有单独的序号和简明的标题，居中排在图的下方。图中如有需说明的事项（如P值），可在图内用箭头等标注,在图下以简练文字注释,列出图注。

标准线条图举例(图 15-1):

影像图片举例:在图中将病变区域重点标明,便于读者更好地认知。不涉及隐私的信息,无需特殊处理(图 15-2)。

免疫组化图片:需在图片中注明放大倍数,如为多个图片可在图中标明 a、b、c、d(图 15-3)。

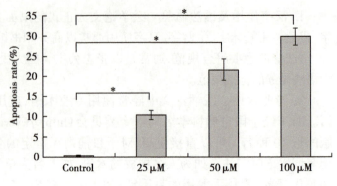

图 15-1　四组的凋亡率比较($\bar{x} \pm s$, $n=3$)

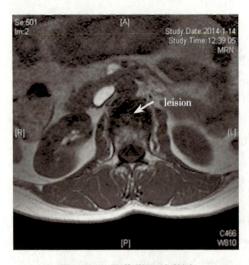

图 15-2　影像学图片举例

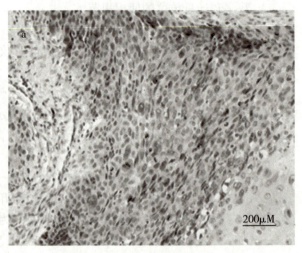

图 15-3　免疫组化图举例(彩图见文末)

(2) 表格:表格的设计同样遵循统计学制表原则进行。国内外医学界普遍推荐使用三线表。每张表格均应有单独的序号和简明的表题,居中排在表的上方。表中如有需说明的事项(如 P 值),可在表内有关内容的右上角标注"※"、"#"等符号注释,列出表注(表 15-1)。(具体详见本书统计图表绘制部分的章节)

表 15-1　荷瘤鼠移植瘤荧光值

种瘤时间(周)	鼠移植瘤荧光值(E^{+08})	
	A 组	B 组
1	6.9 ± 5.0	1.6 ± 1.2
2	7.8 ± 3.7	4.1 ± 3.8
3	20.4 ± 19.0	23.5 ± 16.6
4	46.4 ± 24.8	41.8 ± 26.1
5	169.3 ± 153.8	87.3 ± 57.9
6	372.4 ± 284.9	187.4 ± 168.0
P 值	$P=0.023^{*}$	

* $P<0.05$,差异有统计学意义。

三、医学论文写作的常见技巧

(一) 立题有深意

一篇文章的影响力及发表的难易程度,最大的影响因素是立题的科学意义。原创性强、对本领域的研究具有重大推动作用的文章、或是对临床具有重要实践价值的大型研究,通常会成为举足轻重的好文章。对于基层医务工作者,尤其是工作在一线的全科医生,想寻找这样的立题很难,但可从几个方面入手:①多看本领域的著名专家的文章(包括专业领域中高水平的综述、回顾性研究总结等),参加学术会议,学习引进新技术(包括新药、新仪器、新的诊断方法的临床应用),实现新技术的成功嫁接;②平时细心观察临床工作中的细小点,努力寻找临床上可研究之处,包括罕见、疑难病例的个案报道,危重患者的救治经验;③基础研究方面可以立足于自身的实验条件,积极申请课题资助,利用科研经费与医科大学附属医院联合开展。

(二) 布局谋篇得当,条理清晰

论文通常有字数要求,论著一般为 3000~5000 字,平均 4000 字左右。因此如何用好这5000 字科学严谨地表达出自己的科学观点,布局谋篇就显得十分重要。一般来说前言通常占 5%~8%;材料和方法、结果约各占 25%~35%;讨论约占 30%~40%。具体写作过程中通常根据论文的本身特色和具体内容来安排文章篇幅,阳性结果写作时有所侧重、阴性结果要灵活处理。例如:一篇临床回顾性文章分析多个临床特征与患者预后的关系时,对于有重要临床价值的阳性指标要充分扩展,对于部分阴性指标,可以根据对临床的价值侧重分析,可以分析是否由于一些客观因素导致了阴性结果的出现,比如样本量的大小、分组是否合理、随访时间是否有影响、是否存在大量失访病例等。要统筹规划,分配好不同部分的文字比例,讨论有很多精彩部分要表述的时候,可以适当减少引言篇幅,同时注意避免将方法和结果的内容写入讨论,将讨论的内容写入引言或结果。例如:在应用自身培养建立的耐药细胞系进行后续实验室时,关于自建细胞系的优势,独创性如在前言中重点讲述,讨论中就可简要概括,不可反复在前言、材料方法及讨论中进行赘述。

论文的写作不同于实验记录,并不需要将全部细枝末节和所有数据资料一一列出,尤其要避免简单罗列。一定按照事先设计的流程、依照逻辑顺序,将实验结果整理、总结、得出结论。用不同标题分层标注清晰,使文章结构简洁易懂。

(三) 活用语法和修辞,注重规范化和细节

论文具有科学性、严谨性、规范性和逻辑性的特点。不要求具有感情色彩,只需应用简短、整洁、通顺的语句,陈述科学事实及其重要意义,在文章中更多地注重规范,尤其是文章中使用的医学名词、药学名词、化学名词、简化汉字和计量单位等。注意表述准确,避免发生歧义。为增强可读性也应适当注意,避免同一词语从头至尾,在不影响表达准确性的前提下,可使用同义替换、语态变换,更好地吸引读者。

四、医学科研论文和研究报告撰写中的常见问题

在论文投稿的过程中,经常遇到被直接拒稿,或编辑提出大量意见需反复修稿的情况,为避免这种现象的出现,现将撰写医学论文过程中可能会存在的常见问题进行剖析。

1. 题目　标题不精炼,冗长繁琐,形容词或限定词语过多,造成题目过长,晦涩难懂;使

用了非公认名词或缩略语,使题目不易认读,例如:"甲状腺功能减低性心脏病"通常不应缩略为"甲减心";使用了不确定词语如"可能机制"。

2. 作者 为了拉关系,将一些没有参与研究的人都列入作者名单,例如,单位的领导等;按照职称的高低、资历的新老、分工,甚至是与通讯作者的亲疏关系不同来排列作者署名,例如,将自己爱人列入作者中,并放在最前面的位置。通讯作者的名字和邮箱地址没有提供;通讯作者邮箱书写错误或通讯作者邮箱过多,导致编辑无法及时与作者进行沟通或者读者与作者进行交流。

3. 摘要 首先摘要是否具有可理解性,是否含有医学研究报告的主要部分。摘要不能过分侧重引言部分,对实验内容方法一笔带过。又不能过分夸大意义。更不能超字数,要按照具体投稿杂志要求写成"四段式"或"一段式"。未提供英文摘要,或英文摘要和中文摘要的内容不一致。

4. 关键词 不会总结关键词,导致关键词的选择过多或过少;未使用 MeSH 词表中的规范关键词;关键词无法反应文章的主要研究内容;关键词使用不规范英文缩略语或简写形式,导致无法辨识。

5. 引言 初写者经常无从下手、无话可说,主要由于对研究现状把握不足,不了解自己的研究在其中所处的位置;或者一味翻译文献,没有自己的观点。另外,把自己研究结果的意义任意夸大,脱离实际,随意使用"首次报道""首创""第一"等词语。

6. 材料与方法 实验步骤或方法介绍不清,缺少实验对象的选择入组标准,甚至治疗方法中药物剂量、使用方法介绍不详。使用的仪器设备型号没有具体考证,随意在网络上搜索书写;将国产抗体、试剂改写成进口抗体、试剂。

7. 结果与材料方法部分重复;列出一个结果,分析一个结果,缺乏整体逻辑性;将讨论部分的内容过度前移,导致四个部分的内容含混不清;只列阳性结果,对阴性结果只字不提或一味遮掩;图表不规范表达,图注、表注表示不清楚或根本缺乏;存在统计学常见错误,如例数选择过少、统计方法选择错误、未设立合理的对照、对统计学结论解读错误等。

8. 讨论 将结果部分内容简单机械的重复;存在超出结果部分内容的结论;将引用文献内容再次复习、罗列出来,只是将中文文献进行简单概括,或直接抄袭部分原文,或将英文文献简单翻译过来列于文中,而对于自己的文章与所引用的参考文献内容之间的关系并未有任何提及。

9. 参考文献 该部分不涉及任何的技术性的问题,只需要有一个认真严谨态度和规范的习惯,就可以完成,现在的文献编辑可以借助 EndNote 这样的软件轻松准确的完成。常见问题如下:未阅读投稿须知,导致著录格式不规范(例如:期刊要求引用文献数不少于 20 个,或不多于 30 个,一定要按照要求去做);缺少连续出版物卷或期号,专著缺少出版地和出版社;引用非正式出版物上的文献,包括内部资料、论文汇编、预印本等未正式出版的资料;正文忘记标注引用序号或正文中标注的序号与文后参考文献序号不一致;引用文献不恰当,过度引用老旧文献(应多引用近五年的文献,例如,2016 年投稿的文章,应多引用 2010—2015 年的文献,不可引用的均为 1999 年之前的文献);对多名作者的录著不符合杂志要求,如:有的期刊要求只列出前三位作者,有的期刊要求列出全部作者;刊名缩写错误或录著位置不符合规范。

第二节　综述撰写的基本方法

综述是一种较为特殊的论文形式,其特点是信息量集中。一方面,通过阅读医学综述可以使读者快速纵览某一专题或研究领域的历史发展、研究现状以及最新的科研动态;另一方面,医学综述的写作过程也是作者收集资料、整理信息、了解历史、开阔视野、深入思考、提出观点的机会。作者通过查阅文献、分析梳理知识脉络、展望未来,能够升华对相关问题的理解。因此,综述的写作是初学者必备的一项技能。

一、综述的概述

文献综述是作者针对感兴趣的某一主题或某一领域,参考大量文献资料,特别是近年来公开发表的文章加以客观分析,归纳、总结该领域研究的现状,并提出未来发展方向的一种学术论文。在国外,综述通常都是由杂志编辑人员向某一方面专家约稿,作者常常是该专业的领军人物,能够站在学术的制高点纵览全局,提出指导性或者建设性的观点,具有权威性;而国内的绝大多数杂志,综述通常是自由撰稿的,一般是由低年资医生或研究人员总结撰写,他们多以学习和练习写作为目的,但必须由资深专家审校以确保文章的质量。

综述性文章有很多分类方法,各家观点不一,我们概括性分为三大类:①总结陈述型综述:该类文章将相应领域的已有研究成果进行一定顺序的归类和总结;②分析前瞻型综述:该类文章在归纳总结的基础上包含有大量作者的观点;③统计分析型综述:主要指荟萃分析(Meta 分析)类文章,相当一部分学者将 Meta 分析这样的以统计学为主的综合评价列入综述范畴,该类文章通过对既往研究数据进行搜集、质量评价、重新整合归纳、并统计分析,以获取最高质量的"证据"。在循证医学里面是最高级别证据的重要来源。本节所讨论的综述并不包括 Meta 分析。

二、综述的特点

综述一般具有以下特点。

(一) 全面性

综述作者通常对研究主题进行回溯式回顾,将研究主题的来龙去脉清晰地展现在读者面前。通常,综述的作者都要阅读大量的文献,少则 20 余篇,多至百余篇,资料全,覆盖面广,信息量大,这样才能使读者通过阅读综述全面的了解领域内的历史背景、研究现状和发展趋势。

(二) 前沿性

综述的主要任务之一就是跟踪领域前沿,介绍最新的进展。综述不是写学科发展的历史,而是要搜集最新资料,获取最新内容,将最新的医学信息和科研动向及时传递给同行读者。

(三) 综合性

综述要纵横交错,既要以某一主题的发展为纵线,反映当前研究的进展;又要从国内到国外,进行横向比较。文章要收集大量原文,经过综合分析、归纳整理、消化鉴别,使材料更精练、更明确、更有层次和逻辑性,进而把握本主题发展规律和预测发展趋势。

(四) 客观性

综述要求作者能够客观地将之前的研究结果纳入,而不是凭个人喜好选择性纳入文献。介绍他人的研究时要客观,避免主观臆测。同时,要纳入研究结果不同、甚至相互对立的研究,以期提供给读者更加客观的资料,供科学工作者们参考。

三、综述的要求

综述不应是材料的罗列,而是对亲自收集和阅读的材料,深入挖掘,并加以归纳、总结,做出评论,提出作者的观点以及对未来的展望。一篇好的综述,应当是既有观点,又有事实,有骨又有肉的好文章。内容要求主要有以下几方面:

(一) 选题要新

选题角度要"新",即所综述的选题必须是近期该刊未曾刊载过的。一篇综述文章,若与已发表的综述文章"撞车",即选题及内容基本一致,同一种期刊是不可能刊用的。内容要"新",虽然有些主题是老生常谈,但是由于科学技术的发展和医学研究的进步,会从新的角度提出新的观点、新的问题,这样看似旧的主题,也可以因为内容的"新"而再次提出,也就是所谓的"旧瓶装新酒"。

(二) 说理要明

说理必须充分利用资料,处处以事实为依据,决不能异想天开地臆造数据和论断,以推测作为结论。

(三) 层次要清

这就要求作者在写作时思路要清晰,如剥茧抽丝样,一层一层逐步展开,通篇或局部按照时间、逻辑主线来进行阐述,才能使读者更易于理解,消化分析。

(四) 语言要精

科技文章以科学性为生命,语言严谨性为优点。如果语不达义、晦涩拗口或者专业性不强、语言不精练,则必然影响读者对文章内涵的理解。所以,在实际写作中,应不断地加强汉语修辞、语言表达方面的训练。

(五) 文献要近

由于现在的综述多为"现状综述",所以在引用文献中,70% 的应为近期的文献,最好是5 年内的文献。参考文献依引用先后次序排列在综述文末,并将序号置入该论据(引文内容)的右上角或右侧。引用文献必须真实准确,以便读者查阅参考。

(六) 校者把关

初学者所作的综述,要由相关领域的专家给予审校,以保证综述的质量。审校者应以自身的经验和对专业领域的深刻理解,对综述的格式和内容予以修改、把关。

四、综述的格式

(一) 基本格式

综述的组成部分包括:题目、作者及单位、摘要、关键词、引言、主体部分、结束语、致谢、及参考文献。

其中各部分的内容与第一节所述类似,但是综述有其特殊之处,下面我们就综述的特点对各部分内容简单介绍。

(二) 作者及单位

与其他的论文不一样,综述只要求列出综述者和审校者,通常各为一人。特别是国内的杂志,通常要求标出综述者和审校者。

（三）引言

引言也是背景介绍,可以回顾研究历史、阐述相关概念的定义、明确综述的范围、指出研究的焦点、提出存在的争议。此部分最后还要用清晰简洁的文字说明写作的目的以及必要性。

（四）主体

主体部分是综述具有自身特点的部分,也是综述最重要的部分,更是写作的重点。由作者按照一定的逻辑顺序书写,由多个段落或小节构成。每个段落或小节从一个角度来进行阐述。注意要层次清晰,结构分明。

（五）结束语

该部分的功能包括:对全文加以总结概括,并对未来的研究方向加以展望。此部分作者可发表自己的见解和评论。

（六）参考文献

通常,国内杂志对综述的要求是参考文献在 30 篇以内;而国际上的学术杂志没有明确要求,可多达上百篇。

五、综述的写作方法

（一）写作前准备

在写作前首先要明确自己要总结本领域哪一方面的工作。要确定关键词,并在各个数据库中检索。常用的数据库有美国的 PubMed 及国内的 CNKI、万方等。关于文献检索请参考第六章内容。

（二）前言部分

该部分可以是研究背景的介绍,如果涉及疾病,也可以是流行病学现状分析。对义章涉及的概念及相关问题做必要的阐述,提出目前研究的焦点,尤其要指出不同的观点或者分歧点,从而引出文章的目的、意义,提出综述的主体。

（三）主体部分

此部分是大量文献资料再加工的过程,很多人认为综述文章不是"original article",但是,真正要写出一篇高质量、高水平的综述,需要从浩瀚文海中选择有重要价值的相关文章,仔细阅读、分析、归纳、整理,所费的精力,不啻于写一篇原创的科研报告。综述提出的重要学术观点,要全面、客观,避免遗漏不同观点和见解。可以按时间顺序简要说明各历史阶段的发展状况,体现各阶段的研究水平,展现该问题的研究脉络。对重要的、有创造性和有发展前途的理论或假说进行详细介绍,并引出论据;对有争论的问题要介绍各家观点或学说,进行比较,指出研究方法的不同和导致差异的原因,提出问题的焦点和可能的发展趋势。对陈旧的、过时的或已被否定的观点则可从简。对一般读者熟知的问题只需要提及即可。

例如,有关高压氧和肿瘤治疗的研究,有学者认为高压氧能够抑制肿瘤的增殖,也有学者认为高压氧可以促进肿瘤生长;有学者认为高压氧能够抑制肿瘤的转移,也有学者认为高压氧能够促进肿瘤的转移;有学者认为高压氧能够促进肿瘤耐药,也有学者认为能够增加肿瘤的药物敏感性。在上述的内容中,要引用作者的主要研究成果和观点,避免大段引用。并且对产生不同结果的原因进行必要的探讨。因此,在叙述各研究者的不同结果时,要列出主要的、有可能导致实验结果差异的实验条件,比如细胞的选择差异、高压氧的处理时间、压力,各实验所研究的瘤种、肿瘤模型、所研究的不同药物、不同治疗模式。给予读者足够的信息,去分析和思考。

主体部分的写法有下列几种:

1. 纵式写法　"纵"是纵观历史发展,围绕某一专题,按时间先后顺序或专题本身发展层次,对其历史演变、目前状况、趋向预测做纵向描述,从而勾画出事情的来龙去脉和发展轨迹。纵式写法要脉络分明,层次清晰,即对某一专题在各个阶段的发展动态做扼要描述,已经解决了哪些问题,取得了什么成果,还存在哪些问题,今后发展趋向如何等,对这些内容要把发展层次交代清楚,文字描述要紧密衔接。撰写综述不要孤立地按时间顺序罗列事实,把它写成了大事记或编年体。纵式写法还要突出一个"创"字。有些专题时间跨度大,科研成果多,在描述时就要抓住具有创造性、突破性的成果做详细介绍,而对一般性、重复性的资料就从简从略。这样既突出了重点,又做到了详略得当。纵式写法适合于动态性综述。这种综述描述专题的发展动向明显,层次清楚。

2. 横式写法　"横"是指国际国内横览,它就是对某一专题在国际和国内的各个方面,如各派观点、各家之言、各种方法、各自成就等加以描述和比较。通过横向对比,既可以分辨出各种观点、见解、方法、成果的优劣利弊,又可以看出国际水平、国内水平和本单位水平,从而找到了差距。横式写法适用于成就性综述。这种综述专门介绍某个方面或某个项目的新成就,如新理论、新观点、新发明、新方法、新技术、新进展等。因为是"新",所以时间跨度虽短,但却引起国际、国内同行关注,纷纷从事这方面研究,发表了许多论文,如能及时加以整理,写成综述向同行报道,就能起到借鉴、启示和指导的作用。

3. 纵横结合式写法　此种方法比较多见,在同一篇综述中,同时采用纵式与横式写法。在纵横对比中,把握本领域的研究水平、存在问题和不同观点,提出展望性意见。要写得客观、准确,不但要提出未来研究方向,而且要提出研究问题、解决问题的方法,尽量为其他研究者提供方向和思路。

例如,写历史背景采用纵式写法,写目前状况采用横式写法。通过纵、横描述,才能广泛地综合文献资料,全面系统地认识某一专题及其发展方向,做出比较可靠的趋向预测,为新的研究工作选择突破口或提供参考依据。无论是纵式、横式或是纵横结合式写法,都要求做到:①全面系统地搜集资料,客观公正地如实反映;②分析透彻,综合恰当;③层次分明,条理清楚;④语言精练,详略得当。

(四)总结部分

总结是对综述正文部分做扼要的归纳,作者应对各种观点进行综合评价,提出自己的看法,指出存在的问题及今后发展的方向和展望。内容单纯的综述也可不写总结。

(五)综述撰写的注意事项

1. 题目不宜过大　初学者写综述,常常把题目写得过大。一般来说,题目过大,则不易把握文章的中心,不易深入透彻,写作的难度也会显著增加。例如:题目"糖尿病研究进展"显得空泛,不易写得全面;如果题目为"单基因糖尿病的研究进展"则写作目的更为明确,写作更容易一些。

2. 参考文献过旧　综述一定要反映最新的研究成果,如果所引述文献都是若干年前的陈旧文献,则不能代表最新的研究动态。

3. 不能简单的罗列文献数据　作者对所纳入的文献数据一定要有自己的整理和归纳。有的综述只是将文献罗列,看上去像流水账,"有综无述",没有归纳与分析,使人看后感到重复、费解。

4. 推测臆断过多 作者在文章中过多叙述自己的观点,无相应文献支持,"有述无综"。这样的文章可信度不高。

六、综 述 实 例

以 2016 年第 4 卷第 3 期《临床普外科电子杂志》上的一篇综述为例,对综述的结构和写作方法做一简单介绍。需要注意的是本例并非一篇十全十美的文章,对其缺陷之处也会略做点评。

"题目:下肢慢性静脉疾病血管重塑与基质金属蛋白酶关系的研究进展

作者:刘群亮,周云鹏

摘要:本文回顾了业内同仁对于下肢慢性静脉疾病(CVI)发病机制与血管重塑机制的认知过程;总结了基质金属蛋白酶、金属蛋白酶组织抑制剂与 CVI 生理和病理过程的相关性;并对基质金属蛋白酶 -1、基质金属蛋白酶 -2、基质金属蛋白酶 -3、基质金属蛋白酶 -13 在下肢慢性静脉疾病血管重塑过程中所起作用的研究进展进行了综述。以期在今后的相关研究中与业内同仁共同探讨其研究方向。

关键词:下肢慢性静脉疾病;血管重塑;基质金属蛋白酶;研究进展

英文题目及摘要:【略】

标题具有明确性,可以从标题中得知本文的内容是"下肢慢性静脉疾病"及"基质金属蛋白酶"。作者共两名,因杂志要求,没有标出综述者和审校者。摘要中缺少提出医学问题部分,似以先提出"下肢慢性静脉疾病是普外科多发疾病,其发病机制一直存在争议"类似的表达为好,综述方法"本文未提及",提综述的主要内容"回顾了…;总结了…;并对…进行了综述"。此摘要虽不十分完美,但仍然使读者易于从中获得主要信息。摘要后面列出 4 个关键词。其中前三个关键词尤为重要,提示了该文的主要研究内容。第四个关键词"研究进展"并无实际意义,可以去掉。

"前言:下肢慢性静脉疾病(CVI)是普外科的常见疾病之一,关于 CVI 的发病机制,一直存在争议。业内同仁共识的有以下 4 种学说:①静脉瓣膜学说;②静脉管壁学说;③动静脉交通学说;④血管重塑学说。20 世纪初血管重塑理论成为 CVI 的研究热点,基质金属蛋白酶(matrix metalloproteinase,MMP)是一类锌离子和钙离子依赖的酶家族,在血管重塑过程中起重要作用。文献报道,曲张静脉的炎症状态可能与 MMP 表达上调和细胞因子失衡有关。现就 CVI 血管重塑与 MMP 的关系的研究进展如下综述。"

前言部分进行了研究背景的介绍,简单介绍了共识的四种学说。提出其中的血管重塑学说与 MMP 上调的关系,引出综述的主体。也提出了本文写作目的。

主体部分构架如下:

"1. CVI 发病机制与血管重塑

……

2. MMP、TIMP 与 CVI

……

2.1 MMP-1

2.2 MMP-2

……

2.6 TIMP"

主体部分是横式写法,特别是第二部分,将机制中所涉及的各个 MMP 及 TIMP 进行了一一介绍。

总结部分对前述正文进行了扼要的归纳,作者提出了自己的看法,指出今后发展的方向和展望。

本节对综述的写作做以简要的叙述,希望读者可以在读写综述的过程中,能够运用本书中所及内容。

第三节 病例报告的撰写方法

一、概　述

病例报告(case report)是一类通过详细报道一例或数例患者的病情,以达到医疗、科研或教学目的的一种医疗论文体裁,属于观察性研究中的一种。病例报告的内容主要包括罕见疾病的病情介绍、疾病的发展、转归及治疗效果;常见疾病的罕见临床表现和(或)治疗;对某种新疗法的探索以及常规疗法或药品的特殊毒副反应等。病例报告是临床试验的一种补充,病例报告中提供的疾病信息往往是临床试验中被忽略的。

在全科医生培训期间,病例报告的撰写是一项必须掌握的技能。在当今循证医学时代,多中心随机对照的临床研究被视为最高层次的临床证据,那为什么还要进行病例报告的撰写呢? 新的手术方式、新的治疗器械、众多的药物,即使做了随机研究也不会覆盖所有的疾病情况,在很多时候,病例报告(包括病例系列)就成了对特殊疾病、特殊疗法、特殊临床治疗反应的唯一信息来源。可以说,病例报告是非常重要的、不可或缺的一种医学研究报告体裁。

历史上很多医学发现都是从病例报告开始的。比如维生素 C 对坏血病的疗效、艾滋病的发现、普萘洛尔治疗婴儿血管瘤等。

广义的病例报告包括 2 种,单病例报告(report of single case)和病例系列报告(case series)。也有学者认为报告病例数在 1~4 个者属于病例报告,而 5~10 个者为病例系列报告,也有学者认为病例系列报告的上限应该更高。由于病例报告属于观察性研究,并且病例报告缺少对照组,因此,具有偏倚性和不完整性的缺点,尽管这样,病例报告因其产生科学假说和奠定未来的研究而非常重要。

二、病例报告的撰写和规范

病例报告通常包括题目、摘要、背景介绍和研究目的、病例描述、讨论、病例总结和结论。为了方便和规范对病例报告的书写,2013 年由 CARE(case report)工作组制订了 CARE 共识,并同时发表于多家国际期刊。遵循该规范来进行写作将有助于快速掌握个案报告的写作方法,避免遗漏重要环节,有助于年轻的医生在病案报告的写作上与国际接轨,并最终提高该类研究的报告质量和临床价值。

下面根据 CARE 共识总结病例报告各部分应该包含的内容,以供初学者参考:

1. 题目　"病例报告"或"个案报道"字样应出现在标题中,同时标题要有引人注目之处（例如：症状、诊断、检测结果或干预方式）。

2. 关键词　2~5个关键词。

3. 摘要　体现出报告的新颖性；简述患者的症状、临床发现、主要的诊断和治疗以及治疗结局；结论中总结可吸取的经验教训。

4. 背景介绍　引用相关的医学文献，简要描述该病例的背景。

5. 患者信息　基本信息（例如：年龄、性别、种族、职业等）；患者的主要症状（患者的主诉）；既往史、家族史、及社会—心理学史（包括饮食、生活方式、可搜集到的遗传学信息），详细说明既往伴发疾病的治疗和效果。

6. 查体结果　描述相关的体格检查（PE）结果。

7. 疾病过程　给出本病例重要的时间和日期（表格或图的形式）。

8. 诊断评估　描述诊断方法（例如：体格检查、实验室检查、影像学、问卷调查等）；诊断过程面临的问题（如经济问题、语言和文化问题）；诊断的思路和推理过程，包括其他考虑过的诊断；适当之处给出预后特征（如分期）。

9. 治疗干预　干预的类型（如药物、手术、预防措施、自我护理）；干预应用的剂量、强度、持续时间；干预的改变及原因。

10. 随访和治疗结局　总结历次随访结果，包括如下：医生和患者评估的结果；重要的随访检查结果（阳性或阴性）；干预的依从性和耐受性（以及如何评估的）；不良反应，非预期事件及最终的结局。

11. 讨论　本病例治疗的优点和局限性；相关的医疗文献；结论的基本原理（包括因果的评价）；本病例报告中主要可吸取的经验教训。

12. 患者观点　无论何时，在可能的情况下，患者应该分享其观点和经验。

13. 知情同意　患者需签署知情同意书。

病例系列报告这种体裁在很久以前就出现在各种学术期刊上，然而长期以来学者们对病例系列报告与病案报道的关系、病例系列报告的定义，以及病例系列报告的写法却一直以来都有分歧。近年来，医学界越来越认识到病例系列报告的重要性，并陆续制订了病例系列报告的写作规范。比如，2016年 *Journal of Clinical Epidemiology* 发表的病例系列报告评价标准，2016年 *International Journal of Surgery* 发表的针对外科手术相关病例系列报告规范的PROCESS共识等等。下面给出 PROCESS 共识供初学者参考：

1. 题目　体现"病例系列报告"字样以及关注领域（例如：疾病、暴露 / 干预方式、结局）

2. 摘要　采用结构式摘要。背景：本病例系列报告的一致特点；方法：描述做了什么？怎么做的？何时做的？以及谁做的？结果：有何发现；结论：给出结论以及结论的意义。

3. 背景介绍　介绍科学背景以及病例系列报告的基本原理。一致性是什么——共同的疾病、暴露因素、干预方式、结局，等等。为何进行本研究？

4. 方法　方法中要介绍以下几点：

（1）注册和伦理：根据赫尔辛基宣言，需要提供注册号——"每一个涉及人体的研究都要在第一个人入组前在开放的数据库中注册"（可以从 ResearchRegistry.com 或 ClinicalTrials.gov 或 ISRCTN 获得）。甚至回顾性研究在投稿前也需要注册。阐述是否需要通过伦理审批，如果需要则要提供 IRB 的相应条款，或者当地伦理委员会的情况。如果不需要伦理审批，要说明为什么。

研究设计:说明本研究是病例系列报告,注明是前瞻性的还是回顾性的、是单中心还是多中心的、连贯病例还是非连贯病例。

(2) 机构:描述机构情况,以及患者治疗机构的性质;医院、社区或私人诊所? 地点、相关日期,包括患者招募时间、暴露或干预因素、随访以及数据收集描述患者特征(伴发病、肿瘤分期、吸烟状态等)。说明入组/排除标准,以及选取患者的范围和方法。描述随访的时间期限和方法。

(3) 说明治疗前事项,如:调整患者状况;手术或其他治疗之前采取的准备,例如:烧伤患者的低温/低血容量/低血压的处理,败血症的 ICU 处理,抗凝处理/其他药物处理等。

(4) 干预方式:包括治疗原理(药物、外科、物理疗法、心理学、预防医学)以及伴随治疗(抗生素、镇痛治疗、止吐、禁食水、静脉血栓的预防等等)。医疗器械需提供生产商及型号。

(5) 干预的给予(什么、哪里、何时,以及如何给予,包括手术的细节;麻醉、患者体位、止血带的应用及其他相关设备、准备工作、缝合、设备、手术分期和手术时间。药物治疗应该包括治疗计划、剂量、强度、途径、持续时间)。操作者的经验(操作者的职位等级、专业程度以及相关训练)。鼓励作者使用图片、图表、照片、音频及其他多媒体文件介绍干预方法。

(6) 质量控制:降低组间或组内变异的方法。保证干预的质量和一致性的方法,例如:独立评审、淋巴结计数等。

(7) 干预后注意事项。例如:术后指导、术后康复地点。诊断和其他的检查结果是否需要长期随访,例如,动脉瘤修复的影像学检测(EVAR)或者临床检查/皮肤肿瘤的局部淋巴结超声。

5. 结果　报告本研究的患者数量和特征(伴发病、肿瘤分期、吸烟状态等等)。干预过程中出现的任何变化(如何发生、着意改变还是听之任之、有何收获等),以及变化的原因,方便的话用图表表示。应表明手术技术/设备的创新程度,以及提出如何学习新技术/装备的意见。报告结局及随访:提供医生评估及患者报告(如果可能),包括评估时间。提供相关的照片及影像学诊断。干预的依从性和耐受性:如何评价的依从性和耐受性。描述失访情况(用百分数或分数来描述),并给出失访原因。并发症、不反应或非预期事件:详细描述并根据Clavien-Dindo分类法准确分类。如何预防、缓解、诊断及治疗的。详细说明失血、伤口并发症、二次探查/修正手术、术后 30 天内及远期发病率/死亡率。

6. 讨论　总结重要结果。讨论相关的文献、可能对临床实践指南的影响、如何得到新技术/设备的适应证,与成熟治疗及“金标准”治疗结局进行比较,并提出假说。本研究的优势及缺陷。推演出结论的基本原理是什么?

7. 结论　阐述本研究的主要结论。未来的目标及进一步的研究计划。

8. 其他信息　说明任何利益冲突。说明任何基金资助。

当然,病例报告的写作方式也不仅仅局限于如上的规范,对于不同的临床病例特征,也要选择不同的报告方式。特别是这些规范也是近期发表的,在实践的过程中也会被不断完善。即便如此,这些规范仍然是初学者应该学习的,在参照这些指南规范进行写作的过程中,会帮助我们快速掌握该类报告的写作方法。

(于　雁)

附录 统计用表

附表 1　标准正态分布曲线下左侧面积 $\varphi(u)$ 值

u	0.00	0.01	0.02	0.03	0.04	0.05	0.06	0.07	0.08	0.09
0.0	0.5000	0.5040	0.5080	0.5120	0.5160	0.5199	0.5239	0.5279	0.5319	0.5359
0.1	0.5398	0.5438	0.5478	0.5517	0.5557	0.5596	0.5636	0.5675	0.5714	0.5753
0.2	0.5793	0.5832	0.5871	0.5910	0.5948	0.5987	0.6026	0.6064	0.6103	0.6141
0.3	0.6179	0.6217	0.6255	0.6293	0.6331	0.6368	0.6406	0.6443	0.6480	0.6517
0.4	0.6554	0.6591	0.6628	0.6664	0.6700	0.6736	0.6772	0.6808	0.6844	0.6879
0.5	0.6915	0.6950	0.6985	0.7019	0.7054	0.7088	0.7123	0.7157	0.7190	0.7224
0.6	0.7257	0.7291	0.7324	0.7357	0.7389	0.7422	0.7454	0.7486	0.7517	0.7549
0.7	0.7580	0.7611	0.7642	0.7673	0.7703	0.7734	0.7764	0.7794	0.7823	0.7852
0.8	0.7881	0.7910	0.7939	0.7967	0.7995	0.8023	0.8051	0.8078	0.8106	0.8133
0.9	0.8159	0.8186	0.8212	0.8238	0.8264	0.8289	0.8315	0.8340	0.8365	0.8389
1.0	0.8413	0.8438	0.8461	0.8485	0.8508	0.8531	0.8554	0.8577	0.8599	0.8621
1.1	0.8643	0.8665	0.8686	0.8708	0.8729	0.8749	0.8770	0.8790	0.8810	0.8830
1.2	0.8849	0.8869	0.8888	0.8907	0.8925	0.8944	0.8962	0.8980	0.8997	0.9015
1.3	0.9032	0.9049	0.9066	0.9082	0.9099	0.9115	0.9131	0.9147	0.9162	0.9177
1.4	0.9192	0.9207	0.9222	0.9236	0.9251	0.9265	0.9278	0.9292	0.9306	0.9319
1.5	0.9332	0.9345	0.9357	0.9370	0.9382	0.9394	0.9406	0.9418	0.9430	0.9441
1.6	0.9452	0.9463	0.9474	0.9484	0.9495	0.9505	0.9515	0.9525	0.9535	0.9545
1.7	0.9554	0.9564	0.9573	0.9582	0.9591	0.9599	0.9608	0.9616	0.9625	0.9633
1.8	0.9641	0.9648	0.9656	0.9664	0.9671	0.9678	0.9686	0.9693	0.9700	0.9706
1.9	0.9713	0.9719	0.9726	0.9732	0.9738	0.9744	0.9750	0.9756	0.9762	0.9767
2.0	0.9772	0.9778	0.9783	0.9788	0.9793	0.9798	0.9803	0.9808	0.9812	0.9817
2.1	0.9821	0.9826	0.9830	0.9834	0.9838	0.9842	0.9846	0.9850	0.9854	0.9857
2.2	0.9861	0.9864	0.9868	0.9871	0.9874	0.9878	0.9881	0.9884	0.9887	0.9890
2.3	0.9893	0.9896	0.9898	0.9901	0.9904	0.9906	0.9909	0.9911	0.9913	0.9916
2.4	0.9918	0.9920	0.9922	0.9925	0.9927	0.9929	0.9931	0.9932	0.9934	0.9936
2.5	0.9938	0.9940	0.9941	0.9943	0.9945	0.9946	0.9948	0.9949	0.9951	0.9952
2.6	0.9953	0.9955	0.9956	0.9957	0.9959	0.9960	0.9961	0.9962	0.9963	0.9964
2.7	0.9965	0.9966	0.9967	0.9968	0.9969	0.9970	0.9971	0.9972	0.9973	0.9974
2.8	0.9974	0.9975	0.9976	0.9977	0.9977	0.9978	0.9979	0.9979	0.9980	0.9981
2.9	0.9981	0.9982	0.9982	0.9983	0.9984	0.9984	0.9985	0.9985	0.9986	0.9986
3.0	0.9987	0.9987	0.9987	0.9988	0.9988	0.9989	0.9989	0.9989	0.9990	0.9990

注:本表最后一行自左至右依次是 $\varphi(3.0)$、$\cdots$、$\varphi(3.9)$ 的值

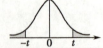

附表2 *t*分布界值表

ν	单侧:0.25 双侧:0.50	0.20 0.40	0.10 0.20	0.05 0.10	0.025 0.05	0.01 0.02	0.005 0.010	0.0025 0.0050	0.001 0.002	0.0005 0.0001
					概率,*P*					
1	1.000	1.376	3.078	6.314	12.706	31.821	63.657	127.321	318.309	636.619
2	0.816	1.061	1.886	2.920	4.303	6.965	9.925	14.089	22.327	31.599
3	0.765	0.978	1.638	2.353	3.182	4.540	5.841	7.453	10.215	12.924
4	0.741	0.941	1.533	2.132	2.776	3.747	4.604	5.597	7.173	8.610
5	0.727	0.920	1.476	2.015	2.570	3.365	4.032	4.773	5.893	6.868
6	0.718	0.906	1.440	1.943	2.447	3.143	3.707	4.317	5.208	5.959
7	0.711	0.896	1.415	1.895	2.365	2.998	3.499	4.029	4.785	5.408
8	0.706	0.889	1.397	1.859	2.306	2.896	3.355	3.833	4.501	5.041
9	0.703	0.883	1.383	1.833	2.262	2.821	3.250	3.690	4.297	4.781
10	0.700	0.879	1.372	1.812	2.228	2.764	3.169	3.581	4.144	4.587
11	0.697	0.876	1.363	1.796	2.201	2.718	3.106	3.496	4.025	4.437
12	0.695	0.873	1.356	1.782	2.179	2.681	3.055	3.428	3.930	4.318
13	0.694	0.870	1.350	1.771	2.160	2.650	3.012	3.372	3.852	4.221
14	0.692	0.868	1.345	1.761	2.145	2.624	2.977	3.326	3.787	4.140
15	0.691	0.866	1.341	1.753	2.131	2.602	2.947	3.286	3.733	4.073
16	0.690	0.865	1.337	1.746	2.120	2.583	2.921	3.252	3.686	4.015
17	0.689	0.863	1.333	1.740	2.110	2.567	2.898	3.222	3.646	3.965
18	0.688	0.862	1.330	1.734	2.101	2.552	2.878	3.197	3.610	3.922
19	0.688	0.861	1.328	1.729	2.093	2.539	2.861	3.174	3.579	3.883
20	0.687	0.860	1.325	1.725	2.086	2.528	2.845	3.153	3.552	3.849
21	0.686	0.859	1.323	1.721	2.080	2.518	2.831	3.135	3.527	3.819
22	0.686	0.858	1.321	1.717	2.074	2.508	2.819	3.119	3.505	3.792
23	0.685	0.858	1.319	1.714	2.069	2.500	2.807	3.104	3.485	3.768
24	0.685	0.857	1.318	1.711	2.064	2.492	2.797	3.091	3.467	3.745
25	0.684	0.856	1.316	1.708	2.060	2.485	2.787	3.078	3.450	3.725

续表

	概率，P									
ν	单侧:0.25	0.20	0.10	0.05	0.025	0.01	0.005	0.0025	0.001	0.0005
	双侧:0.50	0.40	0.20	0.10	0.05	0.02	0.010	0.0050	0.002	0.0001
26	0.684	0.856	1.315	1.706	2.056	2.479	2.779	3.067	3.435	3.707
27	0.684	0.855	1.314	1.703	2.052	2.473	2.771	3.056	3.421	3.690
28	0.683	0.855	1.313	1.701	2.048	2.467	2.763	3.047	3.408	3.674
29	0.683	0.854	1.311	1.699	2.045	2.462	2.756	3.038	3.396	3.659
30	0.683	0.854	1.310	1.697	2.042	2.457	2.750	3.030	3.385	3.646
31	0.683	0.853	1.309	1.696	2.040	2.453	2.744	3.022	3.375	3.633
32	0.682	0.853	1.309	1.694	2.037	2.449	2.738	3.015	3.365	3.622
33	0.682	0.853	1.308	1.692	2.035	2.445	2.733	3.008	3.356	3.611
34	0.682	0.852	1.307	1.691	2.032	2.441	2.728	3.002	3.348	3.601
35	0.682	0.852	1.306	1.690	2.030	2.438	2.724	2.996	3.340	3.591
36	0.681	0.852	1.306	1.688	2.028	2.434	2.719	2.990	3.332	3.582
37	0.681	0.851	1.305	1.687	2.026	2.431	2.715	2.985	3.325	3.574
38	0.681	0.851	1.304	1.686	2.024	2.429	2.712	2.980	3.319	3.565
39	0.681	0.851	1.304	1.685	2.023	2.426	2.708	2.976	3.313	3.558
40	0.681	0.851	1.303	1.684	2.021	2.423	2.704	2.971	3.307	3.551
50	0.679	0.849	1.299	1.676	2.009	2.403	2.678	2.937	3.261	3.496
60	0.679	0.848	1.296	1.671	2.000	2.390	2.660	2.915	3.232	3.460
70	0.678	0.847	1.294	1.667	1.994	2.381	2.648	2.899	3.211	3.435
80	0.678	0.846	1.292	1.664	1.990	2.374	2.639	2.887	3.195	3.416
90	0.677	0.846	1.291	1.662	1.987	2.368	2.632	2.878	3.183	3.402
100	0.677	0.845	1.290	1.660	1.984	2.364	2.626	2.871	3.174	3.390
200	0.676	0.843	1.286	1.653	1.972	2.345	2.601	2.839	3.131	3.340
∞	0.675	0.842	1.282	1.645	1.960	2.326	2.576	2.807	3.090	3.290

附表3 F界值表（两个独立样本方差齐性检验用，双侧界值）

$\alpha=0.10$

ν_2	1	2	3	4	5	6	7	8	9	10	12	20	30	40	50	100	∞
1	161	200	216	225	230	234	237	239	241	242	224	248	250	251	252	253	254
2	18.51	19.00	19.16	19.25	19.30	19.33	19.36	19.37	19.38	19.39	19.41	19.44	19.46	19.47	19.47	19.49	19.50
3	10.13	9.55	9.28	9.12	9.01	8.94	8.88	8.84	8.81	8.78	8.74	8.66	8.62	8.60	8.58	8.56	8.53
4	7.71	6.94	6.59	6.39	6.26	6.16	6.09	6.04	6.00	5.96	5.91	5.80	5.74	5.71	5.70	5.66	5.63
5	6.61	5.79	5.41	5.19	5.05	4.95	4.88	4.82	4.78	4.74	4.68	4.56	4.50	4.46	4.44	4.40	4.36
6	5.99	5.14	4.76	4.53	4.39	4.28	4.21	4.15	4.10	4.06	4.00	3.87	3.81	3.77	3.75	3.71	3.67
7	5.59	4.74	4.35	4.12	3.97	3.87	3.79	3.73	3.68	3.63	3.57	3.44	3.38	3.34	3.32	3.28	3.23
8	5.32	4.46	4.07	3.84	3.69	3.58	3.50	3.44	3.39	3.34	3.28	3.15	3.08	3.05	3.03	2.98	2.93
9	5.12	4.26	3.86	3.63	3.48	3.37	3.29	3.23	3.18	3.13	3.07	2.93	2.86	2.82	2.80	2.76	2,71
10	4.96	4.10	3.71	3.48	3.33	3.22	3.14	3.07	3.02	2.97	2.91	2.77	2.70	2.67	2.64	2.59	2.54
11	4.84	3.98	3.59	3.36	3.20	3.09	3.01	2.95	2.90	2.86	2.76	2.65	2.57	2.53	2.50	2.45	2.40
12	4.75	3.88	3.49	3.26	3.11	3.00	2.92	2.85	2.80	2.76	2.69	2.54	2.46	2.42	2.40	2.35	2.30
13	4.67	3.80	3.41	3.18	3.02	2.92	2.84	2.77	2.72	2.67	2.60	2.46	2.38	2.34	2.32	2.26	2.21
14	4.60	3.74	3.34	3.11	2.96	2.85	2.77	2.70	2.65	2.60	2.53	3.39	2.31	2.27	2.24	2.19	2.13
15	4.54	3.68	3.29	3.06	2.90	2.79	2.70	2.64	2.59	2.55	2.48	2.33	2.25	2.21	2.18	2.12	2.07
16	4.49	3.63	3.24	3.01	2.85	2.74	2.66	2.59	2.54	2.49	2.42	2.28	2.20	2.16	2.13	2.07	2.01
17	4.45	3.59	3.20	2.96	2.81	2.70	2.62	2.55	2.50	2.45	2.38	2.23	2.15	2.11	2.08	2.02	1.96
18	4.41	3.55	3.16	2.93	2.77	2.66	2.58	2.51	2.46	2.41	2.34	2.19	2.11	2.07	2.04	1.98	1.92
19	4.38	3.52	3.13	2.90	2.74	2.63	2.55	2.48	2.43	2.38	2.31	2.15	2.07	2.02	2.00	1.94	1.88
20	4.35	3.49	3.10	2.87	2.71	2.60	2.52	2.45	2.40	2.35	2.28	2.12	2.04	1.99	1.96	1.90	1.84
21	4.32	3.47	3.07	2.84	2.68	2.57	2.49	2.42	2.37	2.32	2.25	2.09	2.00	1.96	1.93	1.87	1.81
22	4.30	3.44	3.05	2.82	2.66	2.55	2.47	2.40	2.35	2.30	2.23	2.07	1.98	1.93	1.91	1.84	1.78
23	4.28	3.42	3.03	2.80	2.64	2.53	2.45	2.38	2.32	2.28	2.20	2.04	1.96	1.91	1.88	1.82	1.76
24	4.26	3.40	3.01	2.78	2.62	2.51	2.43	2.36	2.30	2.26	2.18	2.02	1.94	1.89	1.86	1.80	1.73
25	4.42	3.38	2.99	2.76	2.60	2.49	2.41	2.34	2.28	2.24	2.16	2.00	1.92	1.87	1.84	1.77	1.71
26	4.22	3.37	2.98	2.74	2.59	2.47	2.39	2.32	2.27	2.22	2.15	1.99	1.90	1.85	1.82	1.76	1.69
27	4.21	3.35	2.96	2.73	2.57	2.46	2.37	2.30	2.25	2.20	2.13	1.97	1.88	1.84	1.80	1,74	1.67
28	4.20	3.34	2.95	2.71	2.56	2.44	2.36	2.29	2.24	2.19	2.12	1.96	1.87	1.81	1.78	1.72	1.65
29	4.18	3.33	2.93	2.70	2.54	2.43	2.35	2.28	2.22	2.18	2.10	1.94	1.85	1.80	1.77	1.71	1.64
30	4.17	3.32	2.92	2.69	2.53	2.42	2.34	2.27	2.21	2.16	2.09	1.93	1.84	1.79	1.76	1.69	1.62
40	4.08	3.23	2.84	2.61	2.45	2.34	2.25	2.18	2.12	2.07	2.00	1.84	1.74	1.69	1.66	1.59	1.51
50	4.03	3.18	2.79	2.56	2.40	2.29	2.20	2.13	2.07	2.02	1.95	1.78	1.69	1.63	1.60	1.52	1.44
60	4.00	3.15	2.76	2.52	2.37	2.25	2.17	2.10	2.04	1.99	1.92	1.75	1.65	1.59	1.56	1.48	1.39
1000	3.94	3.09	2.70	2.46	2.30	2.19	2.10	2.03	1.97	1.92	1.85	1.68	1.57	1.51	1.48	1.39	1.28
200	3.89	3.04	2.65	2.41	2.26	2.14	2.05	1.98	1.92	1.87	1.80	1.62	1.52	1.45	1.42	1.32	1.19
∞	3.84	2.99	2.60	2.37	2.21	2.09	2.01	1.94	1.88	1.83	1.75	1.57	1.46	1.40	1.35	1.24	1.00

附表4 F界值表（方差分析用）

上行：$P=0.05$ 下行：$P=0.01$

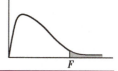

分母的自由度 v_2	分子的自由度，v_1											
	1	2	3	4	5	6	7	8	9	10	11	12
1	161	200	216	225	230	234	237	239	241	242	243	244
	4052	4999	5403	5625	5764	5859	5928	5981	6022	6056	6082	6106
2	18.51	19.00	19.16	19.25	19.30	19.33	19.36	19.37	19.38	19.39	19.40	19.41
	98.49	99.00	99.17	99.25	99.30	99.33	99.34	99.36	99.38	99.40	99.41	99.42
3	10.13	9.55	9.28	9.12	9.01	8.94	8.88	8.84	8.81	8.78	8.76	8.74
	34.12	30.82	29.46	28.71	28.24	27.91	27.67	27.49	27.34	27.23	27.13	27.05
4	7.71	6.94	6.59	6.39	6.26	6.16	6.09	6.04	6.00	5.96	5.93	5.91
	21.20	18.00	16.69	15.98	15.52	15.21	14.98	14.80	14.66	14.54	14.45	14.37
5	6.60	5.79	5.41	5.19	5.05	4.95	4.88	4.82	4.78	4.74	4.70	4.68
	16.26	13.27	12.06	11.39	10.97	10.67	10.45	10.27	10.15	10.05	9.96	9.89
6	5.99	5.14	4.76	4.53	4.39	4.28	4.21	4.15	4.10	4.06	4.03	4.00
	13.74	10.92	9.78	9.15	8.75	8.47	8.26	8.10	7.98	7.87	7.79	7.72
7	5.59	4.74	4.35	4.12	3.97	3.87	3.76	3.73	3.68	3.63	3.60	3.57
	12.25	9.55	8.45	7.85	7.46	7.19	7.00	6.84	6.71	6.62	6.54	6.47
8	5.32	4.46	4.07	3.84	3.69	3.58	3.50	3.44	3.39	3.34	3.31	3.28
	11.26	8.65	7.59	7.01	6.63	6.37	6.19	6.03	5.91	5.82	5.74	5.67
9	5.12	4.26	3.86	3.63	3.48	3.37	3.29	3.23	3.18	3.13	3.10	3.07
	10.56	8.02	6.99	6.42	6.06	5.80	5.62	5.47	5.35	5.26	5.18	5.11
10	4.96	4.10	3.71	3.48	3.33	3.22	3.14	3.97	3.02	2.97	2.94	2.91
	10.04	7.56	6.55	5.99	5.64	5.39	5.21	5.06	4.95	4.85	4.78	4.71
11	4.84	3.98	3.59	3.36	3.20	3.09	3.01	2.95	2.90	2.86	2.82	7.29
	9.65	7.20	6.22	5.67	5.32	5.07	4.88	4.74	4.63	4.54	4.46	4.40
12	4.75	3.88	3.49	3.26	3.11	3.00	2.92	2.85	2.80	2.76	2.72	2.69
	9.33	6.93	5.95	5.41	5.06	4.82	4.65	4.50	4.39	4.30	4.22	4.16
13	4.67	3.80	3.41	3.18	3.02	2.92	2.84	2.77	2.72	2.67	2.63	2.60
	9.07	6.70	5.74	5.20	4.86	4.62	4.44	4.30	4.19	4.10	4.02	3.96
14	4.60	3.74	3.34	3.11	2.96	2.85	2.77	2.70	2.65	2.60	2.56	2.53
	8.86	6.51	5.56	5.03	4.69	4.46	4.28	4.14	4.03	3.94	3.86	3.80
15	4.54	3.68	3.29	3.06	2.90	2.79	2.70	2.64	2.59	2.55	2.51	2.48
	8.68	6.36	5.42	4.89	4.56	4.32	4.14	4.00	3.89	3.80	3.73	3.67
16	4.49	3.63	3.24	3.01	2.85	2.74	2.66	2.59	2.54	2.49	2.45	2.42
	8.53	6.23	5.29	4.77	4.44	4.20	4.03	3.89	3.78	3.69	3.61	3.55
17	4.45	3.59	3.20	2.96	2.81	2.70	2.62	2.55	2.50	2.45	2.41	2.38
	8.40	6.11	5.18	4.67	4.34	4.10	3.93	3.79	3.68	3.59	3.52	3.45
18	4.42	3.55	3.16	2.93	2.77	2.66	2.58	2.51	2.46	2.41	2.37	2.34
	8.28	6.01	5.09	4.58	4.25	4.01	3.85	3.71	3.60	3.51	3.44	3.37

分母的自由度 ν_2	分子的自由度, ν_1											
	1	2	3	4	5	6	7	8	9	10	11	12
19	4.38	3.52	3.13	2.90	2.74	2.63	2.55	2.48	2.43	2.38	2.34	2.31
	8.18	5.93	5.01	4.50	4.17	3.94	3.77	3.63	3.52	3.43	3.36	3.30
20	4.35	3.49	3.10	2.87	2.71	2.60	2.52	2.45	2.40	2.35	2.31	2.28
	8.10	5.85	4.94	4.43	4.10	3.87	3.71	3.56	3.45	3.37	3.30	3.23
21	4.32	3.47	3.07	2.84	2.68	2.57	2.49	2.42	2.37	2.32	2.28	2.25
	8.02	5.78	4.87	4.37	4.04	3.81	3.65	3.51	3.40	3.31	3.24	3.17
22	4.30	3.44	3.05	2.82	2.66	2.55	2.47	2.40	2.35	2.30	2.26	2.23
	7.94	5.72	4.82	4.31	3.99	3.76	3.59	3.45	3.35	3.26	3.18	3.12
23	4.28	3.42	3.03	2.80	2.64	2.53	2.45	2.38	2.32	2.28	2.24	2.20
	7.88	5.66	4.76	4.26	3.94	3.71	3.54	3.41	3.30	3.21	3.14	3.07
24	4.26	3.40	3.01	2.78	2.62	2.51	2.43	2.36	2.30	2.26	2.22	2.18
	7.82	5.61	4.72	4.22	3.90	3.67	3.50	3.36	3.25	3.17	3.09	3.03
25	4.24	3.38	2.99	2.76	2.60	2.49	2.41	2.34	2.28	2.24	2.20	2.16
	7.77	5.57	4.68	4.18	3.86	3.63	3.46	3.32	3.21	3.13	3.05	2.99

附表 4　F 界值表（方差分析用）续表 1

上行：$P=0.05$　下行：$P=0.01$

分母的自由度 ν_2	分子的自由度, ν_1											
	14	16	20	24	30	40	50	75	100	200	500	∞
1	245	246	248	249	250	251	252	253	253	254	254	254
	6142	6169	6208	6234	6258	6286	6302	6323	6334	6352	6361	6366
2	19.42	19.43	19.44	19.45	19.46	19.47	19.47	19.48	19.49	19.49	19.50	19.50
	99.43	99.44	99.45	99.46	99.47	99.48	99.48	99.49	99.49	99.49	99.50	99.50
3	8.71	8.69	8.66	8.64	8.62	8.60	8.58	8.57	8.56	8.54	8.54	8.53
	26.92	26.83	26.69	26.60	26.50	26.41	26.35	26.27	26.23	26.18	26.14	26.12
4	5.87	5.84	5.80	5.77	5.74	5.71	5.70	5.68	5.66	5.65	5.64	5.63
	14.24	14.15	14.02	13.93	13.83	13.74	13.69	13.61	13.57	13.52	13.48	13.46
5	4.64	4.60	4.56	4.53	4.50	4.46	4.44	4.42	4.40	4.38	4.37	4.36
	9.77	9.68	9.55	9.47	9.38	9.29	9.24	9.17	9.13	9.07	9.04	9.02
6	3.96	3.92	3.87	3.84	3.81	3.77	3.75	3.72	3.71	3.69	3.68	3.67
	7.60	7.52	7.39	7.31	7.23	7.14	7.09	7.02	6.99	6.94	6.90	6.88
7	3.52	3.49	3.44	3.41	3.38	3.34	3.32	3.29	3.28	3.25	3.24	3.23
	6.35	6.27	6.15	6.07	5.98	5.90	5.85	5.78	5.75	5.70	5.67	5.65
8	3.23	3.20	3.15	3.12	3.08	3.05	3.03	3.00	2.98	2.96	2.94	2.93
	5.56	5.48	5.36	5.28	5.20	5.11	5.06	5.00	4.96	4.91	4.88	4.86

分母的自由度 ν_2	分子的自由度，ν_1											
	14	16	20	24	30	40	50	75	100	200	500	∞
9	3.02	2.98	2.93	2.90	2.86	2.82	2.80	2.77	2.76	2.73	2.72	2.71
	5.00	4.92	4.80	4.73	4.64	4.56	4.51	4.45	4.41	4.36	4.33	4.31
10	2.86	2.82	2.77	2.74	2.70	2.67	2.64	2.61	2.59	2.56	2.55	2.54
	4.60	4.52	4.41	4.33	4.25	4.17	4.12	4.05	4.01	3.96	3.93	3.91
11	2.74	2.70	2.65	2.61	2.57	2.53	2.50	2.47	2.45	2.42	2.41	2.40
	4.29	4.21	4.10	4.02	3.94	3.86	3.80	3.74	3.70	3.66	3.62	3.60
12	2.64	2.60	2.54	2.50	2.46	2.42	2.40	2.36	2.35	2.32	2.31	2.30
	4.05	3.98	3.86	3.78	3.70	3.61	3.56	3.49	3.46	3.41	3.38	3.36
13	2.55	2.51	2.46	2.42	2.38	2.34	2.32	2.28	2.26	2.24	2.22	2.21
	3.85	3.78	3.67	3.59	3.51	3.42	3.37	3.30	3.27	3.21	3.18	3.16
14	2.48	2.44	2.39	2.35	2.31	2.27	2.24	2.21	2.19	2.16	2.14	2.13
	3.70	3.62	3.51	3.43	3.34	3.26	2.21	3.14	3.11	3.06	3.02	3.00
15	2.43	2.39	2.33	2.29	2.25	2.21	2.18	2.15	2.12	2.10	2.08	2.07
	3.56	3.48	3.36	3.29	3.20	3.12	3.07	3.00	2.97	2.92	2.89	2.87
16	2.37	2.33	2.28	2.24	2.20	2.16	2.13	2.09	2.07	2.04	2.02	2.01
	3.45	3.37	3.25	3.18	3.10	3.01	2.96	2.89	2.86	2.80	2.77	2.75
17	2.33	2.29	2.23	2.19	2.15	2.11	2.08	2.04	2.02	1.99	1.97	1.96
	3.35	3.27	3.16	3.08	3.00	2.92	2.86	2.79	2.76	2.70	2.67	2.65
18	2.29	2.25	2.19	2.15	2.11	2.07	2.04	2.00	1.98	1.95	1.93	1.92
	3.27	3.19	3.07	3.00	2.91	2.83	2.78	2.71	2,68	2,62	2.59	2.57
19	2.26	2.21	2.15	2.11	2.07	2.02	2.00	1.96	1.94	1.91	1.90	1.88
	3.19	3.12	3.00	2.92	2.84	2.76	2.70	2.63	2.60	2.54	2.51	2.49
20	2.23	2.18	2.12	2.08	2.04	1.99	1.96	1.92	1.90	1.87	1.85	1.84
	3.13	3.05	2.94	2.86	2.77	2.69	2.63	2.56	2.53	2.47	2.44	2.42
21	2.20	2.15	2.09	2.05	2.00	1.96	1.93	1.89	1.87	1.84	1.82	1.81
	3.07	2.99	2.88	2.80	2.72	2.63	2.58	2.51	2.47	2.42	2.38	2.36
22	2.18	2.13	2.07	2.03	1.98	1.93	1.91	1.87	1.84	1.81	1.80	1.78
	3.02	2.94	2.83	2.75	2.67	2.58	2.53	2.46	2.42	2.37	2.33	2.31
23	2.14	2.10	2.04	2.00	1.96	1.91	1.88	1.84	1.82	1.79	1.77	1.76
	2.97	2.89	2.78	2.70	2.62	2.53	2.48	2.41	2.37	2.32	2.28	2.26
24	2.13	2.09	2.02	1.98	1.94	1.89	1.86	1.82	1.80	1.76	1.74	1.73
	2.93	2.85	2.74	2.66	2.58	2.49	2.44	2.36	2.33	2.27	2.23	2.21
25	2.11	2.06	2.00	1.96	1.92	1.87	1.84	1.80	1.77	1.74	1.72	1.71
	2.89	2.81	2.70	2.62	2.54	2.45	2.40	2.32	2.29	2.23	2.19	2.17

附表4 F界值表(方差分析用)续表2

上行:P=0.05　下行:P=0.01

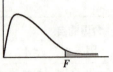

分母的自由度 ν_2	分子的自由度, ν_1											
	1	2	3	4	5	6	7	8	9	10	11	12
26	4.22	3.37	2.98	2.74	2.59	2.47	2.39	2.32	2.27	2.22	2.18	2.15
	7.22	5.53	4.64	4.14	3.82	3.59	3.42	3.09	3.17	3.09	3.02	2.96
27	4.21	3.35	2.96	2.73	2.57	2.46	2.37	2.30	2.25	2.20	2.16	2.13
	7.68	5.49	4.60	4.11	3.79	3.56	3.39	3.26	3.14	3.06	2.98	2.93
28	4.20	3.34	2.95	2.71	2.56	2.44	2.36	2.29	2.24	2.19	2.15	2.12
	7.64	5.45	4.57	4.07	3.76	3.53	3.36	3.23	3.11	3.03	2.96	2.90
29	4.18	3.33	2.93	2.70	2.54	2.43	2.35	2.28	2.22	2.18	2.14	2.10
	7.60	5.42	4.54	4.04	3.73	3.50	3.33	3.20	3.08	3.00	2.92	2.87
30	4.17	3.32	2.92	2.69	2.53	2.42	2.34	2.27	2.21	2.16	2.12	2.09
	7.56	5.39	4.51	4.02	3.70	3.47	3.30	3.17	3.06	2.98	2.90	2.84
32	4.15	3.30	2.90	2.67	2.51	2.40	2.32	2.25	2.19	2.14	2.10	2.07
	7.50	5.34	4.46	3.97	3.66	3.42	3.25	3.12	3.01	2.94	2.86	2.80
34	4.13	3.28	2.88	2.65	2.49	2.38	2.30	2.23	2.17	2.12	2.08	2.05
	7.44	5.29	4.42	3.93	3.61	3.38	3.21	3.08	2.97	2.89	2.82	2.76
36	4.11	3.26	2.86	2.63	2.48	2.36	2.28	2.21	2.15	2.10	2.06	2.03
	7.39	5.25	4.38	3.89	3.58	3.35	3.18	3.04	2.94	2.86	2.78	2.72
38	4.10	3.25	2.85	2.62	2.46	2.35	2.26	2.19	2.14	2.09	2.05	2.02
	7.35	5.21	4.34	3.86	3.54	3.32	3.15	3.02	2.91	2.82	2.75	2.69
40	4.08	3.23	2.85	2.61	2.45	2.34	2.25	2.18	2.12	2.07	2.04	2.00
	7.31	5.18	4.31	3.83	3.51	3.29	3.12	2.99	2.88	2.80	2.73	2.66
42	4.07	3.22	2.83	2.59	2.44	2.32	2.24	2.17	2.11	2.06	2.02	1.99
	7.27	5.15	4.29	3.80	3.49	3.26	3.10	2.96	2.86	2.77	2.70	2.64
44	4.06	3.21	2.82	2.58	2.43	2.31	2.23	2.16	2.10	2.05	2.01	1.98
	7.24	5.12	4.26	3.78	3.46	3.24	3.07	2.94	2.84	2.75	2.68	2.62
46	4.05	3.20	2.81	2.57	2.42	2.30	2.22	2.14	2.09	2.04	2.00	1.97
	7.21	5.10	4.24	3.76	3.44	3.22	3.05	2.92	2.82	2.73	2.66	2.60
48	4.40	3.19	2.80	2.56	2.41	2.30	2.21	2.14	2.08	2.03	1.99	1.96
	7.19	5.08	4.22	3.74	3.42	3.20	3.04	2.90	2.80	2.71	2.64	2.58
50	4.03	3.18	2.79	2.56	2.40	2.29	2.20	2.13	2.07	2.02	1.98	1.95
	7.17	5.06	4.20	3.72	3.41	3.18	3.02	2.88	2.78	2.70	2.62	2.56

分母的自由度 v_2	分子的自由度，v_1											
	1	2	3	4	5	6	7	8	9	10	11	12
60	4.00	3.15	2.76	2.52	2.37	2.25	2.17	2.10	2.04	1.99	1.95	1.92
	7.08	4.98	4.13	3.65	3.34	3.12	2.95	2.82	2.72	2.63	2.56	2.50
70	3.98	3.13	2.74	2.50	2.35	2.23	2.14	2.07	2.01	1.97	1.93	1.89
	7.01	4.92	4.08	3.60	3.29	3.07	2.91	2.77	2.67	2.59	2.51	2.45
80	3.96	3.11	2.72	2.48	2.33	2.21	2.12	2.05	1.99	1.95	1.91	1.88
	6.96	4.88	4.04	3.56	3.25	3.04	2.87	2.74	2.64	2.55	2.48	2.41
100	3.94	3.09	2.70	2.46	2.30	2.19	2.10	2.03	1.97	1.92	1.88	1.85
	6.90	4.82	3.98	3.51	3.20	2.99	2.82	2.69	2.59	2.51	2.43	2.36
125	3.92	3.07	2.68	2.44	2.29	2.17	2.08	2.01	1.95	1.90	1.86	1.83
	6.84	4.78	3.94	3.47	3.17	2.95	2.79	2.65	2.56	2.47	2.40	2.33
150	3.91	3.06	2.67	2.43	2.27	2.16	2.07	2.00	1.94	1.89	1.85	1.82
	6.81	4.75	3.91	3.44	3.14	2.92	2.76	2.62	2.53	2.44	2.37	2.30
200	3.89	3.04	2.65	2.41	2.26	2.14	2.05	1.98	1.92	1.87	1.83	1.80
	6.76	4.71	3.88	3.41	3.11	2.90	2.73	2.60	2.50	2.41	2.34	2.28
400	3.86	3.02	2.62	2.39	2.23	2.12	2.03	1.96	1.90	1.85	1.81	1.78
	6.70	4.66	3.83	3.36	3.06	2.85	2.69	2.55	2.46	2.37	2.29	2.23
1000	3.85	3.00	2.61	2.38	2.22	2.10	2.02	1.95	1.89	1.84	1.80	1.76
	6.66	4.62	3.80	3.34	3.04	2.82	2.66	2.53	2.43	2.34	2.26	2.20
∞	3.84	2.99	2.60	2.37	2.21	2.09	2.01	1.94	1.88	1.83	1.79	1.75
	6.64	4.60	3.78	3.32	3.02	2.80	2.64	2.51	2.41	2.32	2.24	2.18

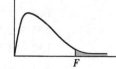

附表4 *F* 界值表(方差分析用)续表3

上行：$P=0.05$ 下行：$P=0.01$

分母的自由度 v_2	分子的自由度，v_1											
	14	16	20	24	30	40	50	75	100	200	500	∞
26	2.10	2.05	1.99	1.95	1.90	1.85	1.82	1.78	1.76	1.72	1.70	1.69
	2.86	2.77	2.66	2.58	2.50	2.41	2.36	2.28	2.25	2.19	2.15	2.13
27	2.08	2.03	1.97	1.93	1.88	1.84	1.80	1.76	1.74	1.71	1.68	1.67
	2.83	2.74	2.63	2.55	2.47	2.38	2.33	2.25	2.21	2.16	2.12	2.10
28	2.06	2.02	1.96	1.91	1.87	1.81	1.78	1.75	1.72	1.69	1.67	1.65
	2.80	2.71	2.60	2.52	2.44	2.35	2.30	2.22	2.18	2.13	2.09	2.06
29	2.05	2.00	1.94	1.90	1.85	1.80	1.77	1.73	1.71	1.68	1.65	1.64
	2.77	2.68	2.57	2.49	2.41	2.32	2.27	2.19	2.15	2.10	2.06	2.03
30	2.04	1.99	1.93	1.89	1.84	1.79	1.76	1.72	1.69	1.66	1.64	1.62
	2.74	2.66	2.55	2.47	2.38	2.29	2.24	2.16	2.13	2.07	2.03	2.01

分母的自由度 v_2	分子的自由度，v_1											
	14	16	20	24	30	40	50	75	100	200	500	∞
32	2.02	1.97	1.91	1.86	1.82	1.76	1.74	1.69	1.67	1.64	1.61	1.59
	2.70	2.62	2.51	2.42	2.34	2.25	2.20	2.12	2.08	2.02	1.98	1.96
34	2.00	1.95	1.89	1.84	1.80	1.74	1.71	1.67	1.64	1.61	1.59	1.57
	2.66	2.58	2.47	2.38	2.30	2.21	2.15	2.08	2.04	1.98	1.94	1.91
36	1.98	1.93	1.87	1.82	1.78	1.72	1.69	1.65	1.62	1.59	1.56	1.55
	2.62	2.54	2.43	2.35	2.26	2.17	2.12	2.04	2.00	1.94	1.90	1.87
38	1.96	1.92	1.85	1.80	1.76	1.71	1.67	1.63	1.60	1.57	1.54	1.53
	2.59	2.51	2.40	2.32	2.22	2.14	2.08	2.00	1.97	1.90	1.86	1.84
40	1.95	1.90	1.84	1.79	1.74	1.69	1.66	1.61	1.59	1.55	1.53	1.51
	2.56	2.49	2.37	2.29	2.20	2.11	2.05	1.97	1.94	1.88	1.84	1.81
42	1.94	1.89	1.82	1.78	1.73	1.68	1.64	1.60	1.57	1.54	1.51	1.49
	2.54	2.46	2.35	2.26	2.17	2.08	2.02	1.94	1.91	1.85	1.80	1.78
44	1.92	1.88	1.81	1.76	1.72	1.66	1.63	1.58	1.56	1.52	1.50	1.48
	2.52	2.44	2.32	2.24	2.15	2.06	2.00	1.92	1.88	1.82	1.78	1.75
46	1.91	1.87	1.80	1.75	1.71	1.65	1.62	1.57	1.54	1.51	1.48	1.46
	2.50	2.42	2.30	2.22	2.13	2.04	1.98	1.90	1.86	1.80	1.76	1.72
48	1.90	1.86	1.79	1.74	1.70	1.64	1.61	1.56	1.53	1.50	1.47	1.45
	2.48	2.40	2.28	2.20	2.11	2.02	1.96	1.88	1.84	1.78	1.73	1.70
50	1.90	1.85	1.78	1.74	1.69	1.63	1.60	1.55	1.52	1.48	1.46	1.44
	2.46	2.39	2.26	2.18	2.10	2.00	1.94	1.86	1.82	1.76	1.71	1.68
60	1.86	1.81	1.75	1.70	1.65	1.59	1.56	1.50	1.48	1.44	1.41	1.39
	2.40	2.32	2.20	2.12	2.03	1.93	1.87	1.79	1.74	1.68	1.63	1.60
70	1.84	1.79	1.72	1.67	1.62	1.56	1.53	1.47	1.45	1.40	1.37	1.35
	2.35	2.28	2.15	2.07	1.98	1.88	1.82	1.74	1.69	1.62	1.56	1.53
80	1.82	1.77	1.70	1.65	1.60	1.54	1.51	1.45	1.42	1.38	1.35	1.32
	2.32	2.24	2.11	2.03	1.94	1.84	1.78	1.70	1.65	1.57	1.52	1.49
100	1.79	1.75	1.68	1.63	1.57	1.51	1.48	1.42	1.39	1.34	1.30	1.28
	2.26	2.19	2.06	1.98	1.89	1.79	1.73	1.64	1.59	1.51	1.46	1.43
125	1.77	1.72	1.65	1.60	1.55	1.49	1.45	1.9	1.36	1.31	1.27	1.25
	2.23	2.15	2.03	1.94	1.85	1.75	1.68	1.59	1.54	1.46	1.40	1.37
150	1.76	1.71	1.64	1.59	1.54	1.47	1.44	1.37	1.34	1.29	1.25	1.22
	2.20	2.12	2.00	1.91	1.83	1.72	1.66	1.56	1.51	1.43	1.37	1.33
200	1.74	1.69	1.62	1.57	1.52	1.45	1.42	1.35	1.32	1.26	1.22	1.19
	2.17	2.09	1.97	1.88	1.79	1.69	1.62	1.53	1.48	1.39	1.33	1.28
400	1.72	1.67	1.60	1.54	1.49	1.42	1.38	1.32	1.28	1.22	1.16	1.13
	2.12	2.04	1.92	1.84	1.74	1.64	1.57	1.47	1.42	1.32	1.24	1.19
1000	1.70	1.65	1.58	1.53	1.47	1.41	1.36	1.30	1.26	1.19	1.13	1.08
	2.09	2.01	1.89	1.81	1.71	1.61	1.54	1.44	1.38	1.28	1.19	1.11
∞	1.69	1.64	1.57	1.52	1.46	1.40	1.35	1.28	1.24	1.17	1.11	1.00
	2.07	1.99	1.87	1.79	1.69	1.59	1.52	1.41	1.36	1.25	1.15	1.00

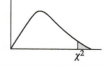

附表 5 χ^2 分布界值表

v	α(右侧尾部面积)												
	0.995	0.990	0.975	0.950	0.900	0.750	0.500	0.250	0.100	0.050	0.025	0.010	0.005
1	—	—	—	—	0.02	0.10	0.45	1.32	2.71	3.84	5.02	6.63	7.88
2	0.01	0.02	0.05	0.10	0.21	0.58	1.39	2.77	4.61	5.99	7.38	9.21	10.60
3	0.07	0.11	0.22	0.35	0.58	1.21	2.37	4.11	6.25	7.81	9.35	11.34	12.84
4	0.21	0.30	0.48	0.71	1.06	1.92	3.36	5.39	7.78	9.49	11.14	13.28	14.86
5	0.41	0.55	0.83	1.15	1.61	2.67	4.35	6.63	9.24	11.07	12.83	15.09	16.75
6	0.68	0.87	1.24	1.64	2.20	3.45	5.35	7.84	10.64	12.59	14.45	16.81	18.55
7	0.99	1.24	1.69	2.17	2.83	4.25	6.35	9.04	12.02	14.07	16.01	18.48	20.28
8	1.34	1.65	2.18	2.73	3.49	5.07	7.34	10.22	13.36	15.51	17.53	20.09	21.95
9	1.73	2.09	2.70	3.33	4.17	5.90	8.34	11.39	14.68	16.92	19.02	21.67	23.59
10	2.16	2.56	3.25	3.94	4.87	6.74	9.34	12.55	15.99	18.31	20.48	23.21	25.19
11	2.60	3.05	3.82	4.57	5.58	7.58	10.34	13.70	17.28	19.68	21.92	24.72	26.76
12	3.07	3.57	4.40	5.23	6.30	8.44	11.34	14.85	18.55	21.03	23.34	26.22	28.30
13	3.57	4.11	5.01	5.89	7.04	9.30	12.34	15.98	19.81	22.36	24.74	27.69	29.82
14	4.07	4.66	5.63	6.57	7.79	10.17	13.34	17.12	21.06	23.68	26.12	29.14	31.32
15	4.60	5.23	6.26	7.26	8.55	11.04	14.34	18.25	22.31	25.00	27.49	30.58	32.80
16	5.14	5.81	6.91	7.96	9.31	11.91	15.34	19.37	23.54	26.30	28.85	32.00	34.27
17	5.70	6.41	7.56	8.67	10.09	12.79	16.34	20.49	24.77	27.59	30.19	33.41	35.72
18	6.26	7.01	8.23	9.39	10.86	13.68	17.34	21.60	25.99	28.87	31.53	34.81	37.16
19	6.84	7.63	8.91	10.12	11.65	14.56	18.34	22.72	27.20	30.14	32.85	36.19	38.58
20	7.43	8.26	9.59	10.85	12.44	15.45	19.34	23.83	28.41	31.41	34.17	37.57	40.00
21	8.03	8.90	10.28	11.59	13.24	16.34	20.34	24.93	29.62	32.67	35.48	38.93	41.40
22	8.64	9.54	10.98	12.34	14.04	17.24	21.34	26.04	30.81	33.92	36.78	40.29	42.80
23	9.26	10.20	11.69	13.09	14.85	18.14	22.34	27.14	32.01	35.17	38.08	41.64	44.18
24	9.89	10.86	12.40	13.85	15.66	19.04	23.34	28.24	33.20	36.42	39.36	42.98	45.56
25	10.52	11.52	13.12	14.61	16.47	19.94	24.34	29.34	34.38	37.65	40.65	44.31	46.93

ν	α(右侧尾部面积)												
	0.995	0.990	0.975	0.950	0.900	0.750	0.500	0.250	0.100	0.050	0.025	0.010	0.005
26	11.16	12.20	13.84	15.38	17.29	20.84	25.34	30.43	35.56	38.89	41.92	45.64	48.29
27	11.81	12.88	14.57	16.15	18.11	21.75	26.34	31.53	36.74	40.11	43.19	46.96	49.64
28	12.46	13.56	15.31	16.93	18.94	22.66	27.34	32.62	37.92	41.34	44.46	48.28	50.99
29	13.12	14.26	16.05	17.71	19.77	23.57	28.34	33.71	39.09	42.56	45.72	49.59	52.34
30	13.79	14.95	16.79	18.49	20.60	24.48	29.34	34.80	40.26	43.77	46.98	50.89	53.67
40	20.71	22.16	24.43	26.51	29.05	33.66	39.34	45.62	51.81	55.76	59.34	63.69	66.77
50	27.99	29.71	32.36	34.76	37.69	42.94	49.33	56.33	63.17	67.50	71.42	76.15	79.49
60	35.53	37.48	40.48	43.19	46.46	52.29	59.33	66.98	74.40	79.08	83.30	88.38	91.95
70	43.28	45.44	48.76	51.74	55.33	61.70	69.33	77.58	85.53	90.53	95.02	100.43	104.21
80	51.17	53.54	57.15	60.39	64.28	71.14	79.33	88.13	96.58	101.88	106.63	112.33	116.32
90	59.20	61.75	65.65	69.13	73.29	80.62	89.33	98.65	107.57	113.15	118.14	124.12	128.30
100	67.33	70.06	74.22	77.93	82.36	90.13	99.33	109.14	118.50	124.34	129.56	135.81	140.17

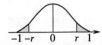

附表6　r 界值表

ν		概率,P								
	单侧:	0.25	0.10	0.05	0.025	0.01	0.005	0.0025	0.001	0.000
	双侧:	0.50	0.20	0.10	0.05	0.02	0.01	0.005	0.002	0.001
1		0.707	0.951	0.988	0.997	1.000	1.000	1.000	1.000	1.000
2		0.500	0.800	0.900	0.950	0.980	0.990	0.995	0.998	0.999
3		0.404	0.687	0.805	0.878	0.934	0.959	0.974	0.986	0.991
4		0.347	0.608	0.729	0.811	0.882	0.917	0.942	0.963	0.974
5		0.309	0.551	0.669	0.755	0.833	0.875	0.906	0.935	0.951
6		0.281	0.507	0.621	0.707	0.789	0.834	0.870	0.905	0.925
7		0.260	0.472	0.582	0.666	0.750	0.798	0.836	0.875	0.898
8		0.242	0.443	0.549	0.632	0.715	0.765	0.805	0.847	0.872
9		0.228	0.419	0.521	0.602	0.685	0.735	0.776	0.820	0.847
10		0.216	0.398	0.497	0.576	0.658	0.708	0.750	0.795	0.823
11		0.206	0.380	0.476	0.553	0.634	0.684	0.726	0.772	0.801
12		0.197	0.365	0.457	0.532	0.612	0.661	0.703	0.750	0.780
13		0.189	0.351	0.441	0.514	0.592	0.641	0.683	0.730	0.760

ν		概率,P								
	单侧:	0.25	0.10	0.05	0.025	0.01	0.005	0.0025	0.001	0.000
	双侧:	0.50	0.20	0.10	0.05	0.02	0.01	0.005	0.002	0.001
14		0.182	0.338	0.426	0.497	0.574	0.623	0.664	0.711	0.742
15		0.176	0.327	0.412	0.482	0.558	0.606	0.647	0.694	0.725
16		0.170	0.317	0.400	0.468	0.542	0.590	0.631	0.678	0.708
17		0.165	0.308	0.389	0.456	0.529	0.575	0.616	0.662	0.693
18		0.160	0.299	0.378	0.444	0.515	0.561	0.602	0.648	0.679
19		0.156	0.291	0.369	0.433	0.503	0.549	0.589	0.635	0.665
20		0.152	0.284	0.360	0.423	0.492	0.537	0.576	0.622	0.652
21		0.148	0.277	0.352	0.413	0.482	0.526	0.565	0.610	0.640
22		0.145	0.271	0.344	0.404	0.472	0,515	0.554	0.599	0.629
23		0.141	0.265	0.337	0.396	0.462	0.505	0.543	0.588	0.618
24		0.138	0.260	0.330	0.388	0.453	0.496	0.534	0.578	0.607
25		0.136	0.255	0.323	0.381	0.445	0.487	0.524	0.568	0.597
26		0.133	0.250	0.317	0.374	0.437	0.479	0.515	0.559	0.588
27		0.131	0.245	0.311	0.367	0.430	0.471	0.507	0.550	0.579
28		0.128	0.241	0.306	0.361	0.423	0.463	0.499	0.541	0.570
29		0.126	0.237	0.301	0.355	0.416	0.456	0.491	0.533	0.562
30		0.124	0.233	0.296	0.349	0.409	0.449	0.484	0.526	0.554
31		0.122	0.229	0.291	0.344	0.403	0.442	0.477	0.518	0.546
32		0.120	0.225	0.287	0.339	0.397	0.436	0.470	0.511	0.539
33		0.118	0.222	0.283	0.334	0.392	0.430	0.464	0.504	0.532
34		0.116	0.219	0.279	0.329	0.386	0.424	0.458	0.498	0.525
35		0.115	0.216	0.275	0.325	0.381	0.418	0.452	0.492	0.519
36		0.113	0.213	0.271	0.320	0.376	0.413	0.446	0.486	0.513
37		0.111	0.210	0.267	0.316	0.371	0.408	0.441	0.480	0.507
38		0.110	0.207	0.264	0.312	0.367	0.403	0.435	0.474	0.501
39		0.108	0.204	0.261	0.308	0.362	0.398	0.430	0.469	0.495
40		0.107	0.202	0.257	0.304	0.358	0.393	0.425	0.463	0.490
41		0.106	0.199	0.254	0.301	0.354	0.389	0.420	0.458	0.484
42		0.104	0.197	0.251	0.297	0.250	0.384	0.416	0.453	0.479

v	单侧:	概率,P 0.25	0.10	0.05	0.025	0.01	0.005	0.0025	0.001	0.000
	双侧:	0.50	0.20	0.10	0.05	0.02	0.01	0.005	0.002	0.001
43		0.103	0.195	0.248	0.294	0.346	0.380	0.411	0.449	0.474
44		0.102	0.192	0.246	0.291	0.342	0.376	0.407	0.444	0.469
45		0.101	0.190	0.243	0.288	0.338	0.372	0.403	0.439	0.465
46		0.100	0.188	0.240	0.285	0.335	0.368	0.399	0.435	0.460
47		0.099	0.186	0.238	0.282	0.331	0.365	0.395	0.421	0.456
48		0.098	0.184	0.235	0.279	0.328	0.361	0.391	0.427	0.451
49		0.097	0.182	0.233	0.276	0.325	0.358	0.387	0.423	0.447
50		0.096	0.181	0.231	0.273	0.322	0.354	0.384	0.419	0.443

参 考 文 献

1. 世界医学大会.赫尔辛基宣言(修正案).首尔,2008.

2. 国际医学科学组织理事会,世界卫生组织.涉及人的生物医学研究的国际伦理准则.2002.

3. 中华人民共和国国家卫生和计划生育委员会令(第 11 号).涉及人的生物医学研究伦理审查办法.2016.

4. 施榕,郭爱民.全科医生科研方法.北京:人民卫生出版社,2013.

5. 施榕.预防医学.第 3 版.北京:高等教育出版社,2016.

6. 孙振球,徐勇勇.医学统计学.第 4 版.北京:人民卫生出版社,2015.

7. 方积乾.卫生统计学.第 7 版.北京:人民卫生出版社,2012.

8. 国际药学研究杂志.图表的制作要求.国际药学研究杂志,2016,43(5):862.

9. 詹思延.流行病学.第 7 版.北京:人民卫生出版社,2012.

10. 王建华.流行病学.第 8 版.北京:人民卫生出版社,2013.

11. 王建华.医学科研方法.北京:高等教育出版社,2010.

12. 王吉耀.循证医学与临床实践.第 2 版.北京:科学出版社,2006.

13. 王家良.循证医学.第 2 版.北京:人民卫生出版社,2010.

14. 刘鸣.系统评价、Meta- 分析设计与实施方法.北京:人民卫生出版社,2011.

15. 胡雁,李晓玲.循证护理的理论与实践.上海:复旦大学出版社,2000.

16. 蔡文智.循证护理研究与实践.北京:人民军医出版社,2010.

17. 唐琪,靳英辉,孙文茜,等.2012 年 --2015 年国内护理领域系统评价及 Meta 分析的方法学质量评价.护理研究,2016,30(10):3578-3581.

18. 罗爱静,于双成.医学文献信息检索.第 3 版.北京:人民卫生出版社,2015.

19. 马路.医学数字资源的检索与利用.第 3 版.北京:人民卫生出版社,2013.

20. 曹永福,王云岭,杨同卫,等.我国"医学伦理委员会"的成立背景、功能和建设建议.中国医学伦理学,2004,97(5):31-32.

21. 风笑天.社会调查中的问卷设计.第 3 版.北京:中国人民大学出版社,2014.

22. 万崇华,许传志.科研方法与论文写作.北京:中国统计出版社,2015.

23. 郭秀花.实用医学调查分析技术.第 2 版.北京:人民军医出版社,2014.

24. 万崇华.生命质量测定与评价方法.昆明:云南大学出版社,1999.

25. 万崇华,史明丽,方积乾.生命质量量表制定中的指标筛选方法.数理医药学杂志,1995,8(增刊):5-7.

26. 万崇华,孟琼,罗家洪,等.癌症患者生命质量测定量表体系共性模块研制方法(一):条目筛选及共性模块的形成.癌症,2007,26(2):113-117.

27. 甘媛源,余嘉元.中国青少年心理韧性量表的概化理论研究.湖北大学学报:哲学社会科学版,2011,38(6):125-128.

28. 何立国,周爱保."青少年学生生活满意度量表"的概化理论研究.心理科学,2006,29(5):1199-1202.

29. 万崇华,江文富.中华医学统计百科全书之健康测量分册.北京:中国统计出版社,2013.

30. 万崇华,李晓梅,杨铮,等.慢性病患者生命质量测评与应用.北京:科学出版社,2015.

31. 万崇华,禹玉兰,谭健烽,等.生命质量研究导论:测定·评价·提升.北京:科学出版社,2016.

32. 黄敬亨.健康教育学.第5版.上海:复旦大学出版社,2016.

33. 马骁.健康教育学.第2版.北京:人民卫生出版社.2012.

34. 王福彦.医学科研方法.北京:人民军医出版社,2009.

35. 蔡德英,陈静,毕俊英.医学论文的撰写与常见问题解析.中国中医药信息杂志,2009,16(2):109-110.

36. 吕彤,王国强.医学论文的写作技巧.中国医师进修杂志,2011,34(30):72-76.

37. 马加威,陆朝晖,董军,等.高压氧与肿瘤治疗的研究进展.中华航海医学与高气压医学杂志,2016,23(2).

38. Chen Z,Shao J,Gao X,et al. Effect of passive smoking on female breast cancer in China:a meta-analysis. Asia Pac J Public Health,2015,27(2):NP58-64.

39. Husted JA,Cook RJ,Farewell VT,et al. Methods for assessing responsiveness:a critical review and recommendations. J Clin Epidem,2000,53(5):459-468.

40. Winterstein BP,Willse JT,Kwapil TR,et al. Assessment of score dependability of the wisconsin schizotypy scales using generalizability analysis.J Psychopathol Behav Assess,2010,32(4):575-585.

41. Abu-Zidan FM,Abbas AK,Hefny AF. Clinical "case series":a concept analysis. Afr Health Sci,2012,12(4):557-562.

42. Gagnier JJ,Kienle G,Altman DG,et al. The CARE guidelines:consensus-based clinical case report guideline development. J Diet Suppl,2013,10(4):381-390.

43. Guo B,Moga C,Harstall C,et al. A principal component analysis is conducted for a case series quality appraisal checklist. J Clin Epidemiol,2016,69:199-207.e2.

44. Agha RA,Fowler AJ,Rajmohan S,et al. Preferred reporting of case series in surgery:the PROCESS guidelines. Int J Surg,2016,36(Pt A):319-323.

中英文名词对照索引

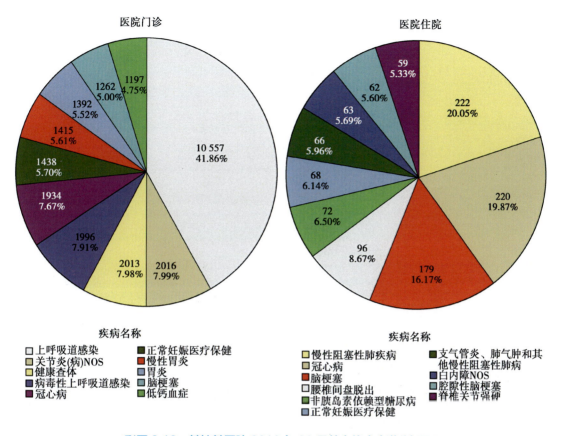

彩图 3-12　某地某医院 2016 年 06 月前十位疾病谱分析圆图

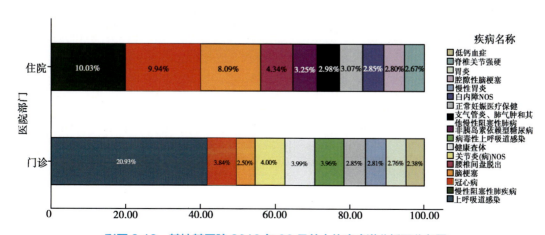

彩图 3-13　某地某医院 2016 年 06 月前十位疾病谱分析百分条图

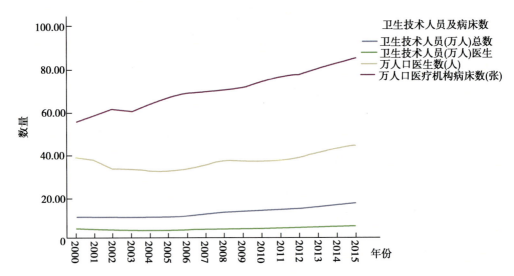

彩图 3-14　某地 2000—2015 年卫生技术人员及万人口医疗机构病床数普通线图

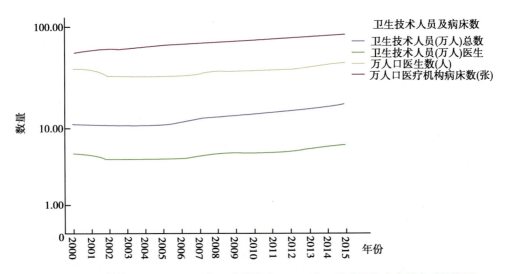

彩图 3-15　某地 2000—2015 年卫生技术人员及万人口医疗机构病床数半对数线图

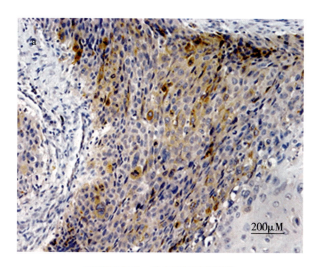

彩图 15-3　免疫组化图举例